ノイマン／マルクーゼ／キルヒハイマー

フランクフルト学派の
ナチ・ドイツ秘密レポート

R・ラウダーニ編

野口雅弘訳

みすず書房

SECRET REPORTS ON NAZI GERMANY

The Frankfurt School Contribution to the War Effort

by

Franz Neumann
Herbert Marcuse
Otto Kirchheimer

Edited by Raffaele Laudani

First published by Princeton University Press, 2013

フランクフルト学派のナチ・ドイツ秘密レポート　目次

凡例

一、本書は、Franz Neumann, Herbert Marcuse & Otto Kirchheimer, *Secret Reports on Nazi Germany: The Frankfurt School Contribution to the War Effort*, edited by Raffaele Laudani, Princeton, N.J.: Princeton University Press, 2013に所収の三一本のレポートから一五本を選んで翻訳したものである。

一、本書にはドイツ語訳も出ており、邦訳に際しても適宜、次のドイツ語版を参照した。*Im Kampf gegen Nazideutschland: Die Berichte der Frankfurter Schule für den amerikanischen Geheimdienst 1943–1949 (Frankfurter Beiträge zur Soziologie und Sozialphilosophie)*, Frankfurt am Main: Campus Verlag 2016. ただし、ドイツ語版は文献を巻末にまとめ、引用文献を本文に組み込んでいるので、英語のオリジナル版とは注の位置や数は異なる。

一、〔 〕は邦訳者による補足である。簡易な人名や用語の説明は〔 〕に入れた。説明がいくぶん長くなるものについては、*をつけて当該奇数頁の末尾に別途、訳注を入れた。

主な略号一覧

CA Guide: 民政ガイド Civil Affairs Guide

CDU: キリスト教民主同盟 Christlich Demokratische Union Deutschlands

CIA: 中央情報局 Central Intelligence Agency

CID: 中央情報部 Central Intelligence Division

CWC: 世界共産主義委員会 Committee on World Communism

DAF: ドイツ労働戦線 Deutsche Arbeitsfront

FBI: 連邦捜査局 Federal Bureau of Investigation

FCC: 連邦通信委員会 Federal Communications Commission

KAPD: ドイツ共産主義労働者党 Kommunistische Arbeiter-Partei Deutschlands

KJVD: ドイツ共産青年同盟 Kommunistischer Jugendverband Deutschlands

KPD: ドイツ共産党 Kommunistische Partei Deutschlands

MG: 軍事政府 Military Government

NSDAP: 国民社会主義ドイツ労働者党 Nationalsozialistische Deutsche Arbeiterpartei

NSKK: 国民社会主義自動車軍団 Nationalsozialistisches Kraftfahrkorps

OIR: 諜報調査局 Office of Intelligence Research

OKW: 国防軍最高司令部 Oberkommando der Wehrmacht

OSS: 戦略情報局 Office of Strategic Services

OWI: 戦時情報局 Office of War Information

PW: 心理戦 Psychological Warfare

P/W: (戦時) 捕虜 prisoner of war

R&A: 調査・分析部 Research & Analysis Branch

RFB: 赤色戦線戦士同盟 Roter Frontkämpferbund

RGBl.: 法令広報 Reichsgesetzblatt

RGI: 赤色労働組合インターナショナル Rote Gewerkschafts-internationale

RGO: 革命的労働組合反対派 Revolutionäre Gewerkschafts-Opposition

SA: 突撃隊 Sturmabteilung

SPD: ドイツ社会民主党 Sozialdemokratische Partei Deutschlands

SS: 親衛隊 Schutzstaffel

USFET: アメリカ欧州軍 US Forces, European Theater

USNA: メリーランド州カレッジパーク米国国立公文書館 US National Archives at College Park, Md.

USPD: ドイツ独立社会民主党 Unabhängige Sozialdemokratische Partei Deutschlands

USSR: ソヴィエト社会主義共和国連邦 Union of Soviet Socialist Republics

著者について

フランツ・レオポルド・ノイマン Franz Leopold Neumann

一九〇〇年五月二三日にカトヴィツェ〔当時ドイツ領、現在ポーランド〕で生まれる。ユダヤ人の小規模な商人の息子。フランツ・ノイマンはライプツィヒで法学、哲学、経済学を学び、ドイツ社会民主党（SPD）に入党した。ドイツ革命で（ロストックとフランクフルトの）労兵バリケードに参加。そこでレオ・レーヴェンタールとともに社会主義学生協会を設立。また一九二三年に刑罰理論についての論文で法学博士の学位を取得した。

一九二五年から一九二七年、ノイマンは法務書記として働き、フーゴ・ジンツハイマーの助手を務めた。ジンツハイマーはドイツ社会民主党の代表的な労働法の理論家で、ワイマール憲法の父の一人である〔ワイマール憲法に生存権が盛り込まれたのは、彼の功績である〕。ノイマンはまた、フランクフルト大学に併設された労働組合のアカデミーで教えていた。一九二八年に彼はベルリンに引越し、そこでジンツハイマーのもう一人の元学生であるエルンスト・フレンケルと共同で、労働法の弁護士として働いた。そして建設労働者その他の組合の弁護をし、SPDの公式機関紙『社会』（*Die Gesellschaft*）に、労働法、カルテル、独占経済についてのいくつかの論文を執筆した。その一方、ベルリン大学でヘルマン・ヘラーやカール・シュミットのゼミナールにも出席している。一九三二年の夏に彼はSPDの筆頭弁護士となり、パーペン、シュライヒャー、ヒトラー政権による自由な言論の制限と、労働者の不当解雇や逮捕に対して闘った。

一九三三年五月二日、突撃隊、つまりナチ党の襲撃部隊が労働組合事務所を襲った。ノイマンは捕らえられる前に、ロンドンに逃れた。そこで彼は前フランクフルト大学社会学教授のカール・マンハイムやマルクス主義理論家のハロルド・ラスキとともに、ロンドン・スクール・オブ・エコノミクスで研究をした。そして一九三六年には「法の支配のガヴァナンス——競争社会における政治理論、法システム、そして社会的背景の関係についての一研究」というタイトルの論文で二つ目の博士号を取得した。同年、ラスキの推薦で、社会研究所との交流が始まり、アメリカに移り住む前に、イギリスにおける社会研究所の利益を促進し、普及を進めた。ラスキのサポートがあったにもかかわらず、当初ノイマンはアメリカのアカデミズムの体制のなかで職をみつけることができなかった。その代わりに主として研究所の弁護士として働いた。研究所の活動に対する彼の知的な貢献は、全体主義国家に関するいくつかのエッセーと一連のレクチャーに限られていた。それはコロンビア大学で行なわれた研究所のセミナーの枠でのものであった。

一九四二年に『ビヒモス——ナチズムの構造と実際』〔みすず書房、一九六三年〕が刊行された。それから戦争遂行努力へのノイマンの貢献が始まった。最初は経済戦争委員会の諮問委員として、それから戦略情報局の調査・分析部に加わった。戦争が終わり、彼はニュルンベルク裁判でロバート・H・ジャクソン判事チームのメンバーに参加した。その後、一九四八年にコロンビア大学の政治学の教授になった。ベルリン自由大学の創設にも貢献する一方で、彼はアメリカの大学における政治理論の発展に決定的な役割を果たした。ノイマンは大西洋の両岸で著名で、高く評価された教授になっていたが、一九五四年九月二日にスイスのフィスプで自動車事故のため亡くなった。この時期の彼の知的な仕事は、戦後アメリカの民主主義理論に強い影響力を及ぼした。こうした仕事は死後に『権威主義的国家と民主的国家』〔邦題は『民主主義と権威主義国家』河出書房新社、一九七一年〕に収められている。編者はヘルベルト・マルクーゼであった。

ヘルベルト・マルクーゼ　Herbert Marcuse

ヘルベルト・マルクーゼは一八九八年七月一九日に生まれた。ユダヤ人の商人の息子で、その家族は戦前のドイツ社会にうまく同化していた。モムゼン・ギムナジウムの学生であった一方で、マルクーゼはワンダーフォーゲルに参加した。第一次大戦前にドイツで盛んになっていた多くの青年運動の一つであった。そして帝政ドイツの政治・社会構造へのロマン主義的な批判を展開した。一九一四年に戦争が勃発し、一九一六年、マルクーゼはドイツ軍に徴兵された。視力が悪かったので国外に送られることはなく、結局はベルリン大学で聴講する許可を得た。ドイツ社会における戦争のネガティヴな効果は彼の良心を動かした。一九一七年、マルクーゼはＳＰＤに入党し、その後カール・カウツキーによって創設された独立社会民主党に入った。しかし強いシンパシーを抱いていたのはローザ・ルクセンブルクとカール・リープクネヒトのスパルタクス団のラディカリズムに対してであった。ドイツ革命期には兵士評議会の代表として、義勇軍からベルリン・アレクサンダー広場を武装防衛した。

ローザ・ルクセンブルクとカール・リープクネヒトが連れ去られて殺害された。マルクーゼはＳＰＤに深く失望する。殺害の道義的な責任はＳＰＤにあると考えたのである。また新しい共産党の教条主義にも失望した。彼は政治〔党派〕のメンバーに加わることをすっかり諦め、フンボルト大学とフライブルク大学での研究に戻った。そしてフライブルクで彼は一九二二年にドイツの芸術家小説〔小説家の成長についての物語〕についての博士論文を完成させた。博士課程修了後、彼はベルリンに戻り、そこで一九二四年から二九年、本屋で書店員・出版業者として働いた。マルクーゼの父がその本屋の株を買って、彼を助けた。

一九二九年、マルクーゼは哲学を学ぶためにフライブルクに戻った。マルティン・ハイデガーの指導のもとで、『ヘーゲルの存在論と歴史性の理論』についての研究に従事した。教授資格論文（教授になる資格を得るのに必要な論文）を意図していたが、一九三二年にハイデガーの同意なしに出版した。この間、マルクーゼは『社会』に発表された一連のエッセーの中で、マルクス主義の理論にハイデガーの実存主義を統合しようとする最初の試みを行なった。このプロジェクトは、一九三三年にマルクス『経済学・哲学草稿』（一八四四年）が刊行されたあとに放棄された。マルクーゼはこの草稿について最初のレビューの一つを書いた〔マルクーゼ『初期マルクス研究――『経済学＝哲学手稿』における疎外論』新装版、未來社、二〇〇〇年〕。

ナチズムが台頭してから、エトムント・フッサールの推薦を受けて、マルクーゼは社会研究所のジュネーヴ支部で働くためにスイスに亡命し、それから一九三四年にアメリカに渡った。この間、「社会についての批判理論」の展開についてのいくつかのエッセーを、彼は研究所のジャーナルに寄稿した。そして一九四一年、ヘーゲルについての二冊目の本『理性と革命――ヘーゲルと社会理論の興隆』を刊行した。

第二次世界大戦が終焉し、戦略情報局（ＯＳＳ）は解散されたが、その後もマルクーゼは国務省の共産主義社会のアナリストとしてワシントンに残った。一九五〇年に妻のゾフィーが亡くなったあと、ようやく彼は政府を離れた。その後、ロックフェラー財団から資金をもらって、コロンビア大学（一九五二―五四年）とハーヴァード大学（一九五四―五五年）でソヴィエト共産主義についてのプロジェクトに従事した（『ソヴィエト・マルクス主義』一九五八年）。一九五五年に彼はフランツ・ノイマンの未亡人、インゲ・ヴェルナー・ノイマンと結婚した。そして『エロスと文明――フロイトに関する哲学的探求』〔邦題は『エロス的文明』紀伊國屋書店、一九五八年〕を出版した。これによって彼はアカデミック・キャリアに就いた。

一九五四年、ブランダイス大学の哲学と政治学の教授に任命された。彼は一九六五年までここにいた。『一次元的人間――先進産業社会におけるイデオロギーの研究』（一九六四年）によって彼は「学生運動の父」になった。この本の刊行後、彼はカリフォルニア大学サンディエゴ校から招聘を受けた。彼の晩年は、蘇った政治的アクティヴィズムと集中的な知的生産によって特徴づけられる。『解放論の試み』（一九六八年）『反革命と叛乱』（一九七二年）『美的次元』（一九七八年）のような著作が書かれた。急進的なプロテストにコミットし、それを支持することで、彼はしだいに攻撃のターゲットにされるようになった。米国在郷軍人会、クー・クラックス・クラン、共和党〔選挙キャンペーン中、ロナルド・レーガン知事はカリフォルニア大学から彼を解雇することを求めた〕のような保守の集まりと、左派のグループ、たとえば進歩的労働党や〔極左テロ組織〕ウェザーマンの双方からである。西ドイツのシュタルンベルクで一九七九年七月二九日に死去。

オットー・キルヒハイマー　Otto Kirchheimer

オットー・キルヒハイマーは一九〇五年にドイツのハイルブロンでユダヤ人の家庭に生まれた。彼は一九二四年から二八年までミュンスターで哲学と歴史を学び、ケルン、ベルリン、ボンで法学と社会科学を学んだ。一九二八年にボンで「社会主義的・ボリシェヴィキ的国家論」というタイトルの論文で学位を取った。この論文はカール・シュミットの指導のもとで執筆された。

その後、プロイセンの司法行政において法律書記として、またいくつかの組合学校で講師として働いた。その一方で多くのエッセーを書き、ワイマール共和国とSPDの政策に対する左派からの批判に活動的に関与した。

一九三三年の夏、ロンドン・スクール・オブ・エコノミクスの最初の財政的な支援のおかげで、キルヒハイマーはパリに亡命し、そこで刑法に専念した。キルヒハイマーはパリでフランスの支部に加わり、社会研究所との関係が始まった。その後、一九三七年秋に彼はアメリカのニューヨーク支部に研究員として加わった。一九三八年夏までの、研究所での彼の主な仕事は、ゲオルク・ルーシェの『労働市場と刑罰』の修正であった。本書はキルヒハイマーが共著者であることを明記して、一九三九年に『刑罰と社会構造』というタイトルで、研究所のシリーズの一冊として刊行された。キルヒハイマーも国民社会主義についての一連の重要なエッセーを研究所に提供した。

一九四三年、もはや財政的にキルヒハイマーを支援できない、と研究所は彼に告げた。キルヒハイマーはウェルズリー大学の客員講師の職を受けた。それからOSSに加わったが、当初はパートタイムの顧問であり、その後フルタイムのアナリストになった。第二次世界大戦が終焉してからも彼は国務省のアナリストとしてそこに残った。一九五〇年から一九五五年、彼は諜報調査局中欧部の主任を務めた。

一九五五年、キルヒハイマーはニュースクール・フォー・ソーシャルリサーチの政治学の教授に任命された。そして一九六一年に主著『政治的司法』を刊行した。一九六二年には、政治学の教授としてコロンビア大学に移籍した。この間に彼は「キャッチ・オール・パーティ（包括政党）」の理論を展開した。選挙民の多数派の支持を得るために、関連団体の利益を超越する大衆政党の傾向はますます大きくなっていた。この傾向を記述しようとしたのである。一九六五年一一月二二日、ニューヨークに戻る途中のワシントン・ダレス空港で、彼は心臓発作で亡くなった。

序論

ラファエレ・ラウダーニ

1

イタリアの長い一九六八年。そのとある暑い夏の日、フランスの学生運動リーダー、ダニエル・コーン＝ベンディット（いまでは欧州議会の議員で、緑の党で活躍している）は何度も、ヘルベルト・マルクーゼが満員のエリセオ劇場（ローマ）で行なっていた講義を中断し、第二次世界大戦中に中央情報局（CIA）の情報員であったというスキャンダラスな過去を白状することを要求した[1]。この非難はもともとアメリカで匿名の情報源から出回り、その後ヨーロッパの刊行物でも取り上げられたものであったが、正確ではなかった[2]。このドイツの哲学者〔マルクーゼ〕は実際のところ、論争の余地のあるアメリカの機関とはなんら協力関係ももっていなかった。ましてや戦争中である。このとき〔国家安全保障法にもとづいて一九四七年に設置された〕CIAはまだ存在していない。それどころかマルクーゼはのちに「学生運動の父」として政治的に悪名高い人物であった時期にはFBIの調査対象になっていた（もっとも実際のところ、この調査に関わるメモの半分は、殺人の脅迫から彼を守ることに関するものであった。とくに一九六八年以後はそうであった）。しかしながら間接的には、「赤毛のダニー」〔ダニエル・コーン＝ベンディットの異名〕によるこの挑発が、以前には気づかれずにいたマルクーゼの人生の一時期に光を当てることに役立った。同じことが、フランツ・ノイマンやオットー・キルヒハイマーといった、いわゆるフランクフルト学派のその他の構成員にも当てはまった。彼らもまた、アメリカで最初の諜報機関である戦略情報局（ＯＳＳ）の調査・分析部（Ｒ＆Ａ）で政治アナリストとしてアメリカの戦争活動に関与していた。[3]

実際のところ、これらの思想家たちは、過去に行なった政府の活動に関して、なんらかの困惑した顔色をみせたことはまったくなかった。むしろ一度ならず、彼らは、フランクフルト学派の批判理論をファシズムに対する戦いの実際的なツールにする数少ない試みの一つとして、自分たちの関与を誇らしげに擁護した。[4]マックス・ホルクハイマーとテオドール・アドルノは『啓蒙の弁証法』――フランクフルト学派の聖典で、取り返しのつかない悪と思われる現在に直面する一方で、未来世代への「投壜通信」〔（独）Flaschenpost／（英）message in a bottle とは、届く見込みは高くないと知りつつ、ボトルに詰めて海に投げられたメッセージ〕として構想された――を書くために、カリフォルニアの亡命者〔のグループ〕に引きこもった。まさにそのときに、他の三人のフランクフルトの研究者は「ドイツという敵」についての膨大な研究とレポートを生み出した。これは、フランクフルト学派のメンバーによってかつて提供された、もっとも複雑で、洞察力に富むナチ・ドイツの分析であり、同時に第二次世界大戦の研究者にとってはきわめて貴重な歴史的資料である。三人の「フランクフルト系」がアメリカ政府の仕事をして過ごした数年は、危険にさらされながら、戦争という劇場で働く秘密情報員や、秘かに敵と組んで仕掛ける二重の情報員といった、ロマンチックに彩られた生活とはほとんど無関係であった。彼らの努力は、厳格なドイツ人教授を連想させる「概念の労働」にはるかに近かった。

ハーヴァードの歴史家ウィリアム・ランガーによって指揮されて、調査・分析部は実際に二〇世紀前半におけるアメリカ最大の調査研究所であった。一九四三年から一九四五年のピーク時には、一二〇〇人の雇用者がおり、そのうち四〇〇人は海外に駐在していた。多くの点において、第二次世界大戦後のアメリカの社会科学が生まれたのはまさにこの場所であった。何人かの最重要のアメリカの大学教授の弟子、そしてまたヨーロッパの亡命知識人の多くの人たちがこれに連なっていた。[5] こうした人物を少数だけ挙げるならば、人類学者グレゴリー・ベイトソン、歴史家フェリックス・ギルバート、地理学者リチャード・ハーツホーン、マルクス主義経済学者ポール・スウィージーとポール・バラン、経済学者ウォルト・ロストウ、未来のノーベル賞受賞者ワシリー・レオンチェフ、社会学者タルコット・パーソンズとバリントン・ムーア、ピューリッツァー賞を二度獲得したアーサー・シュレジンガー・ジュニア、古典学者ノーマン・O・ブラウン、そしてフランクフルト学派の研究者アルカーディ・ガーランドとフリードリヒ・ポロックである。こうした人たちがアメリカの戦争マシーンの「理論的なブレイン」を形成した。[6] 創設者のウィリアム・「ワイルド・ビル」・ドノヴァンによると、それは秘密情報業務の「最終的な手形交換所」として機能した。つまり戦争の戦略ないし戦術の決定には関わらないが、関連する情報ソースを解釈する所属の専門家のユニークな能力のおかげで、ワシントンに向けられた軍事情報の膨大な流れを収集し、整理し、分析し、フィルターにかけることができる構造である。[7] グローバルな全体主義的な戦争では「諜報は全体的で、全体主義的にならざるをえない」とドノヴァンは確信していた。[8]

2

ノイマン、マルクーゼ、キルヒハイマーの調査・分析部の活動は、アメリカのアカデミズムと知識世界の「総動員」のプロセスのなかに位置づけることができるかもしれない。合衆国が参戦したあと、「総動員」は「大学の教室」にじわじわ広がり、「私たち研究者がめくる本のページをざわめかせた」[9]。

三人のドイツ人研究者のなかで最初にワシントンに移住することになったのは、フランツ・ノイマンであった。ＦＢＩによる一連の注意深い調査のあとで、彼は一九四二年春に経済福祉部の首席顧問、それから同年八月に合衆国参謀長室の諜報課のチーフ・エコノミストに採用された。中欧セクションはナチ・ドイツ（そしてオーストリアその他の中欧諸国）を分析・研究する任務を負ったR&Aの下部組織であったが、一九四三年の初めに彼はここの副代表の任務を受けることにした。一九四二年に『ビヒモス――ナチズムの構造と実際』を刊行すると、それによって獲得した名声によって彼は上級の地位を手に入れた。この『ビヒモス』は、サーマン・W・アーノルド司法次官補の求めに応じて準備したメモの成果であり、アメリカの戦争努力への一つの重要な貢献であった。

一九四一年、マルクーゼはアカデミックな仕事を確保することを望んで、『理性と革命――ヘーゲルと社会理論の興隆』を刊行した。しぶしぶ社会研究所（のポスト）を断念して、彼は戦時情報局（Office of War Information OWI）に加わった。OWIの目的は「出版、映画、プロパガンダなどで「アメリカ人に敵をどのように描くか」についての提案を作成する」ことであった。[10] 一九四三年の三月、マルクーゼはノイマンとともにR&Aの中欧セクションに入り、短期間で出世して「ドイツについての首席アナリスト」になった。[11]

キルヒハイマーは、アルカーディ・ガーランドとともに、アメリカの小企業の問題を検討する米上院の特別委員会のために、一九四二年に「ナチ・ドイツにおける小企業の運命」という重要な研究でノイマンに協力した。キルヒハイマーは数カ月、OSSの顧問として働いたあとで、一九四四年にドイツの刑罰と憲法の専門家として中欧セクションのメンバーに迎えられた。[12]

社会研究所の三人のメンバーによる政府での経験は、フランクフルト学派自体のターニング・ポイントとも一致していた。学派を有名にした多くの研究者の離脱は、多くの点で、理論的に統一された運動としてのフランクフルト学派の終焉を意味した。間違いなく解体の一つの理由は、社会研究所のますます増大する経済的な困難であった[13]（社会研究所はマックス・ホルクハイマーによって率いられ、一九三七年以来ニューヨークのモーニングサイド・ハイツで、コロンビア大学によって引き受けてもらっていた）。ワシントンの機関との交渉のなかで、マルクーゼが一度ならず熱心にホルクハイマーに懇願したのは、経済的な安心を取り上げることに対する経済的ないし知性的な理由を示すことであった（経済的な安心は彼が政府の機関に入ることで確保されることになった）。一九三〇年代後半に、マルクーゼは力強く批判理論のプログラムの定義づけに貢献した。[14] マルクーゼにとってこのとき、この〔政府での〕経験が懲罰とは感じられなかったのは、開戦以来、ナチ・ドイツについてのメモ、リサーチ・プロジェクト、そして会議といった〔知的〕生産を通じて、アメリカの戦争努力のために〔社会〕研究所が提供しようとしてきた貢献の路線に沿っていると考えられる場合だけであった。[15] ノイマンとキルヒハイマーの研究所からの離脱は、いくぶん感情的になることが少ないものであった。実際、この二人の活動の「コスト」を研究所で支援しつづけることが困難になったために、ワシントンにあるさまざまな政府機関からの雇用のオファーを受けるよう、ホルクハイマーは明確な態度で催促しつづけていた。[16]

一九四二年二月一日付のノイマン宛の書簡でホルクハイマーもそう認めているように、[17] 研究所の財政的な困難は、国民社会主義の本性と機能についての問いをめぐって生じた、重要な理論的・政治的不一致と同時に出てきた。ナチズムは実際のところ、社会的な変容のより広いプロセスの一部であり、その社会的な変容にはソヴィエト共産主義も自由民主主義国も支配についての単一のパラダイムに含まれる。こうした観念は、グループの全体に共有されていた。ホルクハイマーとテオドール・アドルノがその後、一九五〇年代に「全体的な社会化」、すなわち大衆社会に典型的な、全体的な抑圧の過程と定義するものの一部が、ナチズムであった。この過程は「たんなる生物学的な個体とされるものとしての人間に外側から〔働きかけるの〕ではもはやなく、それ自体のうちにおいてとらえ、その人を社会的全体性のモナドにする」。[18] 違いがあったのは、全体主義的な社会化過程の原動力の見定めにおいてであった。ホルクハイマー、アドルノ、そしてフリードリヒ・ポロックは、この原動力を、政治と技術の自律的な運動にみた。〔彼らにとって〕経済はいまや不可避的に、政治と技術の自律的な運動に従属していた。反対に、調査・分析部の未来のアナリストたちにとって、原動力は主として経済的な本性をもつものでありつづけていた。ホルクハイマーとポロックは彼らの分析を、「国家資本主義」という、より広い理論的な枠組みで、つまり質的に新しい社会的構成の表現として理解していた。その構成においては、マーケットの自律性が侵食され、また私的な蓄積の追求が一般の計画に従属するにつれて、利益のモチーフがしだいに「権力という動機」によって置き換えられていく傾向になり、そして伝統的な資本家は不労所得生活者になる。[19] こうした視座からすると、ナチズムはたしかに「経済に対する政治の優位」にもとづいた「新秩序」と考えることができた。[20] ホルクハイマーの見解は、同時期にジェームズ・バーナムによって、またすでに先にフェルディナント・フリートが編集していた保守系ドイツ雑誌『ディー・タート』(*Die Tat*) によって主張されたテーゼとも異なるものではなかった。[21] 権力は主として非人格的な性格をもち、組織の錬金術についての卓越した技術的知識のために、いまや新しい社会的な人物、つまり経営者によって代表されている。[22] これがホルクハイマーの見解であった。しだいに資本は、政治権力によって行政的な仕方で規制され、政治権力は政治権力で大企業の経済的な支配に恩義を受けており、このため社会階級のまさにその構成は変化した。

『ビヒモス』においてノイマンは、反対に、ナチズムを「無国家」(non-state) と定義した。独占的・全体主義的資本主義の一形式だというのである。ここでは「国家として今まで知られてきた強制的だが合理的な装置の媒介なしに直接、支配グループが残りの人口を支配する」[23]。彼の目には、国家資本主義についてのポロックのテーゼは形容矛盾にみえた。そしてそれは、使えないという点で、同時期に同じドイツからの亡命者エミール・レーデラー*によって提唱された「大衆の国家」と同じであった。レーデラーはファシズムの独裁を「アモルフな大衆に依拠した現代の政治システム」と定義した。このシステムは、独裁者の権力の永続化を確保するために、社会の「成層構造」を破壊し、「階級なき社会」の転倒した形式に命を吹き込むというのである。[24] ノイマンからすると、ナチズム下の資本主義はその内的な対立を解決してはいなかった。その対立はいまやより高いレベルで作動し、強力な官僚制的な装置とフェルキッシュな〔völkisch は「民族(主義)的」という意味。ナチ政権下で好んで用いられた〕共同体イデオロギーを使って隠蔽されていた。実際、ナチ・レジームは独占的な集中の過程を好み、これを促進した。そして産業の潜在的な力を補強し、中産・労働者階級の地位を弱体化した。こうして、資本主義システムはその内的なダイナミズムを失い、それでいて利潤はまだ「膨張を動機づけるエネルギー」でありつづける一方で、独占化の過程が意味するマーケットの自律性の終焉にともなって、いまや要求されたのが全体主義的な権力であった。

キルヒハイマーとマルクーゼの説明では、ナチの台頭は、資本主義社会の生産関係を質的に変える社会革命の結果ではないし、ワイマール共和国以前の状態の単純な回復でもなかった。むしろそれは近代のドイツ社会がそれまで基礎にしてきた「政治的妥協」のシフトであった。妥協はもはや、古典的リベラリズムにおいてそうであるように、議会のメンバーと政府のあいだの妥協ではないし、大衆デモクラシー（ワイマール）の時代のように、対立する自発的アソシエーション間の合意によるものでもない。ドイツ社会がいまや依拠していたのは、支配的なグループ（大企業、ナチ党、そして軍）の幹部間の「協定」であった。彼らはこのレジームを維持するという共通の利害でのみ結びついていた。対立が調停されたのは、「妥協の最終的な場所」であるフューラーという人物と、帝国主義的膨張という彼の政策においてであった。ナチは「資本主義の精神」を罵《ののし》ったが、それは反資本主義とはほど遠かった。むしろその罵りは、個人の努力を基礎にする競争的な資本主義がしだいに萎縮し、いまや少数の大トラストの手に集中された経済権力が台頭することを表現するものであった[25]。

ホルクハイマーのパースペクティブとは異なって、ノイマン、マルクーゼ、そしてキルヒハイマーによれば、経済関係は直接に政治関係に転換されていた。ここにおいて国家は経済の「執行機関」であり、それは帝国主義的な経済の発展のために国民の全体を組織化し調整した。大企業グループにとっては、国家と支配的な経済利益

＊　エミール・レーデラー（Emil Lederer, 1882–1939）は、ドイツの経済学者。東京帝国大学で教えていたこともあり、丸山眞男『日本の思想』（岩波新書、一九六一年）でも、「國體における臣民の無限責任」に関するレーデラーの発言が引用されている。

の直接的な同一化から引き出される利点があり、それが経済グループの自律性の喪失を受け入れ可能にした。とくにナチズムは、自由主義時代に典型的な特徴を排除した。その特徴とは、〔軍事〕力の正当な行使の独占、法の普遍性、合理的な行政のシステムとしての国家、つまり政治と社会の重複部分のすべてである。同時に、ナチズムによる私的領域の政治化は第三帝国を「大衆の国家」とみなすことを可能にした。この国家において、すべての力と個々の利益が「情念的な人の塊《マス》に水没した。そして巧妙にレジームによって操作」され、自己保存という共通の本能によってのみ結びついた。しかしながら、こうした政治化は、階級なき社会には行き着かなかった。その変種にすらならなかった。あらゆる資本主義社会と同じように、国民社会主義も対立する二つの階級をめぐって構成された。「生産過程を統制する少数と、直接的・間接的にこうした少数者に依存する大多数の人々」である。特殊なのは、すべての中間の機関や集団を抑圧して徹底して社会分化の過程を推し進めた点にあった。実際にはこの結果は、搾取の基礎の拡大であった。この意味で、ナチによる政治化が表していたのは「社会を大規模な産業の要件に適用させる特殊ドイツ的なあり方」であり、ある新しい形式の合理性を自由民主主義国やソヴィエト共産主義とともに共有していた。これは「効率と精確さという基準によって機能する「技術的合理性」であった。しかしながら同時に、個人の人間的なニーズや欲求と関係するすべてから切り離されていた。政治化は全面的にあらゆるものを包摂する支配装置の要件に適合するものであった[26]」。

3

三人のドイツの研究者はまったく異なった背景をもっていた。ノイマンはフーゴ・ジンツハイマーとハロルド・ラスキの学生であった。『ビヒモス』を刊行するまで、彼は〔ドイツ〕社会民主党（ＳＰＤ）とさまざまな組合組織の弁護士として活動していた。マルクーゼはハイデガーのもとで学んだ哲学者であった。彼は若い頃、一九一八—一九年の一一月革命期に短いながらも政治経験があった。この経験からマルクーゼはマルクス主義への彼なりのアプローチと、（彼の見解では革命の失敗の責任を負っている）ドイツ社会民主党への拭いがたい嫌悪をもつようになった。キルヒハイマーはカール・シュミットの学生であった。彼はプロイセンの司法行政の書記としての短い経験があり、また活動家的な政治に対する拒否反応ももっていた。こうしたさまざまな経験にもかかわらず、彼らはワシントンにやってきて、固い絆の友情で結びついていた。その絆は彼らのそれぞれの家族にも及んだ。とりわけ彼らは、共有された方法論と理論的なパースペクティブによって結びつき、何年にもおよぶ社会研究所と彼らの協力関係を強化した。

しかしながら、ノイマン、マルクーゼ、そしてキルヒハイマーがワシントンで置かれた研究環境は、〔社会〕研究所とはまったく異なっており、文化的な地形は「批判理論」を実践するのに間違いなくより不都合であった。しかしながら、この三人のドイツの研究者たちは明確にマルクス主義的な志向をもっていたが、それにもかかわらず、彼らの困難は主として政治的、あるいはイデオロギー的な性質のものではなかった。冷戦が出現するまで、アメリカの行政上の優先順位は、戦争努力に役に立つ指導的な専門家の才能を可能なかぎり最大化することに置かれていた。たとえば、ポール・スウィージーはシュンペーターの優秀な学生で、明確なマルクス主義的な志向をもっていた。そのことはすでに戦前から知られていたが、彼はドノヴァン将軍によって調査・分析部の経済課に雇われた。若き急進派の共産主義には、どんな懸念も抱かれなかった。スウィージーが暴力的なデモに参加しないということと、爆発物やその類のものの政治的利用に反対しないということを、便宜上の理由から確認しようとしたのは、ドノヴァンだけであった。[27] 同じことがノイマンにもいえた。彼の社会主義的な政治的思考は、OSSに入る以前から、政府の役人によってよく認められていた。[28] そのうえ、短い期間ではあったが、ノイマンはOSSの勤務期間に、コード・ネーム「ラフ」（Ruff）として国家保安委員会（KGB）の情報提供者として活動しており、ソヴィエトに極秘資料を提供していた。たとえば、ヒトラー暗殺未遂についてのレポート（本書に所収〔The Attempt on Hilter's Life and Its Consequences と題するレポートを指す。この訳書では訳出していない〕）を書くために使用された資料である。この資料はR&Aのロンドン支部の同僚には提供されなかった。[29] そしてノイマンがKGBと協力関係にあることは、アメリカのシークレット・サービスにもかなり高い確率で「ヴェノナ」（Venona）、つまりソ連のスパイ活動をする情報員の暗号化されたメッセージを解読するシステムによって知られていた。それでも背信や陰謀の告訴が彼に対してなされることはまったくなかった。[30]

この三人のドイツの研究者にとってはるかに厄介であったのは、ヨーロッパの亡命者に対するOSS内の「エスニック」な偏見であった。監督義務をアメリカのワスプ（WASP）〔ホワイト・アングロ－サクソン・プロテスタント〕に割りふるという決定がなされ、それによって外からの「敵」が中欧セクションのような下部部局で行政責任を負うことを阻んだ。ノイマンの場合のように、優越した能力があまねく認められていてさえ、そうであった。偏見は明らかであった。[31]

しかしながら、批判理論にもっとも影響を与えたのは、R&Aの官僚制的な組織であった。一連の内部の命令で、こうした組織の本性が顕現化した。命令は、戦争を通じて強迫観念的なまでに科学的な客観性と中立性の方針を要求した。命令の目的は、著者たちが個人的意見によって読者に影響を及ぼすのを防ぐことであった。レポート執筆における用語選択がごく細部まで統制されるに至った。[32] この実証主義的な強迫観念は、プロジェクト委員会によって駆り立てられていた。プロジェクト委員会というのは、執筆された各レポートの承認とその後の配布に責任を負うR&A事務局であった（主な受け取り先は、OSSの「実働」ユニット、アメリカとイギリスの軍人階層、ホワイトハウス、ルーズヴェルトの行政のさまざまな部署であった）。プロジェクト委員会は「正統派」の地理学者リチャード・ハーツホーンによって率いられていた。彼にとっては「プルースト、ジョイスあるいはガートルード・スタインはみな同列に、R&Aでは場違いということになる」。なぜなら「諜報レポートは表現的な記述ではなく、簡潔さと明晰さに文章としての価値をもつ」からである。[33]「成熟した、客観的な科学調査」というR&Aが期待した水準を下回ると評価されたために、中欧セクションのレポートは一度ならずブロックされた(34)。

批判理論は「クリティカル」であることを目指しており、これがスタートしたのはまさに、科学研究を「思想において現実的なものをたんに二重写し」する実証主義的な観念を拒否することによってであった。こうした理論のまさに前提となるものを掘りくずすことを避けるために、フランクフルト〔学派〕のグループの彼らは自分たちの研究活動を再定義することを余儀なくされていることに気づいた。表面的にはより記述的ではあるが、しかし実際には特殊な問い、あるいは厳格に政治的ないし軍事的な現象によってなされている分析がある。こうした分析に対しては、彼らは哲学的・理論的なカテゴリーを放棄した。このアプローチは、彼らの当時の仕事をいっそうクリティカルな輪郭を帯びたものにし、そしてこれによって、まぎれもない政治的「バトル」がアメリカ行政のなかで巻き起こされた（もっとも、彼らはほとんどの場合、その「バトル」に負けた）。

個々の戦場、新聞・雑誌の論評、電話の盗聴、捕虜の尋問、そしてまたアメリカ議会図書館のすべての資料源のような、たくさんの「通例ではない」情報源に彼らはアクセスした。このアクセスは、社会研究所の母数に比べてより一貫性のある経験的な基礎を、〔フランクフルト学派の〕グループの研究に提供した。批判理論のこうした新しい作業方法の一つの典型的な例は、マルクーゼのレポート「ドイツの社会階層」〔この訳書では訳出していない〕であった。マルクーゼは、ワシントンのフランクフルト学派のメンバーのなかでも飛び抜けて思弁的であったが、私たちがここにみるのは、ナチの主権の三部構成*についての「古典的」テーゼである。このテーゼはドイツの階級構造の正確な定義を可能にした計量的で、事実的な基礎にもとづいて『ビヒモス』で主張された。マルクーゼはこれによって、ナチ下における階級分裂の終焉についての主張の正体をズバッと暴くことができた(35)。

＊　三部構成とはナチ党、官僚制、軍のこと（もちろん経済界がここに加わる）。マルクーゼは政策決定から「労働」が排除された点を強調している。こうした権力観は、ライト・ミルズの『パワー・エリート』（一九五六年）にも引き継がれる。

批判理論をアメリカの文化的・官僚制的なマシーンに適用することで、フランクフルト〔学派〕のグループはすぐに彼ら自身の「知的手引き」を中欧セクションに押し付けることができた。中欧セクションはさまざまな文化的・政治的背景をもつ四〇人以上のアナリストが配置されていたにもかかわらず、明確なフランクフルト印の付いた、ナチという「敵」についての一つの凝集性のある解釈を作り上げてしまった。たとえばユージーン・N・アンダーソンによって準備された回顧録には、「見いだされるべきもっとも有能な人々が任命された」と書かれている。彼は一九四三年から四五年のあいだ中欧セクションの長であり、OSSのフランクフルト〔学派〕のグループの中心的な後援者であった。

しかし人員の選別において強調したのは……共同研究を行なう能力であった。……相互批判と相互補助という方針が一貫して主張された。……あるトピックが割り当てられたならば、その主題について（資料でもアイディアでも）貢献できるアナリストすべてが、そのトピックに責任をもつアナリストと会議で同席し、情報や知識を提供した。……この点で多くの信頼を得ていたのはノイマン博士とマルクーゼ博士であった。この二人はともに彼らの仕事に対するこのアプローチを信奉し、そして実践した。[36]

フランクフルト〔学派〕のグループは彼ら自身の研究戦略をセクション全体に比較的容易に押し付けることができた。驚きながら、アンダーソンはその容易さを書き留めている。このように三人のドイツ人研究者は彼らの知的アジェンダと、アメリカの知的・軍事的エスタブリッシュメントの「生産主義的」な危急の仕事の折り合いをつけた。たとえばマルクーゼはOSSに加わってすぐ後にホルクハイマーに出した書簡で、「エクセレント」という評価をもらった、と皮肉を込めて書いている。R&Aのアナリストの全員が完全に軍隊式のスタイルでこの評価を受けている。[37]「エンドレスにつづく」週ミーティングで、立ち込めるタバコの煙に包まれながら、「エクセレント」なマルクーゼが頭角を現した。それは哲学的な余談によってであり、それを抑えることができたのは、どうやらノイマンだけであった。また彼が頭角を現したのは、「弁証法の知識」で、匿名のレポートやメモの著者を発見する彼の能力によった。[38] ジョン・ハーツは当時キルヒハイマーともっとも親しい同僚であった。「あたかも左派ヘーゲリアンの世界精神（Weltgeist）がＯＳＳの中欧セクションに一時的に居を構えたかのようだった」とハーツは回想している。[39]

4

フランクフルト〔学派〕のグループの中欧セクションへの到着は、第二次世界大戦の決定的な時期と重なっていた。スターリングラードとチュニジアでナチが敗北した直後のことであった。アメリカ（そしてドイツ）の政治・軍の諸階層は連合国の勝利を確信した。このため中欧セクションは「ドイツ崩壊の可能性のあるパターン」〔本書、５章〕について論評すること、そしてレジーム崩壊後のありうる提携と対話の相手を特定することを、一度ならず求められた。彼らは政府の仕事に入る前に、ナチズムの理解を発展させていた。それと同じ線に沿って、フランクフルト〔学派〕のグループがアメリカの当局者にすぐに忠告したのは、一九一八年に第二帝国が崩壊した後に用いられたのと同じロジックで作戦行動をとることは不可能だ、ということであった。一九一八年のときには、ドイツの軍事独裁は「もっぱら上層部だけで」動き、「ドイツ人の組織と生活への完全な支配を確立することにはけっして成功しなかった」。ドイツの軍事的な挫折がこうして引き起こしたのは、ドイツ人の「戦意」の低下であった〔本書、４章〕。この低下は政治権力の移行への道を開いた。「戦闘はまだ継続していたが」、この権力の移行は「いわゆる革命に先立って」「静かに」行なわれた。[40] しかし、ナチの全体主義は質的に異なったシナリオを描いた。社会は「完全に粉々にされて、ばらばらのアトムになる。そうしたアトムが今度はトップ・ダウンで組織され、操作される。……政治じゃなくて「平和、パン、そして安全」を欲するようによく調教される」。そしてまた「自分たち自身と自分の子どもにとっての私的悲しみ、食べ物、シェルター、安全」を抑圧された時代状況における唯一の優先事項として認識するように調教される。こうした時代状況では「恐怖と不信は、彼らがこのような私的な悲しみを明言することすら妨げてしまう」。このためアパシー、疲労困憊、そして不信がドイツの人びとの基本的な特徴であった。彼らは戦争のつまずきによって傷ついたが、それでも根本的に変容したわけではなかった。[41] フランクフルト〔学派〕の人たちの説明によれば、心理戦は「政府について人びとが感じたり、考えたりすることに関心をもつ」べきではない。「むしろこうした感情や思想がいかなる程度、敵の社会の枠内において彼らの行動に影響を及ぼし、また及ぼすことができるかに関心を向ける」。[42] こうした心理戦の見方からすると、「戦意」〔の低下による説明〕はまったく筋が通らないようにみえる。そうではなくてこの見方からすれば、ナチズムが本当のところなんとか作り上げようとしていたのは、「ほとんどバカでも問題ない」社会であった。実際、もし「自由な社会では、個人の感情が最重要の政治的事実である見込みが高い」とすれば、ナチ・ドイツのような全体主義的なレジームでは、個人の感情は「ちょっとした傷つきやすさ」にすぎず、これはレジームが自分の得になるように使うことができてしまうようなものである。[43] 連合国の空爆も証明したように、空爆は、厳密に軍事のレベルでは、重要な結果に到達したにもかかわらず、社会・政治のレベルでは、ドイツ国民をナチ政府にいっそう近づけることになった。なぜならナチ政府が「個人と国民の破壊に対する唯一の要塞」だと考えられたからである。[44] ナチズムはなんとかして「個人の感情の重要性を最小限にまで減らそうとし」、臆病者をさえもっとも勇気ある戦闘者に変えようとした。マルクーゼは、挑発的な仕方で次のようにコメントしている。

たとえばある企業家はナチのことが嫌いかもしれない。戦争に負けるであろうと確信しているかもしれない。

彼は講和を熱望し、無条件降伏を受け入れる準備すらあるかもしれない。彼の戦意はこのように「低い」といえる。その低い戦意は軍備工場の作動にどのように影響するであろうか。労働者は敗北主義者になり、革命家にすらなるかもしれない。彼はより少なく働こうとし、またより少なく働くことができるのではないか。兵士は戦おうとしないかもしれない。彼の意志はそれ自身を確証する機会を得るのではないか。[45]

これら三つのケースで、レジームから離れることはホッブズ的な意味において軽率で、非合理であろう。なぜならそれは、自らの命を深刻なリスクにさらすことを意味することになるからである。そこでは、道徳などは「民主的な贅沢」になっている。こうした抑圧的な文脈で、「心理戦」はまったく不適切になった。連合国が全体主義的秩序に対抗できるとすれば、それは戦意を統御するための構造を打ち砕くこと、つまりナチのシステムそれ自身と、その表現であった社会的・制度的な構造を破壊することによってのみであった。

同じ理由で、フランクフルト〔学派〕のグループが疑いをもったのは、「（ナチ・）ドイツの心臓」を「プロイセンの軍国主義」に見定め、その「破壊」を連合国の主要目標にすることであった。ドイツの歴史には、「ロマン派からヒトラーへ」と至る反民主的な共通の経路がある、という広く抱かれている観念がある。[46] これは合衆国に深く根付いている。こうした観念を軍事レベルで再生産してしまったのが、右の戦略的なパースペクティブであった。フランクフルト〔学派〕のグループにとっては、国民社会主義の「近代的」本性を摑み損ねていることを意味した。しかも、これは戦争の効果的な終結に深刻な帰結をともなう。マルクーゼとフェリックス・ギルバートは一九四三年一〇月二〇日の報告書〔本書〔5章〕〕で次のように説明している。「産業の集中と、ドイツを帝国主義的戦争経済へと全体主義的に統合すること」は、「権力を新たに配分する結果になった。そこで政治的統制が依拠するのは、もっぱら新しいナチ党、階層組織〔官僚制〕、軍関係の財界人、そしてプチ・ブルジョワである」[47]。ドイツは集権化されたテロをともなう統制に服する全体主義的な政治レジームに転換した。この転換は、実際、自律した政治的・行政的なユニットとしてのプロイセンの解体を、より一般的にいえば、プロイセンのユンカーにドイツ全体の政治的支配権を保証していた「社会的・政治的複合体」の粉砕を不可欠のものとした。ユンカーはナチ・レジームと結びついていたが、それは占領された東部地区の大規模事業の経済的な統制についてだけであった。政治的に周縁に追いやられることの「代償」として彼らに譲歩されたのがこれであった。ナチ・ドイツと「プロイセンの軍国主義」を同一視するのは、イデオロギー的な観点からもミスリーディングであった。OSSに加わる前にすでにアメリカ政府当局に送ったレポートでマルクーゼが明らかにしていたことであったが、「新しいドイツのメンタリティ」は、古いドイツの文化（*Kultur*）や、保守的で半封建的なプロイセンの権威主義よりも、「西洋」のブルジョワ民主主義国に典型的にみられる効率性と成功の哲学に実際のところはるかに近かった。[48] ナチ・レジームがもっていたのは、「伝統的な地位や特権とは無縁であるテクノクラート的な効率性という基準」をもとにした「民主的」なイデオロギーであった。このことは伝統的なユンカーの政治的・社会的権力の中心であったドイツ軍にも当てはまった。そこで支配的な論理は古いプロイセンの軍隊の「盲目的な服従」と一致するものではなかった（マルクーゼとギルバートのレポート「ナチの帝国主義に対するプロイセン軍国主義の意義」をふたたび引用する）。「ナチの軍隊の強さは、大部分が、技術的・組織的に高い効率性をもつ、高度に専門化された小部隊の顕著な力に依拠している」。この部隊が要求するのは「プロイセンの貴族の伝統とはまったく異質な、技術的な訓練であり、ユンカーのカースト精神とは不適合な組織的な協調であった」。[49] ウィンストン・チャーチルは「ドイツ人の支配衝動」への戦いという古い決まり文句をくりかえした。この「ドイツ人の支配衝動」に対しては、アメリカの権力機構の人たちも敏感であり、このためナチの抑圧と侵略に実際に責任をもつ人たちに「逃げ道」を残してしまった。プロイセンの軍国主義へのこうした見方は、ヒトラーのレジームとは敵対する保守的なドイツ人の関係者の交渉人としての特権的な地位をソヴィエト政府に与えるというリスクを冒すものでもあった。というのも、ドイツ将校同盟や自由ドイツ国民委員会への支援を通じて、ソヴィエト

る。は、産業と金融構造に有利なかたちでプロイセンの伝統がしだいに周縁化されているのを把握していたからであ

ドイツのエリートのいくつかの部分単位と交渉して講和するか、伝統的な保守的な部内者によってレジームの内部崩壊を準備するか。アメリカの軍事・政治グループの一部が抱いていた、少なくとも一時は期待していた二つの展望がこれであった。しかしながら、ノイマンとマルクーゼはこうした可能性を高いとは考えなかった。ハインリヒ・ヒムラーが内相に任命され、アルベルト・シュペーアが「ドイツ経済の独裁者」（一九四三年八、九月）に任命された。これによって、ナチの指導部は「戦争をあくまで戦い抜き、〔ムッソリーニ失脚後、イタリア首相として連合国と休戦協定を結んだ〕バドリオ政権の登場は許さない」決意であり[50]、そして党はナチの「妥協」のさまざまな要素を、全体主義的なテロを「極限まで」適用することによって「両立」させるつもりでいる、ということがアメリカ人にも明らかになった。失敗に終わった、一九四四年七月二〇日のヒトラー暗殺を、ノイマンはこうした視角から解釈した。ナチの「妥協」の内的なバランスの移行に対応して、つまり党が有利になるように、という視角である。ドイツの将校には実際に、信念をもったナチが溢れていたが、それでさえ、レジームの存続を通じて自身のアイデンティティを主張していたというのが、ノイマンの分析であった。この分析は、ヒトラー暗殺未遂のわずか二日後に書かれた。ヒムラーが内相に昇進することで、軍への統制がSS〔親衛隊〕によって深刻に脅かされている、と軍当局者は考えた。そして〔経済界の大物、銀行家、ユンカー、そして高官といった〕協力者とともに、負けを「マネージメント」する役割を果たすことができる、唯一の機構的な道具を失うことを恐れた[51]。一九一八年とは異なって、軍隊組織はもはや「社会民主党のリーダーシップ」を当てにできなかった。「社会民主党のリーダーシップであれば、軍の動員解除と再組織化を旧来の将校の兵団に委ねてくれたであろうし、義勇軍《フライコーア》を立ち上げることを促し、国防軍を議会の統制から守ってもくれたであろうが[52]」。

より一般的にいえば、フランクフルト〔学派〕のグループは「全体主義的な独裁から組織された政治的オポジ

ションへの円滑な権力の移行」の可能性を排除していた。「なぜなら全体主義的な独裁のまさに本質は組織されたオポジションの欠如だからである」[53]。こうしたシナリオで、連合国にとっての唯一の真の味方は、彼らの意見によれば、地下運動であった。しかしながら、地下勢力は、自力でナチズムからの解放運動を行なう力をもたなかったので、「連合国の支援」を必要とした。つまり、連合諸国によるドイツの軍事的な打倒と占領である。

5

アメリカ陸軍省民政局の注文を受けて、一九四三年の終わりから一九四四年を通じて、中欧セクションは、ノイマンの指揮のもとで、『ナチ・ドイツ・ハンドブック』、とりわけ『民政ガイド』〔の作成〕に携わった。軍事政府が占領の最初の局面で直面せざるをえないであろう、政治、経済、法、そして行政についての問題についてのレポートの重要なシリーズの一つであった（全体で四〇ものガイドが企画され、そのうち三〇以上が効率的に実現された）。アメリカ陸軍省の意図は、直接的な政治的効果をまったく要求するものではなく、こうした提案を、解放された地域で活動する軍事政府の人員に供される付け足しの「推奨」に押しとどめることであった。キルヒハイマーはいまやフルタイムでノイマンとともに中欧セクションのグループのために働いていた。法的・行政的な問題での中心的な取りまとめに責任を負ったのはキルヒハイマーであった。ノイマンとノイマンのグループは、このガイドを、アメリカの行政にロビー活動を仕掛ける手段に転換した。アメリカの行政はそのとき、紛争の終わりに敵をいかに扱うかという内政の議論で手一杯であった。中欧セクションのグループは提案を、国の民主的な再構成のための、明瞭なプログラムに転換した。政治的・制度的なレベルで、このグループが推薦したのが「競争する政党、市民的自由、そして少額の財産をもつ人びとの保護」であった。経済的・社会的レベルでは、「民主的な権利と自由の完全な実現をともなった、基幹産業の国有化」のような、社会主義的な措置がこうした推薦に含められた。[54]

アメリカ行政の内政上の論争では、中欧セクションは当初から、いわゆるモーゲンソー・プラン〔アメリカの財務長官ヘンリー・モーゲンソーが一九四四年に立案したドイツの戦後処理をめぐる計画〕に反対した。モーゲンソー・プランは、ドイツの領土の分割と産業基盤の破壊を推奨していた。それに対して提案されたのが、「ドイツ社会から侵略の原因を取り除くこと」を中心にした選択肢であった。一九四四年一〇月一一日のレポート「ドイツの取り扱い」（本書、11章）でノイマンが説明しているのは、こういうことであった。ドイツの産業基盤の破壊は、内政上の深刻な社会・経済的な緊張を引き起こす危険性をもち、長期のコミットメントを占領軍に委ねるとともに、「戦後ヨーロッパの経済復興」と「平和化」を脅かす。[55]同様に、政治的な実体としてのドイツを破壊することは、影響が競合する領域を作り出し、あるいはいっそう悪ければ、「ドイツの治安維持をめぐる支配権がUSSRの手に落ちる、という結果になる」。ドイツの領土的な分割は、上からのもので、中身のある人民の支持を欠いている。こうした分割の場合には「長期にわたるかなりの力の投入」が必要とされるが、これを引き受けるのに、ソ連は、アメリカやイギリスよりもより適した位置にいる。

「〔戦後〕ドイツを統治するという任務は相当なものであり」、この国を政治的・経済的に破壊することによって単純に解決できるわけはない、というのが、フランクフルト〔学派〕のグループの主張であった。[56]彼らの意見では、タブラ・ラサ政策は厳密な法的・行政的な観点からも非現実的であった。キルヒハイマーが説明するところでは、こうである。「〔ナチ政府によって生み出された〕毎年毎年の法律、法令、条例のとめどない流れはドイツの生活や制度に影響を与え、それらを変容させた。あまりに変容されたので、立法の全体的な廃棄は、心理的な利益はあるとしても、カオス的な状況に至るほどである」[57]。連合国の軍事的安全保障の「要請」という観点からも、彼らが促進しようとしていた理念としても、したがって唯一可能な政策は「民主的な形式で社会を再構成するのに必要な自由を漸進的にドイツ国民に戻すことを含む」であろう。[58]実際、「その土地の人員」に訴えかけることなくしては、ナチズムの「根っこ」を真に除去することは目指すことすらできない。「安全保障の理由からだけでも、軍事政府によって実行されるべき行政機能の程度は、〔第一次世界大戦後に〕ラインラントの軍事占領の最初の二年で行なわれたような機能の範囲とは比べものにならない」とキルヒハイマーは論じた。[59]この〔第一次世界大戦後の〕場合、軍事政府の職務は「占領地区の外側でまだ存在し、そして機能していたドイツ政府と接触することと、占領地区におけるドイツ政府の地域・地方組織を緩やかに監視すること」に限定されていた。ナチ支配の形式と様態を考慮し、また同じく、ドイツの経済・社会システムへの戦争の影響を考慮すれば、ドイツの人員に依拠することが避けられないほどに広範な行政的な責任事項を、軍事政府は引き受けざるをえないであろう。[60]組織の観点からしてこのことが意味したのは、多くのドイツの機関を軍事政府の政治的な統制と監視のもとに置く一方で、こうした機関の形式的な枠組みを保持することであった。たとえば、ナチによって占領されていたヨーロッパ諸国における原料、産業、そして移送の中央管理システムなどが、これに含まれた。[61]

ドイツの人民と協働するという提案は、敵を寛大に扱うということではまったくなかった。モーゲンソー・プランに対抗する「戦術的」メモで、ノイマンは次のように述べている。「政治的な道徳性の理由から求められるのは、ドイツ国民がナチズムとその一連の侵略性と残虐行為に対する責任を共有しなければならない、ということである。多くのドイツ人がヒトラー主義の仕事やイデオロギーを拒絶したとしても……ドイツ国民によって担われるべき一定の責務と責任をドイツに課す措置が、考案されなければならない」[62]。同様に、一連の長期の懲罰的な「負荷」もすぐに確立される必要があった。常備軍の永続的な阻止と武器製造の禁止もそこには含まれる。しかしながら、フランクフルト〔学派〕のグループにとっては、占領軍の非妥協的態度は、たんにナチの政治・軍事リーダーをパージする以上の非ナチ化のラディカルな政策によって方向づけられて当然であった。そして非ナチ化政策はナチズムの「経済的基礎」をも掘り崩すべきということになる。この「経済的基礎」は、党の外部の要素によって促進され、維持されてきたものであり、何年にもわたり、「公的・私的生活のあらゆる領域」に浸透していた。[63] マルクーゼによって準備された一連の提案文書で、中欧セクションは一八〇〇人の財界人と役人のリストを出した。彼らは、ナチ党の位階の外部にある、一見すると「中立的」な経済機構に属してはいたが、「ナチズムの台頭と存続のために不可欠」であった。ナチ体制下で、こうした人たちは「経済統制に対する、かなり直接的な影響力を行使した」のであり、したがって予防的監視下に直接入れられるべき「活動的なナチ党員」二二万人に加えられるというのである。[64]

しかしながら、「ドイツ人の生活からナチと軍事的な影響を可能なかぎりもっとも徹底して除去すること」は、先述の措置に限定されえない。[65] これはまた「下からの民主化の過程を通じた」ドイツの社会構造の深い変容も前提にしている。こうして軍事政府の非ナチ化プログラムの必須の部分は、自由民主主義国に典型的な政党と組合のシステムの再生を支えるものでなければならなかった。しかしながら、偽善的に不偏・中立を主張する自由民主主義的な「抑圧的な寛容」*に屈することなく、である。「あらゆる政党を平等に取り扱うという原理は、戦後ドイツにそのまま適用するわけにはいかないだろう」。このようにマルクーゼはレポート「ドイツにおける旧政党の再建と新党の立ち上げについての政策」（本書、8章）で主張した。国粋主義的な右翼グループと反ナチ・グループを同じに扱うこと、「ナチによる暴力と、ナチ・レジームの周知のテロリストや取り巻きに対する反ナチによる暴力のあいだに」存在する根本的な区別を認識しないこと、こうしたことは、「占領軍の安全保障と平和的秩序の回復に対する最大の脅威を永続する」のに等しいだろうというのが彼の意見であった。[66] したがって非ナチ化は党派的で、選択的でなければならなかった。真の「反ナチ」はレジームの付随的ないくつかの側面に対し

* 抑圧的寛容（Repressive Tolerance）は、マルクーゼが『純粋寛容批判』（一九六五年）に寄稿した論文のタイトル。この本には『独裁と民主政治の社会的起源』（一九六六年）の著者バリトン・ムーアも寄稿している。ムーアも同じくＯＳＳで働いており、マルクーゼの同僚だった。

てだけでなく、その社会的、政治的、そしてイデオロギー的な構造に対して活動的に反対を示した人たちである。これに対して単純な「非ナチ」がいる。とくに実業家フリッツ・ティッセン〔ヒトラーのパトロンであった財界人、のちに強制収容所に入れられた〕のような人物もおり、こうした人物は「もしビジネスの利益になると思えば、ふたたび侵略的な軍事政策の熱心な支持者になりかねない」。そして反動の集まりと「国民ボリシェヴィズム」もいる。彼らは〔ナチ・〕レジームの庶民的な性格に憤慨しているだけで、真の民主的な政策には敵対的であった。真の「反ナチ」をこうした人たちから区別する必要があった。たんに占領軍に喜んで協力するだけでは、「反ナチ活動」を確立するのに十分な要素とは考えられなかった。多くの人びとが「ナチ体制下で保持していた地位を引きつづき保持するために、占領当局の好意を求める」ことが予想されるからである。とりわけ実業家や銀行家の場合に、これが当てはまる。こうした人たちは「占領地域の略奪、財産の「アーリア化」など」に関与することで、「ヒトラー時代に彼らの権力を増大させた」。しかしながら、彼らはナチ下では政治的役職はもっておらず、もっぱら財界人として国に「奉仕した」と主張することで、「ナチの政策と同一視されないために」占領当局に奉仕する準備があるという可能性もありうる。(67)

フランクフルト〔学派〕のグループにとって心からの協力が唯一可能であったのは、左派の反ナチ・オポジションであった（そのなかには、カソリックの中央党も含まれていた。こうした理解は、ワイマール時代から引き継がれた政治的枠組みに、なおもどっぷりとつかったパースペクティブをもっていることを証明している）。フランクフルト〔学派〕のグループの意見では、左派のオポジションの直接的な利害関心は、軍事政府に必要な安全保障と一致していた。「占領当局はこうして困難な問題に直面する。占領軍の安全は法と秩序の回復を必要とするが、法と秩序の樹立はナチズムの除去に依存している。そしてナチズムの除去が達成されるのは、ドイツ自身の土着の政治的オポジションによってである。ドイツの侵略を破壊する、もっとも重要な潜在的手段になるのが、このオポジションである」とマルクーゼは説明した。(68) さらに、反ナチ・オポジションの活動家は、ドイツの行政と法の機構の動きを止めることなしに、行政と法の機構の必要とされるパージによって生じた空白を部分的に埋めてくれる予備軍として働くことができるであろう。「近代的な行政の作動において、訓練された公務員の役割は、ほんとうにしばしば誇張されてきた」とノイマンは書いている。反ナチの活動家には専門知識が欠けているが、こうした欠落は「幅広い政治的・社会的な経験」と、彼らが国民のあいだで得ている「信頼」によって埋め合わせできる。ある意味では、彼らの「技術的」な無能力は、「ドイツ官僚制の団体精神（esprit de corps）」を壊すように機能しうる。この「官僚制の団体精神」は、ワイマール共和国以来ずっと「民主的な要素が司法や行政の官僚制に浸透することに対する最大の障害の一つ」であった。(69)

このことはとくに、秘密の反ナチ運動の重要な中心であった労働者階級政党と運動に当てはまる。マルクーゼによれば、「非政治的コミュニティの連帯を政治的連帯へと転換」し、したがって「無気力と憎悪と困憊を活動に変換することができる閃光を放つこと」のできる国内の唯一の勢力を、この労働者階級政党は代表していた。(70)実際、軍事的占領の文脈では、共産主義運動は、国の民主的な勢力との協働における「ミニマム・プログラム」の近辺で自己組織化し、社会主義運動は伝統的な自由民主主義の改良の方向へと回帰しようとした。(71)同じことは組合にも当てはまった。ノイマンによると、真に民主的な基礎のうえに再建されるならば、組合は「おそらく占領軍を効果的に支えてくれる」。彼の意見では「もっとも完全にナチズムと絶縁すること、およびもっとも直接かつ完全に民主的な原理を公言すること」は、組合の「組織の自由」の擁護に含まれている。(72)

6

中欧セクションの推薦〔案〕が軍事政府当局に受け入れられたのは一度ではなかった。たとえば、ナチ党解体というテーマのためのガイドの付録として、マルクーゼによって準備されたナチ党解体の宣言がある。この宣言は、実際に軍事政府によって出された法令と大方のところ対応していた。[73] しかしそれでも、ノイマンと彼のグループは、ドイツの民主的再構成への彼らの貢献を失敗ととらえていた。大部分について、アメリカの政治当局はフランクフルト〔学派〕のグループによって提案されたのとは異なる道をとることを好んだ。アメリカの当局は、キリスト教民主的な中央党と特別な関係を築いた。イデオロギー的な柔軟さのおかげで、この党は「社会的な革命と新しい形式のドイツ帝国主義の双方を予防することで、中欧社会の安定化を図るすべての勢力の結集地」になった。[74] フランクフルト〔学派〕のグループからすると、このアメリカの政策は、ドイツの非ナチ化と民主的再編になるべきであった「法的手段による革命」から、進歩的な政治エネルギーが奪われることを意味した。この進歩的な政治エネルギーは労働者階級の反ナチのオポジションが提供するはずであったが、これが「社会民主的な妥協」に還元されてしまった。そしてこの「妥協」が鼓舞したのが「快適で、摩擦がなくて、道理にかなった、民主的な不自由」であった。のちにマルクーゼが一九六〇年代に批判したのがこれである。[75] ジョン・ハーツが「非ナチ化の大失敗」という象徴的なタイトルのエッセーでコメントしているように、「鳴り物入りで始まった非ナチ化はすすり泣きで終わった。それが死んだのは、ナチ・レジームで行使していた影響力が部分的、一時的に奪われていた勢力に、ドイツの公的、社会的、経済的、そして文化的な生活に対する新たな支配への道が開かれて以降のことであった[76]」。

それよりほんの少し成功したのは、フランクフルト〔学派〕のグループがニュルンベルク裁判の準備と運営のために提供した書類であった。枢軸国によって永続化された戦争犯罪についての公式の立場を合衆国が確定する前に、ノイマンは実際に「戦争犯罪の取り扱いに関する問題」〔本書、12章〕というレポートを準備していた。このレポートをドノヴァン将軍は直接、陸軍次官補のジョン・J・マクロイに送った。それにはノートが添えられた。このレポートは戦争犯罪にいかに対処するかという問題を解き明かした決定版となる研究だ、と強調するノートであった。[77]（のちに「人道に対する罪」として再定義される）ユダヤ人、あるいはナチの政治的敵対者のような、より政治的に複雑な戦争犯罪を国際法廷において訴追する可能性について、彼は懸念をもっていた。この懸念のために、十分に慎重に（つまり特別な法システムに依拠することを必ずしも必要とせずに）「刑法の一般的に認められた原理と基準を適用」できる、同盟国のあいだに置かれる「政治的機関」を作ることを、ノイマンは考えていた。一九四三年一〇月三〇日にモスクワで連合国によって調印された残虐行為についての声明で掲げられた原理を「実践」する多様な基準を、ノイマンのレポートは提供した。これは、同年の一〇月一〇日のコメントで、キルヒハイマーとハーツが全般的に承認したものであった。[78] とくに、ノイマンのレポートが主張したのは、ナチの犯罪への個々の責任を評価するという論争的な問いを処理できる、明確な理論的な枠組みの確立であった。アドルフ・アイヒマンやその他の多くのナチ高官にとって主たる弁護論になるだろうものを予期しながら、「義務的」なより高次の命令への服従が、戦争犯罪の追及における連合国の方針の考えられる弱点の一つだ、とノイマンは認識した。アメリカのそれを含む、西洋の法体系は、こうした弁護戦略のレジティマシーを認めていた。他方で、ナチズムのような権威主義的なシステムでは、「命令に反対する個人のレジスタンス」は「より危険で、したがって他のところよりも期待できない」。こうしたシステムにおいて、このような弁護を許容することを拒否するのは実際的ではなかった。人質の射殺、非軍人の強制的な追放と財産没収、戦争捕虜の不適切な扱い、集合的な報復、そしてとりわけアイヒマンの事例のように、ユダヤ人や政治的敵対者の殲滅というような戦争犯罪を犯したときに、被告人は自発的にナチ党あるいは関連団体を信奉していたのかどうか。解決が見いだされることができたのはこの点であった。アイヒマンの事例では実際に被告人はナチ・レジームの実践と機能についての「十分な知識」をもっていることが想定できた。「このため彼は責任の分有を逃れることはできない」ということになった。[79] それよりも、刑事責任についての問題は、ナチの法的構造と、とくにフューラー〔指導者〕原理〔ここではドイツ語 Führerprinzip が用いられている。本書で leadership principle と英語で出てくるときには、基本的に「リーダーシップ原理」と訳すが、これはドイツ語の Führerprinzip に対応している〕のまさにその基礎に訴えかけることで解決することができた。ナチ自らの理論的な解釈では、フューラー原理が意味していたのは西洋の法体系で通常受け入れられているよりも広い責任の概念であった。特定の命令の結果ではなかったときでさえも、命令者は部下の行為への客観的な責任を負った。フューラー原理はこうした客観的責任を含むまでに拡大した。このようにしてナチ自体を「客観的敵」、脱人格化された非人格的な犯罪者と考えることができた。本来的にデモクラシーに敵対するレジームに自発的に、心から参加した点で、そのレジームと同じとみなしえたのである。[80] キルヒハイマーとハーツの二人は、刑事責任のこの革新的な理論に体系的な形式を付与するべく、ノイマンによって指名を受けた。実際、彼らは次のように説明している。

こうした基準を逆手にとって、私たち［（つまり西洋民主国、強調はオリジナル）］が戦争犯罪であると考えるものへの責任をナチのリーダーに負わせることで、実際に彼ら自身の基準と方針と一致してなされたことにナチのリーダーは責を負わなければならないことになるであろう。ナチのリーダーたちがそれにもとづいて行為した「法」というのは、実際、いかなる法的な制限も不在な状態であった。そして彼らの行為は、圧倒的多数の人民と国民が法と品位の根本的な基準と考えるものと矛盾していたがゆえに、こうした基準を彼らに適用することは、正義の不在ではなくむしろ正義の弁証になると思われる。[81]

あれこれの準備的なレポートの結果として、[82] ノイマン（この間、中欧セクションの副主任に昇進していた）は、[83] OSSの「戦争犯罪」に関する特別調査グループのトップとしてロンドンに呼ばれた。[84] 彼は、ドイツで権力を掌握し、その支配をヨーロッパ中に拡大しようとしたナチの努力について、入手しうるすべての情報を、裁判用に収集する責務を負った。[85] 彼はロバート・H・ジャクソン判事のチームに配属された。ジャクソンは一九四五年五月に、ニュルンベルク国際軍事法廷でアメリカ代表の首席検事に任命された。一九四五年五月三〇日までに、ノイマンとそのチームは、ジャクソン判事の事務局が使うことができる大量の資料や証拠をすでに作成していた。

そこには、二五の審判請求理由補充書、主たる戦争犯罪者のリスト、そしてゲーリングに対する訴訟の「予行演習」が含まれていた。[86] この準備作業の痕跡は、中心となる裁判で示された四つの訴因項目に明瞭に現れていた。ノイマンが暫定草稿を書いていた。[87] フランクフルト〔学派〕のグループの影響力がとりわけ顕著であったのは、とりわけ帝国的な侵略と支配のための「共通のプラン」というアイディアであった。「ドイツおよびヨーロッパ支配のためのナチの計画」〔本書、14章〕のために、マルクーゼが担当した一連のレポートに彼が寄せた、長文の導入的なテクストに、そのアイディアの詳細が書かれている。[88] 通常は戦争犯罪として認識されているもののなかに、ユダヤ人やその他の市民の団体への「国内犯罪」を包摂するという理念が、起訴の戦略に対するフランクフルト〔学派〕のグループの貢献の一つであった。[89]

しかしながら、フランクフルト〔学派〕のグループの影響がもっとも明白（そしてもっとも論争的）であったのは、裁判でホロコーストに費やされた部分であった。実際、ノイマンは最近でも、ホロコーストについて全般的に低く見積もっていることに対して責任があると非難されている。[90]

OSSの関与の最初から、『ビヒモス』の著者は、普遍的なナチのテロの「剣先」として反ユダヤ主義をみるという解釈を、組織に押し付けることができた。本書の巻頭にある一九四三年五月のレポートで、ノイマンは次のように説明している。

しかしながら、この神話におけるスケープゴートの虐殺や排斥はプロセスの最後を飾るものではあるが、国民社会主義者によって行なわれたユダヤ人の迫害は、やがて来るより恐ろしいことのほんのプロローグにすぎない。たとえば、ユダヤ人の収奪には、ポーランド人、チェコ人、オランダ人、フランス人、反ナチのドイツ人、そしてミドルクラスの収奪が続いた。強制収容所に入れられたのはユダヤ人ばかりではなく、平和主義者、保守主義者、社会主義者、カソリック教徒、プロテスタント、自由思想家、そして占領国の構成員もそうであった。ユダヤ人だけが死刑執行人の手にかかったわけではなく、他の無数の人種、国籍、信念、信仰をもつ人びともそうであった。[91]

ユダヤ人は「抑圧の方法を試す実験台として」の役割において、とくに有益であった。なぜなら彼らは「国民の目からして」、「最上級の敵（foe）」にされる存在として正当化されるのに十分なほど強く、しかしナチをして「強力な敵（enemy）との真剣な闘争に関わ」らなければならないほど強くはなかったからである。

『ビヒモス』の最初の定式化のときから、[92]ナチの反ユダヤ主義についてのこうした解釈はフランクフルト学派の内部でも批判された。レオ・レーヴェンタールはすでに戦争開始の時点で戦時情報局との協働を始めており、『啓蒙の弁証法』における「反ユダヤ主義の諸要素」についての章の執筆に際して、ホルクハイマーとアドルノと仕事をしていた。レーヴェンタールは、一九四三年六月二九日付のマルクーゼへの長文の書簡で、ノイマンの「剣先」理論についての困惑を強調した。「剣先」理論は「最終解決」を準備的な現象として記述してしまっている。これに対してレーヴェンタールは伝統的な「スケープゴート」理論の側に立った。この理論は、あらゆる種類の政治的悪をユダヤ人のせいにする「ごまかし」として、ナチの反ユダヤ主義を認識した。現実の官僚制的な伝統を欠き、ドイツ・イデオロギーの領域への同化に抵抗していたので、ユダヤ人は「ブルジョワ的なやましい心」の代表になり、競争と自由な起業を基礎にして成り立った資本主義的な過去の代表になった。こうしてユダヤ人は両方の水路を作った。一つは官僚制化のもとで繁栄したブルジョワの仲間である人たちの憎悪であり、いま一つは経済的な集中の過程で脅かされる傾向にある、より恵まれない層の憎悪である。[93]マルクーゼもこちらの方のアプローチを採用した。プライベートには、ホルクハイマーに対して、ナチの反ユダヤ主義の展開の光に照らして「剣先」理論を修正する必要があると強調した。マルクーゼは次のように書いている。

反ユダヤ主義のこの機能は、人の性格における支配のすでに確立されたパターンの永続化という点で明らかにますます重要になっている。ドイツのプロパガンダにおいて、ユダヤ人はいまや「内なる」の存在になっている。こうした「内なる」者はユダヤ人とともに非ユダヤ人のなかでも生活しており、「現実」のユダヤ人を殲滅することによっても征服されるものではない。このことに気づくべきである。ナチがキリスト教徒におけるユダヤ人的な要素と名づける特徴や特質をみるならば、いわゆる典型的なユダヤ的な特徴などわからない（少なくとも主としてはない）。それらは、絶対的にキリスト教的であり「人間的」とみなされる特徴である。さらにそれらは、あらゆる形式の抑圧にもっとも決然と反対する特徴である。[94]

こうした内部の論争があったにもかかわらず、「剣先」理論は、ニュルンベルク裁判のために中欧セクションによって準備された反ユダヤ主義についてのレポートで採用された。たとえば、「ユダヤ人に対する犯罪的な共謀」というレポートがチャールズ・アーヴィング・ドワーク（R＆Aのユダヤ人部局長）によって執筆された。これはニューヨークのユダヤ研究所と協働したもので、ドイツとヨーロッパを支配するナチの計画に費やされたシリーズであった。このレポートにはこう書かれている。「起訴の主たる目的は、戦争によって世界支配に到達するために、ドイツ政府、ナチ党、ドイツ軍、産業界・金融界のリーダーに共通の計画ないし企ての存在を証明することである。ユダヤ民族をすべて殲滅することは、それ自身で目的ではあるが、世界征服という目的とも同時につながっており、密接に関連していた[95]」。結果として、「剣先」理論はニュルンベルク裁判のジャクソン判事によって直接、採用された。彼は冒頭の演説で次のように説明した。

反ユダヤ主義は、適切にも、「テロの剣先」であるともいわれてきた。ゲットーは、抑圧的な手段の実験場であった。収奪された最初のものはユダヤ人の財産であった。該当者は増えていき、反ナチのドイツ人、ポーランド人、チェコ人、フランス人、そしてベルギー人に対する同様の措置が加わった。ユダヤ人の根絶はナチに、ポーランド人、セルビア人、ギリシア人に対しても同じような措置を実際にとることを可能にした。ユダヤ人の苦境は、平和主義者、保守主義者、共産主義者、カソリック、プロテスタント、社会主義者といった、ヨーロッパの人びとのその他の要素のなかのオポジションと不満者にとって恒常的な脅威であった。実際に、すべての異議申し立ての意見とすべての非ナチの生活には脅威であった。[96]

フランクフルト〔学派〕のグループは、ユダヤ人の殲滅を抑圧的な世界支配という、より一般的な「計画」に組み込んだ。しかしながら、この組み込みは、国民社会主義のイデオロギーと実践において、ユダヤ人の殲滅が中心的であるということを過少評価しているわけではけっしてなかった。ましてやニュルンベルク裁判から根絶の証拠を隠蔽するつもりは、もちろんなかった。[97] ノイマン、キルヒハイマー、マルクーゼといったユダヤ系の人物たちはすべて、ナチの収容所で多くの近しい家族を失っている。彼らは「最終解決のレポートを無視ないし軽視する傾向がある最後の人びとだ」ということを、アーサー・シュレジンガー・ジュニアは最近、私たちに思い出させてくれた。[98]「ユダヤ人問題」はアメリカの外交関係においてまだ独立した変数になっておらず、またとりわけ、「ジェノサイド」*というまさにその概念がまだ確定していなかった。こうした文脈において、「ヨーロッパのユダヤ人の運命がアメリカの軍事的・外交的なアジェンダから完全に消えることがないように」してきたのは、相当程度において、ノイマンの研究チームの文書のおかげであった。[99] 少なくとも五七〇万人の死という公的な査定を含む、ユダヤ人に対する犯罪的な共謀の証拠の多くに、国際軍事法廷がアクセスできるようにしたのも、ノイマンのチームの助けがあったからであった。[100] しかしながら彼らのパースペクティブでは、ナチによる反ユダヤ主義に対する闘いは、ユダヤ人の運命の特殊性を過小評価するものになってしまう。またユダヤ人の扱いは他のドイツ市民のそれと平等であるべきだという原理も認めざるをえなかった。[101] 同じ理由で、ナチの犯罪を弾劾することは、（のちにシオニズムの政治の典型になっていくような）ホロコーストを「本質化」する試みにとっては外在的でしかありえなかった。

7

いずれにしても、フランクフルト学派のグループとジャクソン判事のあいだのハネムーンは――彼らの関係を特徴づけていた相互的な違いは当初からなので、ハネムーンがかつては存在したといえたとしても、ということであるが――すぐに終わった。中心となる裁判が公式に開廷してほどなくして、ノイマンはプロテストして、戦争犯罪についての研究チームの主任を辞任した。その後すぐ、彼はアメリカ行政からも身を引いた。コロンビア大学とベルリン自由大学での新しい政治学部の設立に献身するためであった（こうして彼の思いに反して、戦後ドイツの政治哲学を進歩的なアメリカに近づけることに貢献することになった）。主席検事のテルフォード・テイラーがニュルンベルク裁判の回想録で認めているように、ジャクソンが明白な理由もなく、公式に裁判にかける被告人を選定するという決定的な局面で、ノイマンのグループの貢献を無視したが、こうしたことは一度ではなかった。(102) いわゆる「経済的な原因」についての審理に、とりわけこのことが当てはまった。ノイマンのグループは一連の研究を準備していたが、この審理から完全に排除された。この研究は、ナチの戦争犯罪の永続化においてドイツの産業界が談合していたことをはっきりと示しており、またナチ・レジームでの犯罪的な政策に関わ

＊ジェノサイド（genocide）は、ギリシア語の「種族」（genos）とラテン語の「殺戮」（caedes）の合成語で、ポーランド人法学者レムキン（R. Lemkin）によって一九四四年にはじめて用いられた。集団殺害を国際法上の犯罪とするジェノサイド条約が国連総会で採択されたのは一九四八年のことである。

った指導的な財界人六七人のリストも含んでいた。[103] ドイツの敵に対する戦いは、またしてもその本質的な要素が奪われた。これを目撃したフランクフルト〔学派〕のグループの失望は、一九七八年に行なわれたハーバーマスとのインタビューで、マルクーゼによって表現されている。「私たちが最初に「経済的な戦争犯罪者」として名前を挙げた人たちは、ドイツ経済の責任という決定的な点については即座に却下された。ここで名前を挙げるのはとても簡単なことです[104]」。

ジャクソン判事のチームでのフランクフルト〔学派〕のグループの周縁化は、OSSの周縁化というより一般的な周縁化と組み合わさっていた。OSSはその後すぐに、一九四五年一〇月にトルーマン大統領によって閉鎖された。フランクフルト〔学派〕のグループは何度も米ソの協力関係の戦略的な重要性を主張してきた。しかしその米ソ協力が終わると、だんだんに進む周縁化の一つとして、マルクーゼとキルヒハイマーは国務省に異動になった。一九四六年四月六日、マックス・ホルクハイマーへの書簡で、マルクーゼは切々と書いている。「お聞きになったでしょうが、国務省の調査・諜報課は共産主義の傾向があるといわれているというので、激しい批判にさらされてきました。この正当化理由によって、予算委員会は当面、新たな資金調達を拒否しました。いまや通常の妥協をめぐる全般的な駆け引きが始まります。しかしかなりの確率で、この課は六月三〇日に解体されることでしょう。もしそうなっても、本当のところ私はまったく悲しんだりしないと思います[105]」。マルクーゼの予言が正しいことが明らかとなった。四月末に、OSSから国務省が引き継いだ調査・分析部は終了となった。アメリカ行政の保守的な仲間内から激しい圧力を受けるなかで、省の組織の人たちは実際に次のように確信していた。諜報グループは「強力にソヴィエト的な偏向」をもったOSS出身の一群の人びとによって指揮されている。そしてイデオロギー的な観点からみて彼らは「大統領や国務長官のもつ見解よりはるかに左」にいて、彼らが望んでいるのは「集団的安全保障、政治、経済、そして社会的改革、グローバルな基盤での国民の富の再配分によって平和に貢献する、共産主義・社会主義国家からなる、世界共和国における社会化されたアメリカ」だ、ということである。[106]妻のソフィーが重病のためワシントンを離れることができなかったので、[107]マルクーゼは（キルヒハイマー同様）「ユダヤ人の物書きの仲間」の一人となった。新しい冷戦メンタリティに直面し、下院非米活動委員会（ＨＵＡＣ）の継続的な監視を受けた彼らは、カフカの『城』にも似た雰囲気にある、国務省での数年間で弱っていった。そこでは「誰が電話に出るのか、あるいはそもそも電話に出てくれるかすら、誰も知らなかった」。そして反共的な傾向に反対しようとする彼らの努力のなかで、誰もが継続的に不満を募らせていた。[108]

一九四九年の八月に、マルクーゼはこの研究を締めくくる長く、詳細な国務省レポート「世界共産主義の潜在力」〔本書、15章〕の総括をしたが、それはすでにすっかり冷戦の分割に浸透された、こうした政治的環境においてであった。導入的な報告でマルクーゼが説明したのは、マルクスの理論に反して、共産主義が勝利したのはソ連、つまり発展しておらず、孤立した国であったという事実の帰結であった。この二つの事実は共産主義のグローバルな発展への障害になっており、その代わりに、強いられて一歩一歩進むソヴィエト社会の産業化の味方になった。西洋の共産党がプロレタリア層でまだ完全に失望されておらず、そしてソ連のリーダーシップからのある程度の自律性がまだ主張されていたにしても、これら政党の社会基盤と発展可能性は一連の政策によって掘り崩されていた。マーシャル・プラン、アメリカの封じ込めドクトリン、そして東西の体系的な通商関係への最初の試みはシステムの安定に寄与し、戦後すぐに西洋の共産党が彼らの構成員の内輪以外に見いだした支持を減らす助けとなった。ヨーロッパの共産党の台頭には客観的な限界があった。これらの政党が予期したのは、西洋リベラリズムの枠組み内での（非革命的な「最低限のプログラム」を受け入れることで目指されるような）「統合」であった。[109]占領下ドイツの「西側占領地区」では、共産主義の政治勢力は「無意味」のレベルにまで落ち込んだ。占領地区でもまだかなり存在する反ユダヤ主義の残滓が証明したように、新たな経済危機の場合でも、住民の恵まれない部分はネオ・ナチの運動に加担する可能性が高かった。よって、マルクーゼには、共産主義の脅威は不在であった。むしろ、ドイツにとって真に反民主的な傾向は、ドイツのポスト・ナチの政治秩序の不自然で、延長された占領にあった。この〔戦後〕秩序は、さもなければ、「国民の解放」という問題についてさまざまな主体やグループが横断的に連携するのに好都合であったかもしれない[110]。

ここでも、マルクーゼの「勧告」に耳は傾けてもらえなかった。キルヒハイマーが数年後、『政治的司法』——一九六一年刊行の彼の主著で、そこにはR&Aでの活動の痕跡が明らかに出ている——で論じることになるように、「どの政治レジームも敵をもっている。あるいはしかるべき時点でそれを作る[111]」。「自由な世界」はすでにその新しい敵を作っていた。しかしながら、それは自身の内的な批判も作り出していた。実際、すぐに、政府の仕事を離れて、マルクーゼはドイツの敵の分析を復活させる。ナチズムとソヴィエト共産主義の「全体主義的」傾向を同一視し、こうして彼らが擁護すると主張していたまさにその自由を社会と世界の「支配の強力な道具」に転換する西側民主国のやましい心を咎めるためであった[112]。

第Ⅰ部　敵の分析

1　反ユダヤ主義――普遍的なテロの剣先

フランツ・ノイマン
（一九四三年五月一八日）

編者注記
R&A 1113.9. このテクストはOSSの調査・分析部内部のニューズレターに発表された（*Psychological Warfare Weekly Roundup* no. 9 May 18–May 24, 1943, section II）。ノイマンが著者であることは一七頁に明記されている。
分類　極秘（Secret）

『帝国』（*Das Reich*）の最近号の一つで、ゲッベルス博士は東方のユダヤ人の根絶を誓っている。『フェルキッシャー・ベオバハター』の最新号も同じく、ポーランドのユダヤ人を完全に根絶すると脅している。一九四三年五月一五日の『ニューヨーク・ヘラルド・トリビューン』は、ワルシャワ・ゲットー*が完全に粛清されたと報じた。この脅威が現実化しつつあると多くの報告が伝えている。

1

ユダヤ人根絶の長いプロセスの直近の状態は、ナチの体制の枠組みにおける反ユダヤ主義の機能の再検討を切実なものにしている。反ユダヤ主義は、ナチ党のまさに立ち上げ当初から、この党のもっとも変化のない単一のイデオロギーであった。ナチのイデオロギーとナチの活動の表の面において、これほど不変の要素は他に形づくられてこなかった。実際、反ユダヤ主義はおそらくナチ党をまとめることができる唯一のイデオロギーであり、反ユダヤ主義のユニークな機能こそがナチ党に特有の性格を与えている、ということができる。

社会のあらゆる悪のスケープゴートとしてユダヤ人が使われている、というスケープゴート理論が広く受け入れられている。反ユダヤ主義の理解はこの理論によって損なわれている。しかしながら、この神話におけるスケープゴートの虐殺や排斥はプロセスの最後を飾るものではあるが、国民社会主義者によって行なわれたユダヤ人の迫害は、やがて来るより恐ろしい事柄のほんのプロローグにすぎない。たとえば、ユダヤ人の収奪には、ポーランド人、チェコ人、オランダ人、フランス人、反ナチのドイツ人、そしてミドルクラスの収奪が続いた。強制収容所に入れられたのはユダヤ人ばかりではなく、平和主義者、保守主義者、社会主義者、カソリック、プロテスタント、自由思想家、そして占領国の構成員もそうであった。ユダヤ人だけが死刑執行人の手にかかったわけではなく、他の無数の人種、国籍、信念、信仰をもつ人びともそうであった。反ユダヤ主義はこのようにテロの剣先であった。ユダヤ人は抑圧の方法を試す実験台に使われた。しかしながら、おそらくこの役目を果たすことができるのは、まさにユダヤ人だけである。国民社会主義はすでに階級闘争を廃棄していた。彼らは、まさにそ

＊　ワルシャワ占領後、ナチ・ドイツはゲットーを創設した。一九四三年四月一九日に住民が蜂起したが、五月一六日には鎮圧された。

の存在によって、この社会の敵対する集団を統合することができる敵を必要としていた。この敵は弱すぎてはいけない。もしあまりに弱すぎてしまうと、国民の目の前で、これを最上の敵にすることを正当化できなくなってしまう。この敵はあまりに強すぎてもいけない。そうでないと、ナチが強力な敵との深刻な闘争に関わることになってしまうからである。カソリック教会が最上の敵の地位に引き上げられることがなかったのは、まさにこの理由からである。強すぎもせず弱すぎもしない役割を見事に果たすのが、まさにユダヤ人なのである。

反ユダヤ主義のイデオロギーと実践において、ユダヤ人の殲滅は究極的な目的、つまり自由な制度、信念、そして集団の破壊を達成するための手段にすぎない、ということがいえる。反ユダヤ主義についてのこの理論を反ユダヤ主義の剣先理論と呼ぶことができる。

2

このように反ユダヤ主義は国民社会主義の不変にして、一貫した政策でありつづけてきたが、その現れ方は一九三三年から一九四三年にかけてかなり変化してきた。ユダヤ人の運命というよりもナチ体制の構造への洞察を私たちにもたらしてくれるのは、まさにこの反ユダヤ主義政策の変化である。

全面的な反ユダヤ主義の最初の現れは、一九三三年四月一日、反ユダヤのボイコットの日であった。[1]この時期の反ユダヤ主義は、突撃隊（SA）の反ユダヤ主義と呼ぶことができる。この時点では、こうした反ユダヤ的な活動の噴出に、活発に参加するか、あるいは少なくとも喜んでいたのは、下方のミドルクラス、プロレタリアートの吹き溜まり、そして多くの専門職（弁護士と医師）であった。ボイコットはシャハト[2]やアングロ・アメリカの諸国の主張で早々に中断され、この反ユダヤ主義による経済的な損失は、卑しい本能の満足から生じる利益をはるかにしのいでいたということが知られている。このように、一九三三年における十全なユダヤ人の迫害の勃発を阻んだのは、世論への配慮と英米との経済協力への希望であった。ナチは海外の世論をテストし、その評判が悪いと理解して、彼らの試みを放棄した。

3

その後、一九三八年一一月〔九日のユダヤ人商店の組織的破壊、いわゆる「水晶の夜」〕に至る期間は、冷たい、計算された、合法化による、ドイツのユダヤ人の迫害の時期であった。一歩一歩、反ユダヤ法が施行された。一九三八年一一月、状況が変わった。フォム・ラートの暗殺の衝撃のもとで、[3] ある迫害〔「水晶の夜」のこと〕が行なわれ、ドイツの経済・社会生活からユダヤ人の完全な排除が実行された。この時期の反ユダヤ的な活動を理解するには、次のことを見きわめることが不可欠であろう。この迫害は国民の自発的な反応なのか、それとも周到に計画され、操作された策略であったのか。迫害を観察する機会をもった特派員のだれもが、反ユダヤ的な顕現に自発性などはなかったということに同意している。それ以降のドイツ発のレポートはどれも、自発的な反ユダヤ主義は今のドイツでは知られておらず、反ユダヤ的な顕現は上からの操作による、という見解を支持している。

上からの操作による反ユダヤ主義というテーゼを支える二つ目の要素がある。一九三八年一一月、一二月の反ユダヤ法はユダヤ人を経済生活から排除したが、この立法は事前に注意深く準備されていた。一九三八年四月二六日の法令で、ユダヤ人はすでに「国内・国外の全財産の登録と評価」を義務づけられていた。そして同日の行政令で、産業、農業、林業の事業を獲得することが禁じられた。

すでに一九三八年の春には、ユダヤ人の財産の登録が命じられていた。この事実から明らかなように、一九三八年一一月、一二月の法令は長期的に事前に計画されており、フォム・ラートの死は、体制の高まった怒りを解放するための口実に使われたにすぎない。

4

なおも残っている問題がある。なぜ徹底した反ユダヤ法の制定に、一九三八年の春とその年の一二月のあいだの時期が選ばれたのか。二つの要因がこの時期の選択を説明する。一九三八年二月四日、ヒトラーは国防軍最高司令官に就任した。一九三八年三月一三日、オーストリアがドイツに併合される。同年五月二〇日、西の壁の建設が始まった(4)。そして同年九月一二日、ニュルンベルクの党大会でヒトラーはチェコスロヴァキアの解体を提案した。こうして一九三八年という年は、ナチ・ドイツに抗する民主的な勢力によるレジスタンスの力がはじめてもっとも厳しい試練にさらされた年である。急進的な反ユダヤ法が理解されなければならないのは、まさにこうした関連においてである。

しかし二つ目の考慮すべき点もある。一九三九年のはじめに、手工業と小売を間引きする二つの政令が制定され、政府はこれによってはじめて公式に、経済的な独立した存在からミドルクラスのかなりの部分を排除することを宣言した。ユダヤ人の経済的な排除は、独立したミドルクラスに対する一撃のほんのプロローグにすぎなかった。

5

一九四三年の春に、ユダヤ人の身体的な根絶が行なわれるが、これも同じような環境においてであった。一九四三年一月二七日の労働動員法はふたたび、一〇万人のミドルクラスの独立を奪った。政治的状況は、想像しうるかぎりもっとも困難である。ドイツ社会内の対立は、すべてを包摂するテロリスト・マシーンによってのみ隠蔽されている。ボリシェヴィズム、社会主義、デモクラシー、リベラリズム、資本主義をユダヤ的として公然と非難することは、計画されたユダヤ人の根絶とセットになっており、次の機能をもっている。

1　ヴェルナー・ベスト博士は、[5]一九四二年に、反ユダヤ主義の機能を国外向けに明確に定義している。反ユダヤ主義に身を委ねた国は、これによってすでにそのリベラルな伝統を放棄している、と彼はいう。これによってこの国は全体主義への防波堤を捨てたのであり、いまや全体主義的な社会になる途上にある。

2　ナチの体制に完全には従っていない集団や機構がある。国内において反ユダヤ主義は、こうしたありとあらゆる集団や機構に向けられた普遍的なテロの方法の試験場でありつづけている。

3　ユダヤ人の迫害はナチの命令で、ドイツ国民のいっそう広い階層によって行なわれた。この迫害はこうした階層を集合的な罪に巻き込んだ。東方のユダヤ人の身体的な根絶という途方もない犯罪への加担を強制することは、ドイツ軍、公務員、そして大勢の大衆を犯罪の加害者ないし補助者にし、それによって彼らがナチというボートから降りることを不可能にする。反ユダヤ主義の新しい波は、ナチではない支配階級による個別の講和交渉を不可能にすることを意図していたと考えるのが安全である、と私は確信する。ナチは彼ら、つまり彼らの一人一人が、もうすでに犯しつつある犯罪によって汚れることを望んだ。

用法。上記の意見書は、私たちが反・反プロパガンダをすることを妨げるものでなければならない。ナチによる反ユダヤのプロパガンダがおそらくもう信じられなくなっているので、こうしたプロパガンダに反駁することは不毛であろう。文明ないし愛国的態度ないし反ナチ的な活動に貢献しているとしてユダヤ人を賞賛することは、むしろ危険ということになるであろう。

反ユダヤ主義のプロパガンダは、以上で述べてきたような仕方で扱われるべきである。

2　近い将来にありうるナチ・ドイツの政治的変化

ヘルベルト・マルクーゼ
（一九四三年八月一〇日）

編者注記
R&A 1034. 著者がマルクーゼだということが *Political Intelligence Report*, no. 21, section I.1（R&A 1113.21）に記されている。
分類　極秘（Secret）

1

軍事的にみて、この戦争は負けだ、とドイツの支配集団が理解するようになってきていることは確実である。ナチのグループのなかには、彼らが恥だと思うところで生きるくらいなら、名誉の死を望む者がいるかもしれないし、イギリスへの全面的な爆撃やトルコを通じた中東への攻撃といったような、破れかぶれの軍事的措置に訴えることを望む者もいるかもしれない。〔しかし〕こんなことはまずありえない。ドイツの軍事的な能力がこうした絶望的な軍事的措置を実行するのにおそらく見合っていないという事実は置いておくとしても、彼らが軍部、実業家、そしてユンカーの断固とした抵抗に遭遇することは確実であろう。破れかぶれの措置がドイツ軍を破壊するだけでなく、彼ら自身の完全な崩壊に至るであろうことを、軍部、実業家、そしてユンカーは知っている。

2

確定的な軍事的な敗北からの逃げ道を、軍事的措置が提供できないとすれば、ドイツの唯一の望みは政治の領域にある。戦争についての政治的な観点は今後、軍事作戦に影を落とすことになり、そしてこの軍事作戦は冷酷にも、ドイツの軍事マシーンの究極的な破壊に至るであろうと主張してもおそらく誇張ではない。したがって、次の問いが出てくる。完膚なき政治的・軍事的な敗北を避けるために、ドイツ政府が追求しようとするのはいかなる政治的な活動か。ドイツ人の前には、二つの戦略の路線がある。第一のものは、敵国それぞれの政治的・社会的な差異を利用し尽くすこと、彼らの戦意を削ぎ、親ドイツないし反戦勢力が権力につく手助けをするために各敵国の甘いところを突くことである。これは希望のない努力だということを、ドイツは理解しなければならない。イギリスについては、こうした希望は、戦争のまさに最初の段階で放棄されなければならなかった。ナチの反米戦略で、希望がつなぎとめられていたのは、早期の講和という結論を下すことが当てにできる大統領の当選であった。しかしアメリカの選挙を待つには、あまりに時間が短い。一九四四年〔の大統領選挙〕はまたもや彼らの期待をくじくであろうということを、ナチは内心ではわかっているのは確実である。* ウラソフ将軍のもとで(1)の、国民解放運動と国民解放軍の創設、ウクライナ人をロシア人から引き裂こうとする試みは、ほとんど成功しなかった。このため、ロシアの国民戦線を掘り崩そうとする、いかなる希望も放棄せざるをえない。ナチがこの領域で彼らのプロパガンダを止めるというわけではない。彼らは国内向けにプロパガンダを継続するであろうこ

＊　このレポートの執筆から一年後、一九四四年の大統領選挙では、現職のフランクリン・ルーズヴェルトが再選された。

とは疑いえない。しかしこの種の政治的な戦略の希望のなさを、彼らは理解していると考えるのが安全である。

3

こうして残るは二つ目の戦略的アプローチとなる。つまり、連合国を引き裂き、一方か他方かのいずれかと、つまりロシアないし西側諸国のいずれかとの交渉による講和を結ぶことである。西側諸国に対してはヨーロッパのボリシェヴィズム化の危険を証明することで、またロシアに対しては連合国によるソヴィエト・ロシアへの介入の危険を証明することで、彼らはこれを実現しようとする。

しかしながら、ロシアも西側諸国もヒトラーとナチ党との取引にはこれまで応じてこなかった。ドイツの指導部もこれはわかっている。結果として、ドイツの支配集団が直面したのは、ナチの体制の基本的特徴を実際のところ破壊することなく、ソヴィエト・ロシアか、あるいは連合国かを満足させる体制上の配置をみつけるという問題であった。まさにこの観点から、ベルリン[2]とマドリッドからのニュースが評価されなければならない。ベルリンのレポートによれば、軍事的・政治的な性質の重要な議論がヒトラーの司令部で行なわれ、ナチ党のゲーリング、リッベントロップ、シュペーア、ヒムラー、ゲッベルス、ボルマンと軍部のカイテル、デーニッツ、ミルヒ、イェションネク、ツァイツラー、ヨードルが参加した。在ベルリン日本大使〔大島浩〕も在席し、カイテルとリッベントロップの前で迎え入れられた。

マドリッドのレポートが述べているのは、カイテル、デーニッツ、ゲーリングの三人組が、あらゆる軍事的・政治的な事柄を司っており、「途方もない権力」が国家元帥ゲーリングの手に集中しているということであった。

4

後者のレポートは本質的に正しいと考えることができる。三人組への権力の集中は、まずなんといっても、ドイツの支配が及ぶ要塞を守るという最終的な理由にすべてを従属させることによって、軍事、政治、そして経済のすべての活動を完全に調整しようとする試みということになるであろう。

このことが含意しているのは、目下のところヒトラーは後ろに下がっており、ナチ党はこの三人組の機関に変容しているということである。三人組は軍隊とナチ党の妥協であるといえるかもしれない。ゲーリングは、ナチ党内で公的なポストを有していない、唯一のナチの傑出した政治的な人物だということが、思い出される必要がある。ゲーリングは、たしかに党に大きな影響力をもっていたが、彼は一党員であり、党やその付属のいかなる組織の幹部でもない。彼はなんといっても全国指導者《ライヒスライター》ではなかった。このため講和を求める気のある軍のリーダーにとっては他のいずれのナチのリーダーよりも好都合ということができる。さらに、彼の合同会社〔ヘルマン・ゲーリング国家工場 Reichswerke Hermann Göring〕によって、ゲーリングは産業・金融の強力なリーダーの支持を動員し、そして彼らが占領されたヨーロッパで経済的な略奪に参加することを可能にしたことはよく知られている。

ナチ党を三人組に実際的に服せしめることは、党が享受している大権や特権について軍や国民の不満を軽減するためになされた、というのは疑いえない(3)。

5

三人組はそれ以前に支配的であった体制よりも連合国にとってより受け入れられやすいだろう、ということも意図されていたかもしれない。しかし、三人組のもとにいる人員はナチ党ときわめて緊密な関係にあったために、連合国は間違いなく交渉相手としてそれを拒否するであろう。カイテルとデーニッツは、軍隊〔関係〕の人よりはるかにヒトラーの側の人であった。英国への空爆の開始、ロッテルダムとワルシャワの破壊、占領されたヨーロッパの経済的な略奪、これらとゲーリングの名前は永遠に結びつくであろう。彼はヒトラーの四カ年計画全権として、この搾取の責任を負っていたし、いまも負っている(4)。

自分たちが連合国に受け入れられると三人組が信じているとは、考え難い。ヒトラーとナチ党が拘束されてからは、さらにありえなくなる。

6

この三人組の形成は、さらなる体制上の変化への第一歩としてのみ考えられなければならない。将来のステップの目的は、社会的・政治的混乱をミニマムにし、ナチの体制の基礎を変えないような一定の政治的変化を許容する政府の体制を創出することになるであろう。もちろん、本質的な問いは、なんらかの仕方でのナチ党の保持である。全体主義政党がなければ国内戦線は組織できず、また革命は阻止できない。支配階級のなかのすべての集団がこのことを理解しているのは確実である。[5] 一九一八年の革命がドイツ軍に証明したことがある。軍が国内戦線にリーダーシップを提供することはできない、ということである。オポジションを一掃し、全ドイツ人を全体主義的なマシーンに統合し、自発的であってもなくても車輪の歯車にしてしまう、一枚岩的な政党が存在しないならば、国内戦線の強固な支持は期待できない。このためナチ党の廃棄は、ナチのリーダーシップの廃止だけでなく、ドイツの国内戦線の完全な統合喪失と同じということになるであろう。革命の衝動が強くても、弱くても、それとは無関係である。革命的な自発性がドイツ国民のなかに不在であったとしてさえ、全体主義的な「統率」〔ここでは「人を導く」という意味のドイツ語 Menschenführung が用いられている〕が欠落することは、不可避的に、反乱、統合の喪失、脱走、そして仕事と戦闘の拒否を引き起こすであろう。ドイツ軍は自分たちがナチ党を必要としていることを認めている。三人組について知らせるマドリッドからの速報でも、このことはレポートされている。[6] したがって、支配的な集団の庇護のもとでのドイツの政治的な再編は、統率、つまり大衆操作の手段としてナチ党を継続させる、と予想されるべきである。しかし、ドイツ国家の枠組みのなかでのナチ党の地位の変化は、必ずもたらされるであろう。

7

ドイツの政治制度の現在の構造についての簡単な議論によって、来たるべき変化の理解は促進されるであろう。もっとも注目すべき現象は、一九三四年以来、ナチの統治階層の構成にほとんど変化がなかったという事実である。突撃隊の弱体化とレームの暗殺を例外として、一九三四年に権力を握ったナチの上層部はいまも権力を握っている。(7) ほとんど毎年リーダーシップの変化がみられたイタリア・ファシズムとは好対照をなしている。しかしイタリア・ファシズムは、政治的決定を議論し、場合によってはそれをなすことができる、少なくとも二つの制度をもっていた。一つはファシズムの大評議会、もう一つは顧問団を擁する君主である。

対照的に、ナチの憲法体制は、そのようにいうことが許されるならば、完全なる無形式性によって、つまりリーダーたちが会い、議論し、計画を立てることができる最上位の政治制度のまったくの欠如によって特徴づけられる。この無形式は、ヒンデンブルクの死後、大統領と首相のポストが融解した結果である。それ以来、フューラー〔総統〕国家（Führerstaat）の理念が発展した。(8) ヒトラーというリーダーを別とすれば、最上位の制度はない。国の内閣は政策を形成する機関ではない。フライヘル・フォン・ノイラートが議長を務める枢密内閣顧問会議は機能していない。国会は、圧倒的なまでにヒトラーの代理人によって任命された党の役職者によって構成されている。国防閣僚会議は代表機関ではない。

また党内の制度化もなされていない。さまざまな機能部署を担当する全国指導者はいる。党の主要な地方区分を担当する大管区指導者もいる。しかし、ヒトラーその人以外で、党の最上位の制度がない。多くのナチのリーダー、とくにアルフレート・ローゼンベルクは、(9) 政策形成とヒトラーからの引継ぎを調整する帝国の最上位の機関として「国民社会主義騎士団」を作ることを提案した。この提案は、ヒトラーの意向で受け入れられなかった。ドイツにおける政治的リーダーシップの制度化が彼に抵抗する道具として使われるのではないか、とヒトラーが恐れていたのは明らかであった。特定の問題で特定の人と交渉すること、党、軍、あるいは産業界のリーダーを気ままに呼び出すこと、そして議論が必要だと感じるたびに彼らと議論することを、ヒトラーは好んだ。

8

制度化の欠如がとりわけ明らかになったのは、一九三三年三月二四日の授権法について私たちが研究したときであった。このとき国会《ライヒスターク》は、ライヒ参議院の地位と大統領の権限に影響を及ぼさないかぎり、憲法から逸脱する恐れのある国法を制定する権力を内閣に委任した。〔その後、すぐに〕ライヒ参議院は廃止された。そして大統領のポストも廃止され、首相のポストと融合した。延長後に、授権法は一九四三年五月一〇日に失効した。ナチはちょうどよい頃合での更新を忘れており、これを通した国会もまったく更新しなかった。その代わりに、ヒトラーの総統命令が出された。(10)この命令は、授権法に含まれている権限は引きつづき将来にも行使されると宣言しただけのものであった。ただ、大ドイツ国会からの求めによる立法は承認されることがあるとの但し書きが付いた。

ナチ・ドイツの憲法はこうして、あらゆる権力はヒトラーのところにあり、彼は彼がしたいことをすることができるという一文に集約されることになった。実際、ナチの憲法学者は所与の事実としてこの一文を受け入れている。

9

ナチ体制の第二の原理は、国家に対する党の優位である。この原理によって、ナチは行政と軍隊を理解した。(11)彼らの見解によれば、党は「国家の政治的意志の担い手」である。政治領域での最近の措置、とくに国防全権委員とその戦争経済のスタッフからなる制度は、このドクトリンを政治的現実に翻訳し、国内戦線における多くの活動に関する最上位の権力を大管区指導者に与えた。

　ドイツの政治システムの無形式性と党の至高性。この二つの事実が（三人組があってもなくても）、ナチの体制が、西側諸国ないしロシアによって受け入れられることを希望することも、それらの国々と首尾よく交渉することも不可能にしている。新しい看板の背後で、国内戦線のカオスと崩壊がないようにして、党を維持しながら、政治システムの漸進的な変容を許容する制度的な準備がなされないならば、彼らにはこうした講和は達成できない。

　第二に、こうした制度的な準備は、ドイツがまだ軍事的に強いあいだに確立されなければならない。そのときにのみ、ドイツはなにかを提供できるし、そのときにのみ、現在動いている政治・経済システムを、少なくとも当面のあいだは維持することができる。

10

　したがって三人組の指名は、はるかに重要な意味をもつ将来の変化のための第一歩と考えられなければならない。私たちはこの変化を次のように思い描いている。国会が召集される可能性が高い。可能性があるのはさらには、大統領と首相のポストが分離され、一人の首相、つまり軍人か、高官か、傑出した銀行家か、実業家が首相の機能を果たす一方で、ヒトラーは大統領の機能を果たすということである。国会は新たな制度を作るであろう。たとえば、軍人、公務員、財界人、銀行家、農業関係者、おそらくはカソリック、そしてプロテスタントの聖職者から構成される、ある種の元老院ないし上院としてライヒ参議院を再建するかもしれない。新しい帝国議会のための自由選挙は可能性が低く、不可能ですらある。なぜなら、体制が容認できないある種の市民権の再建が前提にされるからであり、体制は国内的な混乱のためにおそらく崩壊してしまうからである。

　こうしたライヒ参議院ないし上院の創設によって、政治的決定が議論され、またなされうる制度が成立することになる。ライヒ参議院はこのとき、主として軍人と〔産業と行政の〕技術者からなる新たな内閣を任命することができる。ナチ党は解体されはしないものの、パージされ、国家の一機関に転換され、その結果、党と国家の関係は逆転するであろう。

この内閣は首相とともに、講和を求めるであろう。二つの交渉ポイントがある。大統領としてのヒトラーとなおも強力な軍事マシーンである。内閣はある種の受け入れ可能な講和のための対価としてヒトラーの辞任を提案するかもしれない。ドイツ国民のために自分を犠牲にすると説明する涙をさそう演説をドイツ国民に向けて行なって職を辞すように、このときヒトラーは説得されるかもしれない。

ドイツの新内閣からの講和の提案は、西側諸国かロシアかという別々の講和によって（四九頁参照）連合国の分断を図るであろう。ドイツ人がこうした和平工作を試みるまでに、西側諸国とロシアがドイツ政策で協定していなければ、この工作は連合国を引き裂くことに成功するであろう。

もしドイツの新政府がまず西側諸国との個別の講和を追求するということになったら（ロシアとの単独講和という脅しで彼らの提案を防御しながら）、工作の成否を部分的に規定するのは、この間のイタリアの展開であろう。もしイタリアが、既成の社会構造を転覆しかねない革命的な共産主義ないし社会主義的な運動を生み出すとすれば、ドイツにおけるこうした体制上の配置が西側諸国によって受け入れられる可能性はかなり高まるであろう。このことは容易に予想できる。西側諸国がナチのこうした工作に取り込まれれば、彼らはこれによってドイツのリベラルとドイツの労働者に対する影響力のすべてを失うであろう。そしてドイツに対するロシアの影響は飛躍的に上昇し、自由ドイツ国民委員会のマニフェスト*が第一級の政治的現実になる。

大管区指導者の〔ヨーゼフ・〕ワーグナーがバーデンとアルザスの党労働者の前で行なった演説は、このための心理的な準備だと考えられる。ワーグナーは次のように述べたと伝えられている。「ムッソリーニをしばらくおとなしくさせるのはよいことだ。そうすると、赤いならず者によって悪いことが十分になされるだろう。そうすれば中立派は怯えあがるだろう」。共産主義は誰からも望まれていないと彼はコメントし、次のように締めた。「このようにして、私たちはまた教会とも関係を作ることになる。これはもう一つのよいことだ。教会もまた私たちと和解できる」。

もちろん、こうして再編されたドイツ政府が連合国に講和を求めるというのは確実ではない。それがソヴィエト・ロシアに接近するということはありえる。自由ドイツ国民委員会のマニフェストは強いドイツ政府と強い軍隊を主張しており、ロシアがこうした提案を受け入れるのにかなりの余地を残している。戦争によるロシアの疲弊と戦争へのロシア国民の嫌気は、こうした条件のもとで、ドイツの講和の提案を受け入れる強力な刺激を提供するかもしれない。ドイツ外交政策について東方志向を支持する人がいる。こうした人たちが代表として新しいドイツ政府を構成するとすれば、なおさらであろう。[12] ロシアとドイツの単独講和が西側諸国にもつ軍事的な帰結は明らかである。ドイツ国民の大衆は多大な安堵感をもつであろう。そしてナチに対する民主的オポジションは立ち直る見込みのないほどの敗北を被ることになる。

＊　自由ドイツ国民委員会（Nationalkomitee Freies Deutschland）は、ソ連のドイツ人亡命者によって設立された反ナチの団体。もとより政治的にそれほど大きな力をもった団体ではなかったが、ドイツの敗戦によって、マニフェストの重要性が高まってきた、というのがフランツ・ノイマンの認識であった。

3

ナチの帝国主義に対するプロイセン軍国主義の意義
——連合国の心理戦における潜在的な緊張関係

ヘルベルト・マルクーゼ、フェリックス・ギルバート
（一九四三年一〇月二〇日）

編者注記

R&A 1281. ヘルベルト・マルクーゼとフェリックス・ギルバートが著者であることは、調査・分析部の中欧セクションの長であるユージン・N・アンダーソンからカール・E・ショースキーへの、一九四三年九月二四日付の書簡（RG 226, entry 59, box 1: Projects Committee Correspondence）に記されている。そこでは、プロイセンの軍国主義の破壊について研究するための許可が求められている。

分類　制限なし（Free）

フェリックス・ギルバート（Felix Gilbert, 1905–91）は、ユダヤ系のドイツ人の歴史家で、アメリカに帰化した。フリードリヒ・マイネッケの弟子で、ルネサンス・ヨーロッパについての研究（*Machiavelli and Guicciardini: Politics and*

History in Sixteenth-Century Florence, Princeton: Princeton University Press, 1965）で著名である。合衆国亡命後、一九四三年にノイマンとマルクーゼとともに、彼は中欧セクションで働き始めた。その後、一九四四年の夏に、ＯＳＳのロンドン事務所に異動した。

序　論

プロイセン軍国主義の破壊は、今日、ドイツに対する合衆国の心理戦にとって重要な問題である。ルーズヴェルトとチャーチルは、ほとんど同じ声明を出して、プロイセンの軍国主義を全滅することが中心的な戦争目的であると宣言した。チャーチルは次のように巧妙に述べている。

ドイツの核はプロイセンである。ぶり返す疫病には源がある。……イギリス人、アメリカ人、ロシア人は、ドイツ人の支配衝動によって四分の一世紀で二度も計り知れない浪費、危難、流血を強いられてきた。このためイギリス人、アメリカ人、ロシア人は今回、プロイセンないし全ドイツの権力が、ふたたび彼らを襲うことがないように、措置を講ずると私は確信している。ナチの専制とプロイセンの軍国主義は、ドイツの生命の二つの主要な要素である。これは絶対に破壊されなければならない。(1)

チャーチルの演説とほぼ同じ時期に、ドイツ将校同盟が〔一九四三年九月一一／一二日に〕モスクワで創設された。そのリーダーのなかには、プロイセンの軍国主義者の高官も含まれていた。モスクワのラジオで、彼らはドイツの将校や人びとに、ナチの専制を打倒し、講和を求めるように訴えている。ドイツの戦況が悪化しつづけるならば、ドイツ軍を動かしてヒトラー・レジームに対抗させるのにプロイセンの将校を使うことができ、ドイツで政治的な革命を開始することができる、とロシアは確信しているようである。

　モスクワからのプロパガンダは、現在のドイツの社会的・政治的構造のある解釈に依拠しているようであるが、この解釈は西側諸国のそれと一致していない。ルーズヴェルトとチャーチルの声明は、自由ドイツ国民委員会への政治的反対運動であると解することができる、とスウェーデンの新聞・雑誌はすでに述べている[2]。心理戦と現実の政策における深刻な対立は、このズレの結果であるかもしれない。こうした状況において、ナチ体制の興隆とそうなるであろう敗北におけるプロイセンとプロイセンの軍国主義の実際の役割を評価することは目的に適っている。

　プロイセンはなおも「ドイツの核」なのか。ナチの抑圧と攻撃に主たる責任を負うのはプロイセンの軍国主義なのか。これが、議論されるべき問題である。ドイツの社会的・政治的権力の配分において、ナチ・レジームが重大な変化をもたらしたことを、以下の分析で示そうと試みる。この変化の経過において、プロイセンは政治的な単位としては解体した。プロイセンの貴族はその権力的な地位を失った。帝国主義的攻撃を促進する力は、典型的なプロイセンではなく、むしろ(一)西・中央ドイツとオーバーシュレージエンの重工業、(二)軍国主義者、(三)ミドルクラスと知識人のナショナリスティックな分子、(四)社会・経済集団間のきびしい対立をナショナリスティックな攻撃によって調和しようとする政府のリーダーの利害である。

〔プロイセンが権力的地位を失いつつあるという〕こうした事実を考慮に入れる必要がある。そして戦争の罪と責任の定義が、ドイツに対する私たちの心理戦〔略号でPWと書かれている。ドイツ語版でPSK（Psychologische Kriegführung）となっているので、ここではPsychological Warfareとして訳す〕の、もっとも決定的な要因の一つである。こうした事情から、プロイセンの軍国主義を「絶対に破壊されなければならないドイツの生命の二つの主要な要素の一つ」としてもち上げることは、おそらく私たちの戦争目的の適切な表現ではない。

こうしてしまうと、この用語によってはカバーできない勢力に逃げ道を与えてしまう恐れがある。また、プロイセンないし東プロイセンを帝国から切り離すことを含意している、と解釈される恐れもある。この計画は、ドイツの侵略の根源を排除するものではなく、強力で、和解できない飛び地を作ることにもなってしまうであろう。

＊

プロイセンの軍国主義という用語が指しているのは、ドイツ社会における一定の社会的・政治的複合体である。この複合体に含まれるのは、大まかにいえば、以下の要素である。

（a）地理的〔要素〕。エルベ川以東のプロイセンの領域。

（b）経済的〔要素〕。この地域の経済構造を特徴づけている大規模な農業資産。

（c）社会的〔要素〕。特別に特権をもつ階級としてのこの資産の所有者、つまりプロイセンのユンカー。この階級は（帝国のもっとも有力な土地所有者として）直接的に、あるいはドイツ軍の将校団幹部や比較的高い地位の公務員に就いている息子たちを通じて、政治的影響力を行使してきた。

（d）イデオロギー的〔要素〕。大資産の所有者に帰属する人的、政治的、そして行政的多重権力に由来する、半封建的な権威主義。(3)

帝政下のプロイセン

プロイセンは一八世紀に大国の地位に華々しく上昇した。この上昇は、帝国と皇帝に対抗し、闘争して達成された。一八世紀のプロイセンは、主として東の「植民」地に拡大したが、ほとんどドイツ国家としてはみなされなかった。ナポレオン戦争が終わってはじめて、プロイセンはドイツの生活の中心になった。ウィーン会議が、高度に発展し、人口密度も高いラインラント〔がプロイセンに編入されること〕でプロイセンを富ませた。

一八四八年の革命の失敗と五〇年代の反動的なレジームは、ドイツの生活に対するプロイセンの影響力の確立にとって決定的に重要であった。リベラルな運動を蹴散らしながら、ユンカーはホーエンツォレルン王朝におけるプロイセンの存続と自分たちの支配的な地位とを確保した。新帝国で自分たちの存続と権力が保証されると思われるかぎりで、彼らはドイツ国民国家の設立に同意する、ということは確実であった。

帝国におけるプロイセンの影響は、四つの異なる仕方で確保されてきた。

(一) プロイセン議会における保守的な多数派を確実にするプロイセンの選挙法（三級選挙法）を維持することで、プロイセンの保守派はプロイセンの支配者でありつづけた。彼らが政策の概略を決め、プロイセンの比較的高いレベルの行政の全体はこの階級のメンバー、あるいは彼らがその保守的な見解を評価した人に限定された。

(二) (a) プロイセンの首相と帝国《ライヒ》の首相のあいだの個人的な同盟の樹立によって、(b) プロイセン政府の意のままになる連邦参議院での多くの票によって、帝国憲法は、プロイセン政府の支配的な影響力を保証した。

(三) ユンカーは軍隊の統制を保持していた。国防軍は創設されなかった。独立したユニットを維持したバイエルン、ヴュルテンベルク、ザクセンの軍隊を除いて、ドイツ諸州の軍隊はプロイセン軍に組み込まれた。こうした軍事の指揮は、帝国の大臣ではなく、プロイセンの政府の役人（プロイセンの戦争相）の手に握られていた。さらに、プロイセンの将校団は、主要な軍事制度〔将校の選別と昇進を決める参謀や幕僚会議〕が直接、皇帝に服従しているという事実によって、政治的な干渉から守られていた。

(四) ユンカーの経済的な強さは、彼らの政治権力と一致してはいない。ドイツの生活が産業化することは、ユンカーの特権的な地位を脅かす新しい階級と集団の台頭をもたらした。たしかに彼らの政治的な影響力は、ブルジョワが社会生活の新しい形式を導くのを防ぐほどには強力であった。ドイツは半封建国家でありつづけている。比較的レベルの高いブルジョワが支配集団に受け入れられるのは、保守的なスタンダードを信奉することに依然としてかかっている。さらに、予備将校の制度を通じて、ドイツのブルジョワの大部分は、プロイセンのユンカーの理念、名誉規範、振る舞いによってパターン化されてきた。

しかしながら、ユンカーの政治的な地位は、彼らの経済的な地位の低下によってしだいに掘り崩されてきた。農業生産物の激しい国際競争は、ドイツの市場を脅かした。ユンカーの資産である土地は痩せているので、収益の高い競争的な経営への転換は、かなりの資本投下を必要とする。しかし、ユンカーの資産は過剰な評価を受けており、こうした転換に必要な資本を獲得することができなかった。したがって彼らはしだいに保護的な関税に頼らざるをえなくなった。ドイツの重工業との政治的な同盟を組むことによってはじめて、彼らはこうした関税を手にすることができた。二つの分岐する利益は妥協に合意した。その妥協によって、ユンカーは重工業の拡大的外交を支持する一方で、産業は保護的関税に同意した。帝政ドイツの帝国主義政策は、主としては、軍国主義者、知識人、そしてミドルクラスのナショナリストに支えられた、産業ブルジョワの政策であった。この政策のもっとも強固な支持者であった国民自由党は、重工業を代表していた。ドイツの帝国主義のプロパガンダを行なう二つの重要な組織であるドイツ植民協会とドイツ海軍同盟のなかで、主要なメンバーはユンカーではなく、実業家や研究者や広報関係者であった。

一国内で、最近統合された、半封建的な土地所有者、実業家、その他の資本主義者、サラリーマンのミドルクラス、芸術家、産業労働者といった相互に敵対するグループの同時的な共存は、政治家、そして政府にも、こうした内的な対立を克服する手段としてナショナリスティックな侵略を使う気にさせた。

共和国下のプロイセン

プロイセンのユンカーの政治的地位は、ワイマール共和国下で凋落した。ユンカーがビスマルク帝国で享受していた憲法上の保障は無効化された。もともと一九一八年に計画されていたが、プロイセンは解体されなかった。それでも普通選挙権を基礎にした議会制デモクラシーに移行し、保守層は権力的な地位を喪失した。ワイマール共和国の全期間を通じて、プロイセンは左派政府に支配された。一九三三年の選挙ですら、プロイセンでのナチの得票率は、ドイツのどの州よりも少なかった。政府機構への憲法による支配権のすべてを喪失したものの、ユンカーは軍や重工業との同盟を通じて圧力団体として強い影響力を行使しつづけた。

(一) 新たな共和制レジームは〔帝政期に保守が独占していた〕既存の行政機構に手をつけられないと感じていたので、保守的な要素は行政〔機構〕の比較的高いところで存続した。旧来の帝国官僚が影響力のある地位にいつづけたので、彼らは全体として、行政の民主化と共和主義化の邪魔をすることができた。

(二) プロイセンの貴族は、国防軍の将校団のなかでしっかりと身を固めつづけていた。軍が創設されたとき、元プロイセンの将校は重要な地位を占めたままであった。国防軍は小さな専門的な軍隊であったので、将校たちは将校団の選別にあたり高度に選択的なシステムを採用することができ、プロイセンのユンカーが決定的に重要な要素でありつづけるような仕方で必要要件を定式化することができた。一九三二年に、ドイツ人将校の二七・一五パーセントが貴族で、国内の貴族の割合が確保するだろうものをはるかに超える率であった。しかしながら、比較的高い地位の軍指導部や伝統的な軍の部署での貴族の強さは、しだいに重要になってきた新しい技術的な部署においてよりも、はるかに強かった。

(三) 官僚制と軍隊の保守派の地位は、一九二五年にヒンデンブルクが大統領に当選することで補強された。というのも、彼はこうした勢力の強力な代弁者になったからである。

(四) 大土地所有者と産業の同盟は、しだいに緊密になっていった。東部の大規模資産の、国際市場での競争的な地位は悪化しつづけた。ユンカーは以前にも増して、外部の保護に頼らざるをえなかった。ユンカーの要求をもっとも喜んで支持したのが、ドイツの産業であった。ユンカーは農業機械と人工窒素のもっともよい顧客であった(ドイツ国内を独占していた化学トラスト[4]。当時すでに重工業の政策と一致していた)。産業の圧力団体と政党は、オストヒルフェ〔東部の農業救済措置〕の承認を後押しした[5]。オストヒルフェは無防備な倒産からユンカーを守った。ユンカーはかなりの影響力をふたたび獲得したが、一九二八年以来、保守党がアルフレート・フーゲンベルク(連合鉄鋼業とクルップ〔エッセンにある、ドイツを代表する重工業企業〕と関係が深い)のリーダーシップのもとに置かれたという事実は[6]、大工業の権力へのユンカーの依存度を示している。

ナチ・レジーム下のプロイセン

ナチは、決定的に重要な政治権力としてプロイセンのユンカーの排除の過程を完遂した。これはいくつかの要因によって規定された。

(a) 統一的なテロによる統制のもとで、ドイツは集権的な全体主義国家へと転換する。この転換によって、政治的ユニットとしてのプロイセンは廃止された。(財務相を除く)すべてのプロイセンの大臣は、国の大臣と融合した。プロイセンの州《プロヴィンツ》は、国全体の政治的ユニットと行政において同等の大管区に縮減された(〔本章末の〕補論を参照)。

(b) 戦争経済の要件が、市場の利益と関係なく、ドイツの産業を完全な能力にまで展開させることをナチに強いた。ドイツ経済の構造は、全体として、産業セクターの利益になるように再編された。

(c) 同時に、大工業の(直接的・間接的な)政治権力は着実に増大した。大工業と金融のコンツェルンの利害によって、ナチ国家が形成されている。その度合いはかなりのもので、「ビジネスの自己統治」と政府の機関および制度との融合がこの度合いを物語っている。

(d) 国家が採用したのは、伝統的な地位や特権に関係なく、技術的な効率性という基準で方向づけられた、新しいイデオロギーであった。ナチ国家が機能するのは、大衆と機構を組織化し操作化することによってであった。こうした特徴のすべては、プロイセンのユンカーの半封建的な保守権威主義と衝突する。これに加えなければならないのが、ナチのイデオロギーの反キリスト教的な傾向である。この傾向にもユンカーは反感を抱いた。

(e) ナチの大衆的な支持は、当初はプチブル的・平等主義的な性格をもっていた。こうした性格は、ユンカーの伝統とは敵対する社会・統治レジームを要求した。

この結果、プロイセンのユンカーは政策形成のレベルからは実質的に姿を消した。ナチの階層構造(内閣、国家総督、ナチ党幹部、大管区指導者、その他、トップ・ランクの役人)を、プロイセンとプロイセンのユンカーの割合という観点でみた研究がある。そのなかにプロイセンのユンカーは一人もいない一方で、八六人中一〇人だけがプロイセン出身(エルベ以東の地域)ということを、その研究は明らかにしている。二人(ダリューゲとローゼ)を例外として、プロイセンのナチ将校はみな、たいした政治的重要性をもっていなかった。実際に権力をもっているナチのリーダーの圧倒的多数は、ラインラント、バイエルン、中央ドイツ、そしてオーストリア出身である。

親衛隊（ＳＳ）の高官（大佐と中将）のなかでは、六四人のリーダーのうち貴族は五人だけであり、そのうちの三人は西南ドイツの出身である。

ドイツ軍におけるプロイセンのユンカーの地位は、特別に議論するに値する。国防軍最高司令部（ＯＫＷ）には、一人の貴族もいなかった。しかしながら、軍の部隊の司令官を調べてみれば、これは正しくない。七人の司令官のうち、貴族の家系でないのは一人だけである。将校団の比較的高いランクで、貴族の割合はまだかなり大きい。大将（およびそれ以上）では、約四〇パーセントが貴族に属している。少将の約二五パーセント、准将の約一六パーセントである。国防軍でのプロイセンのユンカーの支配的な地位があるので、ドイツ軍がなおも強力に貴族制的な要素をもっていることは驚くに値しない。しかしまた近年の発展に特徴的なのは、こうした要素が急激に低下している点にある。このため現在、将校団での貴族の割合は、貴族がドイツ国民のそれ以外に対してもつ値との対比では、はるかに多いパーセントではあるが、〔ワイマール共和国の〕国防軍時代の二七・五パーセントをはるかに下回っている。

二つの要因が考慮に入れられるべきである。先に述べた数字では、プロイセンの貴族とドイツの貴族一般との区別がなされていなかった。そしてドイツ軍における貴族の名前を詳しく調べてみると、南ドイツとオーストリアの割合がとても多い。この数字はドイツ軍だけのものである。航空隊も武装親衛隊もカウントされていない。こうした部門はかなり最近になって出てきたもので、プロイセンのユンカーに典型的ではない技術的な知識や能力を要求するので、こうした部門での貴族の割合はとても小さく、一番高くてさえ一〇パーセントを超えることはなかった。近代戦争の必要要件は、軍の民主化と、将校と人びととの新たな関係と、プロイセン「精神」の凋落をもたらすことは疑いえない。

ナチの軍隊の強さは、大部分が、技術的・組織的に高い効率性をもつ、高度に専門化された小部隊の顕著な力に依拠している。こうした部隊の指導部が必要としているのは、プロイセンの貴族の伝統とはまったく異質な、技術的な訓練であり、ユンカーのカースト精神とは不適合な組織的な協調であった。この部隊の厳格な規律は技術的な基準での一貫性にあり、プロイセン軍の死骸の服従（Kadavergehorsam）ではない。[7] ここでも、産業の優れた組織的な士気がプロイセン主義の半封建的なイデオロギーに取って代わった。

ドイツの比較的高い公務員の政策決定のレベルでは（軍事的な階層構造と同じでないかぎり）、次官、局長、上級州裁判所長官のなかでは、プロイセンのユンカーと考えられるのはたった三人しかいない。ドイツ農業のナチの全国組織である全国食料身分団でさえ、ユンカー任せということはない。行政・政治の職員のリストには、ほんの数人の貴族の名前しか含まれていない。ここにおいてもまた、統制はナチの官僚と新しいナチの「農業エリート」によって行なわれている。

大きな例外は、ドイツの外交官の団体である。ここでは、伝統的なプロイセンの貴族の影響はまだとても強い。しかし忘れてはいけないのは、潜在的な妥協をする交渉者を意のままにすることができるように、ドイツ外交の伝統的な性格はナチによって意図的に保持されているということである。

これらすべては、ナチの政策がユンカーの経済的・社会的地位と対立していたということではない。[8] 反対に、彼らは多くの点で守られてきた。世襲財産（相続の権利）が主張され、彼らには世襲財産法が適用され、外国人の奴隷労働を提供され、農業の集中化が継続した。さらに、何人かのユンカーは、占領した東部地区で大規模な土地資産で報いられた。しかしながら、ユンカーが政治的な支配権を喪失してきたという事実を、これらの経済的特権が無効化するわけではなかった。産業の集中と、ドイツを帝国主義的な戦争経済へと全体主義的に統合することは、権力を新たに配分する結果になった。そこで政治的統制が依拠するのは、もっぱら新しいナチ党、階層組織〔官僚制〕、軍関係の財界人、そしてプチ・ブルジョワである。

モスクワのドイツ将校同盟におけるプロイセンの軍国主義者

しかしながら、プロイセンの軍国主義者は、ドイツ軍の比較的高い層で支配的な地位を維持している。彼らがPW〔心理戦〕の特別なターゲットでありつづけているのは、まさにこの地位のゆえである。ヒトラー・レジームへの軍事クーデタは、ドイツ崩壊の、ありうるかたちの一つであることは疑いえない。こうした出来事があるとすれば、プロイセンのユンカーの将校は、おそらくこの軍による反乱のリーダーのなかにいることになるであろう。そして問いが出てくる。私たちのPWは、古いプロイセンの将校団とナチのあいだの緊張関係を利用する準備をすべきか、そしてどの程度すべきか、という問いである。ロシアはすでにこうしたことをしている。最近モスクワで立ち上げられ、自由ドイツ国民委員会と合併したドイツ将校同盟がある。その指導部のなかには、多くのプロイセンの貴族がいる。実際のところ、可能なかぎりたくさんの旧プロイセンの貴族の構成員を同盟のなかに包摂するという負担を、ロシアは引き受けた、ということであると思われる。その貴族というのは、ルーズヴェルトとチャーチルによって敵と名指された、まさにプロイセンの軍国主義を示唆する名前をもつ人びとである。

将校同盟の会長は、最古のシュレージエン貴族、砲兵大将のヴァルター・フォン・ザイトリッツである。彼の家系は一三世紀にまで遡る。副会長は、（なかでも）マキシミリアン・アレクサンダー・モーリッツ・ヴィルヘルム・エードラー・フォン・ダニエルス・シュパンゲンベルク中将、聖ヨハネ騎士団、そしてファン・ホーフェン大佐。自由ドイツ国民委員会にも受け入れられたメンバーのなかには、その家系が一二〇〇年にまで遡るエグベルト・フォン・フランケンベルク・ウント・プロシュリッツ少佐と一二〇三年にまで遡る旧ザクセン貴族のイーゼンハルドゥス・フォン・クノーベルスドルフ＝ブレンケンホーフ少佐がいる。

こうした名前がリストに上がっているのは偶然ではありえない。ビスマルクの曾孫のフォン・アインジーデル伯爵が自由ドイツ国民委員会の副会長に任命されてから、むしろ〔貴族の〕数は少なくなった。ロシア人はドイツ軍の高官に印象を植え付けようとしていたことはたしかである。しかし、もし西側諸国との合意が成り立たなくても、ドイツに対する独自政策を前に進めるという決意を、彼らは示そうともしていた。

軍の将校団内の反ナチグループを説得して引き入れることが、この政策の直接的なゴールであった。彼らは（ドイツが負けつづければ）いつかヒトラー・レジームを転覆する可能性がある。この点で、ドイツ将校同盟のリーダーによる選択は抜け目なかった。

フォン・ザイトリッツ将軍とエードラー・フォン・ダニエルス中将は、軍の功績ある将校であると考えられている。信頼できる情報源が伝えるところによると、彼らはヒトラーの命令に反して、最後のチャンスを逃す前に、スターリングラードからの撤退を、フォン・パウルス将軍に拳銃を突きつけて強いた。同盟の将校たちは、東部戦線の同僚たちから高く評価されたといわれている。彼らはすでに、いまはロシアに対峙している部隊を率いているドイツ人の将校たちと契約しているかもしれない。こうしてソ連のプロパガンダは、同盟の活動をうまく使うことができるかもしれない。ドイツにおけるその効果はまだ評価できない。しかしその放送が聞かれていることは疑いえない。パウル・シュミットは公的な記者会見の一つでそれに言及している。将校同盟のアピールは迅速にドイツで流通し、多くの関心を呼んだので、ヒムラーはもっとも厳しい反対措置を、私的なラジオの没収さえも考えているところだ、と『ニィア・ダグリクト・アレハンダ』〔*Nya Dagligt Allehanda* スウェーデンの新聞〕のベルン特派員は報じた。

軍の司令部における「プロイセン」とナチの仲間には緊張関係がある。敗北が不可避になると、国防軍《ヴェアマハト》のまとまりを解体するに足るほど、この緊張は強い。ロシアがこのように確信していたのは明らかである。万一、イギリスとアメリカの部隊がヨーロッパの要塞の核心に迫る前に、敗北が不可避になるとすると、ロシアは戦後ヨーロッパ形成における交渉上の地位を相当に強化することになるであろう。

このPW〔心理戦〕政策の他の含意はなにか。もし東部戦線の状況が悪化しつづけるならば、軍指導部のなかで不満をもつグループが実際にヒトラー・レジームに反抗し、クーデタを成功させるかもしれない。反乱を起こす将校は、人民の支持がなければ、自分たちの政府を立ち上げることはできないであろう。そして彼らはこうした支持を提供することができるグループやプログラムと同盟を結ばざるをえない。支配しているナチの階層組織を別にすれば、将校同盟のプログラムからして、こうした同盟から排除されると思われるグループは一つだけである。「金融および産業関係の幹部」、つまりドイツ産業のいまのリーダーたちである。ナチの次に、彼らはナチの犯罪の「オーガナイザー」で、その内部の「仲間」としてもっとも一貫して名前を挙げられてきた。(9) このことが意味しているのは、ロシアはおそらく以前の産業の再組織化（おそらくある形式の国有化）を目指しているということであり、そして彼らが引き入れる軍事リーダーはこうした再組織化を阻むことはないと信じる理由をもっているということである。別の言い方をすれば、ドイツの産業の現在の構成がドイツの侵略の真の源である、とロシア人は考えており、この源が破壊されることで、プロイセンの軍国主義はその危険性を喪失する、というのが彼らの見解である。

補論　ドイツ政府・行政組織における現在のプロイセンの地位

一九三三年以前には、プロイセンとその他の州《ラント》（帝政ドイツの構成的なユニット）は、なおも政治的・行政的に重要であった。それらはそれ自身の、かなり大きな立法権力をもっており、執行権力についても、警察および一般的な内務の重要な部署を保持していた。さらに連邦参議院の制度を通じて、諸州は直接的に、とりわけ立法の領域で国の政治に影響を及ぼした。とりわけプロイセンは重要であった。なぜならそれは国の人口と領土の半分以上を含んでいたからである。

国民社会主義は、権力へと上り詰めてから一年ちょっとで、ドイツの伝統的な連邦構造を廃棄し、厳格な中央集権国家にした。諸州は、名称、境界、そしてほとんどの場合において政府の制度について、構成単位という外見を保持したが、実際は自律性を喪失し、たんなる国の行政的な下部〔機関〕にすぎなくなった。これが実現したのは、州を国が任命した役人、つまり国家総督の指導下に置くことによってであった。国家総督は国の政府から、そして国の政府の監督のもとで命令を受けとり、その指導を州政府（いわゆる、であるが）ないし州当局に伝達する。参議院と州議会の廃止は、立法の活動と影響を終わらせた。さらに、執政の領域では、執政府のその他多くの部署と並んで、警察と内務は州から取り上げられ、国に引き渡された。

プロイセンの場合、この解体のプロセスはいっそう早かった。プロイセンはナチによって支配され、ナチの構成要素に分解された。これが成し遂げられたのは、その政府のトップが国の当局に併合され、主要な下部の部署、州《プロヴィンツ》、行政ユニットが直接、国の政府のもとに置かれることによってであった。こうして、一八七一年以後の帝国の「プロイセン化」はプロイセンの帝国化で終わりを迎えた。

プロイセンのすべての省庁は、財務を除いて、対応する国の省庁に併合された。この国の省庁は、国全体に関わる活動に加えて、プロイセン以外の州の場合には州の省庁に任されていたプロイセンの機能も遂行している。ヒトラーはゲーリングにプロイセンの国家総督としての権力を移譲していた。これに加えて、ゲーリングはプロイセン「首相」という称号ももっていたが、これが意味するものは、他の州総督や首相であることよりもかなり小さかった。すでに言及した一つの例外を除いて、命令は国の機関から直接に、中レベルないし低いレベルの各当局に与えられる。たとえば全国労働省は地方の労働局に命令を伝達することをゲーリングに依頼するが、ここにはまったく意味はない。なぜならプロイセンの労働案件を調整する独立したプロイセンの労働省はもはや存在しないからである。このことはまた、ゲーリングを国のさまざまな省庁の従属機関にみせることになるであろう。その状況は、彼が自分をそこに組み入れようとするはずがない状況である。

実際の地方政府（国の保護のもと、他の州の場合には州政府によって行なわれる、政府と行政の部分）はプロイセンでは、州《プロヴィンツ》にある。ここでは、（そのほとんどは大管区指導者である）州総督が、他の州《ラント》や全国の大管区では国家総督に委任される機能を果たす。彼らは中央政府の「委員」である。国の政策がその地域で行なわれるということ、そして地域の政府と行政は国の命令に一致するかたちで展開されるということに、気を配らなければならない。こうして地域の行政にとっての重心は、全体としてのプロイセンからプロイセンの諸州《プロヴィンツ》へと移動した。そしてユニットとしてのプロイセンに残されたものは多くはなかった。

集権化された活動で残っているのは、次のものである。〔プロイセン〕首相のゲーリングは、他の州首相や州政府に残された権力のいくつかを行使する。たとえば、国の政府がプロイセンに発令してほしいと望む法令の発布、具体的な事例での恩赦の権利の行使である。その他では、首相の機能はほとんど儀礼的である。こうして彼はプロイセンの参事院を任命し、召集し、議長を務める。参事院は、ナチの高官とその他の「功労者」の団体で、ゲーリングにプロイセンの仕事について「助言」することになっている。しかし実際には、戦争勃発後に参事院に召集されることはなかった。それ以前の会合も、メンバーの誰かによる音楽を聴いたり、臨時の講演を聴いたりするためだけだった。

プロイセンはまだ、財政的な案件では自律性を保持している。独自の予算をもち、一定の税、主として固定資産税を徴収する。こうした機能はプロイセンの財務省の指揮下で果たされる。プロイセン財務省はまた、たとえば、プロイセン州銀行や特定の鉱山事業などに関する、多くの公的事業を統制している。

プロイセンの没落のもう一つの例がある。一九三五年以来再編され、一九一八年以前はプロイセンであった、帝国にかつて属していたほとんどすべての領土は、プロイセンには返還されず、国の一部（大管区）にされたという事実である。プロイセンが取り返したのは、ポーランドのオーバーシュレージエンと東プロイセンの一部だけであり、ポーランドと西プロイセンの、以前はプロイセンであった地方と、ザール地域で以前プロイセンであった部分はプロイセンに復帰することはなかった。こうして、プロイセンとして知られている、政治的・行政的な現在のユニットは、プロイセンの歴史上のいかなる時代よりも重要ではなく、またバイエルンやザクセンなど、国の他の下部単位に比べてすら重要ではないように思われる。

第II部　崩壊のパターン

4　ドイツの戦意

ヘルベルト・マルクーゼ
（フランツ・ノイマンとハンス・マイヤーホフによる補助）
（一九四三年九月一六日）

編者注記

R&A 1214. マルクーゼが著者であることは、*Political Intelligence Report*, n. 26, section III.D.4（R&A 1113.26）に示されている（フランツ・ノイマンとハンス・マイヤーホフによる補助を受けている）。

分類　極秘（Secret）

ハンス・マイヤーホフ（Hans Meyerhoff, 1914-65）は哲学者で、ベトナム戦争に反対する政治的アクティヴィストであった。ユダヤ系の出自で、ユダヤ人が大学に登録するのを妨げる法律が制定されたあと、一九三四年に合衆国に亡命した。ＵＣＬＡから哲学博士号を取得し、ＯＳＳの調査・分析部に参加した。部門が閉鎖されたのち、マルクーゼと同様に、国務省に異動した。一九四八年にＵＣＬＡの哲学科に移った。一九六五年一一月に自動車事故で亡くなるまで、彼はそこに留まることになる。一九六八年、ハンス・マイヤーホフ記念第一回年次大会レクチャーで、マルクーゼは「一次元的人間を超えて」と題するレクチャーをした（いまでは Herbert Marcuse, *Towards a Critical Theory of Society*, edited D. Kellner, London-New York: Routledge, 2001, pp. 107–20に所収）。そこで彼はマイヤーホフを「ベスト・フレンド」と呼んでいる。

1

PW〔心理戦〕作戦は、政府について人びとが感じたり、考えたりすることに関心をもつのではない。むしろこうした感情や思想がいかなる程度敵の社会の枠内において彼らの行動に影響を及ぼし、また及ぼすことができるかに関心を向ける。この問いへの答えは、「戦意」〔英語の morale の訳語。なお、ドイツ語訳では Moral が使われている〕として理解されるものではなく、敵の制度的・社会的な準備の総計に求めることができる。たとえばある企業家はナチのことが嫌いかもしれない。戦争に負けるであろうと確信しているかもしれない。彼は講和を熱望し、無条件降伏を受け入れる準備すらあるかもしれない。彼の戦意はこのように「低い」といえる。その低い戦意は軍備工場の作動にどのように影響するであろうか。労働者は敗北主義者になり、革命家にすらなるかもしれない。彼はより少なく働こうとし、またより少なく働くことができるのではないか。兵士は戦おうとしないかもしれない。彼の意志はそれ自身を確証する機会を得るのではないか。

最後の例を最初に取り上げてみよう。臆病な兵士ですら見事に戦うよう強制できる、と軍の組織は確信をもっているかもしれない。もし兵士がそうしなければ、野戦憲兵の手によって死に直面する可能性がある。兵士が選べるのは、野戦警察の手で確実に死ぬか、それとも戦闘で生き残る可能性か。制度的な準備はこうなるかもしれない。

ドイツの企業家は、会議所、統制経済の協会〔グループ〕、〔各種〕専門委員会、軍備委員会などの権威主義的な組織のネットワークに埋め込まれている。ナチの大管区指導者や軍備監察官が企業家を監視し統制する。もし彼が生き延びたければ、生産せざるをえない。

労働者は、社会の他のどの集団よりも厳しく統制にさらされる。統制に反逆することは、死か、強制収容所かのいずれかを意味する。

2

最後の例は、全体主義的な社会における戦意についての一般的な命題に、私たちを導く。労働者が自分のやっていることをものすごく嫌がっていてさえ、生産性の下落を妨げるような統制のパターンを考案することに、近代の工場組織の本質がある。ベルトコンベアー・システムは、生産のプロセスに外部の力を導入する。仕事のスピードはもはや、労働者の戦意によってではなく、技術的なメカニズムによって決まる。スピードが嫌いな労働者ができることといえば、辞めることだけである。

しかしながら、まさにドイツでできないのが、辞めることである。そして生命ないし自由を喜んで危険にさらすというのでなければ、労働者だけでなく、誰も離脱できない。

国民社会主義のシステムが考案されたのは、一九一八年をくりかえさないようにするというまさにその目的のためであった。つまり、戦意がなくてもよくするためである。戦意は、いわば、民主的な贅沢品になった。

3

もしこのシンプルな事実が忘れられるならば、ドイツはすでに崩壊状態であると私たちは考えざるをえないであろう。人びとは勝利を信じることなどなくなり、ファイティング・スピリットは深刻なまでに傷つけられている、とレポートに次ぐレポートが伝えている。「噂と批評」についてのある論文にはこう書いてある。「街頭で拾うことができる噂や雑談を信じるならば、私たちの運命に私たちみなが失望させられるであろう。なぜなら、それによれば、私たちはとにかくもう戦争に負けてしまっているからである」[1]。政党の威信は深刻な傷を負っている。それは一様に批判され、軽蔑されている。「とりわけ彼らが批判するのが政党とその仕事である」[2]。当惑させるような質問がくりかえされている。「私たちの政治リーダーはどこにいるのか。どこにも制服がみえない」[3]。意図的な減速とサボタージュによって、生産性は低下する。『ニューヨーク・タイムズ』ですら報じているように、ドイツ人の労働者と外国人の労働者のあいだの友情関係はだんだん普通のことになっている[4]。ミドルクラスの人びとですら反対集会に参加し、社会主義・共産主義の地下組織も息を吹き返しつつある[5]。

これらすべては、ほぼ間違いなく正しい。問題はこうである。作業における戦意という要因なしで済まそうとする、政府と社会のナチ的なパターンに、これがどれほど影響を及ぼすのか。

ヘルマン・ゲーリングの部隊とともにシチリアで捕まった、とても知的なある捕虜〔英語の原文ではP/Wとなっている。ドイツ語版でKriegsgefangenerとなっているので、prisoner of warとして訳す〕は、賞賛すべき仕方でドイツの戦意の問題を語っている。「ヘルマン・ゲーリングの部隊は一緒にいるときにはとてもよく戦った。しかし四〇人、ないしそれ以下の集団に分かれたとき、態度は変わった」[6]。この発言は私たちのテーゼを確証する。組織の枠組みが多かれ少なかれ無傷であるかぎり、戦意の低さはドイツの戦闘と生産の効率を損なうことはない。したがって、究極の問いは、装置がまだ無傷なのかどうかである。ドイツ社会のさまざまな階層ごとに個別に、答えが出されなければならない。

4

ナチ党が社会を完全に統制することを確実にするために、最近二つの方策が取られた。ヒムラーを内相と全国軍司令官に任命すること(7)、そしてシュペーアをドイツの戦争経済の事実上の独裁者に任命することである(8)。

この任命によって、ドイツ国民の国内生活へのすべての権力が二人の信頼できるナチ党員に集中された。しかしながら、これは組織的な改変のほんの一つの観点にすぎない。ヒムラーとシュペーアの両者は、ドイツ社会のもっとも反動的な階層と密接な協力関係にある。その階層は、ユンカーと重工業である。ヒムラーは、ドイツ貴族のメンバーを豊かにするために、東部ドイツ民族強化全国委員の権力を一貫して用いてきた。彼は、占領したポーランド、ロシア、バルカン諸国の資産を次々に彼らに引き渡した(9)。シュペーアは兵器・弾薬省の採用を、もっぱらゲーリングの合併企業と重工業の企業のメンバーから行なった。

こうした動きはかならずしも、ナチ党とユンカーと重工業の一体性を表現しているわけではない。戦争は負けであり、富と権力の喪失をともなう壊滅的な敗北ではない唯一の選択肢は、ロシアないし西側諸国のどちらかと別個に講和することだ、ということを、ユンカーも、産業界のリーダーも、ナチも理解している。しかしまた、軍事指導部と、手を組んでいるユンカーと財界人にはまだ逃げ道が開かれているとはいうものの、ロシアも西側諸国も自分たちと喜んで交渉する気はないということを、ナチの指導部は理解している。

ヒムラーとシュペーアの二人の任命と政策は、今度は、将軍、ユンカー、財界人の道を閉ざす傾向にある。それによって、ドイツの支配階級の三つのグループは、好むと好まざるとにかかわらず、ナチ党指導部のアクセサリーになる。それによって、ドイツのバドリオの精神は大いにいっそう難しくなる。いっそう難しくなるのは、イタリアと違ってドイツには、ファシズムないし君主の大評議会に当たる制度がないからである。もしこの用語がドイツに適用できるとすれば、ナチ憲法体制の、まさに無形式性こそが、ユンカー、将軍、財界人が自分たちの対抗者を明瞭にし、自分たちの感情を政治や行為に翻訳することを、きわめて困難にする(10)。

したがって、一方におけるナチ指導部と、他方における将軍、ユンカー、財界人の差異があるにもかかわらず、今日、支配階級のなかで、こうしたグループへのナチ指導部の統制は、相変わらず強い、ということができる。

現在のところ、ナチ指導部自身によって操作されるのを例外とすれば、支配階級のなかで、政治的に強力なオポジションの出現はありそうもない。しかしながら、もしさらなる戦況の悪化が、自分たち自身と党の利益を脅かすほどに、国内の本物の民主的な分子を強化するならば、反動的なエリート集団は自分たちを守るために、反党戦線に合流する可能性はある。

5

このように、支配集団への統制装置は強力である一方で、ミドルクラスと労働者に関するかぎり、統制装置は弱体化している。以下の顕著な事実は言及に値する。

〔一九四二年春から始まったドイツ本土への〕空襲は、ドイツ領の不可侵性への信仰を粉砕し、解放戦争以来はじめて、ドイツを戦場にした。この効果が、多くの箇所で、ナチの統制のベルトコンベアーのパターンを破壊した。スイスの旅行者によると、空襲のなかで、そしてその後、数千人が職を失うという全般的な悲惨さの結果として、新たな集合主義的な精神が作り出された。共同体の精神は現在の状況に限定されるわけでなく、未来、つまり完全な敗北のあとの再構成の時期にも延長される。「ロシアがやったのと同じように、すべてを一カ所に集め、新たに始めなければならないだろう」といいながら、(11) 民間の空襲犠牲者の報道がなされる。『ストックホルム新聞』(*Stockholm Tidningen*)のベルリン特派員による最近のレポートでも、このことは確認される。「空中戦によってしだいに進む物質的なプロレタリア化」と、それを軽減するために採用される「純粋な共産主義」(ママ)〔ここでの「ママ」sic!は、マルクーゼによる〕ないし「現実的なキリスト教」という方策が、このレポートで言及されている。(12)

しばらくのあいだ、共同体精神はナチ体制をサポートするが、その精神がナチ体制の崩壊の萌芽をそこに持ち込むことはほぼ確実である。この新たな士気の要素はナチの編成とは異質である。というのも、この共同体精神は、政党のシンボルと組織なしに、活動のなかで国民的ないし社会的な連帯の感情を生み出す可能性をもつからである。この精神はまた、これまでナチが利用してきたもっとも特徴的な恐怖の一つである、ロシアへの恐怖を和らげる傾向も持ち合わせている。

悲惨、敗北、空襲、財産の破壊。これらすべてがナチ党嫌いに貢献してきた。大衆操作という主要な作業での深刻な不具合を、〔ナチ〕党は露呈し始めている。撤退プログラムは、党職員の不適切さに悩まされる。大規模な国民の移送は、ローカル・レベルでの政党ボスの直接的な支配から彼らを引き離し、地域的・階級的な対立を浮き彫りにし、破壊的な噂を広めるのを手助けし、安全と報告を約束するナチの公式プロパガンダの方針の効果を損なう。[13] この点をさらに支える他の要因がある。とくに空襲後、突撃隊（ＳＡ）の指導部がＳＡの人びとに可能なかぎりＳＡのユニフォームとバッジを着用するようにとした命令である。この目的に向けてくりかえし熱心な奨励がなされたのは、突撃隊の人たちが、軽蔑、憎悪、そして可能性のある襲撃に自分を晒すことに乗り気ではないということの証拠である。パージは党内で行なわれる。このことは、国民社会主義自動車軍団（ＮＳＫＫ）のリーダーによって率直に認められている。シニアのグループ・リーダーは書いている。「団長のクラウスは、組織内のパージを命じた。微温的であったり、敗北主義的な態度を容認したりする者はだれでも、出ていかなければならない。皆が狂っているよりも、仲間がより少数の方がましだ。私たちはナイフを研いでおかねばならない。無視されるより、恐れられるほうがよい」。あるいは『ハンブルク外信』[14] は最近、「一九三四年のように、もみがらは小麦から分離されなければならない。その時がきた」と脅かしている。ＮＳＫＫからの声明は大きな意味をもった。なぜならこの党組織は、半軍事的な性格をもつエリート部隊で、軍や補給団のトート機関〔アウトバーンの建設などで、多くの強制労働を使ったことで知られる〕が付随していたからである。

現在の政治的・軍事的な状況についての事実問題の分析でまじめな努力をすることで、最終的にヒトラーの九月演説は、勝利のどのような明確な具体的約束も出さなかった。唯一彼が頼った希望は、いつものように、摂理はドイツのために働いてくれているというものであった。しかし、神はいつも強い軍勢の側に立つ。フリードリヒ大王がかつて述べたように、ドイツ人はこう信じるように軍事リーダーによって教え込まれてきた。そして彼らは、連合国がより強い軍勢をもっていると理解している。

こうして、ナチ党のイデオロギー的、社会的、そして政治的な装置は、国民が深刻な損失を被るなかで、もはや無傷ではない。しかし重要な問題はまだ残っている。どの程度、ナチ体制の統制パターンのこうした「断絶」が拡大しうるのか、そしてレジームに対するうまくいく政治的な活動のために利用しうるのか、という問題がそれである。

6

大衆の多数はもはやナチではない、ということは、いまや疑いえない。しかしこのことは、彼らが反ナチだということを意味しない。私たちの捕虜が述べているように、「確信をもった反ナチの数は少ないが、確信をもったナチの数も同じだ」。彼らの統制が不十分なのにもかかわらず、おそらくナチ指導部は、国民大衆からの恐れをほとんど感じていない。無気力、困憊、そして不信が大衆の顕著な特徴なのである。人びとが望んでいるものは「平和、パン、そして安全」であって、政治ではない。この点で、すべての捕虜のレポートには一般的な合意がある。ドイツ大衆の飼い慣らしは、はるかに先に進んでいる。彼らがもっとも気にかけているのは、自分自身と子どもたちの私的な悲しみ、食べ物、シェルター、安全である。恐怖と不信は、彼らがこうした私的な悲しみを明言することすら妨げてしまう。こうして、困憊、不信、そして飼い慣らしは、直接にナチ指導部の手に入る。もし大衆が政治的に活発であり、それどころか覚醒するならば必要とされるであろうよりも、少ない強制措置と小さなテロのマシーンしか、ナチ指導部は必要としない。これによって、現在の政治的・軍事的な状況で、国家と党機構がいかに緊迫した兆候を示すとしても、かなりの程度、それは埋め合わされる。

こうして政治的オポジションは、ナチ党内外の地下〔運動〕いかんということになる。連合国の助けを借りて、非政治的な共同体の連帯を政治的な連帯へと変換することができるのは、この地下〔運動〕なのである。地下〔運動〕のみが、無気力と憎悪と困憊を活動に変換することができる閃光を放つことができる。

5

ドイツ崩壊の可能性のあるパターン

フランツ・ノイマン、ヘルベルト・マルクーゼ、フェリックス・ギルバート

（一九四三年九月二一日）

編者注記

R&A 1483. この三人が著者であることが記されているのは“Political Intelligence Report,” n. 34, section I.2.（R&A 1113.34）、そして「ドイツの崩壊のプロセス」と題された、一九四三年一二月四日の日付の後続のレポートにおいてである。後者は、明らかに、ここに発表されたレポートの統合・最新版である。また、「一九一八年と一九四三年のドイツの状況」と題する、一九四三年の先行するレポートもある。これをノイマンは、シンクレア・アームストロング（OSS、ロンドン）への、一九四四年一月一七日付の書簡で、彼自身の作として引用している（RG 226, entry 146, box 84, folder 98）。

分類　極秘（Secret）

1　序論——一九一八年のパターン

一九一八年における崩壊のパターンについての簡単な概観から、ドイツが直面している現在の展望についてのこの分析を始めるのが有益であろう。

そのコースと結果は全体としてのドイツ国民の社会、経済、そして政治構造によって規定されてはいたが、一九一八年の抵抗の崩壊はまずは軍事的な現象であった。最高司令部は八月一三日には、絶対的に戦争に負けると悟った。九月に始まったドイツ軍の解体は、たんに敗北のプロセスを早めただけであった。一〇月、場違いで、無益な、三度の講和の打診のあと、最高司令部は休戦を願い出ざるをえなかった。

八月から一一月へと至る、ドイツの軍事的地位の凋落には、政治権力の所在の移動がともなった。ヒンデンブルクとルーデンドルフが最高司令部を引き継いだ一九一六年以来、政治権力は、大企業と結託した軍事独裁にあった。軍事的な成功への理にかなった展望があるように思われるかぎり、この編成へのオポジションは消極的なものにすぎなかった。厭戦と平和への希求が大衆のなかで大きくなったが、彼らの代表である社会民主党、中央党、進歩党は、最高司令部の政治的威信が敗北への切迫した展望によって致命的に貶められるまで、真面目に権力を競い合うことができなかったか、そうする気がなかったかであった。そしてそのときですら、政治権力が国会の諸政党によって掌握されたというよりも、軍事独裁によって放棄されたというほうが、より正確であった。一〇月のはじめに、マックス〔・フォン・バーデン〕大公子の宰相任命が決定的なステップであった。ドイツは初の本物の議会体制をもった。戦闘はまだ継続していたが、こうして権力の所在の真の移行が静かに行なわれた。これはいわゆる革命に先立ってのことであった。

こうした特別な発展のパターンを生み出した条件を理解することが重要である。一九一六年の軍事的な独裁は、現在の全体主義的な独裁とほとんど共通するものをもっていなかった。一九一六年の独裁は戦前の帝国の政治構造に押し付けられ、確立された機関と通路を通じて活動しなければならなかった。それが作用したのはもっぱら上層部だけで、ドイツ人の組織と生活への完全な支配を確立することにはけっして成功しなかった。

なぜ権力は民主的な議会主義の連合の手に落ちたのか。理由は二つある。ドイツ国民の気分と政治生活の現存する組織構造の双方が、この結果を好んだのである。一方で、ドイツ国民は、ひどい流血と栄養不足で、戦争にうんざりしていた。そして彼らの大部分は、民主的なイデオロギーの影響下にあった。他方で、よく組織された民主的な政党が実在していた。それらの政党は、平和と憲法改正への国民の願いを代弁することができた。権力を求めるその他の重要な競争相手は存在しなかった。保守は反動的な政策で弱体化しており、革命的な政党はセクト主義的であった。

一九一八年夏の状況は、次のように要約することができる。ドイツ国民は戦争と独裁に飽きていた。彼らはデモクラシーを試したことがなく、その可能性を信じていた。そのとき、敗北が確実になった。最高司令部は権力を喪失し、権力はほとんど自動的に非革命的な民主政党に移行した。

2　一九四四年において可能性のある崩壊パターン

I　一九一八年と今日の差異

軍事的・経済的な観点において、ドイツの現在の状態は、一九一八年のそれとの並行性とコントラストの両方を呈している。しかし政治的な側面では、いまと当時とではほとんどなにも共通するところがない。

ドイツの軍事的敗北はいまや、一九一八年の夏にそうであったにちがいないのとほぼ同じくらい確実であるようにみえる。しかし敵は現在まだ、本土から遠くにいる。いまのほうが、一九一八年にあったよりも、作戦行動をするたくさんの防衛スペースがある。この相対的な利点は、今日の空中戦のはるかに大きな重要性によって相殺される。空中戦の射程は国の心臓部に届いている。国民は一九一八年よりも食料を提供されている。しかしここでもまた空襲が相殺要因である。厭戦は少なくも一九一八年に匹敵する規模で感じられているにちがいない。こうして一九四三年に、厭戦的なドイツ国民は敗北に直面した。それは、おそらく一九一八年よりも直接的ではないが、同様に確実な敗北であった。

しかしながら政治的には、今日の状況は一九一八年とはまったく異なる。ナチの独裁は、先の戦争の軍事的な独裁とはまったく異なっている。後者とは異なり、それは全体主義的な独裁なのである。社会は完全に粉々にされてばらばらのアトムになる。そうしたアトムが今度はボトムアップではなく、トップダウンで組織化され、操作される。ここでの独裁はこうした意味で用いられる。教会を除いては、地上には自発的な組織は残されていない。自発的な組織を形成しようとする試みや、不満を表出しようとする試みはどれも、容赦のないテロに遭遇する。

もちろん、ナチと伝統的な支配集団のあいだには、かなり近い一致が存在してきた。そして前者はしだいに後者に侵入してゆき、その結果、多くの大企業の財界人や何人かの将軍は、二、三年前に成り上がったナチ政治家だ、というのは正しい。しかし、ナチが支配階級に統合されていくプロセスは完成にはほど遠かった。その集団はまだ、別個で、認識可能なアイデンティティを有している。レジームが成功を享受しているかぎり、この分離は特別に重要というわけではなく、それは利点すらもっていた。ナチの運動が提供したのは、下層のミドルクラスから才能のある者をリクルートする社会的なエスカレーターであった。支配階級と完全に融合するときには、階級の線引きのかつての硬化は再設定される。しかし逆境においては、ナチの支配派閥が占めていた特徴的な地位は特別な重要性をもつ。その重要性を理解することは不可欠である。ドイツ内外の、世界中の人びとの目には、公然とそれに加担した財界人、銀行家、公務員、そして将軍らを含めたナチの指導部が、戦争とそれとともにもたらされたすべてに責任を負っている。ドイツにとって事態がうまくいっているかぎり、このことが意味したのは、国外からの否認であり、国内からの是認であった。しかしいまや事態は悪くなり、敗北の展望にドイツは直面し、ナチのグループはほとんど普遍的な大衆嫌悪の対象になっている。彼らは、迫り来る瓦解からなにも救い出す望みをもちえないグループなのである。そして当然のことながらこのことが意味するのは、過去においてドイツの支配階級への彼らの貢献がいかほどであったとしても、彼らは急速に、お荷物で厄介者になっているということである。

しかしながら、もしナチがまだ権力の座にいるのであれば、理由を理解するのは容易である。ドイツ人の生活のすべての観点への全体主義的な統制のシステムが手つかずのままであるかぎり、民衆の反抗が現実となる可能性はない。ナチの地位に挑戦するのに十分に強力な力を備えている唯一の存在は軍事リーダーである。〔ただし〕万一追放運動を試みるならば、彼ら軍事リーダーは全滅のリスクを冒すことになるであろう。ナチは、とくにゲシュタポと親衛隊に、やり返す力を保持している。もし公然たる紛争に発展すれば、内からの反乱と外からの侵略のドアが開かれるであろう。明らかに、軍事リーダーと、彼らと間違いなく同盟している財界人は、ナチを押し出すどの計画をとるにせよ、極力慎重に行動しなければならない。それどころか、彼らは直面するジレンマで永遠に麻痺させられるであろう。

一九一八年には、全体主義的な統制はなく、政党が存在した。このため政治権力の移行は相対的に単純で、流血なしで済んだ。今日、こうした条件はない。

問題の組織的な観点に加えて、今日の国民のオポジションとのあいだには別の差異もある。当時、労働者、自由主義者、カソリックは民主的なイデオロギーの影響下にあった。〔これに対して今日では〕すぐにはそうならない可能性が高いように思える。ワイマール共和国は、多くの大衆にとって、それ自体で辛い経験であった。労働者階級と、下層のミドルクラスにとどまったものは、「もう二度と〔こんな経験はごめんだ〕」という精神態度で、この戦争から這い出すであろう。もちろん、ドイツ国民は、敵対関係が終わってもしばらくは、活発な役割を果たすにはあまりに消耗し、打ちのめされているかもしれない。しかし、彼らの影響力がふたたび感じられるならば、一九一八年の民主的オポジションよりもはるかに革命的になる可能性が高いであろう。

さらに一九一八年と一九四三年のあいだには政治的な差異がある。それは、住民のさまざまな階級間の見解と動機の差異という意味である。こうした差異は、当時といまの〔ドイツの〕敵対国の連合の異なる性格へとたどり返すことができる。一九一八年には、フランス、イギリス、合衆国は本質的に似たような社会構造を有しており、いずれも同じまっすぐな目標のために戦っていた。世界政治的・経済的な権力へのドイツの増大する衝動を止めること、そしてもうすぐには挑戦できないようにドイツを弱めることであった。今日では、イギリス、アメリカ合衆国、そしてソヴィエト・ロシアである。イギリスと合衆国は、ふたたび類似の体制をもち、類似の動機をもっている。そしてこれらの国は、社会主義のロシアと、共通の直接的な軍事目的のために協働している。しかしロシアは、世界征服へのドイツの新たな衝動をチェックするというよりも、はるかに射程の長い目標をもっている可能性がある。ロシアは、ドイツの社会・経済的な再構成を期待しているかもしれない。反ドイツ同盟の二つの主要部分で、直接的な利害の共同体と並んで、長期にわたる利害の多様性が存在するかもしれない。もちろんこの事実は、ドイツ国内で強力な反響をもつ。同じ要因は、一九一七、一八年のロシア革命後のドイツでも存在した。しかし、民主的なイデオロギーのいっそう大きな魅力と、若きソヴィエト共和国の弱さゆえに、それらはまだ決定的な重要さをもつには至らなかった。

ナチに関するかぎり、ドイツの東の敵と西の敵のあいだにはそれほど大きな差異はない。一つの事実がある。二つの部分を結びつける、アングロ・ロシア同盟に、「ヒトラーの政府」とは交渉しないという公式の表明がある、というのがその事実である。

しかしながら、軍事リーダーと財界人にとっては事情が異なる。たしかにイギリスと合衆国に対して、勝つ側につきたいが、彼らはセンチメンタリストではなく、負けゆく大義において死ぬまで戦うという気はない。経済・社会的なアングルから、西側諸国とロシアのあいだでは、必然的に前者を選ばざるをえないので、彼らは、自分たちの実質的な利益にもっとも危険が少ない敗北、私的な資本主義を保持することを許容する敗北のために働くであろう。したがって、ヨーロッパの再構成において、軍事リーダーと財界人は、ロシアの影響に対するアングロ・アメリカの影響が支配的になることを確保しようとするかもしれない。世界経済の再建において、イギリスとアメリカのジュニア・パートナーとしての役割を果たすチャンスが、彼らに与えられる可能性がある。彼らの交渉上の地位を改善するために、軍事リーダーと財界人の関係者は政治的にソ連と協力しようとする可能性もある。彼らの目的は以上の可能性を排除するものではない。

ドイツにおける潜在的な大衆の対抗勢力にとって、敵の連合の特徴はまた、重大な意味をもつ可能性がある。もし合衆国とイギリスが人民の諸勢力に対して敵対的ないし恐れを示しつづけるならば、中間・下層階級における明白な反ロシア的な感情にもかかわらず、ドイツ国民の運動は強力に親ロシアに向かいかねない。理由はとてもシンプルである。ロシア人は、急進的な国民運動の可能性のある完全な発展を恐れるものはなにもなく、それからすべてのものを手にすることができる。

要するに、今日のドイツの政治的状況は一九一八年とは根本的に異なる。全体主義的独裁から組織された政治的オポジションへの政治権力の円滑な移行は論外である。なぜなら全体主義的な独裁のまさに本質は組織されたオポジションの欠如だからである。そして全体主義的な統制が手つかずのままであるかぎり、内地と戦線の双方で混乱をともなう危機を早めることを恐れて、軍は介入を躊躇せざるをえない。こうしたことを背景として、私たちはドイツ崩壊の可能性のあるコースをたどる試みをしなければならない。

Ⅱ　崩壊のパターン

a　こうした背景のもと、以下の崩壊の可能性が想定できる。

連合国が団結していない、つまりドイツの政治戦闘が連合国を分断し、ロシアないし西側諸国のいずれかとの講和の締結を狙っているとすれば、次の代替的なコースが開かれたままである。

1　ナチの指導部はまさにこの目的のための統制を保持する決意をしている可能性がある。ナチが万が一のために準備している一定の兆候がある。国内の諸領域に対するすべての権力をヒムラーとシュペーアの手に集中すること、突撃隊を再活性化することである。これらはナチ以外の政府の出現を許さないというナチ指導部の決意の兆候である。こうすることで、ナチは完全に孤立し、大衆と伝統的な支配グループをすっかり手放してしまうことになるであろう。このとき権力が保持されうるのは、より多くのテロによってであろう。潜在的なオポジションの大量処分が覚悟されねばならない。ナチ指導部は、大規模に占領したヨーロッパで焦土作戦に出ることもありうる。いかなる撤退にも全滅が付いてくるであろう。

このとき敗北が後に残すのは、すっかり消耗しきったヨーロッパ大陸である。産業は、空襲でまだ吹き飛ばされていなければ、親衛隊によって破壊されるであろう。移送システムは寸断される。行政機構は崩壊されているであろう。農家は貯め込み、労働者は働くことを拒否するであろう。そのときは一連の社会的騒乱が確実に起こる。しかし、こうした騒乱は社会的痙攣の性格をもつ可能性が高い。外国の軍隊が入ってくる前に、ドイツを政治的・社会的に組織化する力をもっているグループはどこにもない。

こうした状況で軍事政府は、途方もない課題に直面する。国家と社会を運営しなければならない。最初から国を組織化しなければならない。唯一、基礎自治体レベルで手助けがあるかもしれない。こうして消耗と破壊がドイツ国民をたんなる支配の対象に変換するにちがいない。

この状況で軍事政府は、近隣の怒りからドイツを守らなければならない。占領されたヨーロッパのテロが強化されるほど、ドイツ的なものすべてに対する憎悪はそのぶんより深くなる。軍事政府は組織されない復讐を防がなければならない。

2　ゲームの敗北を悟ると、ナチの指導部は影の政府に頼るかもしれない。ヒトラーは大統領に押し込められ、ナチは将軍、財界人、高官からなる政府に賭ける可能性がある。こうした政府は無条件降伏を受け入れ、ナチの体制の本質的なものは保存されるとの理解のもとで、ナチ党を解体するかもしれない。このような条件が与えられれば、親衛隊は地下に潜り、親衛隊の幹部組織を立ち上げるであろう。そして出てくる可能性のあるどんな政治運動にも浸透する。とくに左派の集団に浸透を図るかもしれない。
こうした条件では、政治運動は、外見上保守的な政府に対抗しながら生まれてくるであろう。これらの運動は革命的な目的をもつ可能性が高い。革命は、ある大工場の一つの簡単なストライキから始まるかもしれない。政府はこの事態に対処できない可能性がある。ストライキは拡散するかもしれない。抑圧的な機構は、これを扱うにはおそらく不向きである。革命運動は革命的な小集団に限定されるかもしれないが、革命運動は大部分を引き受ける可能性がある。そのねらいは社会革命である。

いつもながら、連合国がまだ団結していないとすれば、こうした運動は、連合国の共同の努力によって、民主的社会主義へと方向づけられる可能性がある。このとき重要になるのは、軍事政府のタイミングである。どのような主要な社会変容にも、最初には流血がある。革命の最初の段階でドイツを占領すれば、影の政府を承認するかしないかにかかわらず、法と秩序を回復するために、占領軍は革命に反対し、影の政府に味方せざるをえないかもしれない。こうなれば、連合国への敵対心が生み出される。そして万一ロシアが協力するとなれば、ロシアの名声は一掃されるであろう。それはナショナリズムを、それから国民社会主義を強化し、秘密のナチ運動を補強することにもなる。

チャーチルの言葉を使えば、もしドイツが軍事的占領に先立って「自身の司法で煮込まれる」ならば、そしてそれにより革命的な運動の成長を容認するならば、暴力の期間が短くてすみ、国民的で民主的な政府が樹立されるという可能性、ないしは場合によっては見込みが出てくる。もちろん政府は弱いであろうし、その権力は国内のオポジションや占領されたヨーロッパからの敵対によって挑戦を受けるであろうが。

3　将軍、財界人、エリート官僚からなる保守的な反ナチ政府が、ナチに対抗して樹立される可能性もある。クーデタによってかもしれない。クーデタはヒトラーやその他のナチのリーダーの逮捕に至るかもしれない。それは反ユダヤ的な法律を廃止し、教会の自由を回復し、カソリックの中央党の最後の議会リーダーであったカース博士や、(1) ニーメラーのような人たちを議会に招くことになるかもしれない。(2)

この仕方では、ドイツの政治的オポジションは割れるであろう。とにかく戦争にうんざりしていた人民の大部分は、戦争を終わらせ、ある種の尊厳を回復してくれる政府なら、どんな政府にも満足するであろう。しかしながら、こうした政府の安定性は、連合国の態度に全面的に依存することになる。

というのも、疑いなく、革命的な運動がふたたび台頭する。こうした運動は、農民、ミドルクラスからの大衆的な支持を欠いている、さらには労働者セクションの支持すら欠いているかもしれないが、それでも台頭するであろう。保守的政府は革命的な傾向に対処できないであろう。このことは確実である。主としてナチ的な傾向をもつ［判読不能］は、それらを崩してしまっているであろうし、とくに狂信的なナチとSS〔親衛隊〕は革命的勢力に加わる可能性がある。

こうした状況での軍事的な占領は、もっとも難しい問題に直面する。保守的な政府の側につく、革命的な勢力の側につく、どちらも承認しない、という問題である。しかしながら、革命的な勢力を承認しないということは、それと戦うということになる。

b　もし連合国が割れるならば、次のような可能性のある崩壊のコースを思い描くことができる。

連合国の亀裂はナチ自身によって利用されることはありえない。ロシアと西側諸国はナチ政府と取引しないと取り決めている。ナチが不統一から利益を得ようとするならば、それはどうやら消えてなくならなければならないであろう。ナチは留まる決意をするかもしれない（a－1を参照）。しかし、伝統的な支配集団の決然とした反対があるので、これは考えられない。

1　カムフラージュしたナチ政府がナチによって作られるかもしれない。この政府の構成は、ロシアと取引するか、西側諸国と取引するかにかかっている。もしロシアと取引するならば、ドイツ社会の「東方志向」の代表者たちが権力をもつようになるであろう。ゼークト派の将軍[3]、ブロックドルフ＝ランツァウ派の外交官[4]、エリート官僚、そして何人かの財界人である。仮にロシアがこうしたグループと休戦を決めたならば、この政府は共産党やナチ党とともに国民ボリシェヴィズムの傾向に訴え、こうして大衆的な支持を得ようとするであろう。この場合、ドイツ共産党は、ロシアによって命令された役割を果たすことになるであろう。万一こうした分離講和がロシアと締結されるということになれば、ドイツの民主的・社会主義的な勢力は、それから立ち直ることができないほどの一撃をくらうことになる。

万一ロシアの軍事力に対してドイツの防衛力が、国内の完全な経済的困窮によってロシアを脅かすほどに大きいと判明すれば、ドイツとの分離講和が締結されるであろう、ということが示唆されてきた。ロシアとの分離講和の展望をもちつつ、軍のリーダーは彼らの力が大いに強化され、またナチを除去し彼らの支配を安定化することに成功すると考えるであろう。もし彼らがそのとき、ドイツのすべての力を西側諸国に向けるとすれば、戦争の性格はまったく変わってしまう。そして現時点で、コースと結果の予想を試みることは無益となる。

しかしながら、全体として、これはかなり可能性が低いように思える。ドイツに対する西および南からの圧力がますます大きくなっている状況では、ロシアの駐在する権力がドイツのそれよりも小さいと想定する理由はほとんど存在しない。おそらくロシアは分離講和からさして多くのものを獲得しないであろう。ドイツは守勢であり、東部戦線での活動のテンポはすでにほとんどまったくロシア人のコントロール下にあるからである。もしロシア人が休戦を求めるならば、分離講和などしなくても彼らはそうすることができる。そしてどんな場合でも、戦争がまだ継続しているあいだ、彼らは動員解除できないであろう。最後に、彼らは分離講和によって、多くのものを失う。そんなことをすれば、ソ連だけでなく、イギリス、合衆国とドイツが交渉することを、政治的に可能にする状況を作るだけである。ありうるかもしれない小さな利得と、絡んでくるであろう大きなリスクを見据えるならば、まだ敗北していない、ドイツの保守的なレジームとロシアが交渉する気になるということは、きわめてわずかの可能性しかないように思える。しかしながら、可能性はア・プリオリには排除できない。

2　そうすると、西側諸国との取引のために、ナチの影の政府が樹立されるかもしれない。マックス・ホフマン将軍派の将軍[5]、シュトレーゼマン派の外交官[6]、そして海外との繋がりをもつ銀行家や財界人（シャハトやI・G・ファルベンのようなタイプ）から[7]、政府が構成されるであろう。こうした政府は伝統的な支配グループでは人気があるが、大衆の支持はないであろう。この政府は、もっとも好ましい形式の降伏の準備に着手する。その形式というのは、疑いなく、休戦と講和の合意においてロシアの影響に反対して、アングロ・アメリカの支配を巧みに確保することを意味する。この局面で、人民の異議と革命的な運動の勃発が期待されるのは当然である。

関連するリスクゆえに、こうした政府が西側諸国のなかで支持されることはまずないであろう。ロシアは介入の恐れがあるだけでなく、全ヨーロッパ大陸がその根底において動揺せしめられる程度にまで、共産主義的・革命的なプロパガンダを活性化するであろうから、この政府は、ロシアに対立するように舵取りされるであろう。ロシアか、西側諸国か、いずれかとの交渉の可能性はあるが、ナチの影の政府は考慮から外すことができる。

3　しかしながら、ロシアないし、西側諸国との分離講和の可能性が見込みありと思われるならば、伝統的な支配階級によってクーデタが計画されるかもしれない。

アングロ・アメリカと交渉しようとする真の保守的政府は、その最初の局面で、かなりの人民の支持を得るであろう。ドイツの物質的な条件が悪くなっていないかぎり、この政府はこうした支持を維持するであろう。こうなれば（その可能性は高いが）、アングロ・アメリカの帝国主義を憎悪する底流は、反資本主義的感情と融合する。そしてオポジションは間違いなくロシアから支持を受ける。この支持は、国民ボリシェヴィズムの色彩をもつ強力な革命運動に流れ込むであろう。こうした状況では、軍事政府は極端に不安定になる。

4　ロシアと交渉しようとする真の保守的政府は、将校団から強力な支持を受け、産業界の諸部門からかなりの支持を受け、そして強い大衆的な支持を受けるであろう。大衆の支持は容易に継続するであろう。なぜならロシアの恐怖は緩和されるからである。そしてまた、こうした政府による中道のロシア支持は、時局的な性格のたんなる方便であり、アングロ・アメリカの支持があるので、保守的な親アングロ・アメリカ政府がそこにあるべきだ、ということを左派労働グループも理解するからである。

c　革命の可能性

連合国が統一していても不統一でも、もちろんつねに存在しているのが革命の可能性である。

しかしながら、一九一八年が私たちに教えてくれたことがある。広い社会的な基礎をもっておらず、自立的な政治・社会組織もまだ手付かずのままである支配体制に対する革命は、支配体制自体がすでに解体状態になるまでは、希望をもちえないということである。可能なのは、強制と社会的統制の手段を効果的に行使しない政府を転覆することだけである。ボリシェヴィキ革命はこのことを証明している。

しかしながら、ドイツの状況は、一九一八年の場合に比べても、はるかに革命には都合が悪い。ナチは一九一八年に学んでいる。敗北が近くなればなるほど、統制はより強くなる。さらに伝統的な支配階層は、一九一八年の場合よりもはるかに一九四四年の革命を恐れている。〔一九一八年のときは〕政治的・体制的な反乱が社会的な革命へと転換するのを妨ぐために、彼らは労働組合を当てにすることができたし、実際にそうした。労働組合と社会民主党がなければ、社会主義革命が起きていたかもしれない。

防波堤はもはや存在しない。今日、革命は一九一八年に比べてはるかに急進的に展開するであろう。それは確実である。伝統的な支配階級は、この理由で、革命を避けようとするナチ党にへばりつき、クーデタと、連合国のすべてあるいはいくつかの支持に希望を繋いでいる。

こうして、客観的な条件は革命に有利ではない。しかしながら、主観的な観点は、極度にアンビヴァレントな性格を呈している。ドイツ社会のアトム化は、立場の明確なオポジションを小さなセクト的なグループに閉じ込めている。それらグループはだいたい地域的で、したがって全国的な結束と組織をもたない。他方で、労働者と、多くの知識人、農民、そしてミドルクラスの本質的な部分は、ドイツ史において以前よりもはるかに急進的である。

上記の条件のもと、ドイツの軍事的敗北、またはナチ党支配の除去に先立って、ドイツの小さな革命的なグループが、不満を抱く大衆の政治的リーダーシップをとると期待できるのか。答えはノーである。大衆の希望と地下集団の決意がいかに強いとしても、統制はあまりにきつい。革命的な集団が活動的な役割を果たせるのは、ナチではない政府（土着の軍事独裁など）が存在する場合だけである。

まとめ。

a　連合国がまとまっている

1　ナチが最後まで居座る決意をする

結果

　完全な内的崩壊

ナチによる焦土作戦政策

外的脅威

十分に強力な土着の政治運動の不在

一つの現実的な可能性

2　ナチの影の政府

結果

　SSが地下に潜る

革命的な運動が民主的な社会主義に向かう

軍事独裁のタイミングの重要性

一つの現実的な可能性

3　保守的クーデタ

結果

　相対的に大きな安定

比較的小さな大衆的な基盤をもった革命運動
一つの可能性
b　連合国が割れている
1　ナチが居座る決意をする
結果　1を参照
ほとんど可能性はない
2　ナチの影の政府がロシアと交渉
結果　伝統的な支配階級と大衆のいろいろなセクターからかなりの支持
ロシアが受け入れる可能性はない
3　ナチの影の政府が西側諸国と交渉
結果
伝統的な支配階級からの支持
部分的ではあるが初期における大衆的支持
のちに強まる革命運動
受け入れられる可能性はない(8)
4　クーデタの保守政府が西側諸国と交渉
結果
初期におけるかなりの大衆的支持
社会的・経済的悪化をともなう革命運動の拡大
現実的な可能性

5　クーデタの保守政府がロシアと交渉

結果　かなりの大衆的支持、ロシアの支持による社会主義政府への移行

現実的な可能性

c

（a）と（b）の選択肢以外の革命の可能性

現実的な可能性はない

第Ⅲ部　政治的オポジション

6　ドイツ共産党

ヘルベルト・マルクーゼ
（一九四四年七月一〇日）

編者注記

R&A 1550. 本件では、このテクストの著者についての確たる証拠をみつけることはできなかった。しかしながら、特定のエビデンスを提供してはいないが、バリー・カッツは『フォーリン・インテリジェンス』で、このテクストを明確にマルクーゼに帰属させており、これは妥当であると思われる。左派オポジション勢力のレポートと分析をマルクーゼに任せることは、中欧セクションで慣例的に行なわれていた。さらに、一九四三年一一月二五日付の、フランシス・T・ウィリアムソンからウィリアム・B・キップ宛の書簡がある。ウィリアムソンは、たとえば、本書で刊行されているR&A 1655.4や1655.5のようなマルクーゼが責任を負うレポートの準備で彼を手伝っている。それは二、三度ではない。先の書簡で、ウィリアムソンは『社会主義新報』〔英語版では *Neue Blatter der Sozialismus* となっているが、正しくは *Neue Blätter für den Sozialismus*〕

に掲載された、Ｗ・リストによる論文「ドイツ共産党（ＫＰＤ）の道」のコピーを請求している。そして彼は共産党全般について関心をもっており、とくにその組織、財政、そして名簿のメンバー構成（ここに刊行されるレポートで、これらのテーマはすべて要領よく提示されている）に関心をもっていると述べている。

オリジナルのレポートには四つの補論が付いているが、ここでは省略した。含まれているのは、（一）一九二四年から一九三三年までの国会選挙で共産党が獲得した票数の表、（二）ドイツ共産党の組織の地区割り、（三）一九三三年以前の、もっとも重要な共産主義新聞のリスト、（四）亡命中の、主要な共産党のリーダーのリストである。

分類　極秘（Secret）

序論

一九三三年以前、ドイツ共産党はドイツの政治体制において重要な勢力であり、三大政党の一つであった。一九三三年にナチによって解体されて以降も、この政党はドイツの内でも外でも存続し、元メンバーの多くの忠誠心をつなぎとめるとともに、おそらくはヒトラーのレジームに反対する新規会員も獲得していた。現時点で、共産党は、ドイツに存在すると予想される条件を利用すべく、体系的な綱領を作成し、戦略を発展させてきた、一九三三年以前に存在した唯一の政党である。ドイツにおける共産主義運動の内在的な強さ、自由ドイツ運動内の軍事グループとの協力、そして国際的な諸勢力の活動が、その他のドイツに実在する政治グループに対する優位を共産主義者に与えている。

このペイパーが試みるのは、ドイツ政治における共産党の歴史的な地位、その現在の強さ、そしてそれによって同党が戦後ドイツで政治勢力になろうとする計画を示すことである。

Ⅰ　ドイツ共産党の起源

A　社会民主主義者と共産主義者

ナチの抑圧前にあったドイツの主要な二つの左派政党が共産党と社会民主党であった。両党は長らく労働者階級の支持を求めて競争し、労働者の利益を最大に保護するという彼らの構想を充足するために、さまざまな政策を採用してきた。起源、目標、そして方法において、この二つの政党はワイマール期に鋭い対抗関係にあった。すべての問題で彼らは分岐したが、この分岐はドイツ政治の恒常的な規定要因であった。

第一次大戦以前、ドイツの労働者のほとんどを政治的に代表していたのは、社会民主党であった。社会主義社会を創造することを目指して、第二インターナショナルのイデオロギー的な枠組みのなかで、彼らは活動していた。国および地方の政治機関に選挙で代表を送り込むことで、この党はドイツの議会制に影響力を行使してきた。ドイツ政治におけるその顕著な地位を確証したのは、社会民主党のプラットフォームに投票する、しだいに増えていく人民の数であった。彼らが投票したのは、社会主義的なゴールの実現をみたいからか、帝国主義的な政策への信頼の欠如を記録したいがためであった。帝国議会の党の代議士の背後には、労働組合とその他の結社からなる大きな構造が発展していた。これが追求したのは、政党の数の力を増大させ、労働者の利益の効果的な代表として政党を打ち立てることであった。一九一二年までに、社民党は帝国議会でもっとも大きな単独政党になることに成功していた。

一九一四年以前の参照枠組みでは、社民党の方法は革命的であった。直接行動こそ非難していたものの、資本主義の転覆と、マルクス主義哲学で描かれているような社会主義国家の樹立に、この党は専心していた。しかしながら、世紀が変わったあとから、しだいに明らかになったことがある。マルクス主義思想の「修正主義」が公式のイデオロギーになり、歴史的なゴールは政治的な行為と圧力によってのみ追求されなければならないということである。党内の分裂が始まった。「ラディカル・レフト」は革命的な方法を要求し、公式の指導部は改良主義的なプログラムと、帝政下で活動する政党が採用するオーソドックスな戦略を主張しつづけた。

長年、社会民主党はつねに政府に反対する手段として、軍事予算に反対票を投じてきた。〔ところが〕一九一四年、彼らは皇帝と戦争を支持した。これは「ラディカル・レフト」が離反する理由を提供した。一九一六年に独立社会民主党（ＵＳＰＤ）が飛び出し、講和と、すべての占領地の放棄を主張して旧党の反戦勢力を結集しようとした。しかしながらＵＳＰＤは、戦争の末期にヨーロッパ諸国の労働運動の諸グループによって抱かれていた革命的な心情を表明しなかった。ドイツのこうしたグループはしだいに共産党の母体組織、スパルタクス団として団結するようになった。

Ｂ　スパルタクス団

ローザ・ルクセンブルク、カール・リープクネヒト、フランツ・メアリングらのリーダーシップのもと、スパルタクス団は社会民主党を労働者階級の裏切り者と呼び、ＵＳＰＤを大義のために戦わない「プチブル平和主義者」として糾弾した。スパルタクスのドクトリンは革命的であった。彼らは戦争ないし資本主義社会を支持することを拒否し、戦争ないし現状を事実上支持しているどんな政党とも協力することを拒んだ。

スパルタクス運動の創設は、他のヨーロッパ諸国における反戦と革命のグループの発展と、時期において一致する。しかし、スパルタクス団のリーダーたちは、共産主義インターナショナルで頂点に達するイデオロギー的な発展を承認しなかった。彼らはツィンマーヴァルトとキーンタールの会議に出席したが、インターナショナルと、ボリシェヴィキ政党の方法と義務についてのレーニンのテーゼを拒否した。反対にスパルタクス団が信じていたのは、革命は自生的であるべきだということであった。党の役割についてのボリシェヴィキの理論は、大衆の革命的な熱狂と民主的な行動を窒息させてしまうのではないか、と彼らは恐れた。しかしながら、ロシアで成功した革命のインスピレーションは絶大で、リーダーたちはスパルタクス団の内部の圧力で、第三インターナショナルに参加し、組織の名称をドイツ共産党（ＫＰＤ）に変更せざるをえなかった。

C　KPDとワイマール共和国

共産党員と社民党員はともにマルクス主義哲学から動機づけを引き出し、労働者階級の利益に沿った目標を表明していたが、戦後世界の社会的・イデオロギー的なコースによって、しだいに両者の亀裂は大きくなった。共産党員がコミットしたのは、革命的なプロレタリア独裁の方針であった。彼らの戦略は、政治的な方便だけでなく、第三インターナショナルの党方針における変化によっても規定されていた。他方で社会民主党は、ワイマール共和国の主要なチャンピオンの一つになり、共和国および戦後社会秩序の維持に直接的な責任を負った。政治的責任は重たい手を社民党に置いた。官僚制的な統制が党の行政において増大し、国および地方の政治形態の維持においては、既得権が主張された。多くの同時代の観察者からみて、党の歴史的な目的は妥協によって損なわれていた。社会民主党が代表していたのは、熟練労働者とプチブルの大部分であり、彼らは革命的な条件と新しい社会を作ろうとする試みを恐れていた。これに対して共産党は、インフレと失業の増大によってもっとも不運な影響を受けている社会集団を、しだいに代表するようになった。彼らは破壊されるべき財産や地位をもっていなかったので、革命を恐れなかった。

一九一九年の共産主義者の蜂起は、この暴力的な関係を強化した。彼らのリーダーの助言に反して、スパルタクス団は一九一九年のはじめに、ドイツ全土で暴動に加わった。社民党の国防相〔グスタフ・ノスケ〕は、この無秩序を鎮圧するために、軍事的でナショナリスティックなドイツ義勇軍に頼った。この鎮圧のなかで、ローザ・ルクセンブルクとカール・リープクネヒトは「逃走中に」射殺された。

一九一九年以後、両党の関係は多くの系列に振り回された。労働運動とドイツの外交政策における対立する目標は重大な要因であった。社会民主党の政治権力の大部分は、ドイツの労働組合に対して彼らが握っている統制に依存していた。労働者の利益を主張するどの政党も組合の支持なくしては権力を握れないとわかっていたので、共産党はこの支持を獲得しようとした。革命的な目標をもった競合的な組合が創設されたが、しかし大衆の支持を惹きつけることはなかった。そして既成の労働組合に浸透しようとする試みをしたが、結果としてどの組合もＫＰＤの傘下に入らなかった。共産党は、ドイツの労働者を支配しようとする競争において、二番手であることを受け入れざるをえなかった。

外交の領域では、社会民主党は一九一九年の講和条約を受け入れ、ドイツが取り決めの条件を満たすように一貫して働いた。連合国と平和と武装解除を確実にしようとする努力が支持された。しかしながら共産党はヴェルサイユ条約の受諾を拒否し、西欧の安全保障体制の枠組みでドイツ外交を方向づけしようとする努力に、概して反対した。インターナショナルのメンバーとして、ＵＳＳＲに対抗して構成されたであろう、いかなる外交政策にもＫＰＤは反対であった。

外交・内政政策のすべての問題について、共産党と社会民主党は敵対するポジションに立つことが予想できた。社民党はワイマール共和国を支え、民主的な行動によって社会主義に到達しようと試みた。共産党の究極的な目標は、革命的な独裁によって社会主義を樹立することであった。これによって、共産党は社民党およびワイマール体制の全体と武力闘争に突入した[1]。

Ⅱ　ＫＰＤの枠組み

Ａ　構成員

ＫＰＤはドイツの議会制の主要政党の一つとして活動し、選挙では党員でない多くの人びとからの支持を得た。同時にこの党は、第三インターナショナルのイデオロギーと方向性を受け入れた人からリクルートされた、統制された党員をもつ革命組織でもあった。ＫＰＤは大規模な党員数をもってもおらず、登録された安定的な党員もいなかった。社民党は一貫して、党費を払う一〇〇〇万に近い党員を有していた。ＫＰＤは平均でおよそその五〇分の一の数であった。

党員の重要な特徴は、変動率の高さであった。特定の年の増大は、ドイツの社会的・政治的条件に原因を求めることができる。一九二三年のインフレや一九二九年後の失業である。[2]公式の数値によると、毎年、構成員の三分の一が離党した。ベルリン地区では、年間の変動率は四〇パーセントにも及んだ。政党の核は、忠誠を誓った、筋金入りのグループで、党に一〇年ないしそれ以上、在籍してきた党員の四ないし五パーセント程度から構成されていた。[3]変動率は、党のプロパガンダと組織の要件によっても説明できる。現状に批判的な労働者、失業者、そして知識人にアピールするために、ＫＰＤはドイツの目下の政治状況を利用した。こうしたアピールは多くの浮動する党員を惹きつけた。しかし、信念のある革命家だけしか長期にわたって引き受ける気にならない責任とリスクが、党籍を入れることには含まれていた。党のメンバーシップには、財政的な負担、会議、デモ、そして組織活動が付いてきた。それは広範で、持続的な吸引力にはならなかった。[4]

ＫＰＤは基本的に労働者階級政党であった。一九三〇年以降、構成員はしだいに失業者から調達されるようになった。党の算出では、一九三二年までに、党員の五分の三は無職であった。構成員の重要な部分は熟練労働者、とくに建築と鉱物業のそれであった。その他多くの党員は、運搬業者、坑夫、そして港湾労働者として雇用されていた。

ＫＰＤを構成していたのは、社民党、あるいは保守系のいかなる政党よりも、ドイツの人口のなかで若い層であった。個別年齢のもっとも多いグループは、二四から四五歳であった。一九三〇年の時点で、ＫＰＤの国会議員の平均年齢は三八歳。これに対して、社会民主党の平均は五〇歳、国会全体としては四七歳であった。ＫＰＤの構成員は圧倒的に男性であった。ドイツのどの政党よりも、女性の投票者の割合は低かった。

B　組織

一九二六年まで、ＫＰＤの組織は「十人組」と呼ばれる住民ユニットを基礎にしていた。それは革命的伝統主義の所産であった。党の再組織化の必要が認識されたのは、安定化の時期であった。その頃、革命への基本的な訴えは、一貫した党員を惹きつけることも、保持することもできないでいた。一九二五―二六年にＫＰＤは、「細胞」の存在を基礎にした機能的な組織を採用し、階層構造の原理にもとづいて、中央集権的な政党に組み込んだ。細胞の機能は、結社の支配権を獲得しようとすることによって、構成員の仕事を方向づけ、共産主義の影響を拡散することであった。

主たる力点が置かれたのは、職業細胞であった。この細胞は、工場のような、さまざまな事業所で創設された。党員は通常、口が達者で攻撃的なので、彼らは数の上での強さ以上の影響力を行使することができた。工場の細胞が依拠していた理論がある。それによれば、プロレタリア革命は、公式の議会のグループより、工場と結社における共産主義者の強さによる。工場細胞の義務は、労働組合と労働評議会の支配権を手に入れることによって革命の大義を推進することであった。しかし、所有者と労働組合の対立に潜んでいるリスクは、多くの細胞のメンバーを受動的なままにした。

工場細胞に加えて、ＫＰＤは、職場のグループにメンバーシップの資格をもたない人々を包摂するために、街頭の細胞に住居に応じた組織形態をもっていた。数千の街頭の細胞が形成されたが、それらは工場の細胞ほど活発ではなかった。構成員は受動的で、職員に必要な仕事をやらせている、と共産党の職員は非難した。一九三一年のインターナショナル・レポートでは、街頭の細胞のうち四〇パーセントが会議にも出席せず、その参加者の半分しか議論に加わらない、と嘆いている。街頭の細胞は失業者の増大とともにしだいに重要になっていたが、共産党の見方では、街頭の細胞の戦略的な重要さは工場細胞のそれに比べて小さかった。(5)

大工場の細胞は比較的弱かった。このため労働者のなかにリーダーシップを確立し、存在する結社の支配権を握るために、細胞を使用することはできなかった。ＫＰＤのグループは、比較的小さな工場に集中していて、もっとも強い地位にあったのは従業員が一〇〇から五〇〇のあいだの工場であった。インターナショナルの書記ピアトニツキーは、一般法則として、工場が大きくなればそれだけ共産主義の影響力は小さくなると述べている。一九二六年の数値が示すところでは、ベルリン・ブランデンブルク区の工場の七五パーセントの細胞は、一党のメンバーから構成されていた。(6)工場細胞は、雇用された〔失業していない〕工場のメンバーの減少によって弱体化した。党の理想は、産業労働者の革命的な組織であった。一九二八年には、工場で雇用されているメンバーの六二パーセントに達し、この理想に近づいた。しかしながら、一九二八年以後、失業者が増大し、その他の職業集団の流入もあり、パーセントは急激に凋落した。それは一九三一年には二二パーセントに落ちた。(7)

工場と街頭の細胞が提供したのは、ＫＰＤの階層的な組織の基礎であった。階層制構造は、国レベル・地方レベルの選挙で共産主義者の参加を可能にしたドイツの選挙制度政策の結果であった。両方のタイプの細胞は地方レベルのグループとセクションに編入された。いずれも、さまざまなユニットを代表する事務局と委員会の指導のもとにあった。都市エリアでは、セクションが市町村の組織にグループ化され、これらが今度は区《ベツィルク》に結合されていた。区《ベツィルク》には事務局と委員会と地域会議があった。

党の最高組織はベルリンの中央委員会であった。委員会は政治局、組織室、そして官房に分かれており、それぞれが十全な権力をもち、そうした権力は委員会の全体会議でのみ否定することができた。一九二五、二六年の党組織の再編以後、中央委員会は完全な支配権を地方の政党支部に行使した。もっとも重要な機関は「政治局」であった。それは比較的地位の低い幹部に政策変更を知らせたり、あらゆる反対勢力を除去したりした。政治局で選ばれた代弁者だけが、党の政策について説明することができた。党機関紙の編集委員と地域の委員会のメンバーも、政治局によって選別された。

党組織における「民主集中制」の原理は、厳密な階層制的な統制を意味した。民主的行動は政党の初期には可能であり、地方のユニットはイデオロギーと戦略に影響力を行使することができた。しかし再編の結果、支配の集中がもたらされた。それは政治局と中央委員会にあった。これとともにその委員会は自律性を喪失した。なぜなら第三インターナショナルによるＫＰＤの完全な支配がその結果であったからである。

階層的な組織における多くの職務は党官僚制を作る傾向にあった。職員の給料は悪かったが、概して党とその目的への忠誠は強かった。公職に選ばれた共産党員は、給料をＫＰＤの財政に渡すことを求められ、その代わり党の給料を受け取った。官僚制が重要なのは、変動するメンバーシップにあって継続的な要素を提供するからであった。

C　ＫＰＤと労働組合主義

労働組合主義に対するＫＰＤの政策は、赤色労働組合インターナショナル（プロフィンテルン）の戦略的な変更に規定された。ドイツ革命後、社会民主党に対抗するために、共産主義者〔労働組合〕同盟が設立された。長年パウル・メルカーによって導かれていた、これらの組合（赤色労働組合インターナショナル（ＲＧＩ））は、鉱夫、鉄鋼労働者、建設・運輸労働者を包摂していた。しかしドイツ労働者のかなりの数を惹きつけることに成功することはなかった。[8] 統一戦線と、既存のプロレタリア結社への共産党員の潜伏を強調する、一九二五、二六年の戦略の変更（以下を参照）はＲＧＩの放棄と、プロフィンテルンとのあらゆる接続の切断という結果になった。党員は自由組合に入り、細胞を作り、地方の工場の評議会の支配権を獲得するように指導を受けた。しかし、彼らが目標に到達することはなかった。特定の組合では強かったものの、いかなる組合も単独では支配権を獲得することはなかった。「組合に入ろう」というスローガンは一九二六年以後すぐに、「革命的なオポジションをつくろう」という新たなスローガンによって置き換えられた。この政策はパウル・メルカーのリーダーシップのもとで、ＲＧＯ（革命的労働組合反対派）の創設でクライマックスに達した。もともとＲＧＯは、ラディカルな戦略のために労働組合を排斥された党員から構成されていたが、共産党の綱領に賛同する労働者であればだれでも歓迎した。労働者評議会の選挙で自由組合に対抗して、二重の組合を発展させることが、メルカーのプランであった。共産党の強さが最大の領域（鉄鋼労働者、運輸、建設）で、組合がつくられた。しかしながら、党の統計によると、社民党系の組合が五〇〇万人なのに対して、その構成員は二五万人であった。ＲＧＯがもっとも強かったのはベルリンとルールであった。

Ｄ　系列機関

共産党の影響を広め、ドイツ人のなかに大衆的な支持を作り出そうとするたくさんの系列のグループを、ＫＰＤはもっていた。もっとも重要なものの一つは、共産主義青年運動（〔ドイツ〕共産青年同盟、すなわちＫＪＶＤ）であった。これはモスクワの共産主義者青年インターナショナルに加盟していた。ＫＪＶＤの組織は党の階層構造とパラレルで、およそ三万人の構成員がいた。工場、学校、スポーツクラブ、そして類似の組織に細胞がつくられた。[9] 傑出したメンバーは、党の戦略と弁論術のトレーニングを受けるために、党の学校に送られた。青年共産主義者は、赤色青年戦線（ＲＪＦ）と呼ばれる戦闘組織ももっていた。これは赤色戦線戦士同盟（以下、参照）

に加盟していた。それは準軍事的な組織で、一九二九年の解体の時点で二万二〇〇〇人の会員を有していた。青年組織の変動率は党よりも大きく、平均して年五〇パーセントにも達した[10]。

党の戦闘組織は、赤色戦線戦士同盟（ＲＦＢ）で、政治的な戦略と市街戦に従事するおよそ一五万人を擁していた。ＲＦＢは一九二四年にハレで創設された。他の都市にも拡大し、それはすぐに、構成員を軍事的な規律で支配する中心的な組織になった。赤色マリーンとして知られる専門ユニットは沿岸都市で活動した。党の利益を守るために議会勢力として奉仕するのに加えて、ＲＦＢは党メンバーの準備学校としての役割を果たした。それは一九二九年にプロイセンで、のちにドイツ全土で、社会民主党政府によって非合法を宣言されたが、非合法組織として活動を続けた[11]。

ＫＰＤの指導と支配のもとにある他のたくさんの組織があった。特徴的な組織の一つに赤色救済（Rote Hilfe）があった。それは政治犯に合法的な援助をし、市街戦で殺害された人の家族を助けた。赤色救済は約五〇万人の会員を有しており、『赤色救済者』（*Der Rote Helfer*）と『トリビュナル』（*Tribunal*）という自前の新聞と定期刊行物を刊行していた。ＫＰＤの主たる女性組織は、赤色女性・女子同盟であり、クララ・ツェットキンによって組織され、長年にわたり率いられた。党も、機能的・職業的な多くの集団（失業者評議会、スポーツクラブ、歌唱協会、チェスクラブなど）や特殊な活動委員会（スコッツボロの少年〔一九三一年にアメリカのアラバマ州に起こった黒人少年に対するでっち上げ裁判事件〕を擁護する委員会など）を形成した。一九三〇年、さまざまな党組織は、ヘルマン・レンメレによって率いられた対ファシズム闘争同盟に統合された。闘争同盟は三二の系列組織とおよそ一〇万人のメンバーを有していた。定期刊行物は『ファンファーレ』（*Die Fanfare*）であった。

Ｅ　共産党の出版

ＫＰＤのプロパガンダのもっとも重要な手段の一つが党の出版であった。たくさんの新聞が所有され、ドイツ全土の持ち株会社（Peuvag A-G）によって運営されていた。主導的な新聞はベルリンの『赤旗』で、それは中央委員会の機関であり、公的な発表がなされた。主要な都市の新聞に加えて、党は比較的小さな都市では地方版を発行した。地方版は主要な新聞の一つと同じで、地元の題名や地元ニュースのページ付きで出された。工場新聞やビラはＫＰＤの細胞によって発行され、低価格で売られるか、無料で配布された。主要な加盟グループも同様に独自の新聞を刊行した。

流通に関しては、党は重要なプロパガンダの手段をもっていた。ヴィリィ・ミュンツェンブルクがオーナーで、彼が運営している半公式の出版と、コスモス出版である。それには公式の党新聞の二倍以上の流通があった。系列には、重要な新聞と定期刊行物が入っていた。『夕刻の世界』（ベルリン）『朝のベルリン』『新月曜新聞』『われらの時代』『労働者画報』などである。(12)

Ⅲ　集票競争

ＫＰＤの政治権力の発展は、一九二四年の国会選挙を例外として、継続的な発展をみせている。小規模〔な組織〕から始まったが、この党は一九三二年まで人民の支持を増大させた。その年、党は六〇〇万票近くを獲得した。次頁の表は、社民党と比較した、国政選挙での共産党の得票数である。

ナチが強行した一九三三年の選挙ですら、ＫＰＤは五〇〇万票近くを獲得した。しかしながらその敗北は、社会民主党よりも大きかった。

共産党は農民と小都市住民には足場を獲得していなかったので、党の得票の中心は大都市の工業地区に集中していた。得票は、ベルリンと、西・北西ドイツの住民が多く住む地区に集中していた。共産党がとくに強かったのはベルリンで、一九三二年には三八パーセントの人民の得票を得た。(13) はやくも一九二四年には、メルセブルク

	KPD 得票	KPD 国会議席	KPD 全投票中の割合	社民 全投票中の割合
1920年6月	441,800	4	1.7%	21.6
1924年5月	3,693,100	62	12.6	20.5
1924年12月	2,708,300	45	9.0	26.0
1928年5月	3,263,400	54	10.6	29.8
1930年9月	4,590,200	77	13.1	24.5
1932年7月	5,369,700	89	14.6	21.6
1932年11月	5,980,600	100	16.9	20.4
1933年3月	4,848,100	81	12.3	18.3

とデュッセルドルフの左派の意見を表出する立場を担い、共産党は社民党に取って代わった。これらの地区に加えて、KPDは一九三〇年以後、次の選挙区で社会民主党を上回った。ベルリン、ポツダムⅠ区・Ⅱ区、オペルン〔ポーランド南西部の都市オポーレ〕、ヴェストファーレン北と南、ケルン－アーヘン、バーデンである。バーデンを例外としてこれらの地区は、工業活動の中心であり、一九三〇年以後の不景気と失業によって致命的な影響を受けた。

KPDの人気の強さは、地方の競争よりも、国会と大統領選挙で記録されている。共産党はプロイセン、ザクセン、ハンブルク、そしてブレーメンの州議会で強力な代表となったが、国政選挙では社民党の票にかなわなかった。KPDが強いのは、幅広い国民的な問題を提起したり、社会秩序の全体の革命的な変化へのプランを主張したりするときだけであった。

Ⅳ　イデオロギーと戦略

ワイマール期に、KPDのイデオロギーと戦略は多くの大きな変更を経験した。KPDがドイツ政治で果たしたのは二重の役割であった。本質的にそれは、マルクス＝レーニン主義的な革命哲学をドイツの状況に適用する組織であり、第三インターナショナルの信念をもったメンバーであった。同時にそれは、地域の圧力と利益のもとにあるドイツの政党でもあった。そうした地域の圧力と利益は、ソヴィエト連邦から来るイギオロギーに必ずしも正確な表現を見いだすことはなかった。KPDはつねにこれら二つの力のバランスとりという問題に直面した。さまざまな段階における党のイデオロギーの展開で示されているように、こうした努力が対立する類型の政治行動を、KPDに唱導させた。

A　スパルタクス団⑭

一九一八年から一九年にかけてのドイツ革命において、明確な革命プログラムをもった集団の一つが、スパルタクス団であった。革命の結果はブルジョワ共和国の樹立であるべきではない。このような信念をもつドイツの労働者と社民党左派の、革命的意見をもつ多様な代表者がスパルタクス団を構成していた。スパルタクス団のリーダーはドイツの労働運動で経験を積み、訓練を受けていた。そして長年、社会民主党の政策に対して革命的〔な理由で〕反対を表明していた。彼らは多数派の社会〔民主〕主義者を「社会愛国主義とショービニズム」の罪があるとして非難し、独立社会〔民主〕主義者を「プチブル平和主義」として非難した。スパルタクス団のイデオロギーがかたちになったのは、一九一五年のスパルタクスの書簡であった。主張されたのは、革命は必要であるが、それは大衆の革命的な熱狂の自発的な表現ではなく、少数のプロの仕事であるべきだということであった。ローザ・ルクセンブルクとカール・リープクネヒトは、一九一八年から一九年の労兵評議会を革命的意志の民主的表現としてのみならず、労働者の武装権力の代表としてもみなした。一九一九年のスパルタクス団と評議会の連合は保守派のみならず社会民主党の反対も引き起こした。彼らはドイツの「ボリシェヴィズム化」を恐れた。結果として、スパルタクス団の騒乱を鎮圧せよという一九一九年のグスタフ・ノスケのアピールに、義勇軍が応えた。この間にスパルタクス団のリーダーたちは殺害された。この行動はスパルタクス団と共和国の溝を広げた。新たに編成されたKPDは議会選挙へのいかなる参加も放棄する決意をした。選挙は革命を先に延ばしてしまうというのが理由であった。もし選挙が力で阻止されたら、プロレタリア革命がついてくる。共産主義者インターナショナルの第二回世界大会のドイツ代表はこう論じた。彼らが主張したのは、共産主義者は資本主義とその政治的な制度に対して「永遠の攻撃」を仕掛けるべきだということであった。

スパルタクス団のリーダーたちは、すべてのグループが政策形成に参加する、党の民主的組織を唱導した。党を「プロレタリアートの前衛」とし、インターナショナルを労働者の革命の指揮者とするレーニンの理論に、彼らは反対した。一九二五年から六年の「党のボリシェヴィズム化」まで、スパルタクス団の組織形態はKPDに残った。組織と戦略のスパルタクス的な見解は「ルクセンブルク主義」として否定され、その主張者たちは党から追われた。

B　守りの時期（一九一九—二三年）

スパルタクス団の蜂起がドイツ全土で義勇軍によって粉砕されたあと、KPDは攻撃的な理論を放棄し、一九一九年一〇月には議会制に参加することを決めた。この行動は、元社民党で、ドイツ労働政治で長い経験をもつパウル・レヴィの仕事であった。レヴィが直面した問題は、イデオロギー路線と政治戦略で党がコミンテルンにますます依存していくということであった。一九二一年のインターナショナルの決議では、内在的な革命の理論が放棄され、プロレタリア革命闘争の「守り」の性格を認識するようにKPDは命じられた。レヴィはこの決議に同意したが、コミンテルンの支配からの相対的な独立がしだいに困難になっていると考えた。

独立社会民主党（USPD）左派が共産党に入った一九二〇年に、支配の問題が提起された。「二一カ条の条件」として知られている、USPDの加入のために作成された綱領が求めたのは、党の役職と労働組合からの改良主義者の排除、「帝国主義者」に対する継続的な闘争、インターナショナルへの服従、そしてUSSRを完全に支持することであった。レヴィはこの方針に反対したが、受け入れざるをえなかった。一九二一年に共産主義者組合同盟のストライキ活動を批判したあと、彼は中央委員会を除名された。これ以後、インターナショナルの決定に明示的にでなくても同意しない人はだれも、委員会には残らなかった。

守りの政策は、ドイツの政治的現実を認識していただけでなく、戦時共産主義から新経済政策へというUSSRの政策の変化を主として反映していた。一九二〇年と一九二三年のあいだ、KPDは他の政治グループと協力する傾向を示した。レヴィが退いたあと、ハインリヒ・ブラントラー、アウグスト・タールハイマー、ヤーコプ・ヴァルヒャー、そしてパウル・フレーリヒが支配権を握った。彼らは社会民主党に融和的な態度をとった。

C　アクティヴィズムの復活（一九二三年）

一九二三年の内外の状況は、KPDに革命的な戦略を復活させる機会を与えた。インフレは最高潮に達し、暴力活動に表現を見いだしやすい状況を、ドイツ人のあいだに作り出した。ルール〔地方〕の占領は、西欧の資本主義権力を弾劾し、ドイツ国民の主権の守護者という役割を果たす機会をKPDに与えた。党内の多くの左派分子は一九二三年に革命的な活動を扇動した。しかしモスクワからの命令で、中央委員会は暴動を許容することを拒否した。ブラントラーの改良主義的なリーダーシップのもとで、KPDは「プロレタリア独裁」や社会主義革命に言及することを禁じた。

一九二三年一〇月、コミンテルンは政策を変更し、差し迫っていると信じられた革命を指導することをKPDに命じた。ザクセンとチューリンゲンで、共産党の代表は社民党内閣に入り、ベルリンとハンブルクで暴動の準備がなされた。しかしながら、KPDには革命の準備ができていない、と中央委員会は認識した。未熟な暴動を思いとどまらせようとする特使はハンブルクに間に合わなかったが、モスクワからの助言で、この計画は取りやめとなった。国防軍がザクセンとチューリンゲンの政府を解体した。委員会の政策は多くの党員を憤慨させ、ブラントラーの改良主義に反発する左派を勢いづかせた。一九二四年のフランクフルト党会議で、左派が多数派を占め、新たな指導部が登場した。そこには、ルート・フィッシャー、アルカディ・マズロー、そしてハンブルク暴動のリーダーのエルンスト・テールマンが入っていた。

一九二三年の顕著なイデオロギー的な展開は、KPDの多くの分子によって、国民ボリシェヴィズムの理論が採用されたことであった。(15) 国民ボリシェヴィズムは戦争と革命の産物であった。これが明確な姿をとり始めたのは、ハンブルクの二人の共産主義者ハインリヒ・ラウフェンベルクとフリッツ・ヴォルフハイムの著作においてであった。一九一五年に刊行された彼らの小冊子『プロレタリア政治要綱』は、社会民主主義者の議会的な方法を否定し、プロレタリアートが外交・内政政策に影響力を行使できるのは、軍事力によってのみだと主張した。ラウフェンベルクとヴォルフハイムの多くのフォロワーはスパルタクス団に入った。しかし党マシーンと対立して、彼らは〔ドイツ〕共産主義労働者党（KAPD）という分派を形成した。国民ボリシェヴィズムの活動の中心はハンブルクであった。この地で一九二二年に民族、自由、そして祖国のための同盟が創設された。似たようなグループがベルリンとミュンヘンにもできた。

一九二三年まで、国民ボリシェヴィズムはレーニンとKPDによって「左翼小児病」として非難されていた。この理論の唱導者たちが試みたのは、講和体制の破壊とドイツの革命という目標を結びつけるために、ブルジョワのグループと軍の将校と作業同盟を形成することであった。彼らの政策が基礎にしていたのは、西側諸国とドイツのブルジョワ政府の政策に対抗する共通の戦線に立つソヴィエト・ロシアとの親密な関係であった。共産主義者の集まりと同じく、ドイツの外交政策における東方志向を主張していた軍の将校や義勇軍のなかで、国民ボリシェヴィズムは幅広い支持を受けた。こうしたさまざまなグループが共通の地盤をみつけたのが、講和の取り決めとワイマール政府に対する戦いにおいて、国民ボリシェヴィズム的な仕方でロシアの援助を受け入れることであった。講和の取り決めとワイマール政府への反対はナショナリストの仲間内においてもとても強かったので、彼らは喜んで反資本主義的な革命を、社会民主党による支配と外交の主導権に対するオルタナティヴとして受け入れた。

一九二三年、フランスがルール地方を占領したとき、多くの共産主義者は、義勇軍に協力して軍事的な抵抗に参画した。ハインツ・ノイマン（のちの中央委員会メンバー）に率いられたグループは、ラインラントの分離主義運動との闘いのなかで、義勇軍と連携した。このとき、ドイツのナショナリスティックな反動を察知したので、ベルリンの中央委員会は国民ボリシェヴィズムへの態度を修正し、その基本的な構想のいくつかを唱え始めた。新しいスローガンがつくられた。「ライン川のポアンカレ〔フランス首相〕、〔ベルリンの〕シュプレー川のクーノ〔ドイツ首相〕を打倒せよ」。

カール・ラデックは一九二一年に「国民ボリシェヴィズムに抗して」というパンフレットを出した。義勇軍のリーダーで、初期のナチの殉教者レオ・シュラーゲターの死刑執行に際して、彼は感動的な演説をした。外国の資本家によるドイツの搾取を粉砕するという課題において、共産主義者はナショナリストと協力しなければならない、とラデックは断言した。プロレタリアートは祖国をもたないのだから、プロレタリアートがドイツを征服しなければならない、とクララ・ツェットキンは宣言した。『赤旗』の編集者は反動的な貴族のレーヴェントロー伯爵に、ロシア・ドイツの連携と対仏戦争についての彼の計画についての記事を依頼しつづけた。ナチのスポークスマンは共産主義者の集会で挨拶するために招かれた。鉤十字とソ連の星を結びつけるポスターが現れた。こうしてルート・フィッシャーは宣言した。「ユダヤの資本主義は打倒されなければならない」。

D　漸進主義への回帰

ルールからフランスが撤退し、通貨が安定するにつれて、革命を呼びかけるＫＰＤの訴えが幅広く受け入れられることはなくなった。一九二四年には、党への投票は深刻に低下した。党と労働組合の構成員も一九二〇年以来、最低にまで減った。一九二三年の共産主義者の戦略の失敗と、ソ連の内政における新しい方向性がＫＰＤの政策を変化させた。

一九二三年の戦略の主たる結果は、「左派」指導部が誕生したことであった。そこには、ルート・フィッシャー、アルカディ・マズロー、そしてエルンスト・テールマンがいた。一九二四年以後、何人かのリーダーは排除された（たとえば、ルート・フィッシャーである）。そしてインターナショナルの指示にしたがう指導部が樹立された。KPD内の争いは、ソ連におけるスターリンとトロツキーの権力闘争とパラレルであった。KPD左派分子の排斥は、党の全面的再編と中央委員会の絶対的権力の確立とセットであった。政治局に認められた（この絶対的な）権力は、将来、オポジションが出てくることは許されない、という確認であった。

安定期におけるKPDの戦略目標は、さまざまな組織の創設による大衆の影響力の拡大であり（上記参照）、いわゆる統一戦線の拡大であった。競合的な労働組合は放棄され、メンバーは細胞をつくるために、自由組合に加入することを促された。党員は既存の結社に浸透し、支配権を獲得することを試みた。

このときKPDは活動プログラムを手放していたが、社会民主党に対抗することはやめていなかった。名目上テールマンに率いられていた赤色戦線戦士同盟は、一九二九年にプロイセン政府によって組織が最終的に解体されるまで、社民党と市街戦を戦った。この時期、共産党とワイマール政府の関係に影響を及ぼした主要な規定要因は、外交政策の問題であった。ソ連外務省がそうしたように、党が主張したのは、シュトレーゼマンの外交政策における西欧志向と、ロカルノ条約を中心に展開される安保体制はソ連の脅威だ、ということであった[16]。一九二七年、シュトレーゼマンは国際連盟の常任理事国の席をドイツのために確保した。同じ年の党大会で、KPDの党員はみな、USSRの支持を誓うことを求められた。国民ボリシェヴィズムの理念は、一九二八年の選挙で復活した。共和国の内政における経済政策と外交における西欧志向に抵抗する党として、KPDは活動した。この選挙で、党は票を増やしたが、一九二三年以後に被った損失を回復することはできなかった。

E　第三期

一九二八年、第三インターは、安定期の終わりと、資本主義の没落を画する「第三期」の始まりを宣言した。

一九二九年に、新たな方針が党大会で採択された。それはテールマン、レンメレ、そしてノイマンという一九二三年を生き残ったリーダーたちによって遂行された。この方針がとくに向けられていたのが、社会民主党であった。そして支持を獲得するために、ＫＰＤは国民ボリシェヴィズム路線を復活させた。労働組合政策は変更され、社民党系組合と競合するためにＲＧＯ（上記参照）の樹立を認めた。

共産党のリーダーたちは不景気を、彼らの予言の成就であり、革命的な状況を生み出すものとみなした。公式の政策は失業者数の増大によって影響された。失業者数の増大は党員数を二倍にしただけでなく、革命の人材の予備軍をも生み出した。ナチとＫＰＤは失業者の政治的支持をめぐって競合し、共産党と社会民主党の労働者の大多数との溝を広げさせる急進的な綱領を出す結果となった。ＫＰＤの敵リストには「資本家、ファシスト、社会民主党員」とあった。社民党員を「労働者階級の致命的な敵」と汚名を着せるために、「社会ファシスト」という語がＫＰＤによって用いられた。[17]

ＫＰＤイデオロギーの重要な概念の一つが「人民革命」であった。それはコミンテルンで定式化され、ファシズムと戦うために統一戦線に必要とされるものを基礎にしており、官僚的な（つまり社会民主党的な）党のリーダーシップではなく、「下から」形成されたものであった。ドイツ労働者の大衆組織を革命指導部の支配下に入れ、すべての工場に「政治委員」という幹部を置き、指導部から社会民主党労働者を隔離し、大衆の社民党支持を一掃することで、統一戦線は形成されるとされた。[18] この目標を達成すべく、「ＫＰＤの政治的目的に向けた日常の闘争を基礎にして、労働者大衆を動員するために[19]」、ＫＰＤは全ドイツ失業者評議会の形成を後援した。多方面の党組織が反ファシズム闘争同盟に結合された（上記参照）。ＫＰＤはこうして、共産党員が鍵となる地位に置かれるならば、統一戦線に参加することに同意した。この態度は、第三インターナショナルの書記オシップ・ピアトニツキーの声明によく表現されている。この声明によれば、社会民主党の労働者はストライキ委員会のような統一戦線組織に編入されるべきである。「しかし、もちろん、彼らを多数派にするほどの大勢ではないが[20]」。

社会民主党に対する闘争において国民ボリシェヴィズムが使えるということを、党のリーダーたちは理解した。講和条件へのナショナリスティックな反動を利用して、講和の取り決めを受け入れなかった、唯一のヨーロッパの大国がUSSRであったということを示すことで、KPDはヴェルサイユ条約とヤング・プランへの人民の反発を、親ソヴィエト的な態度へと転換しようとした。「ドイツ人民の国民的・社会的解放のための綱領」と題された一九三〇年の党の綱領は、ヴェルサイユの「泥棒」条約を非難し、それを受け入れた「売国奴」として社会民主党を非難した。[21] 講和の取り決めに反対したKPDの記録は、「解放のための国民的闘争の先頭に立って行進する権利」を党に与えた、とテールマンは論じた。[22] 一年後には、「ソヴィエト連邦と同盟した、労働者と農民の共和国のみが、国民的な抑圧の鎖を断ち切れる」と彼は宣言した。[23]「国際主義の旗を振ることなしに、ヴェルサイユ条約とヤングの隷従に対して闘うことはできない」ということで、[24] 彼はナショナリズムの支持と共産主義理論の国際主義的基礎を調停した。

この政策につづいて、KPDは一九三一年、プロイセン政府を解体する住民投票を支持した。根拠は、社会民主党が労働者を裏切ったからというものであった。一九三二年にナチによって呼びかけられたベルリン交通ストライキが支持された。同じ年、ハインツ・ノイマンは、ゲッベルスの後援する会議で国民ボリシェヴィズムの原理を説明した。実際、国民ボリシェヴィズムはたくさんの将校やナショナリストをKPDのメンバーに引き入れた。ルートヴィヒ・レン（アルノルト・フィース・フォン・ゴルセナウ）、ベッポ・レーマー隊長（オーバーラント同盟の元幹部）、ボード・ウーゼ、ブルーノ・フォン・ザロモン、シュテンボック－フェルモア伯爵などである。

こうして、一九一九年から一九三二年のあいだ、KPDは多くの政策変更を行なった。「暴動主義」から議会活動まで、そしてインターナショナリズムからナショナリズムまでの幅があった。

Ⅴ　一九三三年以降のＫＰＤ

一九三三年にナチによって解体されて以降も、ＫＰＤはドイツ国内に地下組織を、そして海外に指導部の公式の構造を保持した。中央委員会はモスクワに移った。そして階層構造の多くの重要なメンバーはドイツから逃れ、世界のさまざまな場所で党務を継続した。党会議は、一九三三年のあと、チェコスロヴァキアとベルギーで開催された。しかし、いたるところで共産党の活動への法的な制裁が科されるのにともなって、ドイツの運動はモスクワ、ロンドン、そしてメキシコ・シティに集中した。理論上では、党のリーダーはドイツの地下組織メンバーを統制する。しかし統制の効率性は確保できない。しかしながら、党の地下組織は公的な路線の変更を知っており、明らかに共産党の政策の新たな方向性を是認していた。

他国の共産党と同じく、一九三三年以降、党のイデオロギーと戦略は、コミンテルンの命令による変更にしたがった。統一戦線戦略が一九三四年に採用され、ドイツ共産党はフランスとスペインの両国で統一戦線を支持した。一九三九年にＫＰＤは独ソ不可侵条約を支持し、アングロ・ドイツ戦争を「帝国主義的」として非難した。コミンテルンの解体後、ＫＰＤはプロレタリア革命という直接的なゴールを放棄した。

Ａ　ドイツの共産主義的地下組織

党解体以後の時期に、共産党の地下組織の基礎にある理論は、ナチ・レジームはすぐに崩壊し、その後、共産主義国家が引き継ぐというものであった。この理由で、ＫＰＤはしっかりした、複雑な組織を維持し、大衆プロパガンダを行なった。国民社会主義が崩壊したときに支配権を握るために、〔共産〕党員はナチの部隊や結社に浸透した。党はかなりの非合法活動に従事することができたが、地下組織はゲシュタポの侵入に対してとくに脆弱であった。重大な損失をこうむったのは、残っていた党職員の中間や比較的低いレベルの幹部においてであった。独ソ不可侵条約の時期（一九三九―一九四一年）に、共産主義の非合法活動は実際的には消えたが、ソ連への攻撃以後、復活した。[25]

入手しうる情報が示しているのは、一九四一年以来、共産党の地下組織は力と活動を強化し、そして現在、それはドイツにおいて最高に組織され、もっとも効率的なオポジション・グループだということである。しかしながら、その正確な強さや分布、あるいは人々の支持を惹きつける程度を判断することは不可能である。断片的なレポートによれば、地下組織は、ほんの数人のメンバーしかいない細胞に分かれており、その主たる仕事は相互に接触を維持することであった。[26]さまざまなカムフラージュした集団も存在する可能性はあるが、重要な戦略的ユニットは細胞である。細胞の組織についての正確な情報はないが、細胞を構成しているのは、少数の年配の共産主義者、党員の家族に育てられた比較的若い労働者、そしてヒトラー・ユーゲントだが、ヒトラー・ユーゲントに不満をもっていて引き抜かれた新入りである。[27]学生も参加しつつあるという徴候もある。

オポジションの組織化と拡散を予防する警察の統制にもかかわらず、共産主義の細胞は反ナチ活動のための多くの機会をもっていた。工場にいる者はナチの戦争製品をサボタージュすることができるし、あるいは他の労働者に仕事のペースを落とすように説得することもできる。しかしながら、サボタージュが作用できるのは、小さな規模においてだけであった。関連するリスクを考えると、共産党員はどんな拡大的なレジスタンスを唱導することもできなかった。また、リーフレット、非合法な新聞、政治的な議論を通じて、敗北主義的な態度を拡散するのに、細胞は重要になりうる。ドイツからのレポートが示しているところでは、共産主義者が従事していたのは直接的なサボタージュというよりは、こうしたタイプの活動であった。さまざまな時期に、とくに一九四一年、対ソ戦争が勃発したとき、そしてドイツの大敗北の期間である一九四三年に、ゲシュタポは実際的および潜在的な地下組織指導部を根こぎにしようとして、「共産主義者」逮捕の卸売りをした。逮捕の新たな波が始まったのは、一九四四年四月で、大管区指導者のヴェルニッケの演説以後であった。この演説で彼は、ドイツの低い戦意と噂がモスクワやロンドンのラジオの聴取で確認できる、と不平を述べた。

ドイツの軍事的な地位が変化することで、しだいに非合法の活動の可能性が増大した。空中戦における防衛軍の義務が増大することで、コントロールが緩む傾向にあった。ドイツにおけるオポジション活動の程度は過剰に評価されやすいが、それでも体制に反対するデモは起こっている。一九四三年秋の空爆に引きつづいてハンブルクで起こった平和デモや、西ドイツ、中央ドイツでの散発的なストライキはその例である。こうした状況は、KPDの細胞に、彼らの影響力を拡大し、反ナチの活動で主導権を取る可能性を与えた。人びとのアイデンティティを消したり、変化させたりすることを、空中戦は可能にした。そして多くの「国家の敵」は、記録が破壊されたので、彼らの活動を継続することができた[28]。

共産主義地下組織の程度と配分については一般的なレポートがあるだけであった。それは明らかに伝統的に党の力がつよい地域に集中していた。ベルリンと、西ドイツと中央ドイツの産業の中心地である。特定のグループは「ナバホ」と同定されていた。これはヒトラー・ユーゲント内で活動している共産主義グループ[29]、「共産主義青年」「ドイツ平和運動」、そして「反ファシズム活動」で、ベルリンとラインラントに集中していた。レポートによれば、共産主義勢力のかつての大中心地ヴェディングでは、建設労働者と鉄道マンのあいだで共産主義へのとくに強い忠誠があり、ナチはもはやこれを根絶できなくなっている。他のレポートが報じるところでは、「国際労働者救済」と「赤色戦線戦士同盟」は非合法なかたちで存続している。共産主義者は、政治的な抑圧に対する最高の保証となるものとして、独立した細胞の存在を主張する。

細胞に対してドイツにおける党活動の全体についての情報を提供しつづけられるように、努力がなされてきた。『幹部党員情報《カーダー》』と呼ばれる非合法新聞は細胞の仕事に方向を提供するだけでなく、彼らが党の方針にしたがうことを可能にしてもいる。

B　海外における党の構造

一九三三年とそれ以後、ＫＰＤの多くの重要な職員は、海外に党活動の拠点をつくるために、ドイツを逃れた。一九三〇年代に拠点はチェコスロヴァキアとフランスにあった。そこにおいて党の職員は、モスクワの中央委員会から命令を受けて、ドイツの地下活動に指示を出すことができた。チェコスロヴァキアとフランスが陥落したあと、党の拠点はモスクワとメキシコ・シティに移った。

ＫＰＤの中央委員会はモスクワに置かれた。党のリーダーはヴィルヘルム・ピークであり、彼はローザ・ルクセンブルクの時代からの委員会メンバーであった。テールマンがナチに捕囚されているあいだだけ、職務を果たすべく、彼は一九三五年のブリュッセルの党大会で議長に選出された。彼と関係があったのは、ヴァルター・ウルブリヒト、エーリヒ・ヴァイネルト、フリードリヒ・ヴォルフその他の重要な共産主義者であった。彼らは党の階層組織のもっとも高いレベルの生き残りである。モスクワの中央委員会は、一九三三年以前と同じく、党に対してしっかりした統制を行使している。

ロンドンではおよそ三五〇人の登録された党員がいて、一九二〇年以来の委員会メンバーのヴィルヘルム・ケーネンの指揮のもとにある。彼に関係しているのが、カール・ベッカー、ヨハン・フラードゥング、そしてハンス・カーレといった、多くの重要な共産主義者である。他のグループに影響力を拡大し、党の現在の戦略に一致する統一戦線を築くのに、ロンドンのユニットは活動的であった。もっとも重要な達成は、自由で、民主的なドイツの維持・発展のために、約一五〇〇人の会員をもつ、自由ドイツ文化同盟を一九三九年に創設したことであった。文化同盟は、一九三九年以来、共産主義者の路線の転換に従ってきた。共産党員が重要ないし指導的な地位を占めた、その他の組織には、自由ドイツ高等教育機関、自由ドイツ青年、ドイツ内政評議会同盟、ドイツ難民女性戦時援助委員会がある。

メキシコ・シティのＫＰＤグループはルートヴィヒ・レン（アルノルト・フィース・フォン・ゴルセナウ）によって率いられている。彼は、ドイツの共産主義者が「ＫＰＤの軍事理論家」とする重要な著者で、兵士である。メキシコ・シティの指導的な政治理論家はパウル・メルカーである。メキシコ・シティの他の重要なメンバーは、ボード・ウーゼ、アナ・ゼーガース、ラディツロ・ラートヴァニ（ヨハン・シュミット）、アンドレ・ジーモン、そしてエーリヒ・ユングマンである。

ＫＰＤはアメリカ合衆国では合法政党としては活動できなかった。それでも、ドイツ・アメリカ緊急事態会議、合同反ファシスト救援委員会、独米文化同盟のような「フロント」組織を通じての影響力が確認された。合衆国のグループと少数のドイツの共産主義者はラテンアメリカに分散した。カナダはメキシコ・シティの指揮のもとにあった。小さなＫＰＤグループがスウェーデンと南アフリカに存在する。

Ｃ　一九三三年以降のＫＰＤイデオロギー

現時点でのＫＰＤの政策は、ワイマール共和国期にこの政党によって唱えられた革命的な綱領とは顕著な対照をなしている。しかし、政策は、過去一〇年の共産主義者の戦略の論理的な発展の結果であり、一九四三年にコミンテルンが解体されることで必然化した、新たな方向を反映している。党の規律が維持されていることは明らかである。なぜなら、政策の声明が亡命中の重要なリーダーによってなされ、地下組織の政治的態度も同じ型に合わせているからである。

共産主義者の戦略が明確に変化したのは、一九三四年のブリュッセル大会であった。このとき採択された決議で「ドイツの社会的・国民的解放のための綱領（一九三〇年）……はいまや時代遅れである」と宣言された（上記参照）。ナチの「ナショナリスティックなデマ」を暴露するのに、一九三〇年と一九三二年の綱領が役に立つと主張して、党はこの綱領を正当化した。しかしながら、一九三五年の共産主義者のゴールはなおも国民的な方向を向いていた。そしてヴェルサイユ条約の完全撤廃、力によってドイツから「自由ドイツ」に取り込まれたすべての領域の同盟、およびソ連との緊密な関係を要求した。この目的を達成するために提案された方法は民主的であった。ドイツにおける政党政治の樹立、政治活動の自由、労働者と農民のための結社の自由、市民的自由、そして軍と国家の行政からのナチのパージがそれであった。社民党、中央党、ナチの不満分子、あるいはナチ・レジームと戦う気のあるいかなる勢力とも協力する準備がある、と〔共産〕党は伝えた。[30] ブリュッセルの大会以来、KPDは同様に、継続してナショナリスティックなテーマを強調した。

一九四一年以来のモスクワからの党の放送は、ナチをドイツ人民の敵として特徴づけ、「一体で、個的で、独立したドイツ、平等者のあいだの平等」を確保するために、[31] ヒトラーに対する反乱を訴えた。放送でしばしば引用されたのがビスマルク〔Otto Eduard Leopold Fürst von Bismarck, 1815–1898は、一八七三年にロシア、オーストリアとのあいだで三帝同盟を結ぶなど、ロシアとの関係に気を配った〕であった。もしドイツとソ連が生き残りたいならば、両者は協力しなければならないという趣旨であった。そして彼らがくりかえし警告したのは、人民の反乱がヒトラー〔の体制〕を転覆させないならば、ドイツ軍は破壊され、ドイツは崩壊に直面するであろうということであった。[32] 党の名のもとで、ドイツ軍の兵士に、武器を捨て、一九一八年にそうであったように「農民、ミドルクラス、戦争の敵であったすべての人が……労働者のリーダーシップのもとで組織化する」というアピールが送られた。「兵士は、偉大な社会主義国家と戦っているということを理解しなければならず、戦争の終結を要求しなければならない」[33]。

そこにおいて人びとが自由に望むレジームを選択できる、「自由民主ドイツ」という共産主義的な目標がある。この目標は、ドイツ人民の自発的・民主的な要求として描かれる。この路線を強調したのは世界中の「ドイツ共産主義者」であり、一九四二年一二月に「あるライン都市」で開催された、ドイツ平和運動の会議の発表においてであった。この会議は、一九四三年一月、合衆国とメキシコの共産主義の新聞で公表された。そしてこの会議は共産主義の戦略の多くのステップのための動因を提供した。パウル・メルカーのパンフレット「ドイツはどうなるのか」における政策の声明、自由ドイツ運動の成長、同様の運動をオーストリアでも形成しようというオーストリアの共産主義者エルンスト・フィッシャーによるモスクワからのアピールが、それであった。[34] 広く宣伝されたラインラントの綱領は、多様な人びとを包摂するとされる会議で作成された。共産主義の新聞のレポートによれば、そのなかには、専門人、労働者、カソリックの聖職者、小規模事業者、国防軍の司令官、ナチの反対派、社会民主党員、共産主義者、ドイツ・ナショナリスト、農民、中央党、非合法労働組合の代表、「国民ドイツ戦線」に統合されたすべての人がいた。[35] 彼らの義務は、ドイツに反ナチ・レジーム闘争を組織することであった。というのも「ドイツ人自身による砲撃活動だけが、もっともひどい運命からドイツを救うことができる」からである。「ドイツ内のわれわれの同盟者」が反乱を起こすよう鼓舞すべく、ラジオ・プログラムやリーフレットで、会議のマニフェストを宣伝するように、連合国は促された。マニフェストがいうには、このようにして、「ドイツの独立と国民の存在を保証する」正しい講和が締結されることができる。戦争の継続はドイツを作戦の劇場にしてしまい、「講和の条件はいっそう厳しくなる。第二のヴェルサイユになってしまう」とそれは述べる。

〔一方における〕ヒトラー主義の転覆と、〔他方における〕平等かつ直接的な選挙権と秘密投票を基礎にした憲法制定議会による「国民的・民主的な平和政府」の樹立へのステップを概略しているのが十カ条のプログラムである。このプログラムが要求しているのは、軍事作戦を即刻停止すること、すべての占領地の放棄、ナチ・レジームの清算、SSとゲシュタポの廃止、そして戦争犯罪者の処罰であった。経済的プログラムに含まれていたのは、〔一方における〕ナチの経済法の廃止と〔他方における〕私有財産と中小企業の成長の自由の立憲的保護を基礎にした新しいシステムの構築であった。労働者には、仕事、公正な賃金、一日八時間労働、休息の権利が約束された。「あらゆる諸国民と諸国家との協調」という外交政策が、新ドイツに約束された。新しいドイツというのは、「弱く、防御のない国ではなく、国民の統一と自由による裏付けをもつ強い国となる」ドイツである。

幅広い国民戦線の創出を唱導することが、イタリア、ハンガリー、オーストリアなど、他国の共産主義の戦略でも使われた。ナショナリズムと民主的な方法の強調は、ブリュッセル綱領の論理的な展開である。ラインラント・マニフェストは、労働者など、いかなる特定の社会集団をも特別な考慮の対象として選び取ることはなく、KPDがかつて敵対した多くの集団にも支持してもらえるようなプログラムを提案した。共産主義者は彼らがもっていた「ソヴィエト・ドイツ」の計画を放棄した。彼らは、ワイマール共和国にみられた類型の政府や社会システムの再建を望まず、むしろいかなる特定の社会階級の利益でもない、ドイツの国益を保護しようとする類型のデモクラシーを唱える、と述べている。

ドイツ国内の政治的方向性について入手しうる情報によれば、共産主義地下組織の多くのメンバーは、新たな方向を模索しようとする、ラインラント・マニフェストと難民政党組織の見解を共有している。ドイツの地下活動で引かれるべき区別の線は、「古い」オポジションと「新しい」オポジションのあいだである。「古い」オポジションは大部分、比較的年配の人びとから構成されている。彼らは一九三三年以前に大人の政治的経験をもち、かつての政党の形式と態度の復活を求めている。「新しい」オポジションがつくろうとしているのは、新しい政治的な形式と集団で、「ワイマールをくりかえすな」というスローガンによって動機づけられている。古い共産主義の家族のあいだでは、一九三三年以前のイデオロギーの痕跡が残っているかもしれないが、地下組織の活動家グループが表明しているのは新しいオポジションの見解である。[36] 共産主義者は「ボリシェヴィズム」的な見解と過去の組織の再建を望んでいない、という点で、ドイツからのレポートと捕虜の尋問は一致している。そうではなく彼らが求めているのは、党がワイマール政府のもとで享受した活動の自由を保持しながら、共産主義的な目的の達成のための手段が与えられる、USSRの好意的な保護を受けた「ドイツ共産主義」である。[37] ドイツの共産主義者は極端な手段を講じたりしない「自由で、民主的な共産主義」を望む、という点で、尋問を受けた戦争捕虜の党員は、以前の地下組織の活動家に賛同した。[38]

しかしながら、ドイツの政党は、ワイマール共和国を特徴づけた分裂とファクショナリズムという同じ類型のままである。伝えられているところによると、多くの共産主義者は人民戦線デモクラシーと穏健な要求という党の公式の路線に同意していない。こうしたいわゆる「新しい共産主義者」はプロレタリア独裁の理念を放棄すること、ないしインターナショナリズムのアプローチを損なうことを拒否する。彼らが激しく非難しているのは、自由ドイツ委員会（以下を参照）の将軍と協力するという党の戦略である。「新たな共産主義」は、公式路線に対する左派のオポジションを代表しており、おそらく将来、「トロツキスト」というラベルを帯びることになるであろう。[39] 晩年のハインツ・ノイマンを支持する別のグループは、将校の援助を受け入れ、ソ連との同盟関係を樹立する点で、公式の党の路線に同意している。しかし、こうした動きをドイツの革命に結びつけることを望んでいる。このグループは、ハインツ・ノイマンが一九二三年から一九三三年まで唱えた国民ボリシェヴィズムの主要な論者であるが、それと公式の党の路線のあいだに調停不可能な差異があるわけではないので、オポジション・グループではない。

Ⅵ　共産党と自由ドイツ運動

共産党の現在の政策と未来に影響を及ぼすもっとも重要な要素が、自由ドイツ運動の発展であった。モスクワの自由ドイツ国民委員会に、共産主義者は労働者の通常の組織と党を刷新する「統一戦線」のパートナーをみつけた。モスクワ以外の自由ドイツの形成と活動は、共産主義の難民の功績である。委員会のもともとの目的は、ナチに対する心理的な戦争であったかもしれないが、ドイツの亡命者のなかでそれは驚くほどの強さを見いだした。そのプロパガンダに対する数々の好意的な反響がドイツに伝えられている。

モスクワの自由ドイツ委員会は、一九四三年七月につくられた。それは、共産党員、政治的な党派に属していないアンチ・ナチ、ドイツ軍の将校や兵士、そしてドイツの敗北の可能性を見越しているナチの結合である。ナチ・レジームを転覆し、自由で、民主的なドイツを樹立しようと願う個人やグループであればどんなものでも、会員に招待された。結果として、多くの利害や社会集団が委員会に反映され、いまや共産主義の著述家エーリヒ・ヴァイネルトに率いられていた。将校組合という重要な支部のトップは、フォン・ザイトリッツ将軍で、彼はスターリングラードで敗北をこうむった、ドイツ軍における東方志向の唱導者である。この二人はともにドイツに定期放送を流し、ロシアの捕虜のあいだで自由ドイツの組織の拡大を指揮している。

国民委員会の目標は、ヒトラーの打倒、戦争の終結、ナチの占領地をすべて放棄したうえでの講和交渉である。国民政府が約束されている。その政府は「ドイツ人民のすべての階級による自由のための戦い」と祖国に忠誠を誓う軍によって樹立される。委員会が要求したのは、戦争犯罪者の処罰と財産の没収であり、人間の尊厳と自由に悪い影響を及ぼしてきた、あらゆるナチの法律を撤廃することであった。委員会は、機会の自由と私有財産の尊重にもとづく経済を約束し、それには市民的自由と結社の権利を保障する社会組織が付加された。新政府は、講和を勝ち取り、国際関係におけるドイツの平等な権利を回復するのに十分強くなければならない、と彼らは主張している。(40)

委員会は「ユートピア的」と思われるかもしれない、とゲルラッハ中尉は一九四四年一月二〇日のモスクワからの放送で述べた。「委員会は、ドイツ・ナショナリスト、さらには国民的な社会主義者、そしてさらには将軍との共通の闘争のために同盟を結ぶなんてできるのだろうかと思われているかもしれない」。こう彼は述べた。(41)しかしながら、委員会はユートピア的なわけではない。なぜならそれは、ドイツ政治における歴史的先例と、戦後ドイツに広い社会的な基礎を見いだすことができる現実的な政治的方向性にもとづいているからであるという。

共産党と国民委員会の関係には、運動の起源と構造の双方についての考慮が関係している。それが形成されたのは、一九四一年一〇月、ソ連での多くの戦争捕虜会議のあとであった。この最初の会議で、ドイツの軍事的な敗北とヒトラー・レジームの崩壊を求めるプログラムが起草された。国民的・社会的解放を求める一九三〇年の共産党綱領を強く想起させる形式で、それは書かれた。この会議は、私人と徴集されていない将校から構成されていた。ドイツ共産党中央委員会のヴァルター・ウルブリヒトは、他の捕虜会議によって創設される最高幹部会において党の代表になった。この活動は、他のキャンプでも、私人や徴集されていない将校によってくりかえされ、一九四二年三月には若手将校会議が開催された。『プラウダ』が伝えるところによると、四月には、ドイツ人と軍にヒトラーを打倒することを促すアピールに、八〇五人の捕虜がサインした。

国民会議は、一九四三年七月一一日から一二日に、捕虜会議とドイツ共産党の代表者によって形成された。このマニフェストに署名したのは、少佐でもない一一人の将校、八人の兵士、ドイツ共産党の八人の重要なメンバーであった。私人はドイツの労働者で、そのうちの一人は非合法な労働組合の重要な幹部であったが、兵士と将校のなかの共産党のシンパの数は不明であった。一九四三年九月一一日に創設された、フォン・ザイトリッツを議長とする将校同盟は、基本的に、国民委員会のマニフェストに同意する声明を発表した。聴聞のあと、委員会のメンバーはこの見解を説明し、将校はそれに参加することを決め、フォン・ザイトリッツはヴァイネルトと共同議長に就任した。将校ユニオンのその他の役員は国民委員会の指導部に組み入れられた。

モスクワ以外の場所では、自由ドイツ委員会の設立は、亡命したドイツの共産主義者の仕事であった。早くも一九四三年、モスクワの国民委員会の設立に先立って、自由ドイツが、ルートヴィヒ・レンとパウル・メルカーによってメキシコ・シティで開始された。運動は急激に拡大し、一九四三年九月には、メキシコのグループは、西半球の一四の国の反ナチのグループを、自由ドイツ・ラテンアメリカ委員会（Comite Latine Americano de Alemans Libres）に統合することに成功した。メキシコのドイツ共産党員は補助的な団体に支配権を行使し、活発に共産主義の目標を拡散した。自由ドイツのプログラムに関する協定は、「代表されたすべての当事者の基本的な信念のいくつかを譲歩したり、犠牲にしたりすることを含んでいる」とレンは述べたが、共産主義のリーダーの見解をモスクワの国民委員会のプログラムに合わせるために、出版物『自由ドイツ』のいくつかの論文で、必要な調整がなされた。ラテンアメリカの委員会がモスクワの委員会と提携することにレンは異論を挟んだが、それは「彼らのプログラムの宣言と矛盾してはいない」とされた。

ロンドンの自由ドイツ委員会は、政策と方法についてメキシコのグループと長い文通をしたうえで、一九四三年九月二五日に設立された。しかしながら、ロンドンでは社会民主党の代表が強いので、共産主義者は、彼らの目標を支持してくれる非共産主義者を惹きつけることにほとんど成功しなかった。委員会が設立されたのは、一九二〇年以来のKPD中央委員会メンバーのヴィルヘルム・ケーネンと、一九一九年以来、共産主義系労働組合の幹部として有名なフーゴ・グレーフの努力によるところが大きかった。委員会の代表は、共産主義のシンパとして長く知られていたR・R・クチンスキ博士であった。共産主義者に加えて、当初の委員会には二人の社会民主党員も含まれていた。カール・ラヴィツキとシュライバー－クリーガー女史であった。この二人は党の命令に反して加入した。国家国民党のW・フォン・ジームセン、国家党の代表アウグスト・ウェーバー、その他、明確な政治的な党派所属のない何人かである。その後、別の社会民主党員ヴィクトル・シフ（『前進』の元編集者）とカソリックの聖職者タウシク神父が加入した[42]。一九四三年一一月一一日に配布された政策リーフレットで述べられたロンドン委員会の目標には、ラインラント講和マニフェストによって主張された同じ路線で形成されるべき、ヒトラーと戦う「国民自由戦線」の設立が含まれていた。また委員会が望んだのは、ドイツに対する活字・口頭による同盟のプロパガンダに協力し、最終的には「自由ドイツからドイツ人に対する独立のプロパガンダ」を遂行することであった。しかしながら、ドイツ・プログラムの作成でBBCを助けようとするケーネンの提案は、受け入れられなかった。

ストックホルムの共産主義者も、フリッツ・タルノウと彼の労働組合員の周辺の支持を受けた自由ドイツ集団を立ち上げた。それはスウェーデンの公式の社会民主党から反対を受けた。メキシコ・シティとロンドンのグループとは異なり、ストックホルムのグループは、政治的目的をもつグループとしてではなく、文化協会としてのみ協定の基盤を見いだすことができた。一九四三年一一月にマックス・ホーダンによって創設された委員会は、一九四四年一月二〇日に、同じくホーダンが代表の自由ドイツ文化協会に変わった。[43] それをめぐって最初の組織が壊れた争点は、ドイツの労働者の輸送をともなったとしても、戦後ソ連の復興と物理的再構成を支持するよう、すべてのドイツ人に呼びかける決議であった。共産主義者によって、決議に反対する人びとは同盟の戦争努力の「サボタージュ」だと非難された。[44] 文化協会はこうした争点を避け、ドイツの学問と文学の講演と議論に集中している。

ヘルシンキに自由ドイツ委員会が創設されたのは、引き揚げたいが、ドイツ大使によって許可を拒まれているドイツ人によってである、という報告がある。ヘルシンキのグループは、何年か前にナチに支配された「ドイツ植民地協会」の設立に反対した「ドイツ協会」のメンバーで構成されているといわれている。スイスでの自由ドイツ委員会の創設も報告されている。

自由ドイツ運動の共産主義者は、ドイツに課されるべき講和条件についての議論の展開を受け入れるために、路線の変更が必要なことはわかっていた。モスクワとメキシコ・シティでは自由ドイツのプロパガンダは、講和条件の予想される趣旨に同意するために変更されたが、ロンドンでは委員会の何人かが、共産主義者の支配と彼らが唱える講和の本質に反対して辞職した。

いまや主要な争点は、ドイツの領土の喪失と戦争の罪責の問題である。自由ドイツのプロパガンダでは比較的早い時期に、ナチとドイツ人民の区別がなされていたが、この区別は崩壊している。ロンドンとメキシコ・シティの共産主義者は「全体としてのドイツ人民がナチの支配の結果を背負わなければならない」と述べている。[45] すべてのドイツ人を包摂するために、戦争の罪責の問題が拡大されてきた、という指摘は、モスクワ委員会からはなされていない。しかしフォン・ザイトリッツは、戦時中に行なわれた残虐行為のためにSSを非難することでこの区別を引こうとしつづける少数派の一人である。[46] 公式の政策の新しい路線を表現するために、メキシコのグループがしばしば使われてきたので、モスクワ委員会の共産主義者はメルカーとロンドンのグループの理念を採用する可能性がある。

領土の移譲問題は、ロンドン委員会の主要な亀裂を明るみに出した。モスクワにいるポーランドの愛国者同盟によって、東プロイセンとオーバーシュレージエンの譲渡の要求がなされた。この要求は共産主義者のなかでは好意的な反応を見いだした。ただ、こうした活動は、一九四三年に述べられた、〔ドイツに対して強硬な態度をとる〕ハードな講和に反対してドイツ国民を守るという自由ドイツ運動の目標とは対立するものであった。一九四四年二月三日になってさえ、ロンドンの委員会は、「一九三三年の前線における」ドイツの領土的完全さの維持を強弁する委員会メンバーのアドバイスに反対する決議を通している。自由ドイツのプロパガンダと同じく、共産主義者の路線において変更がなされ始めたのは、テヘラン会議以後であった。ポーランド愛国者同盟の要求が公けになったあと、共産主義者も公然と領土の移譲を承認した。ロンドンでは、共産主義者のメンバーによって、とくに東プロイセンの割譲を求める決議が取り入れられた。しかし、非共産主義メンバーが反対したため、投票には持ち込まれなかった。しかしながら、委員会の公式新聞『フライエ・トリビューネ』の三月号は、ドイツの将来における侵攻に対する保証が必要とするのはポーランドへの領土の割譲であると書いた。この見解を論駁する記事は編集者によって拒否された。テヘラン会議の決断のいかなる批判も「世界の同盟」を危うくするというのが理由であった。ふたたび五月には、『トリビューネ』は東プロイセンの移譲の要求をくりかえした。そして大西洋憲章をドイツに適用することを支持する者はだれでも「左派」と特徴づけた。何人かの委員会メンバーが辞表を出した。委員会に残されたのは、もともとのメンバーのなかでは、二人の社会民主党員以外はほとんどすべて共産主義者であった。辞任したのは、ヴィクトール・シフ（社民）、タウシク神父（カソリック）、レオポルト・ウルシュタイン（国家党）、アウグスト・ウェーバー（国家党）、フリッツ・ヴォルフ、ハインリヒ・フレンケル、アルトゥール・リーベルト、そしてイムガルト・リッテンであった。

同じくメキシコ・シティの委員会も、初期の段階の自由ドイツ運動を特徴づけしていた構想を修正した。同時に、ポーランド愛国者同盟はドイツの領土を要求しつづけていた。『自由ドイツ』に掲載されたメルカーの論文は、ドイツ人民に罪責があるので、彼らはナチの犯罪の補塡をしなければならないと論じ始めた。一九四四年二月のポーランドの領土要求を、メルカーは支持した。ソヴィエト連邦と緊密な関係にあるポーランドが、東欧の安全保障対策として打ち立てられなければならないという理由からであった。武力による領土の移譲をレーニンは弾劾した。レーニンの弾劾は、海洋にアクセスする「自由」な国々を認める必要を除外するものではない、とメルカーは論じた。提案された領土の変更への同意を拒否することで、社会民主党はドイツの崩壊を助け、そうしてヴァンシタート卿がそうしたように、「ドイツ人民の敵」に分類されてしまう、とメルカーは述べた。(47)

Ⅶ　共産党のありうる将来の役割

ドイツ共産党の将来は、まだ知られていない要因に依存している。ドイツの敗北の性質、敵対関係の終結後に存在する条件、大多数のドイツ人によってそのプログラムが採用される可能性といった要因である。党は存在すると予想する条件と諸力をもとにして、戦略を工夫してきた。

ＫＰＤの将来の役割を考える重要な基礎の一つは、その地下組織の強さと活動である。共産党が最高に組織化され、もっとも効率的な地下組織をドイツにもっていることは明らかである。その細胞はさまざまな場所、とくに工場で、ローカルな基礎のうえに組織化されており、彼らの非合法活動は反ナチ・ドイツ人のなかで一定の威信を彼らに与えた。現在のところ、共産党の地下運動は、検挙と抑圧を恐れて、拡大活動とサボタージュに反対している。ドイツの軍事的な状況が悪化し、内政の統制が弱まるにつれ、ヒトラーの打倒ないし軍事占領下でのナチ・レジームの清算において、共産党の地下運動は重要な役割を果たす可能性がある。共産主義者と自由ドイツ委員会によって提案された戦略は、党の地下組織に、政治的なリーダーシップを確立するのに有利な地点を提供するであろう。一九四三年一二月、国民委員会は、ヒトラーに対抗する人民を組織するという目的で、工場、ナチの組織や部隊、そして軍に「闘争委員会」を創設することを提唱した。彼らの案が求めたのは、公然とした反乱ではなく、ナチに対する「受動的なレジスタンス」であった。一九四四年六月一一日のアピールは、都市も田舎もすべてのエリアで「人民委員会」に「国民的闘争」を行なうように求めたが、ナチに対する大っぴらな反乱は唱えなかった。[48]反ナチ闘争で活動的であった共産主義細胞が存在するという事実は、人民委員会のリーダーとして、そして地域の政治結社がナチ崩壊後にそれを中心につくられることができる核として、共産主義細胞を重要なものにするであろう。

一九四四年のはじめ以来、自由ドイツ運動はドイツ国内で、そして軍隊で、ヒトラーに対する反乱の準備を活発にしてきた。国民委員会の代表者たちは「前線派遣団」として、彼らに助言を求める捕虜ならだれとでも政治を論じるために、東方前線の戦闘地域に在留している。[49]ヴァイネルトによれば、「数十万」の捕虜が自由ドイツ・マニフェストに署名した。定期放送はドイツに向けられ、拡声器が前線に取り付けられた。ドイツからの多くのレポートが述べているように、人民のナチ支持を掘り崩すのに、このプロパガンダは効果的であった。自由ドイツのリーフレットは東部戦線のドイツ部隊に配布され、またイタリア、フランス、そしてドイツの市民にも配布された。レポートによれば、「兵士委員会」がフランスのドイツ部隊のなかに創設された。そして『西部の兵士』『地中海の兵士』（フランスにおける兵士組織の機関）、そして『国民と祖国』といった定期新聞が刊行された。刊行物が定期的に出ているということは、それらがフランスの地下組織で生産されている可能性があるということである。こうした刊行物は国民委員会の論拠をくりかえし、その主要メンバーの引用をしている。[50]自由ドイツの活動は広く普及してきた。しかし運動について聞いており、その愛国的な動機に疑問をもつ捕虜による特別な非難を除けば、兵士のなかの反動はこの時点では測定不可能である。自由ドイツのプロパガンダは現在の高い率の脱走と関係しているかもしれないが、平均的な兵士への影響はこれまでほとんどないことは明らかである。その重要性がみられるのは、ドイツにいる高位の将校、公務員、そして共産主義者に対する影響においてである。

共産党の戦略が求めるのは、軍事占領の期間における党による明確な活動である。一九四三年、ドイツおよび自由ドイツ運動内の共産主義グループは、転覆的な活動によって、軍事的占領に反対することを決めた。[51]テヘラン会議で講和条件の問題が解決した。その後、路線は変更され、占領軍はいまや「解放軍」として歓迎されている。軍事的占領の時期は、ナチ・レジームの清算と新たなドイツの政治生活の樹立のあいだの移行局面である、という想定に、こうした現在の戦力はもとづいている。

党はナチと「その背後の大資本家」の清算を予想しているが、ナチに対する人民の憤激から結果するかもしれない「血の雨」への責任は、それがどんなものでも取るべきではないと強調している。「人民戦線」デモクラシーにおいて重要な役割を果たすであろう農民ないしミドルクラスに対しては、いかなる干渉もなされるべきではない。軍事占領のドイツは三分割される、と党は想定している。そして英米の占領地区で反軍事占領のアジテーションがなされるべきだと提案している。ただし、同盟関係が危険に陥る点までには行かないように、である。アジテーションというのは、よりよい生活条件とより大きな政治的自由があるのはソヴィエトが占領している地区であると強調することである。党はあらゆるアシストをソヴィエト占領軍に提供しようとし、志願者を獲得するように試みる。[52]こうした戦略は、ドイツの敗北と占領の前の成り行きによって変更されるかもしれないが、党が政治勢力としてその地位を築きたいと望む仕方を、彼らは代弁する。こうした戦略がドイツと国際的な状況に適用される程度と、彼らがドイツ人から引き出す支持に、党の将来はかかっている。

自由ドイツ委員会を通じて活動している共産主義者が提案するのは、人民の多くの集団にアピールするように設計されている社会秩序である。移行期間のプログラムは、ナチと戦争犯罪者を除く、いかなる集団の既得権益も侵害しない。これには、共産主義の著述家が書いた前提がもとになっている。一九三三年以前に党が唱えてきたような極端な政治的解決を、戦後のドイツ人は受け入れないであろうという前提がそれである。ドイツからの諜報でくりかえされる基本的な旋律は、ドイツ人は「疲れ」ていて、政治活動には関心がないというものである。このため共産主義者のような活発な政治グループにはアドバンテージがある。

自由ドイツと共産主義者のプログラムはともに、敗北した国民に訴えるように工夫されている。彼らのイデオロギーの基礎としてナショナリスティックなドイツの歴史を強調しながら、敗北の埋め合わせと、ヨーロッパにおけるドイツの権力を再構成する基礎の提供を、共産主義者たちが望んでいることは明らかである。一八一二年のタウロッゲン協定や[53]、ビスマルク外交など、軍事的強さの源であるロシアとの親密な関係という要因を中心に据えたナショナリスティックな訴えは、東方志向を唱えるドイツの強力な軍関係者のなかに反響を見いだす可能性がある。こうした集団は、国民委員会でかつてそうしたし、またいまもしているように、委員会と協力するかもしれない。

自由ドイツ－共産主義プログラムの潜在的な訴えは、ドイツにおけるソ連の威信が増大することで拡大する可能性がある。ロシアは後進的で、無学で、そして野蛮な国だというゲッベルスのプロパガンダのイメージを、多くのドイツの市民と兵士が拒否しているという証拠はたくさんある。「ボリシェヴィズム」とロシア占領の恐怖はなおも、戦争捕虜の尋問で支配的なテーマであるが、多くの兵士の側では、公式のプロパガンダを真に受けず、ソ連の軍事的・文化的達成を承認する傾向がある[54]。地方で多くのドイツ人の共感を勝ち取っていたロシアの労働者や捕虜に関して、ドイツ国内では明確な感情の変化があった。その一方で、ロシア人はドイツの都市に爆撃をすることで民間人に対する戦争はしていない、と主張する者もいる[55]。ロシア人は最高の外国人労働者だ、とナチの役人はいっている。

ドイツにおける共産主義者の未来は、ソ連の好意的な態度によって確実になっている、と共産主義者は信じている。共産党はソヴィエトが占領している地区で復活し、その重要な政治的役割によって、この党をドイツの主要な政党にするのに必要な志願者を獲得するであろう、と彼らは確信している。共産党がソヴィエト占領地区で復活すれば、以前、共産党の勢力がもっとも弱かった地域であったところでの復活ということになる。そして、西ドイツ、中央ドイツでの党勢に加わることになる。共産党はドイツにおけるソヴィエトの政策のもっとも信頼できる代弁者でありつづける。自由ドイツ委員会は、心理戦の手段としては別だが、ソ連によって公式には承認されないできたし、ソヴィエト当局はドイツ共産党を高く評価していないかもしれないが(56)、ソ連がドイツに対して採用する政策がどんなものであれ、共産党は疑いなくその政策を支持することが期待されている。この意味で、対ナチ心理戦でそうしたのとまさに同じように、ソ連はドイツ政策の遂行において共産党を使う可能性がある。もしそういうことになれば、共産党は、他のドイツの政治グループがいまやもっていない外的な支持という利点を手にすることになる。

ドイツにおける共産党の復活に対しては、戦後、その政治的権力を制限する可能性がある一定の要因がある。領土の譲渡、賠償、そしてソ連の再建のためにドイツ人の労働力を使うことをともなう、ハードな講和を支持するように、最近になって共産主義者の路線が変化した。この変化はドイツにおけるその政治的な強さに影響を及ぼすかもしれない。この場合、ドイツの統合性を守り、戦争の罪責を査定するのにナチとドイツ人民を区別する線を引くという以前の彼らの計画を犠牲にしても、共産主義者はソ連の政策傾向に従う。ハードな講和を支持するグループの、ドイツにおける政治的地位は、敗北と占領のあいだに展開する流れに大きく依存する。

共産党とドイツの労働運動の関係と、生まれてくるかもしれない他の政党の、可能性のあるグループ分けに、もう一つの別の制限がある。社会主義的目標の放棄、ミドルクラスの利益に合わせた綱領の作成、元ナチや元軍人との協力は、無条件で党を支持するメンバーを除いて、労働者階級の支持から共産党を疎外させる可能性がある。社会民主党の地下組織は、共産主義者とはけっして協力しないできた。そして合同の労働組合について話してはいるものの、両党の歴史的な差異はなおも存続している。共産主義者は社会民主党を、労働者の利益に集中するがゆえに「一面的」だと非難する可能性がある。こうした非難が意味するのは、数的劣勢という問題を他のグループの支持を求めることで解決する、と共産主義者が決断したということである。党の労働運動に対する関係は、社会民主党の綱領が実質化するまでは、確定できない。万一、共産党がドイツの労働者の多数派をコントロールできないとなれば、ナショナリスティックな集団の支持を惹きつけるために、共産党はふたたび国民ボリシェヴィズムを採用することが考えられる。この傾向の証拠は、モスクワにあるドイツ将校組合や、このドイツ商工組合と自由ドイツ委員会の共産主義メンバーとの関係にみることができる。これが今度は、労働者階級の大衆的支持を遠ざけるならば、共産党は、権力獲得のために政治的利益のさまざまな結合を利用するプロフェッショナルな政治グループとして発展する可能性がある。その究極の力のために、共産党は、ソヴィエト連邦との現実的な、あるいはあると思われているコネクションに依存する。

自由ドイツ運動が共産党の直接的な目的に仕える期間、生き残るであろうと信ずる理由はない。共産党の参加なくしては、国民委員会はいかなる大衆の支持をも得られないであろう。自由ドイツ運動は、共産主義者によって敗北と軍事占領期のあいだに活動するための過渡期の方策とみなされている。これが共産主義者の戦略の本質である。この時期を過ぎると、党の政策は世界中のさまざまな共産党の未来の問題の一部になる。

7　ドイツ社会民主党

ヘルベルト・マルクーゼ
（一九四五年九月一日）

編者注記

R&A 1549. 著者がマルクーゼだということは、プロジェクト委員長のリチャード・ハーツホーンからウィリアム・ランガーに、一九四五年七月二三日に送られたメモに記されている（RG 226, entry 1. box 3）。マルクーゼの『テクノロジー、戦争、そしてファシズム』所収の「三つの主要プロジェクトの記述」（*Technology, War and Fascism*, pp. 193–198）にも確証がある。

このレポートは、中欧セクションとプロジェクト委員会のあいだの激しい見解の相違の対象となった。ドイツのオポジション・グループについての他のレポートとは対照的に、このレポートは遅れて承認され、回覧された。この遅れを説明するのが、この見解の相違である。プロジェクト委員会によれば、このレポートは「成熟した、客観的な学術性」というR＆Aの標準基準を満たしていなかった（リチャード・ハーツホーンからシャーマン・ケントとカール・ショースキーへの一九四五年七月一四日付の書簡と、一九四五年七月二三日付のハーツホーンのメモに対するランガーからの返信を参照［RS 225, entry 37, box 5, folder: Project Committee Correspondence］。

オリジナルのテクストには、三つの付録が含まれているが、ここでは省略した。一九二一年から一九三三年の国会選挙の結果、亡命中の社会主義者グループ、そして最初の占領の年におけるドイツ社会民主党の主要なリーダーのリストである。

分類　秘（Confidential）

I　序論

ナチ・レジームの解体後に再建される可能性のあるドイツの政党のなかでも、ドイツ社会民主党（ＳＰＤ）は重要な役割を果たす可能性が高い。帝政ドイツのもっとも早い時代からＳＰＤの歴史は始まり、この党は最古の、そして一九一七年以前では唯一の労働者政党としての伝統を誇ってきた。すべての事情を勘案すると、ナチ・レジームは、党組織の廃止と、この党の多くのリーダーの殺害と投獄に成功したものの、古くからの社会民主党の構成員たちの多くの忠誠心を破壊することには成功しなかった。ドイツの戦時捕虜や占領下ドイツの民間人の証言が集まるにつれ、この結論はいっそう明白になっている。したがって、ＳＰＤは戦後ドイツの政治的な発展の早い時期に復活すると考えられる。

戦後のＳＰＤの将来見込まれる強さを見きわめ、ＳＰＤが復活することになるとすれば、同盟国が直面するであろう問題を見きわめるためには、伝統的な社会民主党の組織と政策を、いくつかの重要な観点から概観する必要がある。

Ⅱ　ＳＰＤの起源、構成、そして強さ

Ａ 起　源

ドイツ社会民主党は二つの労働者組織が融合した結果できた。全ドイツ労働者協会（一八六三年、フェルディナント・ラッサールによって創設）と社会民主労働者党（一八六九年、ヴィルヘルム・リープクネヒトとアウグスト・ベーベルによって創設）である。この二つが一八七五年に結合して、ドイツ社会主義労働者党になり、これはその後すぐにドイツ社会民主党（ＳＰＤ）を名乗った。

こうした政党の起源が、その政策の伝統的な二重性のかなりのところを規定した。国家の助けを借りながら、漸進的な平和的改革を通じて、階級対立を廃棄しようとするラッサール的構想は、資本主義システムの革命的な転覆によって、階級なき社会を打ち立てようとするマルクス的な構想と衝突した。君主制のもとでは、二つの構想の支持者たちは、深刻な内部対立なしに、和解することができた。なぜなら自由で、平等で、普遍的な選挙権を有するデモクラシーの確立が、それぞれのゴールに到達するための、もっとも好ましい条件となるということに、両者が合意していたからである。しかしながら、一九一九年にこうしたデモクラシーが確立されたあと、斬新的な改革政策と革命的な階級闘争政策はもはや調停できなかった。ドイツ国家において支配的な政党になるにつれて、ＳＰＤは大義の実現を、この国家とその基礎を形成している社会の維持と同一視するようになった。マルクス主義イデオロギーは理論の領域に追いやられ、党は民主的な漸進的改革の政策を追求した。

ドイツの賃金労働者数(3)	(単位は千)	
	1925年	1933年
賃金労働者と扶養家族	28,390	29,326
賃金労働者	16,035	16,168
二つの労働者政党の得票	(単位は千)	
	1924年12月	1933年3月
社民	7,881	7,182
共産	2,709	4,848
党員数	(単位は千)	
	1925年	1931年
社民(4)	845	1,000
共産(5)	180（1924年）	200

B　構成と強さ

ＳＰＤは労働者の政党として創設され組織された。そして党の歴史を通じて、これを維持してきた。一九二一年のゲルリッツ党大会は、君主制の転覆と議会制共和国の樹立後、最初の会合であった。党のゴールは「自分自身の労働の成果によって生活している、すべての肉体・知識労働者」の組織化である。この綱領はこう宣言した。ラディカルなマルクス主義者には「プチブル」と呼ばれていた、小規模な職人、中小企業主、知識人などを包摂するように、「労働者」という用語を拡大したにもかかわらず、産業労働者の大衆が党の主力を構成しつづけた。共産主義の情報源による一九二六年の見積もりでは、ＳＰＤの票の七五から八〇パーセントは「プロレタリアートの票」であり、労働者と「プチブル」の割合は六〇対四〇であった。(1)党の強さの多くは一貫して都市部からきているということが、一九二五年にＳＰＤの情報源によってまとめられた統計で示されている。そしてこの統計は、六万人以上の住民数をもつ六三の都市の票の三分の一以上をＳＰＤが獲得したことを明らかにしている。(2)メックレンブルクやシュレスヴィヒ－ホルシュタインの主として農業の選挙区ではかなりの得票の強さが示されているが、この党はけっして田舎の住民に恒常的な足場を獲得することに成功しなかった。ワイマール共和国の最後の六年でも、この割合に本質的な変化は起こらなかった。

ドイツの労働者におけるＳＰＤの数的な強さは、前頁表の数値に示されている。

この時期に一六〇〇万人の賃金労働者のうち、一〇〇万人から一二〇万人しか、二つの主要な労働者政党に組織化されていなかったのは明らかである。しかしながら、ＳＰＤの実際の強さは、労働組合との緊密な提携によって大いに増大した。社会民主党の労働組合の頂点に位置する全ドイツ組合同盟は、次のような勢力であった[6]。

一九一四年	二〇七万六〇〇〇人
一九一九年	五四七万九〇〇〇人
一九二四年	四六一万八〇〇〇人
一九二八年	四六五万三〇〇〇人

党員の五〇パーセント以上は労働組合員でもあったとはいえ、この数字は、ＳＰＤの党員数のそれと同じとは、もちろん考えられない。しかしながら、人員の同一性は、かなりの程度において、党と労働組合の官僚制のトップ層では存在していた。ＳＰＤは政治・経済のあらゆる決定的な問題で、自由労働組合と緊密に活動した。

一九一二年から一九三〇年にかけて、ＳＰＤは国会およびさまざまな州議会で、最大の単独政党であった。党は一九一九年から一九二〇年、一九二八年から一九三〇年に首相を輩出した。そして一九一八年から一九二三年、一九二八年から一九三〇年に、ワイマール共和国政府に参加した。別の言い方をすれば、共和国期にＳＰＤは、二一の内閣のうち一〇の内閣で代表を送っていた。

C　地方での強さ

ＳＰＤの地方での強さが最大であったのは、次の地域であった。マグデブルク、南ハノーファー－ブラウンシュヴァイク、メックレンベルク、ハンブルク、リークニッツ（現ポーランド、レグニツァ）、そしてシュレスヴィヒ－ホルシュタインがそれである。これらの地区で党は、一九二九年には、全投票数の三一パーセントから三七パーセントを獲得した。大都市でＳＰＤがもっとも強い勢力であったのは、次のところであった。マグデブルク、ハノーファー、アルトナ、ドレスデン、ライプツィヒ、ケムニッツ、ニュルンベルク、カッセル、そしてビーレフェルトである[7]。

社会民主党の影響力は、地域・地方政府で特に大きかった。一九二九年は、ＳＰＤの歴史上ピークとなる年の一つで、党は次のポストを保持した[8]。

四二七八　郡議会議員
四一九　州《プロヴィンツ》議会議員
三五三　（有給の）参事
九四七　大都市の市長
九〇五七　市議会議員
一一〇九　市町村長

D　影響と活動の領域

ほとんどのドイツの政党と同じく、ＳＰＤはその影響と活動を政治的領域を超えて、生活のあらゆる領域に拡大する努力をした。党と提携していたのは[9]、青年組織（社会主義労働者青年、一九二九年の会員五万五八〇〇人）、たくさんのスポーツの結社（一九二九年の合計の会員、一二八万四七三七人）、教育機関（労働者高等教育機関、文化同盟など）、そして消費組合（消費者同盟）であった。さらに、党はたくさんの系列の新聞・雑誌、出版社を支配下に収め、提携している労働組合を通じて、住宅・建設関連（Dewag A.G.）、保険会社、そして労働者・従業員・公務員の銀行（一九二九年の株式ストック、一二〇〇万マルク）で影響力をもっていた。

E　SPDからの離脱

一八七五年から第一次世界大戦まで、SPDはドイツで唯一の労働者政党であり、なんとかその統一を保持しようとしてきた。第一次世界大戦中、ドイツの労働運動は保守・民主系と革命的なウィングとに分裂した。この分裂には、党による戦争支持をめぐる意見の対立が予兆となっていた。一九一五年、カール・リープクネヒト、ローザ・ルクセンブルク、そしてレオ・ヨギヘスがドイツ共産党（一九一九年一月設立）の前身であるスパルタクス団を創設した。一九一六年三月、SPDのなかのもう一つのグループが、党の戦争支持を容認することを拒否し、帝国議会のSPD議員団の多数派から離脱し、党の枠組みのなかで、社会民主労働共同体を設立した。この労働共同体は一九一七年に分党し、独立社会民主党を結党した。独立社会民主党は一九一九年の国民議会で二二議席を獲得し、一九二〇年の国会で八四議席を得た（これに対して社会民主党はそれぞれの場合で一六五と一〇二であった）。しかしながら、当初は強かったものの、独立社会民主党はSPDの保守・民主的な政策と共産党の革命的な政策の中道を維持することができなかった。SPDの戦争政策に反対というだけで、独立社会民主党はまとまっていた。〔彼らを〕束ねる争点が存在しなくなると、改良派と革命派の結合を維持することはもはやできなかった。少数派が一九二二年にSPDに復帰し、SPD左派の中核になった。そして党官僚制に反対する政治活動に向かうのではなく、党大会、会議、そして新聞で党の政策を批判した。より正統派のマルクス主義的な政策、右派に対するより戦闘的な態度、そして共産党との協力を志向して、オポジションは自己主張をした。オポジションの中心勢力はザクセン、シュレージエン（ブレスラウ〔ポーランド語ではヴロツワフ〕）、そしてチューリンゲンであった。一九三一年にこのリーダーがSPDを離れ、社会労働者党を創設したが、社会民主党の政策を揺すぶったり、ましてや影響力を行使したりするのに十分な勢力を結集することはなかった。共産党は、ドイツの労働運動のなかで、SPDの唯一の真の競争相手でありつづけた。二党の熾烈なライバル関係は、ワイマール共和国の歴史を通じて、途切れることなく続いた。

III SPDの政策

A 政治的政策

綱領によると、資本主義システムの廃棄、「労働手段を共有財産に変換すること」、こうして「社会主義社会を樹立すること」に、SPDはコミットしている。[10] しかしながら、民主的な形式の政府が、経済的・政治的ゴールを達成する前提である、とSPDは考えた。まず党内にオポジションが現れたが、しだいに大きくなるオポジションに対抗しながらも、党はこの構想に執着した。一九一七年以来、ドイツにおけるソヴィエト体制へのスピーディな転換を唱える、より新しい、よりラディカルな労働政党とは対照的に、党はこの見解を維持した。党綱領はこの点でまったくブレていない。[11]

社会問題は政治問題から切り離せない。前者の解決は後者の解決しだいである。後者は民主的な国家においてのみ可能である（アイゼナハ、一八六九年）。

ドイツ社会主義労働者党が国家の基礎として要求するのは、すべての市民の秘密かつ義務的な投票による普通・平等・直接の選挙権である[12]（ゴータ、一八七五年）。

SPDは民主的な共和国を歴史的に取り消し不可能な国家の形式であるとみなし、それに対する攻撃はすべて、人民の重要な権利に対する侵害とみなす（ゲルリッツ、一九二一年）。

民主的共和国は、労働者階級の解放、それによる社会主義の実現のための、もっとも好都合な基礎である。したがってSPDは共和国を守り、その発展のために戦う（ハイデルベルク、一九二五年）。

ワイマール共和国の樹立とともに、民主的形式の政府への信奉は、社会主義的なゴールへの信奉とぶつかった。ワイマール民主制で、労働者政党（SPD、独立、共産）は人民と議会の多数派を獲得しなかった。こうした状況で、SPDが政治行動でもっていたのは二つの可能性だけであった。SPDは「ブルジョワ」政党に対抗し、社会主義のための革命的階級闘争で、ラディカル左派（独立、共産）に加わることができた。あるいはそうでなければ、資本主義・民主主義国家の枠組み内で、ブルジョワ政党と協力することもできた。ワイマール共和国の最初から、SPDは第二のコースを選んだ。革命的な手段による社会主義的なゴールの達成よりも民主的な形式の政府への信奉を優先した。一九一八年一一月九日、ベルリンで革命があったまさにその日に、SPDの党執行部は、「行政、立法、司法の全権力を、労働者と兵士の全体の選ばれた代表に一任すべし」という独立社会主義者の要求を拒否した。この要求を拒否したのは、SPDにとってそれは「住民の多数派によって裏打ちされていない階級の一部による独裁」を意味したからであった。このためこの要求は「私たちの民主的な原理に矛盾している」と党執行部は宣言した(13)。

SPDは左派の革命的な運動に対抗して、すぐに軍と産業のリーダーと連携に入った。一九一八年一一月一〇日、社会民主党のリーダーのフリッツ・エーベルトはヒンデンブルクと協定を結び、そこでボリシェヴィズムに対する軍の戦いをSPDが支持することを約束した。五日後、社会民主党の労働組合のリーダーは産業界の指導部と、平和的に協力していくための協定を結んだ。(14) こうして、実行力のある議会の多数派をともなった政府を擁護するために、「ブルジョワ政党」との民主的な協働の基礎が据えられた。この結果、SPDはドイツ民主党、中央党、バイエルン国民党、ドイツ国民党との国民連合政府に参加した。そして純粋に「ブルジョワ的」なブリューニング政府を容認した。連立政府参加に向けたSPDの一般政策は、キールの党大会での決議（一九二七年）で述べられている。「政府へのSPDの参加は、もっぱら次の問いの検討による。SPDの勢力が、労働運動の利益にかなう一定の目的の達成と、一定の反動的な法律の阻止を、与えられた状況で確実にするかどうか、というのがその問いである(15)」。

こうしてSPDは、政府と国家の一部になった。この政府と国家を支えているのは、一方における社会民主党、他方における軍の政治的代表、産業界のリーダー、カソリックの中央党、リベラルなミドルクラスの同盟であった。SPDにとってこの同盟が意味するのは、革命的な社会主義戦略の放棄であり、合法主義と議会主義の枠内における労働運動の継続であった。この方針は、社会民主主義者と共産党員のあいだの暴力的な対立に至った。一九一八年一二月一八日、共産主義スパルタクス団は次のように宣言した(16)。

所有権、利益、そして搾取する特権を放棄するようにという、議会、つまり国民議会の決定に、資本家たちが従うと思うのは本当に馬鹿げている。……社会主義のための闘争は、史上最大の内乱であり、プロレタリア革命はこの内乱のために必要な武器を準備し、その使い方を学ばなければならない。

したがってこのマニフェストの要求は「あらゆる議会と市民評議会の放棄、それらの機能を労兵評議会とその委員会と機関に移譲すること」であった。

ボリシェヴィズム革命によって定式化され、強化された共産党のマニフェストは、社会主義へと発展する議会主義デモクラシーという社会民主党の構想とは和解不可能なまでに矛盾していた。このときから、君主主義者やその他の右派の敵に対してのみならず、労働運動自身のかなりの部分に敵対しながら、SPDはワイマール共和国を支えなければならなくなった。この闘争の実例は急速に多元化した。左派のオポジションに対する戦いで、SPDはかなりのところ、国防軍に依存した。一九一九年一月、社会民主党の陸海軍担当の「人民委員」グスタフ・ノスケは、ヴィルヘルム・ラインハルト大佐の指揮のもと義勇軍を動員した。ラインハルトは共産主義者によるベルリンの暴動を鎮圧した。そのリーダーであったカール・リープクネヒトとローザ・ルクセンブルクは「監獄に行く途中に殺害された」[17]。

一九一九年四月、五月、バイエルンの社会民主党首相のヨハネス・ホフマンは、バイエルンの労兵評議会政府を排除するために、他の地域から部隊の派遣を依頼した。この要請は聞き入れられ、「人民共和国」は一掃された。これに引きつづき、ザクセン、チューリンゲン、ブレーメン、ブラウンシュヴァイク、そしてハンブルクの左派政府の排除のために、この部隊が用いられた。

SPDは自分たちを現存する国家の一部であり、国家のオポジションとしてはとらえていなかったので、オポジションの労働運動の最強の武器である政治的ストライキを放棄せざるをえなくなった。党がゼネストの使用を認めたのは一度だけ、君主派のカップ一揆に対してだけであり、このストは政府自身が後援したものであった[18]。労働組合の官僚制は、党の指導部と緊密に提携していた。こうした労組の官僚制の影響のもとで、ストライキはしだいに限定された経済目標を達成する手段になった。労働組合は政治的ストライキを現在支配している国家における彼らの地位と既得権に対する脅威とみなし、〔社会民主〕党もついにはこの理解を承認した[19]。労働組合の定期刊行物『労働』（*Die Arbeit*）は、全ドイツ組合同盟の代表のテオドール・ライパルトによって編集されていた。彼は一九二五年に次のように宣言した。「今後の労働組合が革命的な方法を放棄し、その活動を経済的な領域に限定するならば」、SPDは政府与党になり、かつまたそれにとどまることができるであろう。この条件のもとでのみ、ブルジョワ階級は彼らに信任を与えるであろう。この信任というのは、それなくしては、労働者の政府はもう二度と支配できないであろうものである」。この雑誌がいうところによると、労働組合は「彼らが政権担当能力をもった政党になったという事実から結論を導かなければならない」。事実の問題として、政治的なものも経済的なものも含めて、ストライキは一九一九年の三六八二件から一九三一年の四三三件、一九三二年の六三四件にまで減った。[20]

ワイマール共和国の一四年で、SPDは一貫して合法性の支配と、労働運動の急進化への戦いという方針に固執したので、ナチの反革命に直面してすら、右からの公然たる暴力に対して伝統的な革命的手段に訴えることをしなかった。一九三二年、合法的に選挙で選ばれたオットー・ブラウンのプロイセン政府をフランツ・フォン・パーペンが法的に排除した。このときもSPDは憲法裁判所に訴えただけであった。一九三三年一月、ヒトラーが権力へと上り詰める二、三週間前に、「ファシズムの凋落はすでに始まっている。社会民主党が決然と戦わなければならないのは、共産党に対してである」とヒルファーディングは書いている。[21]こうした理由から、彼は共産党との共同戦線の提案を拒否した。このため、SPDの議員たちは一九三三年三月一六日の国会における全権委任法には匿名で反対票を投じたが、ヒトラー・レジームの開始に反対するゼネストの呼びかけが行なわれることはなかった。

B　経済政策

〔自分たちは〕「国家の一部」〔である〕という社会民主党の認識は、SPDの経済政策も規定し、社会主義的なゴールの再定義に至った。まさに当初から、党は、資本主義から社会主義への転換を、国家に導かれたプロセスという見方でとらえていた。こうした理解によれば、革命的な活動ではなく政府の立法がこうした転換をもたらすべきということになる。ゴータ綱領の定式化には、ラッサールの遺産が明白になっている。

社会問題の解決の道を舗装するために、ドイツ社会主義労働者党が要求するのは、労働者層の民主的な統制のもとで国家の助けを借りた、社会主義的な生産共同体の確立である。

ワイマール共和国において、ＳＰＤの経済政策は、漸進的な改良の立法的・議会的な構想を経済の領域に適用するというものであった。「経済デモクラシー」と呼ばれているもので、それが実際に意味するのは、既存の経済システムを革命的に廃棄するというマルクス主義的なドクトリンを、既存の経済システムの改善のための立法という手段によって置き換えることである。私的セクターに対して国家によって統制されたセクターが増大することで、「経済デモクラシー」は実現する、と社会民主主義者は考えた。自由労働組合によって代表される労働者は、この過程でより影響力をもつポジションを獲得するであろうと信じられていた。この理解に対応して、ＳＰＤが主張したのは「生産手段の資本主義的所有を国家によって統制すること」であった。[22]「下からの」あらゆるラディカルな社会化の手段や、工場や店舗での労働者自身による革命的な行為をＳＰＤは拒否した。

通常の立法プロセスを通じて目標を達成するという方針に、この党はこだわった。早くも一九一九年三月には、直接的な社会化への公的な感情がピークに達し、社会民主党の経済相ルードルフ・ヴィッセルは国民議会で次のように宣言した。「アナーキーの脅威」に対抗して、「政府は全会一致で、社会主義的な努力に対して、立法を通じた法的な活動の領域を開くことをその義務であると考えている」。鉱業組合のリーダーのオットー・フエは、「個々の工場での乱暴な社会化は社会主義の反対である」と述べることで追随した。[23]

社会民主党政府によって提案された立法は社会主義的ではなかった。上記の原則に対応するかたちで、一九一九年にシャイデマン内閣によって提出された社会化法は次のように述べている。国は社会化に適したある一定の事業をゲマインシャフト経済に対して行なうことができるが、提案された立法は、政府の規制を炭鉱業に限定している。[24] 政府は「官僚制化の悪しき影響を避け」ようとしているので、この措置は国有化ではない、と彼は強調した。[25] こうした動きの発育不全の特徴は、議会の「社会化委員会」の経過に典型的に示されている。「社会化委員会」は経済の一定の部門の国有化の可能性を検討するはずであった。一九一八年一二月に会合があったが、委員会はなんら成果をあげることなく、一九一九年四月に解散した。[26]

支配的な経済的傾向への党の一体化はたいへん進んでおり、SPDの理論家は大規模独占コンツェルンの成長さえも、「経済デモクラシー」の強化における積極的な要因とみなしたほどである。「企業家の組織において、経済的な福祉に影響する決定がなされつつある。こうした決定はもはや私的領域にとどまることはできず、共同体の問題にならざるをえない」。[27] この構想は、一九二七年のキールでの党大会で、ルードルフ・ヒルファーディングによって論理的な結論にまとめられた。彼は「組織された資本主義」を社会主義だとした。

> こうして組織された資本主義が実際に意味するのは、原理のレベルで、自由競争という資本主義の原理が計画的生産という社会主義の原理によって置き換えられつつあるということである。[28]

彼が述べるには、もしこれが正しければ、もはや一方に資本主義があり、他方に社会主義があるのではなくて、一方に経済の資本主義的な組織があり、他方に経済の国家組織があるという対照である。そして「資本主義的に組織された経済を、民主国家によって方向づけられた経済に転換すること」が課題である。

さらに、SPDは資本主義のシステムのなかで、社会立法を拡大することに力を注ぐべきである、というのが経済デモクラシーの方針であった。SPDと労働組合が最大の目標を達成したのがこの領域であった。彼らは団体交渉の安定したシステムを支援し、工場における労働者代表の承認を獲得し、そして社会福祉と社会保険のもっとも包括的なシステムを確立した。ほとんど同じくらい大きかったのは、SPDが市町村や区の行政における数多くの重要な役職を通じて達成した改善であった。しかしながら、この達成は、ワイマール・デモクラシーの経済的基礎を脅かす危険に対して党を盲目にした。

ドイツの産業の集中化と合理化の急速な展開に直面しながら、組織された資本主義から社会主義的な経済への漸進的な転換への信念をＳＰＤは保持した。一九二九年から三二年の危機の期間に、失業者数は一二六万人から七六〇万三〇〇〇人まで増えた。この間、ＳＰＤは自身の経済政策を発展させることなく、ブリューニング政府の補助的で、デフレ的な措置を支持ないし容認した。この措置は、ミドルクラスとより下の階級への税負担を増やし、賃金を下げ、社会立法の支出を大幅にカットした。

ＳＰＤの政策が、民主・資本主義的な国家の枠組みでの、経済・社会的な立法に集中したことで、労働組合の利害関心が党に及ぼす影響が安定的に増大した。労働組合は党の経済政策を実行するだけでなく、経済的階級の協働への道のリーダーシップをとった。

社民系の労働組合と企業家のあいだの経済的協働のパターンは、一九一八年一一月一五日に、ドイツ商工業雇用者の中央労働共同体が創設されることによって確立された。この組織でもっとも貢献したのは、企業家の側では、財界のフーゴ・シュティネス、フォン・ジーメンス、ボルジッヒであり、労働者の側では、労働組合のリーダーのカール・レギーンとジークフリート・アウフホイザーであった。締結された協定には、賃金と労働条件は、次のように明記された。雇用者組織と被雇用者組織のあいだの集合的な合意によって規制されること、労働者の委員会は企業家とともに、工場でこうした合意が履行されていることを監視すること、雇用者はいわゆる「非組の労働者」（yellow dog）組合の支持から撤退し、自由、キリスト教的、そして民主的な組合のみを承認すること、である。(29) こうした私的協定の中心となる規定をともなった、労働組合の承認は、のちにワイマール憲法（一五九条、一六五条）に具現化された。労働組合は、資本家政党および組織との平和的な協働という政策を裏書き（さらには規定すら）した。一九二七年の労働組合大会は「経済デモクラシー」の方針を採用した。

一九一九年と一九二二年の労働組合大会で、さまざまな政党への中立性の原則が承認された。この原則は協働主義的な政策を強化した。このクライマックスは、一九三三年四月に出された自由労働組合議長テオドール・ライパルトとペーター・グラスマンの宣言であった。この宣言で、彼らは社会民主党との関係を切断した。そして労働組合の組織に手を触れないならば、(30) ヒトラー・レジームと協働する意思があると発表した。提案は拒否され、労働組合は一九三三年五月二日に廃止された。

C　外交政策——戦争と再軍備への態度

SPDはつねに、他国の労働運動との国際的な繋がりを強調してきた。労働者階級の解放は国際的な社会問題だと考えられていたので、SPDは社会主義労働者インターナショナルのメンバーとして活動した。SPDは第二インターナショナルで指導的な役割を果たし、ドイツ社会民主党員はその中心的な理論家になった。

国際社会主義の原理に対応して、シュトゥットガルトでのインターナショナルの大会（一九〇七年）で、戦争の勃発を防ぐために、結社のさまざまなセクションが全力を挙げるという決議を採択した。しかしながら、ひとたび戦争が起こると、社会主義者はこの出来事を資本主義システムの解体のために利用しようとした。この決議がまったく実効性をもって履行されなかったのは、社会民主党員の国際主義が国益に対する強力に積極的な態度と結びつき、しばしばそれに凌駕されたからである。この凌駕は、ドイツにおいてとくに顕著であった。国民統合と国レベルでの社会的・政治的進歩が労働運動の発展の前提となる条件である、とSPDは考えた。この構想が、戦争に対する党の政策を決定した。ドイツよりもいっそう「反動的」な敵に対する「防衛」戦争であるかぎり、党は国民的な戦争努力を支持した。

もちろん、「防衛戦争」の定義は解釈に開かれていた。一九一四年以前も、アウグスト・ベーベルに率いられたSPDの強硬派は、帝国の軍事的な準備を支持した。一九一四年八月には、一四人のメンバーが党会議で反対したにもかかわらず、党は帝国議会で戦争予算に賛成票を投じた。しかしながら、このときから、SPD内で党の戦争政策へのオポジションが増え、一九一六年、一七年には、独立社会民主党とスパルタクス団の分離に至った。一九一七年、併合も占領もない講和を求める議会の決議を、SPDは是認した。この結果、ウィルソンの一四カ条の受け入れと皇帝の退位に先行する議論において、この政党は微妙な役割を果たした。[31] 一九一八年一〇月はじめに、二人の党員、シャイデマンとグスタフ・バウアーは、政府に加わった。シャイデマンとエーベルトは可能なかぎり君主制を護持しようと試みた。[32] 同時にこの政党は、皇帝の退位を求める広く行き渡った感情のスポークスマンになった。

しかしながら、党には遵法主義的な伝統があった。この伝統が、SPDがドイツ革命のリーダーシップを握ることを躊躇させた。たとえば、一九一八年一一月九日、シャイデマンが共和国を宣言したことを、エーベルトは激しく叱責した。「お前に共和国を宣言する権利はない。ドイツがどうすべきか、共和国なのか別のものかは、憲法制定議会で決められるべきだ」[33]。翌日、エーベルトとヒンデンブルクのあいだで、法と秩序の維持と、ボリシェヴィズムに対する共闘についての協定が締結された。[34] この協定が、SPDと国防軍の連携のパターンを設定した。二つの基本的な理由から、SPDは共和国の国防軍の創設を支持した。[35]（a）法と秩序の維持とボリシェヴィズムに対する国内闘争は、十分な装備をもった軍事力によってもっともよく保持される。（b）ドイツの国民統合と独立を強化するSPDの努力と、ユニラテラルな非軍事化への反発は軍隊を必要とする。同様に、マルクス内閣（一九二八年）のSPDの大臣は、党の承認のもと、巡洋艦「A」の充当を支持した。SPDはその前の選挙戦でこの充当に反対していた。[36] そして国会におけるSPDの大多数の代表は、一九三一年の二つ目の巡洋艦の充当への反対投票を放棄するにとどまった。[37]

反対があるなかで、SPDはヴェルサイユ条約を受け入れ、国際連盟と国際的な調停の原理を支持した。「西ヨーロッパとロシアの仲介者」としてのドイツという構想（グスタフ・シュトレーゼマンの外交政策に、もっとも良く表現されている）を、ワイマール期を通じて、SPDは支持した。[38] さらに、西側諸国と同じくソヴィエト・ロシアとの友好的な関係を樹立する努力を、SPDは促した。しかしながら同時に、この党はソヴィエト的な体制への否定的な態度を保持した。独立社会〔民主〕主義者、スパルタクス団、そして社会主義労働者党が党から離脱するのに寄与したのが、こうした否定的な態度であったが、この態度はその後も基本的に変わらなかった。

D　SPDの訴え

票の配分と労働政党・労働組合の会員数が示しているのは、一九三三年のまさに終わりに至るまで、組織された労働者の多数は社会民主党に投票していたということである。ドイツにおける組織された労働者の多数は、共産主義的政策に反対する、SPDと労働組合の政策を支持しているということを、この事実は示唆している。しかしながら、この言明には条件を付ける必要がある。一般党員は党の政策に賛同したくない場合でも、効果的に反対を表明する手段をほとんど持ち合わせていなかった。大衆デモと大衆ストライキが成功するためには、党と労働組合の装置の支持に多くを依存しており、この装置はしっかりと官僚制によって統制を受けている。党と労働組合の官僚組織の上層部ではデモクラシーは作動しない。そこには〔末端の党員のデモクラシーとは〕まったく独立に、協調主義的な政策がある。こうして、社会民主党の官僚制は労働者層の忠誠心を保持し、労働者層の方でこうして官僚制の権力を再生産し、保持した。

労働者の多数がSPDに投票しつづけ、その指示に従いつづけたとすれば、それはおそらく、反動の流れを食い止め、ワイマール共和国の社会的・政治的な達成を維持することができる唯一の勢力を、彼らがSPDにみたからであった。月日が経つにしたがって、この結論はおそらく強化された。中部ドイツの最後の左派政権がなくなったあと、一九二四年まで、ドイツ社会民主党の力は衰退した。（ヨーゼフ・ヴィルトが率いる）中央党の左派は、ナショナリズム政党との連立（一九二五年）を準備していた右派に対して敗北しつづけた。社会民主党は、こうして、公共精神において民主共和国と疑念をもつことなく同一化している唯一の大衆政党になった。このため、この共和国をナチの反革命から救い出すのに最終的に失敗したことは、約束していた社会的・経済的な変化の実現の失敗以上に、この党に傷を付けないではいられなかった。ＳＰＤの将来の見込みと、ドイツ国民のなかでのこの党の強さを評価するのに重要なのは、この事実なのである。

Ⅳ　亡命中のＳＰＤ

ヒトラー・レジームはＳＰＤの装置全体を破壊し、メンバーを重要な公職から追放し、戦闘的なメンバーとリーダーの多くを強制収容所にぶち込んだ。そして無数のメンバーとリーダーが抹殺された。トップ・リーダーのほとんどが亡命した。戦争が勃発するまでは、亡命者とドイツの党友のあいだで、まずまず通常の接触は維持されたが、戦争中になると接触はほとんど途絶えた。ドイツでは、ＳＰＤと労働組合の比較的古くからのメンバーのほとんどが、彼らの以前の組織への忠誠心を保持した。信頼する友人たちの小集団は定期的に集まろうとしたが、中央で組織された社会民主党の「地下」運動は存在しなかった。明白なのは、何人かの社会民主主義者が、工場のドイツ労働戦線（ＤＡＦ）の職場評議会のメンバーの地位を獲得・維持するのに成功したことである。そこで彼らは同志の利益を促進するように試みた。

強制収容所で、社会民主主義者は（他の戦闘的な政治犯と同じく）政治的な確信と理念を維持し発展させた。反ファシスト共同戦線はナチ・レジームの崩壊の期間に、そしてその後になって存在が明らかになったが、この共同戦線はかなりの程度、強制収容所で準備・形成された。囚われた社会主義者の政治的な努力を証明する、おそらくもっとも重要な文書は、社会民主主義者のブーヘンヴァルト・マニフェストである。ヘルマン・ブリルによる署名があり、一九四五年四月一三日の日付になっている。ドイツが社会主義社会に転換することが、ナチズムと軍国主義を除去する前提である、とこのマニフェストはみなしている。

> あらゆる戦争のなかでも、このもっとも恐ろしいものの究極的な原因は、資本主義経済の、金融資本主義的帝国主義の略奪的な本性にあり、この両者によって生み出されたプロレタリアートのボロボロの状態の道徳的・政治的悪化にあることを確信しているので、ドイツ経済の再構成は社会主義の基礎においてのみ可能である。私的・資本主義的ビジネスとして破壊された都市を再建することは、納税者のポケットから産業の再構成をするのとほぼ同じくらい不可能である。

マニフェストは農民の私有地を守り、発展させることを保証する。しかし、広大な土地の収奪とその集合的な使用を要求してもいる。

民主「人民共和国」の枠組みで、あらゆる反ファシスト勢力に協力して、これらの課題はやり通されるとされる。マニフェストが構想するのは、全国レベルでのドイツ人民会議に召集されるべき、反ファシスト「人民委員会」を直接的に形成して、民主共和国を樹立することである。「国家から自律した」統一労働組合が打ち立てられるとされる。ナチの人員の徹底的な排除、ナチの法律、制度、組織のすべての廃止が求められている。マニフェストは、再建のためのドイツ人民の義務を確認し、あらゆる努力を将来の戦争の予防のために向けることを宣言し、そして平和的なヨーロッパ諸国民の連合にドイツが再エントリーする二つの前提条件を述べている。（一）ドイツ‐フランスおよびドイツ・ポーランドの理解、（二）「アングロ・サクソン文化」にドイツが入ること、である。

このマニフェストは、強制収容所というテロによる孤立のなかで書かれたので、ドイツ社会民主党員のその後の宣言とは、政治的鋭さやラディカルさで異なる。同時に、このマニフェストは「西側志向」を明確に強調している。[39] この強調は、今日の西側占領地区にいるドイツの社会主義者の大部分に特徴的なことである。そしてまた、民主的なプロセスと反ファシスト的な協働への強い信奉も、このマニフェストは示している。この信奉は、ポスト・ナチのドイツ労働運動において現在支配的な特徴になっている。

SPDの亡命したグループについては、SPDがリフォームされ、再活性化されるべきだ、というほぼ一致した合意が存在する。しかし、旧路線の本質的な変更があるとしても、提案はほとんど含まれていない。ほとんどの人に共通するのは、統一された単独の労働政党と労働組合の組織への呼びかけである。しかしながら、ずっと強調されてきたことがあった。共産党は受け入れられうるが、ただ「ソ連への直接・間接の依存」を放棄するという条件でのみ、ということである。実際問題として、亡命グループのなかで共産主義者と共闘したのは、ストックホルムにあるフリッツ・タルノウの労働者の集まりと、民主的なドイツのためのニューヨーク評議会の社会民主主義者だけであった。ロンドンにあるドイツ社会主義諸団体組合は、SPD、社会主義労働者党、新たに始める会（Neu Beginnen）、国際社会主義闘争同盟を包摂するも、共産主義者は含んでいない。社会民主党の執行部とその支持者は、東欧におけるソ連の政策に強く反対している。このソ連の政策にはドイツのボリシェヴィズム化への恐れがある、というのが、彼らの見解である。共産党の方針は、階級闘争の放棄と、ポスト・ヒトラーのドイツのための民主的な手続きの採用を含意しているという事実はあるが、それにもかかわらず、亡命したSPDの執行部と共産主義者が合意するチャンスは、現在のところほとんどないように思われる。

SPDの指導部自身も、自分たちが民主的原理と手続きに忠実であるとくりかえしている。そして、ドイツの政治的ゴールは、真に反ナチのグループと党派のすべてを基礎にした、「社会民主主義」であり、「民主共和国」であると公言している。復活した政党は、労働者だけでなく、下層のミドルクラスや農民、そして自由業の票を獲得しようとするであろう。宗教はふたたび「私的事柄」と定められ、信教の自由が求められる。教会との協力関係が懇願される。この党はふたたび、私的・資本主義的な財産の社会化と階級の廃棄を目指しているようである。しかし、ヒトラーのレジームが崩壊してしばらくは、「本質的な公益サービス」とナチの企業だけは「公的行政」に入れられるべきだ、とほのめかされている。さらに「工場などにおける財産がその後、中央支配を受けることへの偏見をもつことなく、すべての工場などで、労働者は、技術系・事務系の被雇用者とともに、工場行政を統制する影響力を自分たちのために確保しなければならない」と強調されている。[40]

講和について、亡命した社会民主党員はナチと反ナチの厳格な区別を支持し、ドイツの労働者の多数はつねにナチズムに反対してきたと主張している。したがって、ナチに限定された懲罰措置を、彼らは求めている。ドイツの分割は拒否される。ドイツの広大な領地をポーランドに譲渡することは、ドイツ労働者がどんな形式であれ「労働奴隷」にされることやドイツの脱産業化のプログラムと同じく、激しく非難された。ドイツにおけるソヴィエト政策の展開とともに、亡命した旧路線のＳＰＤ指導部はソ連と共産主義者にいっそう敵対的になった。

亡命したＳＰＤ指導部がポスト・ヒトラーのドイツで一定の役割を果たすチャンスについては最後の節〔Ⅵ〕で論じる。

Ｖ　ドイツ占領後のＳＰＤの発展

Ａ　西側占領地区

西側占領地区における組織された政治活動の禁止はいまや打ち切られたが、この区域でのＳＰＤはまだ公式に再建されていない。この党の再登場は間もなくだ、と期待されるかもしれない。ＳＰＤのリーダーや構成員の集団はナチの支配の崩壊後、至る所で現れた。この党の公式的な再建の準備はかなり進んでいる、と報告されている。しかし、アングロ・アメリカの方針に沿って、他のすべての政党と同じくＳＰＤも、まずは地方レベルでのみ組織化が許されるであろう。SPDが中央で組織化され、統合されつつあるのはソヴィエト占領地区においてである。そこでは、SPDは好スタートに恵まれる可能性がある。

1　軍事政府への参加。しばらくはSPDの職員と党員は、反ナチと認定された多くの人を連合軍事政府の地位に提供してきた。一九四五年九月、西側占領地区の社会民主主義者は行政のすべてのレベルで強力に代表されている。事実、あらゆる基礎で、この地域のSPDは他党よりも多くのあらゆる種類のポストを獲得した。この党の強さは明白に、都市の行政に集中していた。SPDはつねに主として都市労働者階級の代表であったので、このことは理解できる。カソリックの中央党がSPDを追っているが、弱い二番手としてである。(41)

2　綱領。西側占領地区の社会民主主義者はいまだ特別な綱領を展開してはいない。彼らがそれをするときには——近い将来、そうするであろうが——、おそらくその目標には、大規模産業の国有化、ナチズムの完全な排除、民主的・議会的システムの再建が含まれるであろう。少なくともこれは、ソヴィエト占領地区と他のヨーロッパ諸国から来ている社会民主党の綱領から、理に適う仕方で推論できる綱領である可能性が高い。

3　リーダーシップ。西側占領地区のSPDは東部でそれにあたるものが享受できるであろうよりも多くの独立性が認められて、発展する機会をもっている。社会民主党は、一九三三年に活動を停止したところから、リーダーシップも政策も基本的な変更なしに始めようとするかもしれない。たとえば、SPDのリーダーの一人ヴィルヘルム・クノーテは、いま『フランクフルター・ルントシャウ』の編集で影響力のある地位にいる。彼は、オルレンハウアー、シュタンプファー、そしてアウフホイザーら、ワイマールの亡命リーダーらが可能なかぎり早く権力に復帰するという示唆に好意的に反応した。(42) 現在、西側占領地区でもっとも活動的なSPDのリーダーの一人であるクルト・シューマッハーは、ロンドンに亡命したSPDのリーダーをハノーファー近辺の会議に出席するよう招待したと伝えられている。(43)

しかしながら、旧指導部のもとでの党の再建という試みは、西側占領地区ですら、強力な反対に遭遇する可能性が高い。新指導部のもとで、新しい政策とともに党の再建をしたいと願っている人たちは、「旧路線」を主張する人よりも、はるかに人気があり、支持を集めているということは、入手可能な程度の情報でも示されている。他方で、ナチ・レジームの前か後にSPDから離反した、さまざまなオポジション・グループは、ドイツでいかなる重要な支持者も獲得できていないようにみえる。新しく始める会（Neu Beginnen）運動の活動はなにも伝えられていない。ISK（国際社会主義闘争同盟）とSAP（社会主義労働者党）の代表は、ブレーメン、フランクフルト、ハンブルク、そして他の都市で活発であるとの報告がきているが、こうしたグループが独立した政党として発展する可能性は無視できる程度と思われる。

4　**KPDとの関係。**西側占領地区のSPDの仲間内では、反共産主義の感情をぶちまける自由があり、しばしば特権を使ってきたが、軍事政府下で活動するKPDとSPDの個人ないし集団のあいだの協力関係はしばしば確保されてきた。もっとも顕著な例はさまざまな「反ファシズム」(Antifa) の組織であった。主として共産主義者によって導かれた非公式委員会で、SPDも積極的に参加していた。この「反ファシズム」組織は、連合軍が入国した直後、またはそれに先立っていくつかの箇所で発生した(44)。

アメリカの観察者によると、この区域の社会民主党員は二つの明確に区別されたグループに分かれる傾向にある。第一のメンバーは、共産主義者を彼らと近い考えをもつ穏健な人たちとみなしている。彼らはときとして、単独の労働者階級政党の形成について論じる。これは、ソヴィエト占領地区の共産主義者によって後押しされているプロジェクトである。労働者階級間のかつての分裂が、ヒトラーをして反革命を成し遂げさせた重要な要因であった、と彼らは主張している。ヒトラーの再来を防ぎ、そして一定の社会的・経済的な目標を達成するために、彼らは共産主義者ならびにUSSRと協働する準備がある。

もう一方の社会民主主義者は、ソヴィエトと共産党の後援のもとドイツで赤色革命が起こることに恐怖を抱いている、と公言する。彼らはなおも、共産主義者をソヴィエト帝国主義の代理機関で、ヨーロッパの大半を飲み込みかねない全体主義システムの剣先であるとみなしている。今日までのところ、どの観点がより大きな力を振るっているのかを示す十分な情報はない。

B　ソヴィエト占領地区

ソ連当局への登録を条件に政党を許可するという、一九四五年六月一〇日のジューコフ元帥の命令が発せられたあと、ほとんどすぐに、ソヴィエト占領地区の社会民主党が結成された。一九四五年六月一九日、社会民主党は共産主義者と反ファシスト戦線に加わり、一カ月後の七月一四日には、思想の自由や軍事イデオロギーの破壊を求める幅広い綱領によって、ソヴィエト占領地区の五党が反ファシスト民主政党共同戦線を形成した。この戦線で、いくつかの政党は、組織的な独立性と、少なくとも一定の活動の自由を保持することができた。

1　綱領。

ソヴィエト占領地区のSPDはこの戦線のプラットフォームに賛同して署名しているが、それ自身の綱領ももっている。その綱領は、七月七日に自前の新聞『人民』（*Das Volk*）の第一号に掲載されたマニフェストで定められている。経済的な問題について、この綱領が最大の強調点を置いたのが、失業と飢餓を避けるためのドイツ経済の再建であった。この綱領はまた、ドイツ経済の構造と組織の重要な変化を求めた。銀行、保険会社、天然資源、鉱物、そして軍需産業の国有化であり、将来、土地からの不労所得をなくすことを確約する、というのがそれであった。(45)

さらに要求には、労働組合、労働者評議会、消費者協同組合の経済組織への参加が含まれていた。これが組合にマネージメントの機能を与えるものなのかはそれほど明確ではない。しかし、自由ドイツ労働組合連盟はこの「ヘラクレス的」課題のために、有能なスタッフを備えた特別な機関を創設すべきである、と綱領には述べられている。SPDの綱領によると、企業家はマネージメントすべく与えられた工場の請負人としてみられるべきで、搾取者、独裁者、あるいは賃金カッターになってはならない。給料を貰う従業員や労働者は、同じ権利をもつ共同の労働者と考えられるべきである。これは、工場内の権威の方針を決める際や、規律を確立するときにトラブルになりうる要求である。他方で、ドイツ経済の崩壊と生産性の低い状態ゆえに、労働者はしばらく低い報酬で満足せざるをえず、全体の生産高のシェアをめぐる雇用者と被雇用者の利益グループ間の組織された闘争は問題外だということを、SPDの綱領は指摘している[46]。

2　KPDとの関係。このマニフェストの発行は、SPDが自分たちのアイデンティティを保つ決意を示すものであった。党の中央委員会から、ソヴィエトの著名なジャーナリストであったカール・ホフマンに許可されたインタビューで、確認がなされている。それに対してスポークスマンが述べたのは、熟慮の末、彼らと共産主義の同志は、二党が組織として統一する時はまだ到来していないと結論を出したということであった[47]。しかしながら、党がKPDとの協働を切望していることは、『人民』の最近の号からも明らかである。ほとんど毎号で、共産党との調和的な関係の必要が強調されている。

3　リーダーシップ。ドイツ社会を完全に組み直すという作業で、KPDとより緊密な作業を行なう関係を求める欲望は、ソヴィエト占領地区のSPDを亡命した党リーダーの拒否に向かわせる大きな要因となってきた。亡命したリーダーは基本的に反ソヴィエトと考えられたのである。ホフマンとのインタビューで、中央委員会は次のように述べている。

> ベルリンにいる私たちは、国外の社会民主党のリーダーたちが取ったポジションについて知識をもっていない。……私たちは彼らと一体化できない。……私たちだけが、ドイツ社会民主党という名前で語る権利をもっている[48]。

SPDの現在の三人の共同議長は、マックス・フェヒナー、エーリヒ・W・グニフケ、そしてオットー・グローテヴォールである。フェヒナーはかなり地味な党職員であり、もとは自治体問題を扱うSPDの出版部の編集者で、執行委員会の元専従であった。グニフケは実際、ほとんどのメンバーに知られていない。他方でグローテヴォールは、派手でエネルギッシュな人であり、党のことでも労組のことでも活発に活動している。一時期、彼は独立社会民主党のメンバーであったが、のちにSPDに戻ってきた。一九四五年七月七日、『人民』の第一号の論文で、彼はこう主張している。「ドイツ人民の側からの生存をめぐる赤裸々な闘争への配慮は、私たちをすべての反ファシスト集団と党派に結びつける。私たちを結びつけるものは私たちを引き離すものよりも強い(49)」。

新しい執行委員会で、もっとも重要なメンバーはグスタフ・ダーレンドルフとオットー・マイアー、つまり『人民』の編集者であることは明らかである。彼らのわずか後方に、元組合員で、今ベルリンの市参事のヨーゼフ・オルロップがいる。ダーレンドルフは、一九三三年までSPDの指導部で役職をもっていなかった。彼はこれまで党から出てきたもののなかで、おそらくもっとも重要なスピーチをした。一九四五年六月一二日、共産党、社民党、中央党、民主党によるベルリンでの会議で、ダーレンドルフはこう述べた。「新社会民主党は旧SPDの政治的実践とはまったく関係ない。……また新SPDは亡命者の政策とはまったく関係ない。……共産党の綱領を、私たちは率直、かつ無条件に支持する。私たちはすでにこの土俵に立っており、共同作業の準備は整っている(50)」。

オットー・マイアーについては、彼が率いた『人民』が反ファシスト的な統一を演出するという政策に従ってきた。この政策は、共産主義の新聞・雑誌でみられるのとほとんど違いがない。以前の彼の経歴を知る何人かからは、彼はオポチュニストとみなされている。

オルロップの存在感は、政党の政策への知的な貢献というよりは、貿易担当のベルリン評議会メンバーという彼の地位に由来しているように思われる。新たな貿易措置の導入を機会とした、彼のかなり専門的なスピーチは、ナチ政権下の小規模店主や同様の比較的低所得のミドルクラスの集団の苦境に同情的で、そのなかの真の反ナチをなんとか助けようとしているという印象を与えるものであった(51)。

党の中央委員会のダーレンドルフ、マイアー、そしてオルロップとともに、党員なのは、カール・ゲルマー、ベルンハルト・ゲーリング、ヘルマン・ハーニッシュ、ヘルムート・レーマン、カール・リットケ、フリッツ・ノイベッカー、ヘルマン・シュリメ、そしてリヒャルト・ヴァイマンである。ゲーリングやシュリメなど、彼らのなかの何人かは、かつてドイツの労働運動で人びとを導いていた。そしてそれなりに活発に労働組合の再建に取り組んできた。ときどき出される彼らの公的な所見が示しているのは、彼らが共産主義者との緊密な関係に対する党幹部の熱狂を完全には共有していないということであった。しかし彼らは、党のなかでは疑いなく二軍的な性格しかもっていない。さらに、ドイツにおける元ナチと多くの支配集団への対抗は、ソヴィエトからのなんらかの圧力とも合わさって、この地域の共産主義者と社民主義者をしばらくは束ねていくはずである。

C　特定の問題に関するＳＰＤの政策

1　労働組合。前節で指摘しておいたように、ＳＰＤの強さの多くは労働組合運動との緊密な関係から来ている。ＳＰＤの「漸進主義」は、労働者の取り分を日々改善しようとする組合の戦略と一致している。したがって、両方の占領地区でＳＰＤのリーダーは、組合を以前の権力とほぼ似たところまで回復しようと尽力している。

西側占領地区では、現在、労働組合はきびしく活動を制限されている。彼らはまだ賃金や労働時間をめぐって交渉する資格を与えられておらず、政治から距離を取らなければならない。もし彼らが個々の工場以上の大きな基盤で組織化を希望するならば、その要求はアメリカ欧州軍（ＵＳＦＥＴ）の幹部によって承認される必要があり、少なくとも公式には、郡《クライス》レベルを超えての組織化は許されないであろう。しかしながら、実際には、労働組合は地域ないし州のレベルで統合の準備をしており、この準備は特にバイエルンで進展しているようである。

これまでに発表された労働組合の綱領は、完全な非ナチ化を要求することを除いては、まったく非政治的なものであった。実際、彼らはヒトラー以前のドイツの労働組合主義の伝統を継続しつつも、すべての政党に対する厳格な中立性を公言しており、経済再建という直近の課題における労使協調を強調している。ここには、ヒトラー以前のドイツの労働組合主義の伝統が継続している。この伝統からの、もっとも重要な偏差は、形式的に独立したキリスト教的・民主的労働組合と共産主義のユニットを含む、統一された単独の労働組合の組織をはっきりと全般的に認めることであった。間違いなく、この提案が実際に実現されるチャンスが高まったのは、このときに労働組合の注目がほとんどすべて直接的な問題に向けられ、政治的な事柄は軽視され、さらには「無視」されたという事実によってであった。

SPDの「党員」は、労働組合の再建で指導的な役割を引き受けつつあるようである。彼らは、すべての主要な役人を任命し、もっとも下の職場委員のレベルの人たちだけ選挙で選ばれるような、強力な中央執行部を強く望んでいる、と伝えられている[52]。新たな労働組合運動には似たような権威主義を示すものがある。これは強制加入を制度化する傾向に見いだすことができる[53]。

ソヴィエト占領地区で、統一的な単独の労働組合組織は、すでにベルリンにおいて、産業を横断して確立されており、新たに形成された労働組合の準備委員会は、この組織をブランデンブルク州《プロヴィンツ》全体にまで拡大することを求めている[54]。同種の組織は、ソヴィエト占領地区全体にわたって他の都市と地域で形成されてきたし、形成されつつある。

2　非ナチ化。社会民主党の仲間内における恒常的な不平は、アングロ・アメリカ行政下の非ナチ化の進展が遅すぎるというものであった。社会民主党員は、西の占領当局に向けられているといわれている圧力に強く憤っている。限定されているとはいえ、責任と権力のある地位に、強制によって入党したと主張するナチの人たちを残すようにという、いくつかの保守的・中道的なグループによって加えられる圧力である。ほとんどの報道によると、社会民主党の党員の大部分は、活動的か受動的かにかかわらず、ヒトラーの支配の期間を通じて、反ナチのままであった。彼らの多くは、まったく疑いなく、迫害、投獄、そして拷問を受けた。こうして彼らは、ナチの厳しい処置を望んでいる。

さらに、記されるべきなのは、反ナチは一つの形式になったということである。占領軍が存在することで、あからさまな闘争は不可能になっている。こうした体制にあって、この〔反ナチという〕形式を通じて、右派グループと左派グループの権力闘争が継続してきた。社会民主主義者と左派グループが右派分子をナチ、ないしナチのシンパと分類できるかぎり、また軍事政府当局に彼らに対抗する行動をとるように強いることができるかぎりで、いずれ〔ナチの〕権力を削ぐという目標の達成はいっそう容易になった。他方で、多くの右派のグループ、とくに財界人がナチ党の目標と実践とのあからさまな同一化を避けたという事実は、左派にこのアプローチの有用性の限界を突きつけ、ドイツ社会の再建という根本的な問題は非ナチ化だけでは達成できないことを示唆した。

3　**賠償**。SPDのリーダーは、ドイツによる賠償金の支払いの必要を、大概は受け入れており、それを果たす責任から逃れようとはしなかった。しかしながら、SPDは賠償の負担を労働者階級に移そうとするいかなる試みにも反対する傾向にあった。一九一八年の賠償政策がドイツ労働者の貧困と、財界人の権力の再生と拡大という結果になったことを覚えていたからである。こうした産業の管理職のほとんどは彼らの目にはナチズムと同じであったので、それだけいっそうSPDとそのフォロワーは、こうした展開がくりかえされることを阻止しようとした。彼らを優遇的に扱うことは、SPDが推し進めている非ナチ化のまさに否定になるのである。

以前占領されていた地区の再建のためにドイツの労働者が使われることには反対しなかったが、基本的な保障を受けることなく、契約労働の権利もない「奴隷労働」としてドイツの労働者が雇用されることに、SPDは強力に反対した。

4　**脱産業化**。ドイツの脱産業化はSPDから労働者階級の基礎のほとんどを奪うことになるので、党は行使できる力はなんでも使って、この措置に反対する可能性が高い。支配権が財界人の手から取り上げられるという条件で、ドイツの産業はヨーロッパの平和的な再建に奉仕することができる、と党のリーダーは主張するであろう。しかしながら、ソヴィエト占領地区からソヴィエトはすでにかなりの産業機構を移転してしまった。この占領地区で、新たに再建されたSPDは公的にはまったく抗議しなかった。抗議しなかったのは、「田園化された」ドイツを期待する思い込みより、こうした発言の結果に対する恐怖のせいだとみるのがより安全であろう。

5　国有化。 国有化、少なくとも主要産業と銀行の国有化は、ナチ以前の時代同様、社民党の綱領に再度、載っている。この項目によって、SPDの綱領は共産主義者よりもさらにラディカルになっているようにみえるであろう。というのも、後者が集中したのは、「ファシスト」的なトラストと独占の破壊だけであり、SPDのマニフェストよりもはるかに強力に私的な独立心に重きを置いているからである。両党は、小規模な個人財産を守り、維持することに同意している。

しかしながら、社会的再構成についての長い射程を有するこうした基本原理は、現在のところ、軍事占領下では、ドイツの労働政党の現実的な政策にはほとんど関連がない。国有化の程度についての差異が大問題になる、と期待すべきでもない。一定の「ファシスト」的なタイプの事業に限定すれば、今日、国有化はSPDとKPD（ドイツ共産党）のみならず、ミドルクラス政党の左派の支持すら得るであろう。決定的な社会的・政治的対立が起きるのは、おそらく、SPDの綱領が主張するように、すべての主要な産業が国有化されるべきかどうかをめぐってではない。国有化が取るべき形態をめぐって、つまり国の統制から組織された労働者によるマネージメントへの、国有化された事業の移転を通じて、国有化が社会化のテコにされるべきかどうかをめぐってである。社民党も共産党も、この争点を提起していない。

東の占領地区では、ナチ・レジームから利益を得た人たちから没収された、あるいは所有者から放棄された事業を地方政府に取り戻す方針に、ソヴィエトは従っていると伝えられている。SPDは西の領域でも同じような手続きを唱導する可能性がある。

6　農業政策。社会民主党員と共産党員は、大規模な地所、とくにナチと親ナチに属している地所の分割を要求する。加えて、社会民主党員は消費者の結社と協同組合を唱導している。

7　分離主義。ドイツに留まっていても、亡命しても、圧倒的多数の社会民主党員は、ラインラントやバイエルンで現れたような分離主義運動に反対しているようである。これらの地域の分離が、財界人をして敗北の帰結から逃れることを可能にしてしまうのではないかという恐れを、彼らは公言している。SPDが反対する、第二の、同じく重要な理由は、この分離が、カソリックによって支援される反動的な地方の独裁に至るのではないかという不安である。最後の理由は、平和的な傾向をもつが、力強いドイツこそが、ドイツの労働者階級の最大の保障を提供するという信念である。この理由は、今日この問題をめぐるSPDの議論では、にわかに表面に出てくることはないが、過去には重要な役割を果たしていた。

8　区分け。ニューヨークやその他のSPDの前のリーダーたちは、ドイツの地域的な切り離しに力強く反応した。ドイツのSPD本体は、ポツダムのこの点については論評することはなかった。おそらく、この時点まで彼らは、この問題についてほとんど、あるいはまったくなにもできない立場である、ということを理解しており、したがって諦めていたからである。ソヴィエト占領地区のSPDのリーダーの態度はとくに、そうなる傾向にある。しかしながら、この争点は今後、SPDと共産党のあいだの関係に決定的な影響を及ぼすかもしれない。もしもこうした領土的な強制がドイツの全般的な区分けの先例になると思われるならば、東部における一定の領土の喪失には和解するかもしれない。そうではあっても、あらんかぎりの方策でSPDは反対を表明することが確実である。

9　宗教。西および東の社会民主党員は、非ナチ化と即時の再建のために、リベラルなカソリックとプロテスタントのグループとの協働を歓迎している。宗教は個人的・私的な事柄である、という党の指示を、彼らはくりかえしている。同時に、SPDの職員の多くは、プロテスタントとカソリック双方の幹部たちの反動的とされている目標への恐怖を表明してもいるし、彼らの政治的影響力の拡大に反対している。

Ⅵ　ＳＰＤの展望

ＳＰＤの展望についての評価は、ドイツにおける現在の統一反ファシスト戦線がどれだけつづくかにかかっている。この統一戦線は今日、三つの主要な紐帯によって結びつけられている。ナチズムを除去しようとする共通の努力、なくては困る社会的・経済的サービスの回復の必要性、そして政治生活の完全な発展に課された制限である。これらの要因は、諸党派に、一定の共通の目的のために政治綱領を削り、伝統的な差異を脇に置いて戦線を形成することを強いている。しかしこの統一戦線は、非ナチ化の第一局面の完了とともに、そして政治生活のより完全に近い発展とともに、解体することが見込まれる。

実際、西側占領地区ではすでに、統一戦線の解体が起きているようにみえる。ここでは、多くの反ファシスト委員会が以前の政治的な塊に分解し、近代ドイツの古い社会的・政治的対立が再浮上しつつあるようである[55]。要するに、非ナチ化のプロセスがドイツ社会の構造からヒトラーの支持層を引き剝がすにつれて、ナチ以前の形態がもう一度現れ始めたのである。以前のドイツ社会（それ自体が分断的であった）をよく表現しているのが政党であった。政党は特定の社会的な集団を代表しつつ、ほとんどが相反する目的のために動いた。

いまや統一戦線を形成している政党は、本質的にかつてと同じ政党である。例外は極右だけである（極右はあまりに公然とナチズムと同一化しているので、この段階での復活はありえない）。現在、一つまたはより多くの占領地区で活動しているのは、自由民主党（以前の、ドイツ国民党左派とドイツ民主党）、キリスト教民主同盟（以前の中央党）、ＳＰＤ、そして共産党である。二つのブルジョワ政党と二つの労働者政党である。すでに述べたように、これらの政党の綱領には現在のところ基本的な対立はない。しかし、ドイツの社会と経済のポジティヴな再構成が進められるにしたがって、伝統的な対立が再浮上してくる可能性が高い。国有化、ラディカルな農業改革、経済の実際のマネージメントにまで労働者の参加を拡大すること、ドイツの国境の最終的な解決、そして賠償の負担の配分といった争点をめぐる対立である。すべての争点で、ブルジョワ政党は、かつての上流階級の地位を脅かすような地点にまで再構成を進めようとする、あらゆる努力に反対する兆候がある。こうした行動に直面すると、統一戦線は労働と「ブルジョワ」という別々のブロックに解体するであろう。(56)

ひとたび統一戦線の解体が始まれば、労働ブロックのSPD側の展望についての評価は高度に不確定にならざるをえない。多くが、正確に予測できない要因に左右される。軍事政府の政策の展開、USSRの意図、ドイツの経済状態などである。しかしながら、統一的な労働政党か、共通の労働政策かのどちらか、というチャンスはとても大きいように思える。

この結論は、いくつかの最近の発展によって支持される。たとえば、複数の政党の組織的な同盟についての提案は、共産主義の後援でなされている。この提案は、ソヴィエト占領地区のSPDによって、少なくとも当面は拒否されている。(57) 共産主義者たちは、いまのところ、この争点を押し付けてきていない。(58) さらに、西側占領地区では、統一的な民主戦線にブレーキをかけようとする連合国の政策が、独立した複数の政党を維持する努力を強化するかもしれない。社会民主主義者自身も、統一的な労働者政党に反対する要因になっている。SPDのメンバーの大多数が抱いている伝統的な反共産主義感情は、非ナチ化と直近の再構成の時期には抑えられてきたが、ふたたび活性化するであろう。さらにこの感情を強化しているのが、共産党員がドイツにおけるソヴィエトの政策のいくつかの要点（脱産業化、工場施設の除去、東部ドイツの切り離し）に大部分において同意しているという事実である。その他の点では共産主義者にシンパシーを抱いている大多数のドイツ人も、これらの政策の要点を嫌っている。

同時に、ソヴィエト占領地区でも、共産主義者の人気は下がりつつあるという兆候もある。(59) 社会民主党員が、行政だけではなく、工場でもかなりの力を示している、西側占領地区の状況にも、この展開は影響を及ぼすかもしれない[60]。軍事政府下のポストを数多く補充することによって、そして共産主義者をソヴィエトの占領措置と同一視することによって、社会民主党員は二重に利益を得ている。

したがって、西側占領地区での、（ミドルクラスと知識人層の左派分子を含む）非共産主義労働者政党としてのSPDの再建の展望は、かなり有望である。暫定的ながらこのように想定することができる。ナチ後のSPDは組織構造と政策においてはナチ以前のこの党と似たものになる可能性が高いが、その指導部はほとんどが新しくなるであろう。ナチ運動の台頭に効果的に抵抗できなかった事実は、SPDの大きな汚点になった。亡命したリーダーたちへの一定の好意的な感情はあるものの、この〔汚点の〕事実は大量に身を引くことを幹部に求めることになるであろう。

しかしながら、SPDの良好な見通しは、二つの主要な要因が継続していくことに依拠している。共産主義者がソヴィエトによる現在の不人気なドイツ占領政策と同一化していること、そして西側占領地区における軍事政府と社会民主主義者の協力というのが、その二つである。いずれの状況が変化しても、SPDの見通しに好ましくない影響を与えるであろう。もしも経済的・政治的な再構成が西側占領地区よりもソヴィエトにおいてより効果的に進められるとすれば、SPDの犠牲のもとで共産主義の力が増大する。こうした状況では、西側占領地区における社会民主党員と軍事政府の行政の親密な同一化は、資産というよりは負債になるであろう。

さらにSPDは内政上の脅威になりうるものにも直面している。反ファシスト組織が解体し、より完全な政治生活の発展が続いたあと、西側占領地区のSPDは指導層と一般党員のあいだの分裂に直面するかもしれない。この分裂は、共産党との継続的な協働という争点をめぐって生じる可能性がもっとも高い。一九三三年以前には、党の指導部は、左派の分裂主義者のかなり弱いオポジションに対して党の一体性を回復するのにそれほどの困難を感じなかった。このことは思い出されてもよい。しかしながらいま、強力な政党マシーンはなくなり、中央の指導部は破壊されている。これにともなって、こうしたオポジションの拡大の見通しははるかによくなっているようにみえる。伝えられているところによれば、「古参」（反共の記憶をもつベテランの党職員）とより若い、より戦闘的な社会主義者のあいだには対立がある。[61] 党の分裂はこの対立によって予示されているようにみえる。しかしながら、もし万一、左派反主流派が党を離脱するならば、彼らは独立した分派グループを形成するよりも、共産党に合流する可能性が高いであろう。こうした〔分派〕グループの歴史をみれば、勇気づけられるものではないとわかるからである。

ソヴィエト占領地区では、ＳＰＤが独立性のある大衆政党に発展することは不可能にみえる。これまでのところ、ここのＳＰＤは完全に、そして一貫して、共産党の綱領と政策を下支えしてきたし、近い将来、この関係が変化する証拠はまるでない。ソヴィエト占領地区のＳＰＤは別個の組織として継続する可能性が高く、ふたたび「ドイツの労働者階級の代弁者」になるという要求をくりかえし強調してはいる。[62] しかしその地位は、ＳＰＤが共産党との協力関係を継続する気があるかどうかにかかっていることは疑いえない。

第Ⅳ部　非ナチ化と〔占領〕軍事政府

8

ドイツにおける旧政党の再建と新党の立ち上げについての政策

ヘルベルト・マルクーゼ
（一九四四年七月二二日）

編者注記

R&A 16655.1. マルクーゼが著者であることは、さまざまな文書に示されている。そのなかにはユージーン・アンダーソンからカール・ショースキーへの一九四三年一二月一〇日の書簡がある（RS 226, entry 60, box 1: Projects Committee Correspondence）。マルクーゼの「三つの主要プロジェクトについての記述」にも確証が見いだされる。
このレポートは陸軍省パンフレット31-116として公表された。
分類　秘（Confidential）

前文

このガイドは、もっぱら占領軍の安全保障とナチズムの除去という観点から、戦後ドイツの政党についての政策を扱う。したがって、予想される政党が評価されるのは、連合国の政府のこうした二つの目標に対して、これらの政党が取るであろう態度によってである。推奨は、もっぱらこうした目標のためになされる。

しかしながら、軍事的占領の目標の一つであるナチズムの除去には、民主的な形式で社会を再構成するのに必要な自由を漸進的にドイツ国民に戻すことも含まれると考えられる。民主的な形式の社会のみがドイツにおけるナチズムのルーツを排除できる。したがって、可能性のありうるナチズムの再建との関連で、ドイツの民主的な再構成に反対することが予想される政党と組織が考察される。

I　問題の分析

A　序　論

ドイツの軍事的占領がおそらく見いだすのは、完全に統合を失ったナチ国家であろう。ナチの統制装置は決定的な地点で崩壊しているであろう。長らくテロによって支配されてきた住民は自発的な暴力と復讐によって応答するかもしれない。ナチの統制が崩れ落ちるとほとんどすぐに、主として地方・地域的なレベルで立ち上がる可能性が高い。地下運動は表面に出てきて、ナチズム排除のための独自の戦いをするであろう。労働者政党や組合は息をふきかえすであろう。こうした反ナチの勢力に対して、ナチは予備隊を召集するであろう。予備隊はおそらくこうした状況のために特別に訓練を受けている。

占領当局はこうして困難な問題に直面する。占領軍の安全は法と秩序の回復を必要とするが、法と秩序の樹立はナチズムの除去に依存している。そしてナチズムの除去が達成されるのは、ドイツ自身の土着の政治的オポジションによってである。ドイツの侵略を破壊する、もっとも重要な潜在的手段になるのが、このオポジションである。第一世界大戦後のドイツ社会の平和的再構成が継続できなかった理由の一つは、革命中に生まれた新たな民主的な勢力や制度を、占領当局の側で、承認し、支援することがなかった点にあった、ということを思い出すことはよいことである。たとえば、フランスの占領当局は、兵士と労働者の評議会が公的秩序に反するのではないかと考え、評議会は承認できないと決め、解体を主張した。フランスはまた、新しい地方議会の選挙にも反対した(1)。この結果、公務員と産業の指導部において反民主的な勢力が鼓舞され、強化された。

現在の戦争の終結にあたり、ドイツの武装解除と平和化のための土着の政治運動の重要性は一九一八年よりもいっそう大きいであろう。というのも今回は、しっかりと樹立され、組織された民主的勢力がドイツには存在しないからである。新たな土俵のうえに、こうした勢力を打ち立てなければならない。その装置がドイツの平和的な再構成に役に立つ可能性がある、訓練され、規律化された組織（自由な労働組合のような）も、最初は存在しないであろう。以前の勢力のなかで残っているものはどれも、小集団に分断されていて、国レベルではほとんど、あるいはまったくつながりがない。そしてしばしば目的や戦略で対立しているであろう。

政治生活がまず再建されるのは、おそらく地方レベルにおいてであろう。ナチの統制の崩壊とともに、そしてたぶん連合国の占領よりも前に、小集団が立ち上がり、それらは村、町、都市のセクション、工場、兵舎などでナチの機構を取り除き、置き換えるであろう。彼らの活動は、もっとも直接的な地元の課題に集中するであろう。工場と業務を維持し、政治的な相手を把握し、新たな行政を築くというような課題である。いくつかの場合には、彼らは工場や地方行政を引き受け、占領軍の将校に対して新たなドイツの、レジティマシーを有する権力であると名乗り出るかもしれない。

こうした集団に期待されるのは、かなり迅速に、多かれ少なかれ一定の政治的な路線に沿って発展し、国政政党に統合されていくようになることである。そうするなかで、ドイツ社会の優勢な構造に対応する政治組織の一般的なパターンが生じてくるであろう。

ワイマール共和国期に、ドイツの政治生活は主として三つの社会集団によって規定されていた。（一）重工業、農業貴族、軍、（二）労働、そして（三）中央党、つまり左右のバランスをとる、社会のあらゆる集団の構成員のカソリックによる統合である。旧ミドルクラス（中小のビジネス、小売業、職人）はもはやそれ自身では決定的な政治的要因ではなかった。同じことは農民にも当てはまった。彼らの大部分はナチの陣営に入っていったが、それまで彼らの大概が投票していたのは右派か中央党であった。

主要政党は密接に上記の三つの集団に対応していた。

1　ドイツ国家国民党とドイツ国民党

2　社会民主党と共産党

3　中央党とバイエルン国民党

ナチ・レジームは、ナチ党以外のこれらすべての政党を廃止した。しかし、ドイツの政党システムがそれを反映していた社会階層は、本質的に変化しなかった。一方における重工業と土地貴族、他方における労働がなおもドイツ社会の主要な集団を形成している。これらのあいだに、すでにワイマール共和国期に没落しつつあったミドルクラスがいた。彼らは非本質的な事業の閉鎖と大企業の戦争経済への集中によってさらに弱体化させられてきた。以前は中央党によってカバーされていたセクターはおそらく強さを増し、左右のバランスに可能性のある最善の解を見いだそうとする多くの人びとを惹きつけるであろう。二つの主要な社会集団の利益と政策はワイマール共和国の時代を通じて、相互に対立していた。完全雇用の達成と全体主義的なテロ装置によって、ナチ・レジームは一時的な統合を達成した。しかしこうした要因が存続しなくなればすぐに、この統合は崩壊するであろう。したがって予想されるのは、ドイツの再建された政治生活は、中心的なところでは、かつて確立されたパターンを引き継ぐであろう。つまり政党システムは左右二つの極をめぐって展開されるであろう。

もちろん、伝統的な政党が旧式のままでふたたび現れるということは考えにくい。旧政党のいくつかは、名称、スローガン、そして綱領をおそらく変えてくる。そして敗北と軍事的占領という条件に、彼らは適用していくであろう。こうした条件によって、最低限の綱領を採用する政党もあり、部分的ないし全面的なカムフラージュをするか地下に潜るかする政党も出てくるであろう。民主的な政府形態を信じ、平和的な秩序を樹立するために占領軍に喜んで協力するほどには反ナチである、とおそらくすべての政党が自己紹介するであろう。しかしながら、いくつかのケースでは、その背後で真の政治的な課題が争われるたんなる見かけにすぎないであろう。

おそらく主要な課題になるのは、外国による統制、分離的な傾向、帝国の解体を求める外からの試みに対抗しつつ、極力早い時期に、国民的な独立と統一の維持ないし再建を成し遂げることである。強制労働のあらゆる形式は、あらゆる党派によって激烈に反抗されるであろう。そして国民の統一と独立への強い欲望は急進左派の人のあいだでも優勢となるであろう。後者の課題は、ユンカーと産業的な帝国主義者の権力を打破し、平和的経済の枠のなかで完全雇用を確保するという方向へと向けられたドイツの社会的再構成のための努力と結びつくであろう。労働者政党と、ミドルクラスのなかのリベラルなグループによって、より保守的な政党と対立しながら、社会的・経済的な再組織化が要求されるであろう。対立は、国民的な名誉と独立という課題の枠組みのなかで、反ナチ的・民主的なスローガンをともなって、生じることになるであろう。

すでに述べたように、反ナチで、民主的なイデオロギーは、場合によると、たんなるカムフラージュの形式にすぎないかもしれない。カムフラージュの傾向は、占領当局にとってはもっとも困難な問題になるであろう。占領軍の安全保障が要求するのは、連合国やドイツの民主的な再構成に敵対する集団が再発見されることである。なぜなら、活動的なナチがその活動を継続するのはまさにそうした団体においてだからである。

次節では、さまざまな可能性のあるカムフラージュの形式を見越して、占領軍の安全保障と法と秩序の再生に深刻な脅威になる要素を特定する方法を示唆することを試みる。

B　ナショナリスティックな右翼政党の再生

ワイマール共和国体制下で、右翼急進主義の政党を代表していたのは主としてドイツ国家国民党であり、ドイツ国民党の影響力をもつ右派であった。これらの政党は、重工業、土地貴族、将校団の利益によって方向づけられてきた。こうしたグループは熱烈なナチ支持者であったし、ドイツ社会の完全な民主的な再構成に反対して活動することが予想できる。まさに彼らのよく知られた反民主的な綱領のゆえに、こうした右の政党が古い名前とスローガンのもとで再生することはおそらくないであろう。彼らが再登場できるのは、国民的な民主政党としてである。ドイツのボリシェヴィズム化との戦い、そしてドイツの文化的伝統、企業の自由、公的生活の行政から政治を除去すること、司法の独立、国家におけるキリスト教的原則のための戦いと彼らが描くものを中心に、彼らの綱領は展開する可能性がある。しかしながら、真の目標は、旧支配グループの特権的な地位の維持ということになるであろう。この理由で、ドイツの政治、軍、経済的な機構への彼らの支配圏を脅かす可能性のあるいかなる運動にも彼らは反対するであろう。ロシアと共産主義と左派急進派運動の真の恐怖は、彼らがアナーキズムと共産主義の勢力と呼ぶものに対抗して、西側諸国に協力する気を起こさせるかもしれない。彼らは、利己的な利益の追求のために、おそらく受け取ることができるどんな援助でも使おうとする。これらの利益を守ってくれるのは、場合によっては、人民の支配や代表を廃止し、市民的自由を抑圧し、世界征服へのドイツの新たな野望を準備する権威主義的なレジームだけであるかもしれない。こうしてナチはふたたび、このような政党のなかで活動することを選ぶであろう。そしてこのような政党の政策は最終的には、連合国の大義に対する敵対を抱え込むにちがいない。こうした政党の指導層が連合国に協力を申し出るとしても、そうするのは民主的勢力に敵対する自らの地位を確保し、連合国間の不統一を促進するためであろう。水面下では、右派急進派の指導部は、極端にナショナリスティックで権威主義的なイデオロギーと活動をおそらく支持しつづけるであろう。

こうした政党の開かれた指導部が見いだされることになるのは、おそらく、明日にはナチ・レジームと一体化していなかった高官や財界人、保守的な背景をもつ知識人や宗教のリーダー、そしておそらくはヒトラーによって解雇された将軍あたりである。何名かの元民主党員や中央党の人も、ここに含まれるであろう。末端は、除隊された将校やミドルクラス（中小のビジネス、小売、サラリーマン、そして公務員）から主として補充されるであろう。そして彼らのなかには、多くの熱烈なナチ・レジームの支持者も入るであろう。

C　カムフラージュされたナショナリスティックな集団形成

1　ビジネス・専門職的な組織。右派急進派の反民主的な勢力は、軍事政府の期間に、いかなるオープンな政治活動やアピールも控えることが適切だと考え、そしてその代わりに、「中立的な」専門職的・技術的な組織（商工業、エンジニア、そして技術者の結社など）を通じて自分たちの利益を追求するかもしれない。ドイツのビジネス・コミュニティの反民主的な要素は、地域レベルおよび国レベルでの政府の官僚制と密接な関係をつねに保持してきたので、この形式のカムフラージュは有望であろう。ナチ・レジームでは、「ビジネスの自己行政」は、政治的な統制機構の不可欠の部分であり、エンジニアは、信頼できるナチとして従業員を技術的・イデオロギー的に訓練することを任されることで、政治的な職員に組み込まれていた。こうした伝統のために、ドイツの専門職の組織は強力な潜在力をもつ圧力団体である。この団体は、経済的、技術的、そして行政的な問題を容易に、法と秩序に有害な、内政上の対立を生み出しかねない政治的な課題に変換することができる。さらに、戦後、ドイツで支配的になるであろう条件は、こうした活動を促進するかもしれない。工場施設の破壊、一定の原材料の欠乏、機構再編の緊急的な必要は、必要なサービスを中断し、生産の再開を邪魔し、労働不安を引き起こすという機会を提供する可能性がある。

2　スポーツ、教育、そして文化の組織。教育的・文化的な組織がもつ直接的な転覆的潜在力はとても限定されている。それらの組織が力添えするのは主に、オープンには宣伝できないイデオロギーの伝達や拡散である。

戦後、もっとも保持される可能性が高いナチ・イデオロギーの要素は、ナショナリズムと反ユダヤ主義である。勝者による軍事的占領という事実だけでも、ナショナリズムは不可避的に強化されるであろう。左派急進派政党が、ドイツ国民の独立を民主的な再構成の前提であるとみなすかぎりで、ナショナリズムは左派急進派政党のあいだでも優勢になるであろう。しかしながら、右派のナショナリズムはまったく異なる色合いをもつ。反民主的な権威主義的傾向と、ドイツ文化の人種主義的なシンボルと内容の強調によって、右派のナショナリズムは色づけされるであろう。ルター、フィヒテ、そしてトライチュケのような「偉大なドイツ人」の教説を宣伝することで、反ユダヤ主義は容易にこうした教育プログラムと結合することができる。

スポーツ組織の指導部がふたたび、以前のナショナリストとナチの手に渡れば、こうしたスポーツ組織は準備的な訓練に喜んで力を貸すであろう。

D　労働者政党の再建

すでに述べた理由から、伝統的なグループ分けがふたたび登場してくる可能性は高い。ドイツの労働者はおそらくまた、労働者の運動の保守的な傾向とラディカルな傾向を代表する二つの主要政党、つまり社会民主党と共産党の周りに引き寄せられるであろう。しかしながら、彼らの綱領と政策は、ワイマール共和国の時代に彼らが追求したものとは異なる可能性もある。

1　**共産党**。ドイツではナチズムのあと、政治的デモクラシーの時代がやってくる、という観念によって、共産党の政策はおそらく導かれるであろう。この政治的デモクラシーは、ありうる将来の権力掌握のために、新しい大衆の支持を獲得し、労働者を組織化する機会を党に与える。こうしてしばらく共産党は、プロレタリア独裁のための闘争を放棄し、民主的な手段とアピールの範囲内で活動するかもしれない。おそらく共産党が求めるのは、ドイツの反ファシスト勢力との共同戦線であり、この共同戦線には極右（反ナチの保守派）の批判的なグループも含まれるであろう。そしてドイツ国民の解放を社会的解放の前提条件として提示することで、広範なナショナリスティックな感情を利用しようとするであろう。突撃隊と親衛隊のようなナチ党の分子の一部は、共産主義者との協力を求めるかもしれないが、右派の急進派と左派の急進派の合同がどのようなものになっても、それは共産党のなかでではなく、党の外の小さな批判的な諸グループにおいてであるというのが、いっそう可能性が高い（D－3を参照）。共産党は、ナチの不当利得者と戦争犯罪人の懲罰と収用を要求するであろう。そしてこうした措置にとても広い解釈を与え、いっそう射程の広い社会的・経済的変化のための準備として用いるであろう。

社会主義革命は共産党の最終的な目標でありつづけるであろう。しかし、軍事政府の条件のもとでは、最終目的の達成を延期し、占領当局との対立を可能なかぎり回避しつつ、おそらく「ミニマム・プログラム」が練り出されるであろう。ロシアがドイツ占領に参画することで、こうした「協調主義」傾向が強化される可能性が高い。

行政の諸問題、工場のマネージメントの承認、労働条件の確定、救済、活動的なナチの逮捕などにおいて、共産党は地方・地域レベルではおそらくもっとも活動的となるであろう。もちろんこの〔地方・地域レベルの〕強調は正しい。というのも、軍事政府組織の占領地区システムのもとでは、国レベルではすべての政党〔の活動〕が不可能ではないにしても、きわめて困難になるからである。しかしながら共産党の場合、地方・地域レベルの強調は、外的条件への時局的な適応以上のものである。共産党は厳密な中央集権的な統制のもとで活動しつづけるであろう。しかし、工場、事務所、店舗、住居地域などで、小さく、緊密に組織された集団を通じて活動することが予想できる。こうした小集団は、労働組合のような全般的な集団がするよりも、労働者のなかにより直接的な足場を共産党に約束する。このような戦略は、もちろん、共産党の政策を地方・地域レベルに集中させることになる。こうしておそらく共産主義者は店舗や工場の評議会を労働代表の真に民主的な形式として宣伝するであろう。

国レベルではなく地方レベルで、労働組合ではなく労働者評議会で、労働政策を共産主義的に方向づけることは、ソヴィエト・ロシアへの明確な方向づけと一致している。こうした方向づけは、戦後ドイツにおける共産党と社会民主党系のグループのあいだの、おそらくもっとも重要な差異になるであろう。

2　社民。社会民主党は、ワイマール共和国期を通じて、政治的・社会的デモクラシーと呼ばれるものを唱えていた。政府や組合におけるこの党のリーダーたちは、支配的な社会・経済システムを自分たちの活動の枠組みとして受け入れた。彼らが求めたのはこの国家と社会のなかでの労働者のよりよい地位であり、彼らが反対したのは資本主義の革命的な転覆とプロレタリアート独裁であった。社会民主党の指導部は、共産主義者のラディカルな政策と激しく戦い、現在優勢な社会形式に対する反乱をことごとく鎮圧するのに手を貸した。社会民主党はまだ、ドイツ国内に忠誠心をもつ支持者を有していることは明らかである。戦後、社会民主党は、革命ではなく改革の政党としてふたたび登場するであろう。しかしながら、この党は、国民規模で重工業と金融の漸進的な社会化と、ユンカーの土地資産の収奪に賛成すると言い出すかもしれない。さらに、ロシアの体制とロシアの政策に対する長期的な敵対を、この党はおそらく維持するであろう。

共産党との競争が社会民主党を革命的なラディカリズムへと追い込むというのは疑わしい。党のメンバーの大半は比較的年配の労働者（三一―六〇歳）からリクルートされてきた。こうした人たちがふたたび党の主軸を形成する可能性が高い。そして彼らの最大の欲望は、平和と最大の社会的安定に向けられるであろう。さらに、社会民主党は労働組合と密接に付き合ってきた。組合は、全体の構造から、経営と労働の協調政策に縛られてきた。社会民主党がふたたびドイツの労働者の多数の支持を得ることができるかどうかという問いに答えるのは難しい。大衆に行きわたっているボリシェヴィズムへの恐怖はおそらく共産党の不利益に作用するであろうが、必然的に社会民主党の利益になるわけではなさそうである。ドイツの労働者の多くは、ワイマール共和国での社会民主党がナチの台頭に対して取った宥和政策を明らかに非難しており、彼らが権力に返り咲くことに反対するであろう。社会民主党的な労働組合を再建しようとする試みは、ナチの統制が崩壊したあと躍進すると予想される、よりラディカルな類型の評議会とのあいだに、厳しい対立を生むかもしれない。

3　他の労働者政党。ワイマール共和国期にはたくさんの左派急進派の「分派」政党が形成された。そのほとんどは社会民主党ないし共産党からの分派であり、あるものはサンディカリズム的であった。どれもが真のマルクス－レーニン主義を代表していると主張しており、主に革命の戦略の問題をめぐって相互に分かれていた。

こうした左派急進派のオポジション政党が戦後に採用する綱領や政策を予想することは、もちろんのこと難しい。しかしながら、敗北主義的な共産主義オポジションがふたたび出てくるかもしれないということは予想できる。こうしたオポジションはドイツにおける階級闘争に主要な強調点を置く可能性が高く、社会化のための直接的な措置を迫ることになるであろう。

他方で、左派急進派の小集団が労働者大衆のなかに支持を見いだせないとすれば、彼らはナチの運動のラディカルな要素を受け入れるかもしれない。万一そうなると、彼らは「国民ボリシェヴィズム」路線に従うかもしれない。つまり、彼らは、西側諸国への対抗としてロシアとの同盟を主張しながら、社会主義革命へのプロパガンダを、外国の征服者からドイツの国民の解放を求めるプロパガンダに従属させるかもしれない。こうしたプログラムには、軍事政府の脅威が含意されている。しかしながら、こうしたグループは大衆の支持を受けない可能性が高い。この事実によって、こうした脅威はかなりのところ中立化されるであろう。これまでも共産党と社会民主党以外の左派急進派グループはどれも、ドイツ大衆のあいだに強固な足場を築くことはなかった。

E　民主的なミドルクラス政党

ドイツ社会のあらゆる中間グループを右派の新全体主義的な傾向と左派の革命的な傾向に等しく反対する民主的なプログラムに統合する試みがなされることが期待できるかもしれない。こうした民主的なプログラムがおそらく要求するのは、ワイマール共和国のそれと似た民主的な形式の政府であり、すべてのナチの法の廃棄であり、市民的な権利（団体交渉権を含む）の回復であり、そして自由な企業と私有財産の保障ということになるであろう。しかしながら、このプログラムは経済の国家統制と巧妙な公務労働を求める可能性がある。

上で述べたような政党が主にアピールするのは、中小事業者、職人、有給の従業員ということになるであろう。重工業における独占の傾向と経済権力が大企業に加速的に集中することによって、彼らの社会的地位はしだいに掘り崩されてきた。こうした社会的地位ゆえに、これらのグループは、彼らの独立の残余を脅かしかねない、社会システムのいかなるラディカルな変化も嫌う。ワイマール共和国下で、（自由業を例外とした）ミドルクラスの多数派が直面したのは、主として労働の影響力が増大するなかで、彼らの地位が脅かされることであった。このため彼らは右の反動的な政党のフォロワーになる傾向にあった。

一九一九年以後、共和国で唯一の非労働・非宗派的な民主政党であったドイツ民主党（のちのドイツ国家党）は、ミドルクラスの大多数の獲得にけっして成功しなかった。この政党は政治的に重要でないままにとどまり、少数のリベラルな財界人と知識人によって支配された。

ワイマール共和国でミドルクラスの事業者の利益を代表する、唯一重要な政党はドイツ中間層帝国党、あるいは経済党（ドイツのミドルクラス政党）であった。* この政党は一九三〇年の議会選挙で一三六万三〇〇〇票を得た。その明白な「専門職」的な性格にもかかわらず、この政党は決定的にナショナリスティック、反民主的、そして権威主義的であった。一九二六年の綱領が要求したのは、人民の投票から政府を大幅に自律的にする憲法改正、投票権の二四歳への引き上げ、ドイツの拡張というニーズに適合するドイツの植民地と国境の回復であった。

戦後、ミドルクラスは、悪化した経済的・社会的な地位のゆえに、ふたたびナショナリスティックなアピール

＊　ドイツ中間層帝国党（Reichspartei des Deutschen Mittelstandes）はワイマール時代のドイツの政党。一九二〇年から二五年には、ドイツ中間層経済党を名乗った。Wirtschaftspartei を略してＷＰと呼ばれることもある。

に容易に屈すると予想することもできる。他方で、全体主義の実験は信用を失った。民主的な再組織化に平和的な事業と安全の唯一の手段をみる労働者の地位にいる人たちを除く、ドイツ人の多くの要素の結集点に、新しいミドルクラス政党はなるかもしれない。こうした要素が見いだされるのは主として自由な専門職、小さな製造業、小売、そして職人ということになるであろう。

F　中央党

ドイツの中央党は、その党の伝統的な路線に沿って復活するであろう。ワイマール共和国の歴史を通じて、共和主義的な政府形態を受け入れてきたこの党は、非宗派的なカソリック政党で、カソリックの人たちからその構成員をリクルートしており、その大半は聖職者、労働者、農民、貴族、自由な専門職から構成されている。中央党の主力は、西および南ドイツの、カソリックが優勢な地域にあった（バイエルンの指導部は一九二〇年に、中央集権的な政策に反対してこの党から離脱し、バイエルン国民党を創設した。しかしながらこの党は決定的な問題ではいつも中央党に追随した）。

中央党を結びつけるのは一定の政治的綱領ではなく宗教哲学であった。この事実は党の政策を極端にフレキシブルにする。この党は、カソリックの社会哲学の基本原理（私的所有、資本と労働の協調、キリスト教的教育、家族）を承認するいかなる政府をも受け入れる。この党は反ファシストであったが、それ以上に反共産主義であった。さらに、この党の存続を脅かすようなデモクラシーを支持する可能性は高くないであろう。中央党のフランツ・フォン・パーペンは、まさにこうした状況（一九三二―三三年）で、ワイマール・デモクラシーを破壊する本質的な役割を果たした。議会の集団の最後のリーダーであるカース博士によって代表される、この党の影響力をもつ仲間は、一九一八年以来、反民主的な最右翼の政党と密接な協力関係にあった。

戦後の状況は、中央党に政治的機構において鍵となる役割を与えるかもしれない。社会的な革命と新しい形式のドイツ帝国主義の双方を予防することで、中欧社会の安定化を図るすべての勢力の集結地に、この党はなるかもしれない。バイエルン＝オーストリア連合からなるカソリック・ブロックは、ドイツにおけるプロイセン支配を打ち壊す便利な道具になるかもしれない。強烈な反プロイセンの傾向をもつカソリック中央党はこうした政策を支持するほうに向かう可能性もある。

もしも中央党が実際にこうした路線を進むならば、政治的な対立を促進する可能性が高いであろう。というのも、大多数のドイツ人は、国を分割することになる政策におそらく反対するであろうからである。ドイツ人が心の底から関心をもつのは、この国の国民的な一体性の維持であろう。バイエルンのような、もっとも激しい反プロイセンの州でも、反プロイセン感情はおそらく分離主義を支持するほどではない（以下のI、Gを参照）。

戦後の中央党の他の二つの可能性のある政策を思い描くことができる。ヨーゼフ・ヴィルト（一九二〇―二二年）のリーダーシップのもとでそうしたように、この党はふたたび、極左と極右に対抗して、労働の右派と、他の見込みのあるリベラルなグループとともに、民主的なブロックに結集するかもしれない。あるいは、この党は、「法と秩序」を掲げるすべての勢力を取り込むために、その宗教的な基礎を拡大することもありうる。ヒトラーのレジームの崩壊は、ドイツにおける強力な宗教的なリバイバルをもたらすかもしれない。住民の広範な層は政治嫌いになる可能性が高く、彼らは中央党に行き着くかもしれない。なぜなら、この党はドイツの他の政党よりも政治色が薄いようにみえる可能性があるからである。しかしながら、こうした政治的基礎の拡大にもかかわらず、カソリック教会はおそらく中央党の背後の推進力でありつづけ、この党を教会の利益のほうに方向づけつづけるであろう。

G　分離主義政党

すでに述べたように、戦後、ドイツ外の勢力はドイツ帝国主義の再生を妨げるために尽力する。それは国の中央集権構造を壊すことによってか、あるいはさらに国を分割することによってかである。ドイツ内では、こうした動きは、プロイセンを犠牲にして州《ラント》を強化することを望む人たちによって、別の言い方をすれば、ドイツを中央集権的な連邦構造ではなく、独立した州の連合にするという運動によって、ある程度、支持されるかもしれない。第一次世界大戦後、こうした運動がバイエルンとラインラントで現れた。後者の地域では、この運動は明確な分離主義的な形態を帯びた。〔そうなっていたら〕独立したラインラントは、多かれ少なかれ、フランスに依存していたことであろう。

軍事政府の占領地区の分割は、さまざまな政党の国民的な統合を不可能ではないにしても、極端に難しくするであろう。こうした分割のもとで、党の活動は地域的に制限され、地域的な諸勢力と利害を反映することになるであろう。しかしながら、国の枠内で地域の独立を求めようとする政党（特殊主義政党）と国からの離脱を狙う政党（分離主義政党）を区別しなければならない。

ドイツにあるどの特殊主義政党も、一つのドイツ国家のさまざまな社会勢力や利害をある特殊主義の綱領に統合することはおそらくできない。ドイツ社会に特有の政治的な差異が国や地域レベルで再浮上してきて、特殊主義政党を個別の州や地域内の特殊利害の代弁者にするであろう。この特殊利益というのは、たぶん、自分たちの目的をドイツ以外の国と結びつくことでよりよく実現することを望む、いくつかのビジネスや農業のグループの利益である。〔ただし〕こうしたグループは、労働者やミドルクラスの多数派によって反対を受けるであろう。ドイツの諸州《ラント》のいずれも、どんなに時間をかけても、国ないし隣接国からの真の独立を主張できない。ドイツの経済構造は、こうしたものである。したがって、ドイツの特殊主義政党は、帝国の創設以来、重要性をもたないか、そうでなければ（バイエルン国民党がそうしたように）国内のある州の利益の保護に自己限定してきた。

ドイツの参加には、こうした限界がある。この限界も分離主義により当てはまる。近年のドイツ史における現実的な分離主義運動の唯一の例は、第一次大戦後のライン共和国党である。独立ライン共和国を樹立するために、この党はラインラントのカソリックの住民とプロイセンのあいだの宗教的な差異を利用しようと試みた。この党が自らの存在を主張できたのは、占領するフランス軍の支持があったからであった。ライン共和国はまさにその出発から失敗していた。

今回の戦争の終結に際しても、事情は本質的なところでは異なることはないであろう。ナチ・レジームに対するルサンチマンは、とくにバイエルンで、反プロイセン主義をたしかに強める可能性がある。しかしおそらくこの態度は離脱の欲望を反映することはないであろう。占領国によるドイツの占領にともなって、国民の統一を維持しようとする欲望がプロイセンの優越に対するルサンチマンを上回る可能性が高い。このことはおそらくバイエルンにもいえる。バイエルン＝オーストリア連邦があるべきだ、という提案は、南バイエルンでは支持されるかもしれないが、北バイエルンのプロテスタントの人たちはこの提案に反対する可能性が高いであろう。そのため、この提案は力によって押し付けられるときにのみありうることになる。分離主義運動はラインラントでは、さらにチャンスがない。国内の非ドイツ人の強力なマイノリティやマジョリティがいるところでのみ、分離主義運動は土着の運動になりうるであろう。

II　推奨案

A　概論

占領軍の安全保障と公的な法と秩序が要求するのは、すべての政党とグループに適用される一定の一般性のある措置である。

1　すべての武器と暴力手段の禁止

2　特定の政党やグループに付属するすべての予備の護衛（警備員、自警団など）の禁止
3　活動的なナチの逮捕、戦争犯罪での裁判、政治生活からの排除を邪魔しかねないすべての活動の禁止
4　占領軍とドイツの民主的な勢力に対して暴力行為を煽る、すべてのプロパガンダと活動の禁止
5　ナチの実践とイデオロギーを唱導しつづけるあらゆる党、グループ、会議、制度の禁止

あらゆる政党を平等に取り扱うという原則は、戦後ドイツで直接、適用可能にはならないであろう。ナチとその支持者は、新しいスローガンとグループ形成でカムフラージュして、彼らの活動を継続しようとおそらく努力するであろう。これらの政党を反ナチのグループと平等に扱うということ（たとえば、敵対する党による干渉から の平等の保護をこうした党に認めること）は、占領軍の安全保障と平和的秩序の回復に対する最大の脅威を永続化することと同じであろう。犯罪や非行はもちろん、裁判にかけられなければならない。軍事政府当局は、純粋に政治的な動機にもとづいた反ナチ活動の場合には、赦す権利を行使できる。しかしこの権利は、無差別の復讐や暴力を鼓舞しないような仕方で、慎重に行使されるべきである。ドイツの裁判所が再建され、ナチの分子が一掃されることができたらすぐに、ナチの訴追もドイツの裁判所に限定されるべきである。

B　ナショナリスティックな右派政党への態度

ナチの政策を継続しようとする人たちに格好の避難所を提供するのがこうした〔ナショナリスティックな右派〕政党なので、これらは占領当局によって注意深く監視される必要がある。彼らの綱領それ自身は、干渉するに値しないかもしれない。というのも、それは民主的でなくても、非政治的にうまく書かれ、連合国と協力する試みによってカムフラージュさえされるかもしれないからである。占領の最初の時期に、ナショナリスティックな諸政党のなかのネオ・ナチは、主として舞台裏で活動するであろう。資金を集める、さまざまな反動の集まりの関

係を構築する、行政のなかに一定の重要な地位を確保しようとする、時が来たら戦う準備がある信頼できる支持者を集めて訓練する、こうしたことである。

このような状況では、戦後ドイツでこうした分子がしっかりと自分たちの要塞を固めるのを許すことは、占領軍の安全保障にとって有害となるであろう。こうした要塞を防ぐには以下の方策がある。これらは占領当局に開かれている。

1　以前に活動的なナチであった者、ナチ協力者、ナチ・シンパによって支配されているすべての政党とグループの禁止。これには、ドイツ国家国民党、ドイツ国民党右派、鉄かぶと〔第一次世界大戦参加者の団体、シュタールヘルム〕、キフホイザー同盟、その他のベテランの組織のすべての重要なメンバーを含む

2　上記1に該当する人からの、すべての財政的援助を切る

3　元ナチ、あるいはナチ協力者が、選挙によるものでも任命によるものであっても、行政、司法、教育システム、福祉団体などで、比較的高い、いかなる地位に就任することにも同意しない

C　カムフラージュされたナショナリスティックな圧力団体への態度

カムフラージュされた政治団体のなかには、もっとも統制することが難しく、このためもっとも危険な結社になる可能性の高いビジネスと専門職の組織がある。一般には、Bで定式化した提案はこうした組織にも適用される。しかしながら、こうした組織の主たる活動は、政治ではなく、ビジネスと経済的な経営の領域ということになる。敗北と占領の条件下では、経済的な問題とビジネス・マターは容易に政治的なサボタージュに使われる。したがって、工場施設の操業停止、ロック・アウト、生産の再転換、労働条件の固定化のような問題を議論するのに、占領当局が主張すべきなのは、直接的に関係するすべての政党（労働組合やその他の地域の反ナチ政党を

含む）が顔を揃え、意見を聞いてもらう機会をもつということである。

文化、教育、そしてスポーツの結社について〔も〕、周到な監視と統制が必要であろう。ナショナリスティックで、反民主的な教化はとてもうまく、そして一見すると無害な形式をとるので、監視や統制のためには、占領当局はおそらく、土着的な反ナチの勢力の警戒に大幅に依存せざるをえないであろう。占領当局のほうで、文化・教育活動に直接的に干渉するのは、他の形式の統制よりもより大きな憤懣や反対を招く可能性が高い。おそらく最善の結果が達成されるのは、ドイツ内のリベラルな勢力を強化すること（民主的な学校システム、民主的な若者組織、労働組合活動などを築き上げること）によってである。

準軍事的な組織の形成は、どんな場合でも阻止される必要がある。第一次世界大戦後、連合国は、共産主義とアナーキズムと戦うと想定される予備の警察のような組織を容認し、さらには支持さえした。こうして新しいドイツ軍、そして自分たちを自由部隊と呼ぶ、のちにナチになる多くの人びとを作り上げることに、口実を与えた。同じ口実が歓迎され、使われるであろう。したがって、再編され、非ナチ化された警察以外、いかなるドイツの機関にも、占領当局は公的な法と秩序の維持への責任を委任しないこと、これが推奨される（警察に関する民政ガイドを参照）。

D　労働者政党への態度

1　共産主義者。予期できることではあるが、共産党が軍事政府下で、社会主義への即時移行、そしてプロレタリアート独裁へのプロパガンダを放棄するとすれば、ナチズムと活動的なナチを市民生活から除去することに関する問題で、党はおそらく占領当局と協力する準備ができるであろう。共産主義者はナチ時代を通じて、組織された地下のオポジションを維持しつづけたので、彼らはカムフラージュしたナチとナチの活動についての情報を提供してくれるかもしれない。

ナチズムを除去するための共産党の戦いは、おそらく工場や店舗に集中されるので、それは（ストライキ、工場の占拠などを通じて）必要なサービスの中断をもたらすかもしれないし、暴力行為が起こるかもしれない。こうした行為の処罰において、処罰の様式と程度については、ナチによる暴力と、ナチ・レジームのよく知られているテロリストや取り巻きに対する反ナチによる暴力を区別すべきである。

2　社会民主主義者。社民党は、リベラル・デモクラシーを唱導する伝統的な路線で、復活することが予想される。社民党員は、漸進的な社会改良の政策を進めながら、おそらく占領当局と喜んで協力することになるであろう。元ナチとの協力はありえない。しかしながら、ドイツの労働運動のあいだの社民と共産の暴力闘争の再燃が予想される。この闘争は、流血をもたらし、広範におよぶ内政秩序の崩壊につながりかねない。この状況ではおそらく、推奨案の3と4が適用されるべきである。

3　他の労働者政党。万一、ナチが極左の分派グループに入り込んでいるとすれば、ナチの支配、あるいは影響下にある政策が適用される。

E　他党への態度

可能性がある民主的なミドルクラス政党や中央党については、特別な推奨案は必要ないように思われる。これらの政党はまず間違いなく占領当局と協力し、平和的な民主プロセスを熱烈に支持し、そしてテロと暴力を控えるであろう。

分離主義政党は、より難しい問題を提起する可能性がある。国内には、分離主義運動が多数派の支持を獲得する地域はほとんどない。こうした運動が成功するとすれば、占領諸国の武装化した支持がある場合だけであろう。このためドイツ国民の目には、分離主義者は国外の権力の代理機関ということになり、こうした状況は内乱に至る可能性もある。

9　ドイツにおける行政と公務の一般原理

オットー・キルヒハイマー
（一九四四年七月二二日）

編者注記

R&A 1655.12. ユージーン・アンダーソンからカール・ショースキーへの、一九四四年一月一八日付の書簡で、「軍事政府と行政の一般原理」というタイトルで、このカタログ・ナンバーの付けられたレポートを完成させる責任者としてフランツ・ノイマンの名前が挙げられている。しかしながら、その後のすべての文書において、執筆者はオットー・キルヒハイマーの名前になっている。とくに、民政ガイドの進行中の仕事についての計画書は、上記の「軍事政府と行政の一般原理」と後続の「軍事政府のニーズへの国民レベルでのドイツ行政の調整」（R&A 1655.13）を「中央行政と公務員」（RG 226, entry 44, box 2, folder: Status of Reports）と合わせて、一つのレポートに統合するという作業をキルヒハイマーに与えている。したがって、もともとノイマンに割り振られていたレポートを完成するという責任がキルヒハイマーに課された、という蓋然性が高い。

陸軍省パンフレット31-133として刊行された。

オリジナルの文書には（ここ〔英語版原著〕では省略したが）三つの付録が付けられていた。そのなかには、ナチ時代の公務員の登用リストとパーセンテージが含まれている。

分類　秘（Confidential）

I　問題の分析

A　軍事政府に対する行政の問題

軍事政府の行政上の仕事は最大の規模と重要度になり、一九一八年一一月の講和の調印後に連合国の最高司令部にのしかかったものをはるかに上回るであろう。

まず、軍事政府によって行政が行なわれるべき領土は、コンピエーニュ停戦協定条項*で占領された占領地区の何倍もの大きさになるであろう。第二に、一九一八年のときのように、占領軍はさまざまな国籍からなり、調整は一九一八年よりもさらに難しくなるであろう。第三に、ドイツの敗北が意味するのは、政治的・社会的なシステムとしてのナチズムの敗北である。過去何十年間にドイツで適用された支配の形式と手段が所与であれば、そ

＊　第一次世界大戦におけるドイツと連合国による休戦協定。一九一八年一一月一一日に、フランス北部にあるコンピエーニュの森で、ドイツは正式に降伏し、西部戦線での激しい戦闘が終結した。

して、ドイツの社会・経済システムへの戦争の影響を考えると、ドイツの行政マシーンは一九一八年よりはるかに深刻に壊れていると考えるのが安全である。公共施設、交通、そして住居設備の大半が破壊されているであろう。医療装備や供給は不足しているであろう。ドイツ軍の復員、一〇〇〇万人以上の外国人労働者・戦争捕虜の本国送還、ドイツ産業を消費財に転換することは、戦後すぐの時期にドイツの行政の作動に関係する人たちに、重大な問題を突きつける。

安全保障の理由からだけでも、軍事政府によって実行されるべき行政機能の程度は、ラインラントの軍事占領の最初の二年になされたような機能の範囲とは比べものにならないであろう。〔第一次世界大戦直後のラインラント占領における〕行政は〔二つに〕限定されていた。〔一つは〕ドイツ政府との接触である。このときドイツ政府はまだ損なわれておらず、占領以外の地区では機能していた。〔二つ目は〕占領地区におけるこの政府の地方と地域における機構の穏健な形式での監督である。

今日、軍事政府は、ドイツの領土と住民について、はるかに大きな責任を担う覚悟をしなければならない。しかしながら、軍事政府は、例外的な事案（武装解除）を除いて、自分自身で行政の課題を行なうことはできない。全般的に、指示を出すことと、その執行を監視することに限定しなければならない。したがって、国民的な行政ユニットとドイツ人の人員が、当初から必要である。しかし、現在あるドイツの中央機関は新しい行政に都合よく統合されることはできない。なぜなら、軍事政府によって設置される行政組織に合わせて改変されなければならないからである。ドイツの機関を軍事政府のニーズに合わせるという問題と密接に結びついているのが、人事政策の問題である。ナチがドイツの行政に完全に浸透したことで、人事問題についての満足のいく取り扱いは、途方もなく難しくなっている。

B　現在の行政の特徴

ヒトラーという至高の権威のもとで、ドイツの行政組織は近年、二つの特徴によって支配されてきた。政府の最高権威としての国防閣僚会議の創設、そして通常の機関が失敗するか、新たな緊急な任務が生まれるかしたときにはいつでも任命される、たくさんの委員が突然出てくることである。

国防閣僚会議は、立法と調整の機能を引き受けた。会議は議長のゲーリング、行政総括のヒムラー、経済の総括であるフンク、軍の長官カイテル、党官房長官ボルマン、執行書記ラーメルス大臣（官房長官）が、この会議を構成していた。こうして他の大臣は、閣僚会議の執行機関に転じた。ヒトラー個人の任命で、個人としてヒトラーに責任を負った特別な全権委員（特命全権委員、警察庁長官、監察長官）に、多くの大臣が仕事の一部を譲った。地域の行政は、以前はある程度の自律性を有していたが、完全に中央の権威に服するようになっていた。国の政府、そしてまだ存在しているかぎりでの州の政府は、中央の当局のたんなる執行機関にすぎなかった。こうした一般的な行政の機関の他に、いくつかの特別な行政部署があり、それらは完全に国の業務化されていて、したがってその地域の機関は、直接的に各省庁の管轄にあった。こうして地域の行政は、部分的には、一般的な行政であり、プロイセンの州総督とその他の州の国家総督によって調整を受けた。また部分的には、司法、労働、そして通信といった特別な行政もあった。これらの行政は、国の特別な機関によって行なわれている。

ドイツの将来の行政が直面する特有の課題の本質を見きわめるためには、ドイツの行政のバランスの悪さに責任があるいくつかの特徴に言及すべきである。第三帝国の台頭前にも、ある程度そうであり、一九三三年以降しだいに頻繁にそうなったが、新しい行政の機能は、州《プロヴィンツ》や州レベルでのすべてのサービスを束ねる古くからの幹部に引き渡されていなかった。ドイツの行政の地形には、特殊な行政が点在している。そうした特殊な行政は、旧来のユニットとゆるやかに結びついていたり、あるいはまったく結びついていなかったりする。さらに、伝統的な政治ユニットである州はますます無意味になっていた。しかし、機能配分のための新しい原理はまだ入手できていなかった。行政機構の複雑性に貢献するもう一つの要因は、ドイツに特有のものではない。それは、私企業に対する行政の関係に関わる。行政は私経済に対する一群の監視機能を行ない、いくぶん曖昧で、混乱した責任を、全体としての経済システムの作動に対して負うが、しかしその統制はほとんどの場合、それほど直接的ではない。それが作動するのは、産業の側のいわゆる自己行政による。産業は産業で多くの公的な機能を果たしている。しかしながら、行政と私的経済の関係の再定義が、ドイツで行なわれたわけではない。もし、行政の官僚制と産業の自己行政を束ねるナチの政治システムが崩壊するならば、そのあとに起こる政府と産業の分離は、新たな行政の問題を生み出すであろう。

C　ドイツ中央機関の運命

ドイツ行政の混乱に対する部分的な解決は、たくさんの不必要な行政の中断と、なおも存続すべきあれこれの機関の融合に求めることができるかもしれない。もしも中央のドイツの行政がなんらかのかたちで維持されるとすれば、現実的な社会のニーズに対応する、こうした中央の機関だけが、機能を果たすことを許されるべきであろう。同じニーズのために、軍事政府の政策を実行するためには、なんらかのドイツの中央機関を樹立することが、実際には必要になるかもしれない。しかし、すべてのドイツの中央機構が全体として廃棄されるとしても、さまざまな機関はローカルな部署をもつであろう。それらのいずれが完全に閉鎖され、どれが地域ないし地方レベルで機能を継続する機関に転換されるのか。これについての最高レベルでの決定は避けられない。

中央機関やその部署の主要なグループは完全に廃棄することができる。最初のグループは、国民啓蒙・宣伝省のような、ナチのイデオロギーを普及させるために作られた機関である。第二は、どんなことがあっても占領当局によって取って代わられるであろう機関である。外務省、軍の最高司令部、官房、官邸である。第三のグループは、戦争を準備し、戦争を遂行するために、そしてドイツの政治・経済生活を調整するために、作られた機構である。四カ年計画全権の部局、SS全国リーダーとドイツ警察長官の部局である。

D　ドイツと軍事政府の機関の関係

ドイツと軍事政府の機関の関係は、ドイツ国内の事柄に軍事政府が関与する度合いによる。どのくらいのレベルでドイツの行政が継続して機能することができるとしても、ナチが完全にパージされてはじめて、ドイツ行政の継続は満足のいく仕方でなされるであろう。効果的になされるためには、このパージは統一的な指示にしたがって実行されなければならない。ドイツ人の人員を抱えるすべての機関の人事政策についての権力を付与された、連合国の占領当局の中央の下部組織が一番、人事政策の必要な統一化を成し遂げることができるであろう。[1] さらに、ドイツの職員や機関が継続して、国ないし占領地区のレベルでの行政に参画する程度がいかほどであれ、軍事政府の機関の最終的な責任は、もっぱら軍事政府にある。すべての執行権力は軍事政府に集中されるべきである。というのも、ドイツの職員（あるいは諮問機関）は、その策定がほとんど独占的に軍事政府の職員の手に握られている政策の責任を負うべきではないからである。執行のこのような形式とやり方への責任は、ある程度、土着の職員や集団に任されるが、彼らは政策決定の責任には関与すべきではない。

　連合国によって合意された異なる占領地区は、統一的行政の全体を形成しないであろう。それぞれの占領地区は、以前のより小さな州と並んで、プロイセンの州《プロヴィンツ》ないしそれの部分を含む。これらには、通常の州政府にある行政の部局のすべてがあるわけではない。プロイセン州総督やプロイセン区《ベツィルク》長の職は、厳格に地域的な性格をもっている。異なった管区の機関と州の省庁をまとめることで、ドイツの土着の行政が占領地区において確立されるべきではないか、という問題が出てくるが、これは得策ではない。ドイツの占領地区の機関を立ち上げることは、二重化と頭でっかちの行政構造を生むであろう。それはまた大量な行政の無駄を引き起こすであろう。なぜなら執行の任務を軍事政府の機関に集中することは、比較的高いレベルのドイツの占領地区当局を、それ自身の重要な機能なしに放置することになるからである。したがって軍事政府は、占領地区を通じてドイツの機関をある程度、調整することを実現する別の方法をみつけなければならない可能性もある。軍事政府は、すべての命令を地域レベルのドイツの当局に伝達する責任を負う。つまり、州総督、区長、比較的小さな州の省庁である。こうしたプロセスがあまりに厄介に思えるようであれば、占領地区の命令者の立場にある州《プロヴィンツ》行政をある種の伝達機関にする、という決断をする可能性もある。こうすれば占領地区の命令者は、彼の命令をさまざまな地域の当局に、ただ一つのドイツの機関を通じて水路に流すことができるであろう。たとえば、もし占領地区の命令者がハノーファーにいるとすると、彼はハノーファーの長官を、一般的な行政の問題についての伝達機関に指名することができるようになる。これに対応して同じことが、国鉄《ライヒスバーン》幹部や大管区労働局高官にも当てはまるであろう。しかしながら、伝達機関は、ドイツの占領地区当局の機能を手にすることはないであろう。それは、伝達機関の技術的な機能だけに限定されるであろう。執行当局は、もっぱら占領地区の軍事政府にあるということになる。

E　公　務

占領期、ドイツの行政の責任は主に軍事政府の手に握られるであろうが、ドイツの行政の全範囲を軍事政府の人員で置き換えることは考え難い。当初、たくさんの機能を任せることができるドイツの土着の政府がもしあるとすれば、問題は簡単であろう。この場合、ドイツの公務員のリクルートは土着の政府の手にある。持ち上がる問題の幅は、土着の政府がないときに出てくるものと、ほぼ同じである。

一九三三年、官僚制が増大する前であり、そして戦争準備と戦争経済の任務が始まってはいたが、連邦、州、そして市町村の公務員の数は、公共サービスにおいて六六万一四四九人であった(2)。公行政のあらゆる部署で働く、アカデミックな訓練を積んだ公務員は七万七一七二人であった。アカデミックな訓練を受けていない公務員の大多数が職にとどまることができたとしても、訓練を積んだ公務員の代替を探すことが軍事政府に重くのしかかることになるであろう。したがって、それにもとづいてドイツの行政の再編とパージが実行されるべき、原理が確立されるべきである。

F　ナチと公務

新しい職員の流入は、行政のそれぞれの役職と部署の重要性によって異なる。運輸や社会保障などのより専門的な領域よりも、一般的な内政的な行政でこれは顕著である。たとえば、一九四二年、州《ラント》、州《プロヴィンツ》、区《ベツィルク》、そして郡のレベルで、一般的な内政の行政に配属されていた比較的高位の職員の八一・九パーセントが、ナチによる任命者であった。〔ところが〕とくにナチの支配の最初の三年では、ナチ政府によって任命されたということは、任命を受けた人が活動的なナチ党のメンバーであるということと同じではない、という事実がある。会員カードが公職に入る前提条件にされたのは、徐々にそうなっただけである。しかしながら、もし公的な圧力がほとんどの官職保持者に形式上、党員のメンバーシップの獲得を強要したならば、メンバーシップだけでは、職員の仕事への不適合性の指標としては十分ではないであろう。水道局の職員のように、職務がいっそう技術的な性格をもつ多くの職員は、ナチ党の党員になった以後も、職務義務の範囲に自己限定したし、ナチへの関与も自分の地位を保つために要求される最低限に限定した。しかしながら、一九三三年より前の公務員のなかにいた五〇万人のナチ党のメンバーの大多数が、低位でも高位でもなく、中位であったが、いくつかの場合では、「スペシャリスト」が熱心なナチであった可能性もある。他方で、一般的な国内行政の領域で働いた職員が、実際は共和国からの残留組であっても、公衆の目には、ナチのレジームと区別がわからないこともある。ナチのレジームの政策を、彼らは代弁し、実行することを強いられたからである。

プロイセンの郡長、つまり地方政府の主たる代表者のリクルートというテーマに関してなされた研究がある。これによると、ナチの支配から九年後で、ヒトラー以前に任命されたのは彼らの五分の一だけであった。新規に任命された人の約半分が一九三三年以前に入党していた。新たに任命された者のうち、約四二パーセントが非専門職で、その多数はナチ党の官僚制の出身であった。ヒトラー・レジームでサバイバルした比較的古くからの郡長や、地位をナチ政府のおかげで得ている専門職は、仕事を維持しつづけるために、強い、そしてくりかえしの忠誠の証明をすることが必要であったし、ナチ党の活動で重要な役割を担う必要があった。どれくらいナチズムが政治的官僚制の階層に浸透しているかを、郡長の例は示している。[3] 政策の形成に関与し、政治決定の実行においてかなりの責任を負っていた人はだれでも、軍事政府によって更迭されるべき政治的な公務員である、と考えることができる。〔ワイマール〕共和国、そして第三帝国には公務員法があり、それには「政治任用公務員」のリストが含まれていた。彼らは公務員法により即座に更迭可能である。私たちの定義による政治的公務員の概念は、はるかに幅が広いものになるであろう。公務員法で挙げられている政治的公務員の密接な協力者の多数、および市長、行政の専門的な部署の長と代理に加えて、それに含まれるのは「活発」なナチであったすべての人である。七〇〇〇から八〇〇〇の高官が、占領の初期の段階で解雇されなければならないと考えてよい。しかしながら、たくさんの職がもはや充足される必要がなく、またそのいくつかは軍事政府によって引き受けられるので、即時の欠員補充の必要は解雇者数ほど多くはないであろう。[4]

G　公務員の補充の問題

集中的なパージによって引き起こされるドイツ行政の穴は、軍事政府の職員によって充足できない。人員が不十分な訓練しか受けていないからである。しかしながら、ドイツの人員の選別という困難な任務を先延ばしにするのはよい政策ではないであろう。土着のドイツ政府がさっそく権力に就くということになれば、このことはとくに当てはまる。移行期に、多くの行政の任務が実行されずにいるであろうが、経験が教えてくれるところによれば、伝統的な行政マシーンが通常の仕方での機能を停止しても、社会生活は継続する。原理的に、比較的高位の職員を中くらいの地位の職員で代替することによって、行政の空白を埋めることは可能である。日常の業務に精通しているので、軍事政府の監督のもと、以前はアカデミックな訓練を受けた職員が扱っていた任務を、彼らが行なうことはできるであろう。しかしながら、ドイツ特有の状況があるので、こうした解決は推奨できない。一般的にいって、事務職には、高官のレベルよりも、確信犯的なナチがより多くの割合で含まれている。やや高位の事務員でこのことはとくに当てはまる。事務スタッフとアカデミックな訓練を受けた官僚のあいだの中間を占める、こうした職員は、どんな程度においても労働組合の精神を発展させることがなかった。低い位階の人たちから彼らを分けていた、彼らの特徴的な外見は、容易に彼らをナチのイデオロギーの餌食にした。ナチがこのカテゴリーのパージを、高いカテゴリーの解雇者よりも、はるかに少ない職員に限定できた理由もここにあるかもしれない。プロイセンでパージされるか降格させられたかしたのは、たった二・三三パーセントの比較的高位の事務員、〔普通の〕事務員、そして保護観察者であった。これに対して高官では約一五・五パーセントである。したがって、事務、あるいはやや高位の事務の職員が高官の地位を引き受けるのは、例外的な場合にかぎられるべきである。

こうして、現在のドイツ公務員以外で補充は可能か、という問題を考える必要が出てくる。一つの補充源は、ナチで解雇ないし降格された公務員かもしれない。彼らの数はけっして十分ではないであろうが、こうした雇用は、心理的理由でも、業務の理由でも有益であろう。このことは住民に、ナチと公務のゆ着が決定的に壊れたことを告知するのに役立つであろう。同時に、彼らは、完全に信頼できるだけでなく、業務の条件や実践もよくわかっている公務員の核を提供することになるであろう。さらに、新しい公務員がリクルートされる可能性があるのはオポジションの集団からである。対抗する集団のメンバーの雇用は、職に必要な訓練がなされていない場合でさえも、どこでも実行可能であると考える人がいるかもしれない。彼らの広い政治・社会的経験や、住民が彼らに置く信頼は、形式的な訓練の欠如の穴埋めをするのに十分であろう。多くはどんな重職に就くにしても高齢すぎるかもしれないが、行政知識の蓄えは、ヒトラー以前の時代の市議会議員や州議会議員のメンバーに見いだすことも可能であろう。

信頼できない公務員を精力的なオポジション集団のメンバーに置き換えるという政策が積極的に追求されるならば、ドイツ官僚制の偏狭な団体精神が、壊されるチャンスになるかもしれない。この団体精神は、ワイマール共和国時代に任命された少数の部外者を中性化するのに十分に強力であることが明らかになったものである。新しい分子は、サボタージュする人や、ナチの政策や組織を継続しようとする隠れた試みを捜し回ろうとする努力において、軍事政府の完全な支持を得ていると確信するならば、彼らははるかに大きな自信をもって、任務に当たることになるであろう。ショーダウン〔ポーカーで、札をみせ合って勝負を決めること〕やあらゆる種類の国際的な「誤解」など、受動的なレジスタンスのさまざまな方法に直面していることに、軍事政府の職員は気づくであろう。これらは、ドイツの協力者の忠誠心のある集団がいないところでは対処が難しい。もし万が一、新しい分子がふたたび古参によって支配されるようなことがあれば、ナショナリスティックな公務員の「統一戦線」が、外国の征服者に反対することを望む、すべての勢力の焦点になるかもしれない。したがって多くのことが、ドイツの公務の民主的な再編による。公務構造が民主化される一つの方策でありうるのは、ほとんどすべての公務員の階級に労働組合と同列に組織する権利を認めることである。

II　推奨案

A　ドイツの機関についての政策

以下のリストは最終的なものではなく概略的なものとみなされるべきである。占領された国々を搾取するために作られた機関や部局はとくに言及していないが、当然、解体されるべきである。

1　占領軍の機関によって自動的に置き換えられるべき機関

a　フューラーの大統領官房

b　ドイツ国官房《ライヒスカンツライ》

c　国防軍最高司令部

武装解除と動員解除が司令部の権威のもとでなされるかぎりにおいて、彼らはそれぞれの政治・行政機関に移されるべきである。

d　ドイツ航空省

武装解除と動員解除については1－cを参照。

e　気象庁とドイツ海上観測所

運輸当局の管轄に置かれるべきである。民間の飛行は運輸当局の管轄に置かれるべきである。ドイツが関わるかぎりでの国際的な飛行の問題は、連合国の政治局によって扱われるべきである。

f　外務省

残務は政治当局に移管されるべきである。

2　ナチのイデオロギーを拡散するがゆえに解体されるべき機関

a　国民啓蒙・宣伝省。帝国文化院も含む。検閲活動は政治当局の部局に移管されるべきである。

b　教会担当省

c　司法省管轄のドイツ法アカデミー

d　食糧農業省。中心部局一〇（ドイツ性の保存）

e　科学、教育、そして国民文化省の管轄の機関。新ドイツ史協会など

3　**戦争準備と政治ないし経済生活の調整のための機関**

このような性格のいくつかの機関はどんなことがあっても解体されるべきである。軍事政府がドイツにおける政策の遂行のためにそれらを使う必要がないと判断した場合にのみ、解体されるべき機関もある。もしそれらが解体されるならば、その機能は別の機関に移行されなければならない場合もある。

なお、それらが全体として保持されるべきであっても、場合によっては、一定の部局を閉じることも含めた再編成を要する機関もある。

a　**解体されなければならない機関**

（1）ドイツ民族強化委員

（2）全国青年リーダー

（3）労働配置総督

b　**軍事政府の政策遂行に必要と考えられなければ解体されるべき組織**

（1）四カ年計画全権、セクションの事務局および総督

価格統制委員の活動は経済当局に移管されるべきである。

「通貨」セクションの活動は財政当局に移管されるべきである。

「森林」セクションの活動は農業当局に移管されるべきである。

（2）ドイツ高速道路監察長官

セクションL（「高速道路」）の機能は、運輸当局に移管されるべきである。

（3）水およびエネルギー監察長官

「経済の水と電力」セクションの機能は、運輸のための中央ドイツ当局に移管されるべきである。

「電力経済」セクションの機能は経済当局に移管されるべきである。

（4）建築監察長官

この機能は健康・社会福祉当局（以下で言及）に移管されるべきである。

（5）自動車運輸監察長官

（6）大洋船舶全権委員

機能は移送当局に移管されるべきである。

（7）住居全権委員

機能は健康・社会福祉当局に移管されるべきである（以下を参照）。

（8）軍備・装備省

（9）大規模計画局

（10）林業局

林業局の機能は、農業当局に移管されるべきである。

（11）公衆衛生・健康サービス全権委員

機能は健康・社会福祉当局に移管されるべきである（以下を参照）。

c　再編されるべき機関

（1）内務省

内務省の以下のセクションは直ちに閉鎖されるべきである。

（a）ＳＳの全国リーダーとドイツ警察長官

（b）労働サービスの労働全国リーダー

（c）部局Ⅰ（憲法、立法、行政は除く）
（d）「市民防衛と占領地域」の部局
（e）部局Ⅳ「境界地域におけるドイツ性の維持」
（f）部局Ⅷ「スポーツ」
（g）全国考古学局
（h）全国内科医室
（i）全国獣医室
（j）全国薬剤師室
（k）全国スポーツ局
（l）全国体操アカデミー
（m）公的緊急事態のための技術団
（n）ドイツ語開発局

以下の部局は、内務省およびその後続組織の監督から自律させられるべきである。

（a）ボランティア介護のための委員
（b）戦没者と墓地のための中央情報局
（c）ドイツの地方議会
（d）文書館
（e）ドイツ赤十字

内務省の以下の機関と部門の活動は、健康と社会福祉当局の管轄下に置かれるべきである。

（a）健康局

(b) 若者救済ドイツ協会
(c) 部局Ⅲ　獣医関連
(d) 部局Ⅳ　公衆衛生

(2) 司法省

司法省の管轄で活動している以下の機関は廃止されるべきである。

(a) 人民裁判・特別裁判
(b) 弁護士室
(c) 公証人室
(d) 特許弁護士室

これらの機関の廃止は、個別領域の自由な専門職の結社が再建されることを禁止するものとして解釈されるべきではない。しかしながら、これらの自由な組織からナチの影響が排除されるように留意がなされなければならない。

(3) 食糧農業省

全国食糧農業省の管轄で活動している以下の機関は廃止されるべきである。

(a) 国事世襲農地裁判所
(b) 植民協会
(c) 全国食料身分団
(d) 労働省

以下の労働省の部署や下位の部署は、住宅と社会福祉に責任を負う機関に移管されるべきである。

(a) 部局Ⅱb「社会福祉」

（b）　部局IV「定住、住宅、そして都市計画」

4　**存続するドイツ中央機関**

右記の機関を停止したあとで、残っているドイツ中央機関は次のようになるであろう。

（1）財政
（2）司法
（3）経済関係
（4）食料と農業
（5）労働
（6）教育
（7）郵便
（8）運輸
（9）健康と社会福祉
（10）内務

ドイツの中央機関を保持することが決められたとすれば、このパターンは使えるかもしれないが、このパターンはまた、占領地区のレベルで、軍事政府の行政機関を樹立するのにも有益でありうる。

健康と社会福祉の特別な機関の存在を説明するのに一言が必要であろう。ドイツの中央の福祉行政は存在しなかった。こうした機能は、さまざまな州の福祉部局と地方機関によって扱われてきた。住宅や失業救済などについての国の機能は、労働省によって扱われた。公衆衛生のいくつかの機能は、内務省に集約化された。戦後期、特殊な健康・福祉問題はかなり増大するであろう。ドイツ人の大多数は、なんらかの形式の公的な扶助に頼らざるをえないであろう。無利子の失業手当、戦争で障害をもった退役軍人への支援、あるいは一時的な避難所などである。こうした福祉問題は、賃金、交渉、そして好条件で雇われている人の労働問題とは別個に扱われるべきである。後者の問題は、労働部局の管轄になるであろう。しかしながら、両部門の緊密な協力が求められる一方で、特殊な福祉、救済、健康、そして住宅の責任は、別の部局の管轄とされるべきである。同時に、健康と福祉の部局は、行政行為の多くを実現するために、復員の部局によって利用されるであろう。したがって、内務省の健康部局、つまり部局Ⅳは、新たな住宅と社会福祉機関の主要な部局の一部になるべきである。住宅を中心に扱う労働省の部局Ⅳ、そして新機関の社会福祉の部の核になるであろう部局Ⅱ－bの一部も、そうあるべきである。しかしながら、もし退役軍人の法的な要求が主張されるならば、それは労働機関にとどまるべきである。多くの観点が社会福祉問題に関係しているが、社会保険は、好条件で雇用されている労働者の賃金構造に、より密接に関係している。社会保険を社会福祉機関に移行することは、被保険者の法的地位の弱体化を意味するので、激しい政治的反対に遭遇するかもしれず、したがって検討されるべきではない。健康局と若者救済ドイツ協会は、住宅と社会福祉機関の監督下に置かれるべきである。

5　人事問題

ドイツの中央機関が合同の軍事政府の監督下で機能することが許されるとすれば、場合によっては、一定の活動の自由がドイツの人員に認められてもよい。軍事政府の職員は、満足のいくかたちでこうした機能を果たすのに必要な技術的な経験をほとんどもっていないので、こうした機関の大概の職務は、ドイツ人によって充足されつづけることになるであろう。信頼できるドイツ人の職員を中心機関の長に任命するほうが、好都合である可能性もある。実際に、機関はこの場合、将来のドイツ政府のための当初の核を形成することになる。もちろん彼らは、合同軍事政府の全般的な指令のもとで働き、その命令に服することになる。こうした配置は深刻な対立に至るかもしれない。ドイツの次官とそのスタッフは、実際には「司令部のスタッフ」から出された命令ゆえに、十中八九、同国人から非難されるであろう。しかしながら、こうした事態をもっともよく癒すのは、ドイツ国民に責任をもつ完全なるドイツ政府を迅速に再建することによってである。

占領地区と領域レベルでの行政の責任は、まさに仕事の本質によって、軍事政府の職員に置かれるべきである。こうした軍事政府の職員はもちろん、連合の中央当局に対してもっぱら責任を有する。ドイツの職員は政治決断への関与からは排除されるであろうが、行政機能に関しては、彼らの専門的な知識が十分に用いられるべきである。しかしながら、軍事政府とドイツ人の職員のあいだの権威の分割は考えられるべきではない。ドイツ人の職員が雇われるところでは、責任を負った軍事政府の職員に服従して活動すべきである。しかしながら、軍事政府は、一時的にのみ権力を有する。職員が場合によっては以前の公務での雇用から引き出す権利もあるが、それがどんな権利であっても、軍事政府とそうした権利の関係に関する問題は、再建されたドイツ政府の決定に委ねられるべきである。業務が軍事政府にとって最大の利益になるところではどこでも、〔ドイツの行政機関の〕人員が用いられるべきである。しかしながら、高いレベルでは、以前のドイツの序列は、職員の雇用とその給料のいずれにも結びつくべきではない。

軍事政府は、ドイツ人の職員にその地位を自動的に確約しないでおくべきである。自動的な確約は過剰な雇用という結果になり、それによって大多数のドイツの中央機関が閉鎖されなければならなくなるであろう。職員を解雇したり、他の機関に移管したりするのは、より困難であろう。軍事占領の最初に出された、割り当てられた仕事を継続して行なう職員の義務に関するどんな命令も、したがって、こうした措置の純粋に暫定的な性格に注意を向けるべきである。特別に専門的な知識と絶対的な政治的信頼性によって資格を有した高位の職員だけが、軍事政府によって〔職を〕確約されるべきである。いかなる職務も、一九三三年二月一日以前にナチ党のメンバーであった、どのレベルの業務のどんな職員にも与えられるべきではない。また、政治決定の策定ないし実行に参加した職員、そして職務や機能が世論からナチの政策と同一視されている職員にも与えられるべきではない。

レジスタンスのグループ（労働組合、知識人、そして教会のオポジション）のメンバーは、責任ある非技術職の公務のメンバーに対して優遇されるべきである。

軍事政府に助言する特別委員会を創設するのは望ましくないと思われる。レジスタンス・グループのメンバーを行政の重要な地位に割り当てるのは、軍事政府が住民とのコンタクトを失う危険性を最小化するであろう。こうした「アウトサイダー」の雇用が対立の元凶になるとしても、こうしたステップが軍事政府とレジスタンス・グループのメンバーにもつ価値は、この取り組みを正当化するであろう。

当初から、ドイツの住民に、あらゆるレベルの行政で、軍事政府に雇用されるドイツ人の職員の選別に協力するチャンスが与えられるべきである。

政府の官僚制の運命は、ドイツ全体に対する一つの中央軍事政府があるのかどうかによって異なってくる。もし存在するならば、すでに述べた原理が自動的に、多くのメンバーを再雇用から除外するであろうが、中央の官僚制の一部は利用されるかもしれない。技術的な機能と政治的な機能の違いには、特別な注意が向けられるべきである。財政、運輸、あるいは労働の各省は、内務や司法よりも、おそらくより多くの候補者を、軍事政府の雇用条件を充足するために提供するであろう。しかし、たくさんの中央の機関の解体は、そこから特別雇用の候補者を拾い上げるべき、十分な人材を軍事政府に提供するであろう。他方で、もし万一、占領地区の軍事政府だけしか存在しないということであれば、中央の機関はすべて一緒に一時停止されなければならない。これらの職員の機能は、一時停止によって自動的に止められるべきである。さもなければ、軍事政府の中央機関がないなかで、ドイツの中央機関が継続して機能してしまう。すべての中央機能がその占領地区を担当する軍事政府に移管されるならば、占領地区の土着のドイツの軍事政府機構は存在せず、軍事政府がさまざまな部署によって中央機関すべての機能を引き受けなければならなくなるであろう。占領地区の軍事政府が中央の官僚制のメンバーの大多数を吸い込むということは、可能性が高いとは思えない。占領地区の中央政府は比較的少数の地域の問題に集中しなければならないので、よりお勧めできるのは、この地域に居住している職員を雇用することである。なぜなら彼らは必要な技術的な知識を所有しているだけでなく、この地域の特別な問題にも精通しているからである(5)。警察、職業的な軍隊、怪我を負っていない戦争の退役者の元メンバーには、公務への雇用特権は認められるべきではない。軍事政府は、最大に入手可能な人材からドイツ人の専門スタッフをリクルートするのに、完全な自由をもつであろう(6)。

軍事政府に再雇用されなかった人たちに年金は認められるべきではない。彼らの何人かに課されるであろう困難がいかほどであろうとも、前の職員に有利な処置を年金というかたちで認めることは正当化できないと思われる。ある職員が軍事政府のもとで働きながら年金を受けることを求めるときには、特別な決断がそれぞれのケースでなされるべきである。それぞれのケースはメリットによって、つまり職員が軍事政府との雇用機関に示した業績と政治的態度を考慮して決められることとする。軍事政府がそれぞれの要求をそれ自身のメリットによって決める権利は、軍事政府の期間に比較的古参の職員を同調させておくのに、強力な力となるであろう。しかしながら、はじめから明確にしておくべきは、年金の権利についての最終的な決断は次の立憲的なドイツ政府の手にあり、軍事政府の措置が妥当するのは、軍事政府の期間だけだ、ということである。

ドイツの公務員のパージと改革は、公務に関する法律の変更を必要とする(7)。一九三七年一月二六日のドイツ公務員法は(8)、ワイマール共和国における国家公務員規定のほとんどを置き換えた。たくさんの執行命令や規則が法律に付加されたが、法律の条項のほとんどは、たんに技術的な性格しかもたなかった。しかしこうした法律は、ナチのイデオロギーを基礎にし、それが浸透するたくさんの原理を樹立するものである。〔このため〕それらは廃棄されるべきである。無効にされるべき原理は、以下のカテゴリーにまとめることができる。

（1）フューラーと国民社会主義国家への忠誠義務を規定している条項(9)
（2）党の当局に、公務についての任命と解雇に関わる一定の権利を認める、(10)あるいは党のメンバーシップを公務任命の要件にする、(11)あるいは党員に優先や特権を認める条項(12)
（3）人種を根拠にした差別を合法化する条項(13)

第V部　新しいヨーロッパのなかの新しいドイツ

10

軍事〔占領〕政府下におけるドイツの政治的・立憲的生活の再建

フランツ・ノイマン
（一九四四年九月一八日）

編者注記

R&A 2076. ノイマンが著者であることは、さまざまな文書で示されている。そのなかには、ノイマン自身からチャンドラー・モース、そしてゴードン・スチュワートおよびフェリックス・ギルバートに宛てた二通の書簡がある。それぞれ一九四四年五月一一日、一〇月一一日付である（RS 226, entry 146, box 84, folder 98: Neumann Franz L）。民政ガイドからの現在進行中の仕事の目録にも、このレポートが含まれている。カタログ番号はR&A 1655.31である。しかしながら、余白に手書きの注釈もある。そこには「別のペイパーに組み入れられるべき」とある。実際、このレポートは民政ガイドの継続リストには出てこなくなる。編集委員会によって承認されたにもかかわらず、なぜこのレポートが他のレポートのようにアメリカ陸軍省パンフレットに含まれなかったのか。この理由は、おそらくこれで説明される。

分類　極秘（Secret）

I　ドイツの政治生活を再建させるための三大国の合意に対するアメリカの利害

アメリカの利害関係者は、合衆国、英国、そしてソ連の協力関係を最大化するような軍事政府（MG）の政策を求めている、と考えられる。ドイツの政治生活の再建に関して、このペイパーでなされる提案は、こうした協力関係が可能になるような環境を提供することを展望しつつ、作成されている。したがって、以下の問題についての取り決めが必要である。

1　現存するドイツ政府の解体あるいは保持
2　軍事政府（MG）による臨時の中央ドイツ当局の任命
3　ドイツで今後、追求されるべき政治的、社会的、そして経済的な政策
4　地方選挙および国政選挙が行なわれる時期と条件
5　MGの解散の時期と方法

統一がもっともよく達成されるのは、可能なかぎりの権力をドイツのための連合中央評議会に集中すること、そして占領地区の指揮官の権限をこの連合中央評議会の執行機関のそれにまとめることによってである(1)。ドイツに対する三強国の政策は、それらの国自身の協力関係を試すだけでなく、国内諸勢力の強さと方向に深く影響するであろう。統一性が大事なのは、MGのもとで、ドイツが影響力をもついくつかの領域に分断されることを避けるためである。占領政策の基本的な差異は、こうした影響力をもつ領域を作り出すことになる可能性

が高い。なぜなら、ドイツはつねに東か西に引っ張られてきたからである。

もし西洋の強国が伝統的な支配グループと協力するならば、もし彼らがドイツの社会構造を維持し、基本的な社会変動を嫌うならば、民主的な勢力は、ソ連が西側諸国の政策とさして変わらない政策をもっていてさえ、ソ連を頼りにする可能性が高い。他方で、もしもソ連が小規模事業を収奪し、公然とドイツ共産党の味方をし、そして社民党、カソリック、そしてリベラルを攻撃するということになれば、民主的勢力は西側に向かうであろう。

アメリカ合衆国は、ソ連以上に、イギリスとソ連とのドイツをめぐる軍事政府の三国合意に、大きな利害関心をもっている。中欧におけるソ連の軍事的地位は、他のいかなる国のそれをも上回っている。ヨーロッパ諸国が結合しても（もし可能になったとしても）、ソ連におよそ匹敵することすらできない。こうした優越した軍事国は、イデオロギー的にも社会的にも、ソ連と共有するものをもたないできた多くの国を惹きつける。さらに、ソ連の軍事的優越性は、政治的強さによって増大する。その政治的強さというのは、ヨーロッパ諸国の大衆の憧れと、ソ連の政治的スキルから引き出される。ドイツにおける労働者の大集団と貧困化した社会集団は、社会的な解放を達成する助けを求めて、ソ連に向かうであろう。彼ら、そして他のグループも、いっそう容易にソ連によって組織化されるであろう。ソ連は操作スキルの高い潜在力を有している。ドイツおよび海外に、信頼できるとともに、狂信的な数千人の共産主義者がいる。彼らは、ソ連に支持を向けさせ、あるいは少なくとも他の目的のために影響力を行使するために、あらゆる集団や組織に浸透する準備ができている。

英国のヘゲモニーで西側諸国を組織することができるか、あるいは今ないし将来、アメリカ合衆国によって完全に支持を受けるならば、その二つの場合にのみ、英国は、そう望むのであれば、ソ連の影響力を制限できるであろう。両方の可能性とも不確定である。他方で、ソ連の現実的・潜在的な強さは一つの現実であり、アメリカ合衆国が直接的な軍事的影響力を中欧で発揮することは期待できない。同時に、ドイツが政治的にソ連の軌道に引き入れられることを防ぎ、あるいは合法的にソ連に吸収されるのを防ぐことに、アメリカ合衆国は利害関心をもつであろう。

このため、ドイツに対する政策に関する予測できるかぎり多くの観点をカバーする協定によって、ソ連の政策を縛ることが、アメリカ合衆国の利益になる。

三国間の継続する合意を脅かすことがもっとも少ないであろう、ドイツ社会の再構成のために、以下で概略を述べる政策は最大の機会を提供する、というのが私たちの考えである。こうした社会は、必然的に、アングロ・アメリカとソヴィエトの社会構造と実践の双方から、諸要素を受け入れることになる。この占領下のドイツは、競合する政党、市民的自由、そして小規模の財産保持者の保護を備えた民主国になるであろう。同時に、基幹産業、銀行、そして保険制度の国有化や大地主の解体のような社会主義的な特徴をもつことであろう。

II　占領期に存在するドイツ政府の法的な継続

占領期に、三カ国はすでに組織されたドイツ政府に対面するかもしれないし、ドイツのいくつかのグループが占領過程に政府を樹立しようとするかもしれない。こうした政府を保持することは政治的に得策である。このことは以下で議論されるが、その合法性は、ナチ国家ないしワイマール憲法からの派生物としては承認されるべきではない。

ドイツで政府を樹立するために使うことができる現在ないし過去のパターンは存在しない。ドイツの立憲生活は形式を失った。リーダーシップ原理の結果として、ヒトラーを離れては上位の制度が存在しない。内閣は政策形成の組織ではない。枢密内閣顧問会議は機能していない。国防閣僚会議は、主要な権力保持者を代表してすらいない。たとえば、シュペーアやゲッベルスはそのメンバーではない。国会を構成しているのは、党リーダー代理によって任命された党職員である。

さらに、政党内には制度化された組織はない。さまざまな機能的な部署を任された全国指導者と、党の地域の主要な地区を任された大管区指導者はいる。しかし、ヒトラーその人を別にすれば、上級の党制度は存在しない。ヒトラーは特定の問題について特定のリーダーと交渉し、党からでも産業からでも彼の気に入ったどんな個人をも呼び、彼が必要だと感じたときにはいつでも彼らと議論することを好んだ。

ドイツの政治制度の無定形性は、ドイツの国民社会主義とイタリアのファシズムの顕著な特徴をなしている。ファシズムの大評議会は、それ自身が、ファシズムの転覆が画策された場所であった。君主制の存続は、法的な継続性を崩壊させずに、ファシズム体制から半議会制と呼びうるものへの移行を可能にした。

さらに疑わしいのは、ナチ政府の法的基礎である。ナチ国家がその法的継続性を引き出す法律は、「国民および国家の危難を除去する」ための一九三三年三月二四日の全権委任法である。それは、立憲的な限界から逸脱する権力も含めた、ほとんど無制限の立法権力を、内閣に認めた。この法は、一九三七年四月一日に失効する予定であった。実際には、二度、延長された。最後のときには、一九四三年五月のフューラーからの命令によって、時限のないものとなった。しかしながらヒトラーは、内閣の権限を「確認」するために国会を召集する権利を自分に保持した。

しかしながら、この法の合憲性は疑わしい。収監されていたり、強制収容所にいたり、あるいは隠れていたりする共産党の議員は、議長のゲーリングによって国会に「召集」されなかった。何人かの社会主義者の議員は、身の危険ゆえに審議に参加できなかった。したがって、合法的に選ばれたメンバーの欠席は、ナチによる脅しや強引な方法によるものであった。

法は「現在の内閣」に権限を付与した。この内閣は三人のナチ党員と九人の非ナチ党員から構成されていた。特別な条項が、ヒンデンブルクの命令で挿入された。彼が望んだのは、ヒトラーがフォン・パーペンとフーゲンベルクを投げ出すことを防ぐことであった。しかしながらヒトラーは、これらの人たちへの彼の意図をすぐあとに実行した。

政府の権威を、一九三三年三月二四日の全権委任法のような妥当性の疑わしい立憲的な手段にもとづかせることは、こうしてお勧めできないということになる。国会は純粋にナチの手段であり、他の高位の機関とともに解体されなければならない。したがって、将来のドイツ政府が権力を引き出すことができる、ナチによる立憲的な制定法というのは存在しない。

同様に、明確にされるべきなのは、ワイマール憲法に頼ることも不可能だ、ということである。ナチの法はワイマール憲法を破棄してはいないが、ナチはワイマール共和国の制度的な構造の全体を効果的に破壊した。大統領と首相の職務は融合しただけでなく、党のリーダーの職務ともアマルガム化した。国会は党から任命された人たちから成り立っていた。州はもはや自律的なユニットではなく、とくにプロイセンは一つの州として存在することをやめていた。人民発議は廃止され、ナチの住民投票は政府を拘束する効果をもっていない。

こうしてドイツ政府は、ナチ政府を引き継ぐことによっても、ワイマール憲法を頼りにすることによっても、忠誠を要求することができない。

Ⅲ　ドイツ政府に対する軍事政府の政策

三カ国は、ナチ国家とそれから権力を引き出している政府の合法性を受け入れるべきではない。またワイマール憲法に依拠して権威を主張する政府も承認すべきではない。結果として、占領前に革命的な政府が樹立されていないならば、法的空白が生まれるであろう。

しかしながら、どんな政府も、その権威を引き出すことができるのは、占領権力からのみである。その占領権力が取り組むのは、以下の政治問題である。

1　ドイツ政府は承認されるべきか
2　もし否であるならば、他のどのような制度的な仕組みが作られるべきか

この決定は、政府の構成によって影響を受ける。政府が占領期に存在しているのか、ドイツの崩壊過程で成立するか、という問題である。

〔戦争による〕敵対関係が終了した時点で、中央のドイツ当局は消えてしまっている可能性がもっとも高い。占領前に、下からの勢力が体制を放棄し、革命政府を樹立するという可能性はありそうもない。これらの〔下からの〕勢力が前面に出てくることができるとしたら、支配集団の一部がクーデタでナチを打倒することができた場合だけである。こうした政治的一撃は起こりそうにない。なぜなら、支配集団のなかにいるオポジションのリーダーは、一九四四年七月二〇日のヒトラー暗殺計画以後、おそらく除去されてしまっているからである。戦場の指揮官は中央の命令がなくても降伏するかもしれず、カオス状態が支配するかもしれない。軍事作戦がドイツの領土で展開されざるをえないとすれば、カオスな事態はより顕著になるであろう。

未来は正確に予想できない。それでも、そうであるがゆえに、オルタナティヴとなる政府の類型に対する軍事政府の態度について議論することが必要である。

A　MGとナチと右派政府

連合国の明確な関与によって、MGがナチ政府と交渉することは許されないであろう。ナチ政府は追い出されるし、そのメンバーは拘置される。

右派政府はナチ党によって、少なくとも党内の強力なグループによって任命される可能性がある。このような

政府が党に対して内外の報復に対するある種の保護を提供することを、党あるいは党内の分子が望むかもしれない。

右派の政府はまた、クーデタという手段によって権力に到達する可能性もある。クーデタは間違いなく、過去に軍の政治顧問を務めていた伝統的なグループ（財界人、銀行家、大土地所有者、高官）のなかで支持を見いだすであろう。

さらに伝統的な支配グループは、ナチ以前の政治的人物を包摂することで、政府の基盤を拡大する決定を下すかもしれない。次のようなタイプの人たちである。カソリックの組合リーダーのアダム・シュテガーヴァルト(2)、高位聖職者のカース、ナショナリストのシュランゲ・シェーニンゲン、パウル・レーベ前国会議長(3)のような社会民主主義者もこれに含まれる。

万一こうした路線に沿った試みが失敗し、そして支配集団が単独での政治的責任を担うことを拒否するとするならば、彼らは表面的には非政治的な内閣を任命するという決定をする可能性がある。国務長官、裁判長などの行政の技術者から構成される内閣である。しかしながら、こうした政府はどんなものであれ、深い社会的変動のプレリュードにすぎない。

ＭＧはこうした政府を支えるべきではない。それは以下の理由からである。

こうした政府は、外面的にはＭＧと協力的でも、ＭＧの期限が切れたあと、引き継ぐべき権力の強化に集中するであろう。それは行政マシーンの全般的なパージを阻み、特権に影響を与える社会・経済的ないかなる変化に対してもサボタージュし、そしてデモクラシーの再生の息の根を止めるであろう。

ハードな講和協定の執行という重荷を負わされた、こうした人気のない政府は、まさにそれを創設した諸勢力の信用を落とすために、権力に留まるべきであると論じることもできるかもしれない。しかしながら、連合国とドイツの反動とのうわべの同盟に由来する、心理的な計り知れなさは、こうした考察を上回るであろう。さらに、反動的なグループは間違いなく穏健な左派を引き込もうとするであろう。あるいは、もしこれが達成できなければ、彼らは重要な問題でMGと決裂し、人民と国民の権利の擁護者として自分たちを表象することになるであろう。彼らがこうした方向を明確にみているならば、反動勢力は新しいファシズム体制への基礎を据えるであろう。

こうした考察から、MGにとっては次のことが大切である。ナチ以前の政党の代表者が含まれていたとしても、将軍、銀行、財界人、大土地所有者、公務員から構成される、あるいは彼らを代弁する右派の政府との交渉をしない、ということである。こうした〔右派〕政府に求められるのは、降伏条件を受け入れ、解体されることだけである。

B　MGとドイツの地方政府

分離主義的な勢力が、崩壊期に活性化するということは、十分に可能性がある。バイエルン、ヴュルテンベルク、バーデン、ラインラント、そしてザールで地方政府が成立するかもしれない。そして彼らはドイツからの独立を宣言するかもしれない。間違いなく、占領国に支持を願い出るであろう。これらの〔地方〕政府を維持するためには、おそらくこのような支持が必要となる。というのも、分離主義勢力はドイツ内で弱いからである。しかしながら、アメリカの政策がドイツの分割を目指す場合にだけ、こうした支持がなされるべきである。すでに述べたように、この問題はこのペイパーの範囲を超えている。(4)

C　MGと評議会運動

ナチのリーダーがギブアップするか転覆されるかした時点で、社会・政治的システムの全体が危機状態になるであろう。ドイツ社会を束ねているのは、ヒトラーその人である。他のナチのリーダーやナチではないリーダーは誰も、現在の形態でドイツ社会を束ねる特殊な能力や特別な授かりもの（ドイツ人は「カリスマ」と呼ぶ）をもっていない。結果として、ヒトラーの政府の崩壊は、下からの革命の噴出、ストライキ、流血行為の合図になるかもしれない。

こうした諸勢力の制度的な形態は評議会になる可能性がもっとも高い。労働者評議会、兵士・船員評議会、農民評議会、あるいは地方レベルでさまざまな機能団体の評議会を包摂する人民評議会が、おそらく成立するであろう。これら評議会は（立法、行政、司法）すべての権力を自分たちの手に集中することを目論むであろう。評議会において完全に代表されうる政党には彼らは反対しないかもしれない。しかし評議会は、他の権威が始動する前に、急激な国民の結束を求める可能性が高い。

占領期間には、「中央政府 vs. 評議会」という問題は決着しないであろう。ドイツには、何百、おそらくは数千の、こうした革命的な機関が点在するかもしれない。〔ただし〕彼らが自分たちを国民政府として確立する時期にはおそらくなっていない。実際、ケレンスキーが任命されてからロシアに存在していた、とトロツキーが記述したような二重国家が、ふたたび出てくるかもしれない[5]。

もし評議会運動の展開が許されるならば、最終的に成功するかもしれない。評議会を解体するのは危険なことになるであろう。ナチズムへの嫌悪と新しい社会への希求を自発的に表現するまさにその機関の解体を、それは意味してしまう。他方で、全権を握るこうした革命的な機関を保持することは不可能である。

したがって、評議会が創設された場合にはそれを受け入れること、そして彼らが代表していると主張する市町村や機能グループの、当面はレジティマシーを有する代表として彼らを扱うことがおそらく賢明である。これには次のような考慮すべき事柄がある。

a　都市や田舎で、人民評議会、あるいは兵士、労働者、農民の評議会が形成され、地方での政府権力を担うことになった場合、既存の市町村や区《ベツィルク》の行政ではなく評議会の方を、MGは受け入れるべきである。これによって一撃で、地方の行政レベルでの非ナチ化の問題は解決されるであろう。市長、市参事、そして郡長の非ナチ化という厳格な方針に従うことが推奨されてきた(6)。しかし、対抗する評議会をレジティマシーを有する地方の権威として認めることは、直接的な解決を提供し、同じくMGの目的にとっても受容できるものになるであろう。

しかしながら、承認は同時に重要な問題も提起する。評議会はレジティマシーをもって人民を代表しているのか、という問題である。ナチ・レジーム下のすべての当局は、ナチ政府の非立憲性という汚名を共有しているという事実をみると、こうした当局を拒否し、新たな当局に転換するのに、いかなる適法的な良心の呵責も必要ない。しかし、政治的な疑いが生じるのは、まったく正当なことである。当初の時点では、少数派だけが政治的に活動的になることが期待できるが、しかし最終的には多数派を代表しているという彼らの主張は、テストにさらされなければならない。治安の事情が許せば、できるだけすぐに、選挙が行なわれるべきである。選挙運動はこうした選挙の前提条件であり、こうした選挙に先立って、かなりの政治的な自由が行きわたっているべきである(7)。

b　純粋に機能的な評議会、とくに労働者と農民の評議会によって、まったく異なる問題が生じる。もし彼らが革命的な組織であるとすれば、間違いなく彼らはドイツ社会の所有構造を転換しようとするであろう。労働者評議会は所有者から収奪し、工場を運営しようとするであろう。農民評議会は地所を分割するであろう。

MGにもっともデリケートな課題を突きつけるのは、労働者評議会の問題である。労働組合の成立が遅れれば、労働活動の機関としての評議会の重要性は、その分だけ高くなるであろう。ナチによる組合の完全な破壊、生き残った組合リーダーの高齢、ワイマール共和国末期にこうしたリーダーが果たした両義的な役割、労働組合運動の過剰な官僚制化。こうした要因のすべてが、外部の手助けなしに、組合を急激に再建させ、国民的に組織化しようとする際の機能障害となるであろう。外部の手助けが望まれており、それはしばしば差し迫ったものになった。[8] 労働組合の成立にともなう問題を考えると、労働者評議会の重要性は増大し、抜け目のない労働組合員はこのことをしだいに認識する。[9] こうした評議会から、単独の労働組合や、新しい政治的な労働運動が生まれるということもあるかもしれない。しかしながら、MGのもとでは承認は不可能であるように思える。なんでもかんでも労働者評議会を認めることは、高レベルの政治的・経済的カオスを是認することになってしまうであろう。ある場合には、工場は評議会によって運営され、ある場合には所有者によって、そしてある場合には評議会と所有者の混合形態が支配的になるということもあるであろう。こうした射程の広い変革は、統一的な仕方によってのみなされるべきであり、ドイツ全体に適用されるべきである。したがって、MGの確立前に統一性が確保されていないならば、評議会によって引き受けられた措置は元に戻されなければならないであろう。

もしMGがこうした収奪の措置を無効化する命令を出すとすれば、原状の回復にならないように、つまり財産を以前の所有者に単純に戻すことにならないように、宣言は気を配るべきである。評議会によって占拠された工場の所有者と管理者は、ナチの活動と同調について調査されるべきであり、もしナチであることが証明されたら、再任されないようにすべきである。[10] こうした場合、評議会のメンバーか、他の非ナチの人員から、MGは臨時の管理者を任命すべきである。

加えて、労働者評議会の地位は、MGの宣言によって、苦情処理委員会として合法化されるべきである。[11] これは、一九二〇年の労働者評議会法に規定されたものと同様である。[12] しかし経営上のあらゆる事柄に発言する権力を与える。軍事的な安全保障の事情が許すならばすぐに、労働者評議会の民主的な選挙を、声明文は規定すべきである。

政府関係の評議会や機能的な評議会へのこうした政策は、基本的な問題を解決しないであろう。MGがおそらく直面するであろうもっともデリケートな問題への、ある時期に限定した最高のアプローチとして、それは提案される。

Ⅳ　中央のドイツ行政当局の確立

右記の分析が示すのは、占領軍が政治的に受け入れ可能な政府機関を見いだすことができるのは地方レベルにおいてのみだ、ということである。行政課題を実行するための二つの選択肢にMGは面することになるであろう。〔一方では〕命令を直接、さまざまなドイツの当局に流すようにするか、あるいは〔他方では〕新たに立ち上げられるドイツ中央行政当局を通じて活動するか、である。

軍および海軍の現場マニュアルによれば、MGの政策はMGによってのみ決定されなければならない。「地元の政治的な人物や組織された政治グループ」と相談して、あるいは相談することで決められてはならない。[13] 同時にMGの将校は行政業務を担うのではなく、監督業務を担うように指示されている。

ドイツを統治するという任務は相当なものである。外部のどの機関も、土着の人員に頼らなければ、仕事を成し遂げることはおそらくできない。ドイツの人員を使うには二つのやり方がある。ナチがパージされたあと、ドイツの制度的装置のなかで、それを通じて人員が使われるか、あるいはすっかりすべてMGの組織によってか、である。最初の類型が前提にしているのは、非ナチのドイツの主要な機関が継続して存在していることである。第二はその解体ないし停止が前提にされる。

成功を約束するのは第一のものである。ただし、公安組織のようないくつかの周辺的な事例で、MGはやむをえずドイツの警察組織を完全に停止し、保持されたり新たに雇われたりしたドイツの人員をMGの組織に組み込むことを強いられるかもしれない。

ドイツの機関の枠組みを維持する必要は、ヨーロッパにおけるドイツの軍事政府の経験によって証明することができる。ドイツが土着の行政機関なしで済ましたのは、占領地区を植民地に転換したいと考えた場合だけであった。[14] つまり、ポーランドとロシアの占領地区である。この試みは成功しなかった。ドイツは都市と戦略的なポイントを占領できただけで、全地域に支配を拡大することは決してなかった。他の国々では、ドイツは土着の行政チャンネルを通じて土着の人員を利用しただけでなく、土着の内閣をも熱心に保持しようとした。（ベルギーやオランダのように）これが不可能なところでは、さまざまな省庁の常勤の国務長官が行政の評議会に組み入れられた。この行政の評議会は、実務的な目的すべてのために、内閣の地位をもっており、政令によって活動した。ドイツの政策が狙っていたのは占領諸国の略奪であったので、軍事政府におけるドイツの実践はその分あからさまである。占領する側の権力に対して国際的な制限をかけることには、ほとんど関心がなかった。連合国に比べてドイツが有していた二つの利点にもかかわらず、ドイツの実践が固執された。〔その利点というのは、次の二つである。〕

1　ドイツの人員は、連合国の人員がおそらくそうであり、あるいはまたそうであったよりもはるかに人数が多く、さらに占領した国々の事情によりよく通じていた。ドイツは事前に長期的にヨーロッパ支配のための準備をしており、多数の「民族上のドイツ人」〔Volksdeutsche はナチ政権下で使用されていた用語。とりわけ東欧に居住する外国籍のドイツ人のこと〕を利用することができた。

2　ドイツには物理的なダメージが大きくなく、行政の構造もまだ残っていた国々を引き受けるという利点があった。唯一USSRでだけ、その反対であった。

こうした要因にもかかわらず、ドイツの観察者は、彼らのMGの任務がドイツと土着の機関の分業なくしては成し遂げられなかったということを認めている。

したがって、連合国のMGは、効率性の理由で、かなりのところ、土着の国の機関を通じて働く土着の人員に依拠しなければならないであろう。このトップには、MGの監視のもと、ドイツの行政官が就くべきであろう。そしてドイツの中央機関の長が行政官の評議会（国務長官の委員会）を形成する。中央のMGの機関は、これを通じて活動することになる。政府は主権を有する政府というより、技術者の委員会になるであろう。それには政治的意味はほとんど、あるいはまったく付与されるべきではない。ドイツに関するすべての政策決定は、このように、占領諸国によってなされるべきであり、評議会はたんにこれを執行する立場にある。

その人員は注意深く選ばれるべきである。メンバーは中立的であるべきで、ナチ党ないし反動的な政党のメンバーであったということのないようにすべきである。そして活動的な政治的な役割を果たしたことがない方がよい。

こうした評議会は、ごく早い段階でMGによって任命されるべきである。宣言が明確にすべきなのは、評議会の機能はドイツ法ではなく、MGに由来するということである。ドイツの機関への命令は、規則としては、この評議会を通じてなされるべきである。評議会は、機関の効率的な成果についてMGに責任を負う。適切な時期になったら、命じられる可能性がある選挙の準備が、評議会に負わされることになる。

V　軍事政府下のドイツ政治の基本的な論点

A　政党政治の再建⑮

ドイツの政治生活は下からの民主的進化のプロセスを通じて再建されるべきである。こうしたプロセスは、おそらくナチの前の時代の政治的伝統の多くを表面化させるであろう。ナチによって、あらゆる政党と労働組合は全廃されたが、伝統的な政党と労働組合の再建を期待することができる。イタリアの経験は、ヨーロッパの政党のパターンの継続をはっきりと証明している。ヨーロッパの政党は恣意的な創造ではなく、一定の社会的な階層と特定の社会的な哲学から生まれている、という事実を考えると、政党の再建はほぼ確実である。社会民主党、共産党、カソリックの中央党がこうして、おそらく昔の名前で、ナチ支配の崩壊後とても短期のうちに再編成されるであろう。異なる名称を名乗るかもしれないが、いわゆるブルジョワ政党も再建されるであろう。

左派政党（共産主義者、社会主義者、左派カソリック）は、ワイマール期のどの時期よりも大きくなるであろう。これは、ドイツ国民の変化した社会構造の結果である。それを構成しているのは、およそ六〇パーセントの労働者、サラリーマン、農民、約一五パーセントの雇用されていない人、六―七パーセントの公務員、八―一〇パーセントの不払い家族労働者、そして約六パーセントの所有者と経営者である。

しかしながら、大部分が突然、政治的に活動的になり、はっきりものをいうようになる、ということは想定できない。反対のことが正しくなるという可能性もきわめて高い。日常的な家事の問題に強く囚われていることと結びついた政治的アパシーが、大衆の心理を規定する突出した要因になるかもしれない。

しかしながら、大衆のアパシーは決して政治問題をなくしはしない。むしろそれを強化する。というのも、大衆の無意識の要求を反映したり、しなかったりする特定の少数者に政治的領域を任せてしまうことになるからである。政党は少数者に限定される蓋然性が高いように思われる。しかしそれでも、ひとたび目下の問題から抑圧的な重荷が取り除かれたり、目下の問題の緊急性が大衆を政治行動へと向かわせたりするならば、大衆運動が発展するかもしれない。それをめぐって政治活動が回っていくであろう、重大な問題は、おそらく以下ということになる。

a　ナチのパージ

b　外交政策（〔国土の〕分割、領土の変更）

c　完全雇用の問題および完全雇用と社会化との関係

d　修復の効果

非ナチ化と社会化の問題は共産主義者、社会主義者、そして左派カソリックを結合させるかもしれないが、外交問題が彼らを深く分割するという可能性もかなり高い。とくに、共産主義者がドイツを犠牲にして広大な領土の変更を受け入れ、この変更を支持し、一定の影響力の大きなカソリックが分離主義を支持する場合である。強力な国民ボリシェヴィズム運動が、ナショナリスト青年、左派共産主義者、急進的な社会主義者に支持されて、戦後のドイツで前面に出てきて、彼らがリベンジの欲望と社会革命の欲望を結びつけるという可能性も同様にかなりある。

B　ナチのパージ

〔戦争による〕敵対が中断すると、主要な政治課題は、公的・社会的生活からのナチのパージになるであろう。ナチであることが、どんな社会階級においても特権になると信じることは、間違いであろう。ナチと反ナチの対立は、あらゆる社会グループを横断している。行政や社会の地位が高いナチの方が低いレベルのナチよりも憎まれ、冷徹であると想定することは、同じく誤りである。しばしばまったく反対のことが正しい。人びとの憤りが向けられるのは、地方の農家や農民のリーダー、街路ブロックのリーダー、工場の編隊のメンバーなど、ナチ・レジームのもっとも具体的で、目にみえる現れに向けられるであろう。これらはすべてありうるが、しかしながらナチズムには社会的に特殊な意味合いというものもある。その意味合いは、崩壊期にすでに支配的になっていた可能性もある。労働者のあいだよりも、財界人、農家、そしてミドルクラスのあいだでの方が、よりナチが多い。このことは、ナチの教義が（ミドルクラスを除いて）こうした社会階層に、いっそう強力に浸透するということを意味するわけではないかもしれない。財界人は、よりたくさん計算をするので、より多くの圧力にさらされており、労働者以上にリスクを冒さなければならなかった、という事実を表現しているだけかもしれない。しかしながら、産業界の指導層は、ナチズムから利益を受けていた。そして「アーリア化」、ドイツ化、資本の集中から分け前を得ていた。ナチ党のなかで、より裕福な階級が数字の上でより多く代表され、彼らが分け前にあずかっているということは、ナチと非ナチの対立を社会的な対立に転換する可能性をもっているということである。この社会的対立は、まさにドイツ社会の階級的な分断を問題化しかねない。

さらに、政府と社会の非ナチ化とともに、いっそう広範囲におよぶ政治問題も進行する。つまり、ナチとともに、帝国主義と侵略のルーツを除去することがそれである。

C　外交政策

外交関係の問題は、ドイツ人民の関心においては、最初のところでナチズムのパージと競い合うであろう。まず重要になるのは、分離主義運動の問題であろう。もし分離主義運動が起これば、それはドイツでの暴力的な対立をもたらすであろう。なぜなら国民の統一への欲望があらゆる社会階級に浸透していることは明らかだからである。しかしこの争点には、宗教的・社会的対立がかぶさってくるかもしれない。もし万が一、カソリックの地域が分離主義に好意をもつとすると、政治的カソリックに対する休眠していた憤激がふたたび前面に出てくるかもしれない。この憤激を、ナチはしばしば利用した。ドイツのカソリック集団の「教皇至上主義」は、カソリックへの憎悪を生むかもしれない。分離主義をめぐる対立の社会的な観点も出てくるであろう。実業界、とりわけラインラントの実業界のいくつかの集団が、分離した州での活躍を期待して、分離主義運動を支持する、ということも考えられる。統一ドイツが社会主義に転換することを、彼らは恐れるかもしれない。もしそうなれば、産業界に敵対するナショナリスティックで社会主義的なプログラムのもとで、社会主義者と共産主義者は手を結ぶかもしれない。

しかしながら、いっそう現実性があるのは、東プロイセン、ドイツのオーバーシュレージエン、そしてさらにはニーダーシュレージエンのようなドイツの領土の併合問題である。もしこれが分割されるということになれば、最高度の重要性を帯びるのはナショナルな問題となるであろう。しかしながら、これはたんに政治的な問題ではなく、社会・経済的な大変な問題になるであろう。

多くのドイツの領土がポーランドに分割されて失われることは、ドイツの政治生活に深い影響を及ぼすかもしれない。それは労働政策で支配的な役割を果たすかもしれない。さまざまな社会主義者がこぞって併合に反対するかもしれない。共産主義者は、併合がソ連によって承認されれば、しぶしぶ黙認するかもしれない。[16] この場合、ドイツにおける共産主義者と社会主義者の闘争は、ワイマール共和国のときよりもいっそう深刻さの度合いを増し、ナショナリストのグループはこれによっておそらく強化される。

D　雇用問題

経済的な後退は、政治状況を悪化させる。政党の権力闘争で鍵となる争点の一つは、おそらく雇用問題である。大恐慌とナチ・レジームが、経済問題に対するドイツ人のアプローチを変えてしまった、ということを思い出さざるをえない。もはや失業は変えられないもの、経済の本性に内在的なものとしてはみなされていない。こうした事柄は人間の意識的な努力によって変えられる、とドイツ人は感じている。ドイツ人はナチの「社会主義」をフェイクやたんなるプロパガンダではなく、むしろ現実であると考えている。なぜなら彼らは社会主義と完全雇用を同一視するからである。このことを示す十分な理由がある。こうしたふつうの人びとのイデオロギー的・心理学的な重大な変化は、どんな政府にも、完全雇用政策を推進する圧力を課すであろう。

しかしながら、私的なイニシアティヴがどれくらい雇用を提供できるのかを見きわめることは難しい。ドイツの私的〔企業の〕資本家が、適当な見返りの保証なしに、そもそも投資をするのかは疑わしい。彼らは喜んでリスクを取りにくるかもしれない（ただし経済権力の独占的な集積が避けようとしたのはまさにこれなのだが）。しかしMGの終了時点で、財産が収奪されていないということが確信できないかぎり、彼らはほぼ確実に投資を拒否するであろう。投資に対する保証は継続する見込みはない。このため財界人はおそらく、投資を清算し、現金残高を貯蔵するか海外送金するかするであろう。こうした投資家のストライキは、資本と労働の対立を深める可能性が高い。

E　賠償によって出てくる問題

雇用問題は、賠償の問題と内在的に関わっている。要求される賠償の類型には異なる三つがありうる。労働で払うか、資本設備で払うか、土地で払うか、である。

海外で働く労働の大隊を創出することは、一律に適用されるならば、深い憤激を生み出すことは間違いない。しかし、もしナチに限定されるならば、支持が得られる可能性がある。

資本装備の移転は失業を集積する。物納は生活、物価、税に影響を及ぼす。誰がコストを支払わねばならないのか、そしてそのうえで誰がドイツの財政政策を決めるのか。これが主たる争点である。課税、社会保障の規模、公的福祉の支払い、そして国内の再構成は、大部分、賠償の負荷の分配によって決まる。そしてこうした要因は、今度は、債権や預金でのドイツ人の貯蓄の価値に影響を与える。というのも、どんなプログラムになろうとも、雇用と賠償のプログラムの財政支出を可能にするためには、政府の債権や貯金の価値を引き下げることが必要になるからである。これは今度は、投資する公衆、なかでもミドルクラスの広範な不満足につながり、賠償問題はまた、過去においてそうであったように、政治的ダイナマイトになりかねない。賠償の負荷の分配は、また、左右の闘争の中心的な争点になるかもしれない。

F　軍事政府という事実

外国の軍隊のプレゼンスは、おそらく、攻撃的なナショナリズムを刺激する。国民、とくに労働者、カソリック、そしてリベラル勢力が協力しないということではない。彼らは協力する可能性はあり、おそらくそうする。しかし、MGと協力する準備は彼らの民主的な確信の基準ではけっしてない。多くの人は利己的な理由で協力するであろう。ナチや親ナチは人びとの憤りから自分を救うために、財界人はビジネスを継続するために、公務員は地位を保持するために、などである。

G　日々の問題

国レベルの問題すべては、ドイツ人の日々の問題に反映されるであろう。家族の再会、住居の再建、食料と消費物品の配給、ある種の価格統制の維持、とりわけ価格が上昇し、闇市が増大し、収益が落ち込む期間に適度な収入を手にする努力は、各個人の多大な努力を要求する。道徳の喪失と窮乏が予想される。

日々の問題は、行政機構の解体によって悪化するであろう。状況はすでに（一九四四年八月の時点で）難しい。というのも、空襲の影響と深刻な人員の不足のもとで、通常の行政はかなりの程度まで落ち込んでいるからである。このギャップは〔ナチ〕党とその外郭によって埋められてきた。党は、占領前に完全に解体していなければ、MGによって解体されるであろう。政党もちゃんとした公務員組織もないので、個人やあらゆる新たな自発的結社の努力は途方もなく増大せざるをえないであろう。

日常生活の困難は、さまざまな仕方で、ナチ、有産階級、占領軍、競合する政党、処罰の方式、賠償、ユダヤ人、ポーランド人などのせいにされるであろう。幅広い政治的な争点はこうしてしばしば混同され、直接的には明るみに出ない可能性もある。

VI　軍事政府の政策

A　積極政策の必要

MGはただ「スタンバイ」すべきなのであって、ドイツの政治的発展に介入すべきでない、としばしばいわれている。そうすれば、国内勢力が不可避的に台頭し、自分たちでナチと親ナチの運動と動向を取り除くであろう、と主張される。ドイツで、国内勢力への権力の移行が、占領前に行なわれるか、MGの支配下でそれが許されるかすれば、そのときにのみこうしたことになるであろう。

もし移行が行なわれないか、MGによって始められ、そのうえで凍結されるなどということがあれば、政治的非介入政策は不可能になる。タレーランはかつて（外交関係を考慮しながら）次のように述べた。介入と非介入の区別なんか存在しない。なぜなら、非介入は強者の利益になる介入だからである、と。この見解は、敵対が終了したあとのドイツに妥当する。ナチズム、反動、そして侵略の諸勢力はドイツに深く入り込んでいる。彼らはナチ党だけに見いだされうるというわけではない。農業、産業、公務、将校団、そして知識人のなかにもいる。「民主的」ないし「反ボリシェヴィキ」運動としてカムフラージュしながら、こうした勢力は地下に潜るであろう。（いまナチや親ナチによって代表されている）反動勢力は、一九一八年と一九一九年にこうした勢力がしたように、公務員、スポーツクラブ、取引先や団体に浸透し、こうしてふたたび国家のなかで国家を作ろうとするであろう。

「非ナチ化」は[17]、しかし、ドイツの社会・政治構造に含まれる反動と侵略の勢力を放置するであろう。非介入は、実際このようにして彼らの権力を保存する。結果として、民主的な勢力を強化したいと望むのであれば、MGは積極政策をとる必要がある。

しかしながら、こうした政策は深刻な困難に遭遇する。ナショナリズムや反動の勢力が人民の支持をよく受けるのに応じて、占領軍による民主的な政府の樹立は、占領軍を損なう可能性が高い。高度に不人気な政策を遂行することが求められる民主的な政府を任命ないし承認しないことがすでに推奨されているが、それはこうした理由からである。

非介入と民主的政府の樹立という二つの両極端のあいだで、それらを深刻に損なうことなく、民主的勢力を強化する道がみつけられなければならない。解決は抽象的に定式化されなければならないが、対立が終わったあと、ドイツが直面するであろう具体的な問題の見地からそれは構想されなければならない。

B　MGの非ナチ化政策

デモクラシーを強化するために、もっともラディカルな非ナチ化政策が遂行されるべきである。これは当たり前に思われる一方で、こうした政策は深刻な障害に遭遇する公算が高い。ラディカルなパージ政策は、行政の問題をとても紛糾させてしまうことがありうる。この問題は、MGが政府および財界の機関に切り込もうとするとき通常、遭遇するものである。ナチと協力するか、行政的なカオスか、という選択に、MGは最初に直面する、ということがありうる。MGの確定的政策にすべきなのは、秩序のある行政よりも広範なパージの実行を選択することによって、つねに、そしてもっとも早期の機会に、このジレンマを解決することである。

この原理が極力、しっかりと堅持されるべき二つの領域がある。国内行政、とくに警察と、財界である。イタリアで試みられた注意深いパージの政策は、二つの要因のために、引き継がれる必要はない。〔まず〕ドイツは、降伏後、戦闘地帯ではないので、戦略的な考慮は適用されない。〔次に〕解雇されたり、拘留されたりしたナチの代わりとなる潜在的な人数はたくさんいる。ドイツには、ナチとの協力関係によって汚染されておらず、多くの行政の地位を担いうる、数千人のナチではない人たちがいる。地方、州、そして国レベルの行政への広範な参加、労働法裁判の数千人の陪審員、労働者評議会の以前の数千人のメンバーのうちの数十人、ナチによって任を解かれたすべての人たちは、一定の行政の技能を有しており、この技能はイタリアで知られているどんなものも凌駕している。

C　ナチの処分

第二点は、ナチが除去されたあとの彼らの処分である。ここで強調がなされるべきは、ナチ犯罪者の処罰と、活動的なナチから構成される労働団の形成である。残虐行為についてのモスクワ宣言〔一九四三年一〇月にモスクワで行なわれた外相会談の結果として出された宣言。「ドイツの残虐行為に関する宣言」を含む〕に規定されているように、犯罪行為を犯したドイツ人は、占領軍によって逮捕されることが期待される。しかしモスクワ宣言は、ドイツのナチによって、ドイツ人に対してなされた犯罪をカバーしていない。迅速な行動なしで済まされないのは、まさにここである。これらの人びとは、再建されたドイツの法廷に引き渡されるか、あるいは、もしこれが中断していれば[18]、占領軍によって拘留され裁かれなければならない。ドイツおよび解放された国々の労働のための労働団は、SS、SA、ナチ党指導部および他の活動的なナチから構成されるべきである。

D　行政の人員の選別

第三の点は、ドイツ行政のための役人の選別である。第一の点、つまり非ナチ化政策から、当然こうなる。民主的な人を（一時的にでも）行政の職に任命するために、あらゆる努力がなされるべきである。役人の選別が、MGのみならず、またデモクラシーに対する、民主的なドイツ人の態度を決定する。

このステップには、深刻な行政問題が絡んでくることは明白である。この階層には、十分に訓練された公務員はいない、といわれるかもしれない。しかしながら、これは一つの抑止である。近代行政の作動における、訓練された公務員の役割は、本当にしばしば誇張されている。二つの歴史的な経験がこれを証明している。一方がワイマール共和国、他方がナチズムである。ワイマール共和国では、かなりの数の素人が行政で活動していた。行政の主要な領域（とくに労働と福祉）は、行政のあらゆる段階で、素人によって制御された。この実験の成功は疑いえない。自分たちの都合で、ナチズムは、とくに戦争の末年、数千の行政官をクビにし、行政経験のない党員によって置き換えた。しかしながら、ナチの行政機構は崩壊せず、むしろ適切に機能しつづけた。

行政の技術者の利便性に対応する、代替となる二つの要因がある。大義に対する素人の献身、決定された政治的意志によって機構がつねに方向づけられていること、である。ワイマール共和国で、素人は、彼らがしなければならない仕事に純粋に献身した。ナチズム下で、党の指導部は政治的方向性を与えた。一般に、人間の能力は、通常に期待されるよりも、とくに差し迫ったときには、はるかに大きくなる。そしてワイマール共和国で、行政および準行政の地位で活動した素人の人数は、数十万人であった。

したがって、右記の民主的勢力から引き出した多数の素人によって補いながら、最低限の訓練を受けた公務員で作業する行政機関をもつことは可能である。

こうした人員政策は、また、ドイツの公務のなかの団体精神を壊すために必要である。裁判官や官僚の連帯の精神は、民主的な要素が司法や行政の官僚機構に浸透することに対する最大の障害物であった。

MGによって新たな任命者が決然と応援を受けること、そしてサボタージュのこうした形態に関与した人たちの徹底した排除によって、この団体精神は破壊されうる。

E　脱軍事化と補助警察

民主的な人員の拡大という政策の展開は、ドイツにおける非ナチ化と脱軍事化の問題にも拡大する。というのも、ナチの分子は軍、軍に準ずるもの、あるいは警察の機関では存続しないし、浸透しないということを、MG

は認識するにちがいないからである。これに対して、防御的な装置が樹立されるところに、民主的な勢力が着任するならば、MGへの付加的な支援は確実になる。

さらに、脱軍事化が意味するのは、ドイツ軍の廃止と産業の非軍事化だけではない。なによりも必要とされるのは、軍事関連の組織の全面禁止、秘密の再軍備や隠れナチ活動のためにスポーツや文化の結社を使用することの効果的な禁止、こうした制度によって汎ドイツ民族主義や併合主義を強化することの中止である。

第一次世界大戦後、義勇軍の創設が連合国によって許容され、内外のボリシェヴィズムと戦うために、社会民主党の指導部によって奨励された。このときに支配的になったのと同じ状況に、MGは対面するかもしれない。この経験は警告として役立てられるべきである。もし徹底的にパージされないならば、ドイツの警察、ドイツ軍の編成、あるいは準軍事的装置は、秩序回復のためでも容認されるべきではない。こうした任務は占領軍に委ねられる。

この規則に対する例外を一つ作らなければならない。民主勢力の将来的な強さは、彼らが惹きつける大衆的な支持だけでなく、命令によって動く力の総体によっても決まる。軍は大衆的支持とイデオロギーと同じくらい重要である。したがって、MGに助言すべきなのは、注意深く選ばれたドイツ国内の民主的グループを補助警察に任命し、彼らを軽武装させることである。これによって彼らは、おそらく存在するであろうし、占領の終焉とともにすぐに公然と現れるかもしれないナチの残滓を解体することができる。ドイツの警察力の参画なくして、MGはドイツの治安を守ることはできない。このことはよく理解されている(19)。しかし、現存するドイツの警察力の副次的な部署ですら、ナチズムと反動の勢力と戦うために、その権力が用いられると信じられている、ということはかなり疑わしい。いわゆる「ノン・ポリ」の警察官ですら、民主的な分子に反対する立場につく可能性が高い。「ノン・ポリ」という用語は、ワイマール共和国では、反動と同意語であったからである。

F　MGの経済政策

経済領域におけるMGの多くの政策は、民主的勢力の力に相当の影響を及ぼすであろう。インフレ問題の取り扱いで、資本を保有する少数の富裕層と大衆が貧困化した、一九二二―二三年と似た展開を避けるために、配慮がなされなければならない。[20]もし物価が安定しているならば、安定が賃金に限定されず、賃金の安定に終わらないように配慮が求められる。もし通貨が価値を失うならば、価値の低下は公正でなければならず、貧しい人よりも富裕層により多くの負担が課されるべきである。

賠償政策を遂行するうえで、重要な社会サービスの切り詰めを避けるように、配慮がなされるべきである。上位の収入層と企業への重税という手段によって対応することが、消費にとっては好ましい。

万一、MGが公的財産ないし私的事業の管理人になると決意するならば、これらは私的企業のマネージメントに委ねられるべきではない。返還の要求を充足するために、連合国に有利なように諸々の企業を処分すると決めないならば、それらは新しいドイツ政府に手渡されるべきである。

これによって、経済的な問題がなくなるわけではない。しかし、こうした問題の解決の基礎に置かれるべき一般的な原理は、容易に保持できる。負担は、主として社会の比較的下の階層に移されるべきではない。また、主要産業の国有化の要求は、MG自身がそれを達成できなくても、MGの経済政策によって妨げられたり、あらかじめ押さえつけられたりすべきではない。

Ⅶ　選挙の問題

民主的な運動の強さと性格は、最終的には選挙というテストを受ける。選挙の実施はリスクを含む。そのリスクというのは、反動勢力が、選挙前の予想よりはるかに強力に存在感を示し、またドイツに課された条件が、民主的な勢力を侵略的ナショナリズムの煽動家に変えてしまうかもしれない、ということである。

これらのリスクは排除できないが、それでも最小化されなければならないし、そうできる。万一そうしたリスクが存続しつづけるならば、MGは選挙の実施の推奨を再考しなければならないかもしれない。

A　ナチの選挙権の停止

実施されるべきもっとも重要な措置は、最初の選挙で、地方・国ともに、ナチの選挙権を停止することである。ある日付（無条件降伏に先立つ日付、たとえば、一九四四年八月一日）で、あるいは降伏の日に、ナチ党の党員であったすべてのドイツ人は、選挙権を停止されるべきである。これは全人口の約一〇パーセントに当てはまるであろう。比較的若い世代で高い率の党員の広がりを考えると、有権者のなかではより少ない割合になるであろう。社会のなかのある一定の集団の選挙権停止は、市民権の理念とまったく矛盾しない。憲法上の市民権の究極的な目的は、たんに政治的活動をすべて保護することではなく、むしろ政治的な意志の形成に基礎を提供することである。創設されようとする、まさにそのデモクラシーに敵対する政治的活動は、戦闘的民主主義*によってこれまでも保護されることはなかった。

ナチの選挙権の停止はデモクラシーの回復への前提であり、選挙に内在するリスクを最小化する。

＊　militant democracy は民主主義を否定する勢力に対しては、民主体制の存続のために「戦う」ことを原則とするデモクラシー論。本書のドイツ語版では wehrhafte Demokratie となっているが、streitbare Demokratie ともいわれる。ワイマールの危機を踏まえて、亡命知識人のカール・レーヴェンシュタインやカール・マンハイムらによって提唱され、ボン基本法に引き継がれた。E・イェッセ（小笠原道雄・渡辺重範訳）『戦闘的民主主義』早稲田大学出版部、一九八二年を参照。

B　地方選挙

通信メディアが機能し、議論、集会、組織という形態での政治活動が一定期間にわたって機能し、そして大規模な暴力が沈静化した場合にのみ、選挙の実施が可能である。もっとも早期の機会で、相当の政治的自由が存在すべきである。この自由が明確に軍事的な安全保障と折り合わないということでないならば、ドイツ人は集会をし、印刷をし、演説をし、そしてデモをする自由をもつべきである。ナチ党やその関連で所有していた印刷機、事務所、ホールなどは、MGないし公共財を管轄する職員によって政党や政治組織に貸し出されるべきである。しかし、この自由はナチや類似の組織には認められるべきではない。[21] 暴力は起きるであろう。反ナチはナチを攻撃し、自分たちの手で正義を実現しようとする。MGは暴発を抑圧せざるをえないであろう。しかし、ナチの守護者だと思われるポジションに追いやられないために、MGは尊厳と軍事的安全保障と食い違わない程度に寛大であるべきである。

しかしながら、国民議会選挙よりも、地方選挙から始めることが推奨される。もし人民評議会が支配的になるようなことがあれば、伝統的な地方組織（首長、市町村議会）よりも、こちらの方が選挙でテストされるべきである。しかしながら、全土の選挙を同時に開催するのではなく、国の領域の非ナチ化と平和化されつつある部分でなされた進歩に応じて選挙を段階的に行なうことが望ましいであろう。しかしながら、最初の地方選挙に選ばれる領域は、けっして三カ国の一つの占領地域と地理的に同じであるべきではない。一つの占領地区に限定されるならば、不可避的に、ある占領地区の占領者は、他の二つの占領地区の占領者とは異なる方針に従っているという印象が出てきてしまう。別の言い方をすれば、選挙をドイツの一部に限定すると決めるとすれば、三つの占領地区のすべての区画がこの部分に含まれるべきである。

選挙にともなうリスクは大きいので、それがいつ行なわれるとしても、「可能なかぎり早い段階で」地方選挙は設定されるべきである。[22] 地方選挙は政治的態度についての政治的バロメーターを提供する可能性が高い。なぜなら選挙で争われる争点は範囲において、ローカルというよりナショナルである可能性が高いからである。

C　選挙方式

最初の選挙では、選挙の方式に関連するすべての決定はMGによってなされるべきである。一九三三年以前に実施されていた制度を使うことが推奨される。この〔当時の〕制度のもとでは、地方議会は二〇歳以上の男女によって選挙された。普通・平等選挙権の原則による投票で、秘密投票が採用され、比例代表を基礎に候補者は選別された。地方選挙での唯一の制限は、一定の住居要件であり、それは通常六カ月であった。ドイツにおける大規模な住民移動を考えると、より短い居住期間が求められるかもしれない。

選挙法の二つの原理は議論に値するかもしれない。低年齢での投票と比例代表である。

投票年齢は二〇歳から二五歳あるいは三〇歳に引き上げられるべきだ。このようにきわめてしばしば力説されてきた。なぜなら、ナチの思想注入がもっとも成功したのは比較的低年齢のグループだといわれているからである。〔しかし〕入手できる資料では、この見解は裏付けられない。「戦闘期」、つまり一九二四―三二年に、党によって教化された年齢のグループがもっとも思想注入の度合いが強いという可能性が高い。これが二五歳から四〇歳の年齢集団を構成することになる。四〇歳以上のドイツ人だけが、ナチズムにより多くの抵抗を示しているようである。より高齢の世代に投票権を限定することはできないので、年齢要件については変更しない、ということを提案する。

比例代表制への反対は、より深刻である。この制度は独立した政治家を犠牲にして党官僚を利する。さらに深刻なことに、小政党に不当な代表を許すことによって票を分割してしまう（いわゆる分派ミニ政党）。こうして、明確な多数派を有する二党制への進化を不可能にはしないが、困難にする、と主張されている。ヒトラーの台頭をこの制度のせいにする人もいる。反対論のいずれも、〔戦争による〕敵対以後の状況で妥当性を有しているとは言い難い。選挙で選ばれた役職者のなかで政党の役職者が占める割合は、ドイツでは一九一〇年以降、比較的安定している。帝国で、そして共和国で、選挙を制したのは大政党であり、それは選挙制度とは無関係である。比例代表制では小政党が有利である、というのは正しい。しかし、もしこれが一つの悪だとしても、ワイマール共和国で要求されたよりも高い要件のミニマム〔阻止条項のこと。戦後西ドイツでは、一九五三年の第二回総選挙から導入された。全国得票率が五パーセント未満の政党に議席を配分しないことで、小党分立を回避するもの〕を設定することで、この悪は容易に改善できる。

さらに、戦後期における比例代表制の利点は、すべての不都合を上回る。MGの目的がドイツ国内の安定の達成であるとすれば、より多くのデマゴーグの台頭を防ぎ、隠れナチや他の代理機関があらゆる政治グループに浸透する危険を最小化するためには、組織化された政党が領域を支配する、ありとあらゆる機会をもつべきである。政党は選挙民と候補者をコントロールできる。比例代表制は、組織された政党が政治における重要な地位に到達することを可能にし、政治関係の合理性を促進する。

D　州《ラント》議会と州《プロヴィンツ》議会の選挙

地方選挙が終了したらすぐに、どの州《ラント》の選挙が行なわれるべきかが決められなければならない。答えは、国の中央集権化に対する政策によって決まるであろう。〔どの州の選挙をするかという〕この問いは二次的で、不当なまでに注目の分配がなされている、という印象である。戦闘が停止した時点で大事な問題は国民的な性格であり、これらのいずれも地域の解決ではどうにもならない。しかしながら、かなり強力な、いわゆる「分離主義」的な動向が、とりわけ南ドイツにはあり、こうした展開が適切な法的表現を見いだすことはない、という理性的な理由はない。したがって、選挙の方式の概略をあらかじめ示したうえで、選挙は州議会に委ねることが推奨される。

しかしながら、これはプロイセン州では認められるべきではない。プロイセンはまだ法的な実体としては存続しているが、州としては存在を停止している。プロイセンの諸地域は今日もはやプロイセンの政治的区画ではなく、国のそれである。したがって州と同じ地位をもっている。プロイセンを州として再生する必要はMGにはない。さらに占領地域はプロイセンを横切る可能性が高い。したがって、プロイセンの州《プロヴィンツ》議会は州《ラント》議会と同等の地位をもつべきであり、州《プロヴィンツ》の長は、州《ラント》議会が首長を選ぶのと同じやり方で選出されるべきである。すでに論じた政治的・経済的な真の問題を前にして、このステップの意義は小さくなるが、それでもプロイセンの諸地域を国の政治的区画へと引き上げることは、これによってプロイセンの解体を完遂することになる。

E　国民選挙

1　本物の政府を樹立するため
2　MGの解散を可能にするため

憲法制定会議のための国民選挙の許可がいつ出されるべきか、を予告することは不可能である。しかしながら、一定の条件を述べることはできる。連合国のドイツに対する政策は、選挙の機会が与えられる前に現実化されるべきである。これには次のものが含まれる。

1　境界線問題は解決されるべきである。
2　賠償の総額は確定されるべきである。
3　MGが解散したあと、ドイツに対する国際的な監視が継続されるべきなのか、どの程度なのか、そしてどのような種類なのか。どのくらい監視がつづく予定であり、いかなる条件でそれは変更ないし廃止されるのか。こうしたことが明確にされなければならない。
4　ドイツは国際安全保障組織に加盟できるのか、そしてそれはいかなる条件なのかが、決められているべきである。

これら四つの問題が解決されるならば（ドイツに課される、あるいはドイツとの合意で達した条件がいかなるかたちであれ）、ドイツにおける政治的意見は実際に形成されうる。ドイツの政治的・経済的な将来がどうなるかが不確定であるかぎり、その不確定さは必然的に世論の歪みを生むであろう。

さらに、民主勢力が将来に対するあまりに大きな責任を抱え込み、そしてこれによって新たな「履行」政策を実行しようとする反動的でノスタルジックなグループの標的になることを余儀なくされないように、再建と賠償プログラムの大部分は、国民選挙の機会が与えられる前にすでに実行されていることが望ましい。

ＭＧはそのとき、国民選挙のために機は熟したか、そしてとりわけ民主勢力の勝利が理に適う仕方で期待できるかを決めなければならないであろう。

地方および州の選挙で発展させられた原理のすべては、国民選挙に適用可能である。そして国務長官の委員会がその準備の責任を負うべきである。

取り決めが無条件降伏の文書と、ドイツに課されてきた条件と矛盾しないのであれば、選挙の結果は受け入れられるし、憲法制定会議はそれが最善と考える仕方で、それがどうであれ、ドイツを形成する自由がある、という確たる保証を、ＭＧは与えるべきである。とくに収奪および社会化を実行し、ドイツ社会から侵略的な分子を除去することを意図した幅広い法律を整備する自由がなければならない。

11　ドイツの取り扱い

フランツ・ノイマン
（一九四四年一〇月一一日）

編者注記

R&A 2564. 国立文書館・行政記録に保存されている調査・分析部の資料のなかには「ドイツの取り扱い」（RG 226, entry 37, box 1）とタイトルを付けられたフォルダーがある。このなかには、ここで発表されるレポートの原稿とともに、一九四四年九月一〇日という日付があり、「いかにドイツを弱体化するか」というタイトルが付けられたノイマンのメモがある。一九四四年一〇月三一日付、ゴードン・スチュワートとフェリックス・ギルバート宛の書簡（RG 226, entry 146, box 84, folder 98: Neumann Franz L.）でノイマン自身が説明しているように、このテクストはR&A内部の論争に対する個人的な寄与と考えられていた。この論争は、OSS経済部長で、合同主任スタッフの合同諜報委員会のメンバーであったエミール・デプレのメモ「ドイツの取り扱い」によって引き起こされたものであった。ノイマン自身の見解ではこのテクストには問題があり、彼はそれをたんに内部の「戦略的」な理由で書いた、ということが明らかにされた。それでも彼のメモもデプレのメモも合同諜報委員会で却下された。しかしながら、ノイマンはまた、ここで発表するテクストに間違いなく対応する第二バージョンのメモを提示したことを認めている。このメモには構造、対象、「いかにドイツを弱体化するか」からのたくさんの断片が含まれている。加えて、表紙には次の記述がある。「この文章は、それが表現する一般原理の是認ないし否認のために、主任委員会に提出された。調査・分析部の外部に回覧されることは想定されていない。むしろ、関与する全員が満足のいく、新たなバージョンのための議論を刺激することに役立つことが意図されている」。ノイマンとマルクーゼが参加していた委員会の会合のあと、ドイツの分割問題、ドイツの脱軍事化問題、ユンカーの取り扱い、そしていかにドイツの産業階級の権力を壊すかについての「より具体的な」一連のレポートを優先して、このバージョンはふたたび却下された。しかしながら、こうしたレポートが実際に書かれたのかどうかは確かではない。

分類　秘密制限（Secret Control）（OSSの外部にみせるべきではない）

I　ドイツの取り扱い方法

1　ドイツの取り扱いに関する連合国の主要な目標は、この国がもう二度と世界の安全保障の脅威になることを妨げることである。この目標を確実に実現するという問題は、次の手段のどれか一つによってアプローチできる。

a　ドイツの産業の潜在力の破壊
b　政治的実体としてのドイツの破壊
c　侵略の原因をドイツから除去すること

2　このペイパーが証明しようとするのは、三番目の選択肢が機能しないということが明らかになるまで、最初の二つの選択肢は延期されるべきだ、ということである。別の言い方をすれば、連合国はドイツ社会の侵略性の原因を除去しようとすべきである。この目的を達成するために、一時的、そして長期の無力化がドイツに課されるべきである。

3　最初の二つの解決の延期は、以下の理由で好ましい。

a　ヨーロッパは影響力のある複数の領域に分割されるべきではない、という合衆国の公表されている政策と、それはもっとも適合的である。
b　合衆国、英国、そしてソ連の協力への障害をもっともよく除去するのは、この延期である。
c　この延期によって、ヨーロッパにおける合衆国の軍事的関与を縮減することができる。

4　ドイツの労働人口の四〇パーセントが産業と手工業に雇用されている一方で、農業に携わっているのはたった二〇パーセントである。ドイツの産業の破壊は、社会・経済的な緊張を生み出すであろう。この緊張は、社会的痙攣に至り、長期にわたるかなりの力の投資を必要とするであろう。さらに、ドイツは産業機構の再生に二〇年も要しないであろう。もしこれが妨げられるとしても、無期限での三大国の継続的な協力が確保されなければならない。しかしながら、これは当たり前のことではない。産業国家としてのドイツの消滅は、ヨーロッパ経済に有害な効果も与えるかもしれない。生産者にして消費者であるドイツが消滅することは、ヨーロッパ経済のパターンに、ヨーロッパの経済の再生と継続的な発展を深刻に脅かすような深いギャップを残すかもしれない。

脱産業化がドイツに及ぼす影響が、USSR経済への統合を、大多数のドイツ人にとってもっとも魅力的な解決にするようなものになると考えるのが安全であるが、ドイツの脱産業化の影響は、現在のところ、予想できない。

5　一九三七年の国境まで縮減したうえで、政治的実体としてのドイツの破壊は、次のことによって達成できるであろう。

a　ドイツの領土の隣国への譲渡

b　二つ、ないしそれ以上の主権国家へのドイツの分割

c　ドイツの一定の地域を永続的に国際化すること

一九三七年のドイツの政治的・民族的な境界線はほぼ一致しているので、たんなる境界の補正ではなく、領土の移譲は、それがヨーロッパの安全保障体制を促進するのであれば、その場合にのみ正当化されるであろう。合衆国の構想によると、二つの前提が満たされなければならない。大国の影響が及ぶ領域は確立されるべきではないこと、そして領土の変更への欲望は、自由に選挙され、人民の支持を得た、権利を主張する側の国の政府によって表明されなければならないこと、である。こうした考慮すべき点に照らして、いまや領土の変更に関する決断がなされるべきである。政治勢力の連携が明らかになるまでは、この変更は延期されるべきである。このことが今度要求するのは、領土の変更から利益を得ることになる国々は、完全な代議制の政府をもっている、ということである。フランス、オランダ、ベルギー、そしてデンマークの国民の感情はまだ表明されていないし、入手可能な情報は、ドイツの領土の獲得に賛成か、反対かについての、優勢になっている感情を示していない。ポーランドの場合、二つの対抗する政府がまったく異なった態度をとっているようである。共産主義者が支配する国民解放ポーランド委員会は、ドイツの大きな区画の移譲を提案することで、USSRに恩を売り、USSRに依

存することを望んでいる一方で、ロンドンのポーランド亡命政府は、反対の理由から、この移譲に相当な懐疑を表明している。

しかしながら、ドイツの東の境界線の問題は、いまや解決されなければならない。というのも、合衆国がこのように行為するのを拒否することは、西側の大国とUSSRとの継続的な協力関係を危険に晒しかねないからである。この場合、合衆国は東プロイセンとオーバーシュレージエンのポーランドへの譲渡を黙認すべきであるが、それ以上の要求には同意すべきでない。ポメラニアとニーダーシュレージエンの東部の移譲は、ドイツ人住民の排斥をともなうので、ドイツの国内の問題をかなり悪化させることになるであろう。

合衆国はいま、ドイツの分割に同意すべきではない。分離主義の感情は、ドイツの人民の支持を得られないし、その感情が広がる見込みもない。しかしながら、こうした感情は、特定のグループによって促進される可能性はある。そのグループは分割にこそ、「ボリシェヴィズム」と呼ぶものに対するドイツの一部の最善の防衛をみる。分割を促進するために連合国は、デモクラシーに敵対的であったし、敵対的なことが確実である、まさにそうしたグループに支援を提供しなければならなくなるであろう。

これに加えて、分割は力によって維持されなければならない。USSRが永続的な力の投入に障害をみていない可能性がある。これに対して、合衆国と英国の国内事情が、これを長期に許してくれるものかどうかは不確定である。ドイツの治安維持をめぐる支配権がUSSRの手に落ちる、という結果になるであろう。

さらに、ドイツの高い程度の経済統合を考えると、新たな国家は別々には存在できない。それらは不可避的に相互に支援を求め、相互にあるいは強力な隣人と協同するように駆り立てられるであろう。結果は、ドイツにおいて影響をもつ領域の創造ということになるであろう。これは、公表されている合衆国の政策とは一致しない展開である。

安定した、真正の民主的政府ができない場合にのみ、分割は検討されるべきである。

永続的な国際領域（ザール、ライン、ルールなどで構成されるような）は創出されるべきではない。なぜならこうした国際的な取り決めは分割と同じになるからである。

しかしながら、考えられるのは、連合国がこのあたりの地域を統治することは、MGの解散後もしばらく維持されるべきだ、ということであり、また、安定して、非侵略的で、民主的な政府が誕生したならば、そのときには、これらの地域はドイツの主権に返還されるべきだ、ということである。

Ⅱ　ドイツの侵略の原因

1　ドイツにおける侵略の原因を除去することを目的とした政策は、公表されている合衆国の政策目標を達成するのにも、より見込みがあることがわかっている。もし必要であるとわかったら、政治的実体としてのドイツや経済パワーとしてのドイツを解体することもあらかじめ排除するものではない。さらに、これは戦後ヨーロッパの経済復興に寄与し、ヨーロッパが平和化する可能性のある解決である。しかしながら、こうした政策はドイツへの負荷と結びつかなければならない。こうした負荷があれば、ドイツの国内の発展ないしヨーロッパの力の配置がドイツの政治あるいは経済の力を破壊する必要があると連合国が確信するならばいつでも、ドイツに対する政策を変更することができる十全な権力が連合国に与えられるであろう。

2　ドイツの侵略性の原因の除去は、さまざまな国々とドイツ人民によって実行されなければならない。このペイパーは、いかにこの分業がいちばんうまく組織化されるかを示そうと試みる。しかしながらそれが前提にしているのは、ドイツの侵略性の原因の理解である。

3　ドイツの帝国主義は、ナチ党だけの産物ではない。もしこのことが正しければ、党の解体と、政治、経済、文化生活からのナチの排除が適切ということになる。しかしながら、ドイツの侵略性は、ナチの台頭に先立っている。ナチの台頭は、一九一八年のドイツの侵略的な勢力が被った敗北に対する、その時点で現れたものにすぎない。こうした勢力は、ユンカー、産業・金融の支配層、ドイツ将校団、高位の官僚層から構成されており、彼らがドイツの支配層を形成していた。四つのグループは、婚姻や実質的な利害の接着剤で結びついていた。彼らは、プチブルの多数派によって積極的に支持されており、第一次世界大戦中は、大多数のドイツの労働者によっても是認された。もっともドイツの労働者は、一九一七年以後はこの支配層の敵に回ったが。

この四つのグループがナチズムを助けて権力を与えた。そのもっとも重要なのは金融・産業コーポレーションで、それが再軍備を準備し、党に資金提供をした。ユンカーは人種的・半軍事的な組織が練習場として使うために、土地資産とマンパワーを自由に使えるようにした。将校団は補助勢力として、ドイツの民主的な勢力に対する闘いのために、そしてドイツの再軍備を促進するために、反動的、人種的そしてナチ的な集団を鼓舞し、導いた。高位の官僚や裁判官は、デモクラシーの勢力を掘り崩そうとする努力で、反民主勢力を保護した。

民主勢力を構成していたのは、労働運動と、ますます衰退しつつある〔社会〕民主党〔英語版ではDemocratic Partyだが、ドイツ語版ではSozialを補っている〕であった。こうした民主勢力には戦闘性が欠けており、さらにそれは共産党の無責任な政策によって弱体化した。戦闘性の欠如は、ドイツがイギリス、フランス、アメリカ、あるいはロシア革命に比肩しうる革命を一度も経験していないという事実によるところもあるかもしれない。支配階級は一度も追い落とされたことはなく、ドイツの社会構造もラディカルに変化したことはない。しかしながら、この弱さにもかかわらず、ドイツの帝国主義グループによってデモクラシーは深刻な脅威だと考えられ、したがってナチが権力をとったとき、完全に無化された。

伝統的な支配グループの階層は、ナチズム下でも基本的に変化しなかった。多くの新参者がそこに入った。ほとんどがナチのリーダーとナチの財界人であった。そして伝統的な階級のメンバーのうちの一部、とくにユンカーは、戦争とパージの期間に、権力を失うか、排除されるかした。これは本当である。明らかにご都合主義的な理由で、伝統的な分子の残党はいまやナチスの真ん中でナチスに、そしてナチズムに反対しようとしている。

しかしながら、ナチ党とその前のナショナリスティックな集団による教化の数年間があり、再軍備と略奪から国民の多数が引き出した物質的な利益は、ナショナリスティックで、侵略的な精神を生み出した。この精神は、支配グループやミドルクラスに限定されるものではない。ナチ党と軍事的なユンカー、財界人、銀行家の権力を排除することは、このため、ドイツ人の多数を自動的に平和愛好的で、民主的なマインドをもつ国民へと変換するものではない。大衆の精神の脱軍事化のためには、機能するデモクラシーのもとでの長年の教育が必要となるであろう。

しかしながら、こうしたグループから彼らの社会的・政治的権力の経済的基礎を奪うような、ドイツの社会構造における根本的な変化なくしては、デモクラシーの勢力は自由にならない。

Ⅲ　ドイツに対するアメリカの政策

1　しかしながら、ナチズムの崩壊の途中、そしてその後に、民主的な勢力が現れて、エスタブリッシュできるかどうか、連合国には確信がない。ナチズムは民主的な組織（政党や労働組合）を破壊するだけでなく、活動的な人や潜在的なリーダーのほとんどを根絶し、ドイツにおける民主的精神を将来の一定期間にわたり殺してしまっている、ということはありうる。

したがって、ドイツに生まれる民主的な政府はいずれも、はっきりと、ドイツの社会構造から侵略的分子をパージする能力とともに安定性も証明しなければならない。この方針の宣言や断定だけでは十分ではないであろう。

2　政治的な道徳性の理由から求められるのは、ドイツ国民がナチズムとその一連の侵略性と残虐行為に対する責任を共有しなければならない、ということである。多くのドイツ人がヒトラー主義の仕事やイデオロギーを拒絶したとしても、疑いなく、再建と修復が政治的実体としてのドイツの政治的責任になる。したがって、ドイツ国民によって担われるべき一定の責務と責任をドイツに課す措置が、考案されなければならない。

3　ドイツの侵略を終わりにする責任は、連合国、英国、そしてソ連によって分かち持たれる。これらの国々が、国際的安全保障機関の内外で協働して、この目的を達成することが望まれる。ドイツ政策が三大国の最大の協力を促進するように形成されることは、アメリカの利益になる。合衆国は、あまりに重く、またあまりに長期にわたる、ヨーロッパでの軍事力の投資を要求されてはならない。

4　ドイツの侵略性の原因を取り除くことを目標にした政策を要約すると、次のようになる。

a　ナチズムと軍事勢力を破壊し、戦争犯罪者を処罰し、盗まれた財産の返却を保証し、移民を本国に送還することを企図した短期の措置。

b　ドイツの民主勢力の発展に応じて、廃棄されたり、緩和されたりする可能性のある、即刻ドイツに課されるべき条件付きの措置。

c　長期のハンディキャップをドイツに課すことを企図した永続的な措置。

5　こうした政策を遂行するために、三つの手段を連合国は自由に用いる。

a　軍事政府と軍事的占領。

b　MGの期間、そしてその後に活動する連合監視委員会。軍事的占領がある場合とない場合がある。

c　国際的な安全保障機関。

三つの手段は一貫した方針にしたがって機能することがもっとも重要である。これらの措置はドイツに対する包括的な政策に統合されるべきである。

IV　軍事政府の期間における短期の措置

1　私たちの勝利を確定させ、私たちに戦争を行なった組織された力を完全に除去するために、連合国によるドイツ占領は不可欠である。同時に占領は、決定的な軍事的敗北を喫したという完全なる理解を、ドイツ国民にもたらすことになるであろう。

2　組織された敵対的な勢力の排除には、ドイツに対する軍事的な占領だけでなく、軍事政府の樹立も必要である。MGの主要な目標は、性格においてポジティヴでもあり、ネガティヴでもある。

ネガティヴなものは以下である。

a　ナチズムの破壊
b　ドイツの軍隊の破壊
c　戦争犯罪者の裁判とナチの解体

ポジティヴなものは以下である。

a　奪われた財産の修復
b　排除された人びとの本国送還
c　ドイツの国民政府（民主的で、非侵略的な性格）の形成のための準備
d　MGに委任しうるような経済・財政的な条件の履行

3　七つの目標はすべて、軍事的占領と歩調を合わせて、スピーディに行なわれるべきである。長期の占領はそれとともに、軍事政府にドイツの公共の福祉への責任があると受け止める傾向をもたらすであろう。さらに、もしMGが長期にわたる責任を予定するならば、ドイツの諸制度の強力なパージより前に、秩序と効率性の要求

が置かれるのも当然であろう。ナチの職員を利用することは、順次彼らを取り除く意図があったうえでのことでも、のちに彼らを除去することに反対する状況を生み出すであろう。非ナチ化という主たる目標には、通常の政府機能とドイツの生活の秩序ある営みを断絶することがともなうが、そうであってさえ、MGにはこの政策を着実に遂行する以外の選択肢はない。

4　ドイツの非ナチ化は、行政・経済機構の機能に対する帰結とは関係なく、実行されるべきである。この方針の容赦のない適用が、今度は、組織的にも心理的にも、国内勢力を強化し、国民政府の樹立のためのよりよき基礎を提供するであろう。

5　非ナチ化はすべての社会階層と制度に適用されるべきである。それには次のステップが入る。

a　ナチ党、その組織、付属組織、監視組織、そしてナチ党が政策遂行のために作った政府機関（四カ年計画庁、警視庁長官、監察官等）の解体。党組織の資産は押収され、再生、補償、修繕という目的のために処分される。

b　次の人たちの解任と拘留。

1　ナチ党、その組織、そして付属組織の役職者のすべて

2　SS、SSの警備隊、そしてゲシュタポのメンバーのすべて

3　政府、行政、そして文化機関の主要な役職者

4　財界や農業の関連団体や組織の主要な役職者

c　ナチの犯罪と迫害に加担した、あるいは占領したヨーロッパの「ドイツ化」とユダヤ人の財産の「アーリア化」から直接、利益を得たすべてのドイツ人の解任と拘留。こうした個人の所有も押収されるべきである。

6　ドイツの軍隊の解体が要求するのは、以下である。

a　軍事的・準軍事的組織の完全な解体と、軍隊とその関連組織のすべてないし部分（将校団）の投獄
b　すべての戦争物資の押収
c　民生に転用できないすべての軍事工場の即時の解体
d　国および地域レベルでのすべての警察組織の解体と、残存する地方の警察組織のパージ

7　戦争犯罪の審判と執行は、残虐行為に関するモスクワ宣言で規定された限界を超えて拡張されるべきである。それには、ドイツにおいてドイツ人に対して犯罪を犯した個人も含まれるべきである。万一、連合軍事裁判所がこうしたケースを裁くことができない、ないし裁く気がないならば、犯罪者は再建されたドイツの裁判所に引き渡されるべきである。

8　特定のナチの拘留やその他の執行は、一般としていかにナチを処分するのかという問題を解決するものではない。したがって、以下のプログラムが実行されるべきである。
a　右記の5のbとcで定められたすべての人は、作業部隊に集結させられ、それぞれの国々が望むならば、解放された地域の壊滅地区の再建のために雇われるべきである。
b　ナチ党員の全員と、右記の5－cで定められた人びとは市民権を奪われ、選挙で選ばれる、あるいは任命される地位に就くには不適格であると宣告されるべきである。
MGのポジティヴな目標は可能なかぎり迅速に実行されるべきである。

9　収奪され、移転された財産の回復は、迅速になされるべきである。もともとの財産が破壊されていたり、使えなくされたりしている場合には、代替の財産が受け取られるべきである。ドイツ人が飢餓に脅かされていないならば、ドイツ経済に損失となる帰結は考慮に入れられるべきではない。

10　ドイツの産業と農業は、解放された地域の再生に資することを第一に、活動すべきである。この活動から生じた利益は、ドイツ人の所有者のあいだで配分されるのではなく、賠償と再生のために使われるべきである。

大規模地所、とくにユンカーのそれは、ドイツ自身の政府がそれを分割できるようになるまで、MGによって差し押さえられるべきである。

11　排斥された人びとの本国送還は、受け入れ国の同意にもとづいて、最大限のスピードで行なわれるべきである。人びとの移送が産業、農業、運輸、公益事業にギャップを残す場合であっても、ドイツ経済の帰結は考慮に入れられるべきではない。占領当局の必要を充足するために、このギャップが埋められなければならない場合にのみ、社会的な地位を問わずに、MGはドイツ人にこのギャップを埋めるように強要すべきである。

12　こうした課題が達成され、民主的で非侵略的なドイツの当局が確立されたならば、ドイツにおけるMGは終了すべきである。中心となるドイツ当局は、ドイツに課された条件から生じるすべての義務を担う。こうしたドイツ当局が相対的な安定性を手にし、人民による反ナチ勢力を代表したいのであれば、選挙はMGのもとで行なわれなければならないであろう。選挙はまず地方の当局から可能なかぎり早く行なわれるべきである。州《ラント》議会選挙がその次に行なわれるべきである（ただしプロイセンは除く。ここでは州《プロヴィンツ》議会選挙が実施されなければならない）。国政選挙は政治的な準備作業の最終局面である。これらの選挙での反ナチ勢力の成功は、かなりの程度において、MGの政策、とくに非ナチ化政策いかんである。

V　保護観察期における条件付きの措置

1　MGの解散は占領連合国の撤退と同じではないし、連合国によるドイツの支配の終結を意味するものでもない。ドイツにおける戦略地点は占領されるべきであり、ドイツに課されるであろう条件の充足を確実にするために、連合国の支配機構が設立されるべきである。占領軍が撤退し、連合国の支配機構の一部が解散するのは、次のときである。

a　それなりに安定的で、完全に受け入れ可能な政府が間違いなく確立されている。

b　政府は、ドイツ社会から侵略的な分子の排除を真面目にやり遂げたという十分な証拠を確実に提供している。これには次のものが含まれる。

（a）　職業的な軍隊の元将校とナチへの特別な制限

（b）　反動や侵略にシンパシーをもつ人を官僚制や司法から広範囲にパージすること

（c）　適切な土地政策によるユンカーの経済権力の解体

（d）　もっとも強力な産業・金融企業の国有化も含めた、大企業の経済権力の経済、社会、そして政治生活からの排除

2　長期にわたってドイツに課される制約の性格や厳しさ〔がどの程度になるか〕は、政府の本性や政策とドイツに課された条件の充足によって決まる、ということを、ドイツ国民に明示すべきである。

3　この条件には、過酷な賠償の支払いも含まれる。アメリカは賠償の請求者としては、ほとんど直接的な利害ももたないが、ドイツの資源を迅速かつ効果的に、解放されたヨーロッパの救済と再生のためにつぎ込むことには、アメリカは利害関心をもつ。賠償の支払いは、MGの期間であっても、可能なかぎり早期に始められる。支払いには、原材料、資本財、労働奉仕、そして（もし希望があれば）完成品が含まれるべきである。そしてドイツ経済への帰結のいかんを問わずに、請求される。唯一の限界は、ドイツ国民の生存ギリギリの生活の維持である。支払いの緩和、あるいはその停止は、この章の最初の節で述べた状態の充足によってなされるべきである。

4　以下の目標を達成するために、連合国の委員会が設置される。

a　ドイツ政府の政治的な監視、とくに、ドイツに課された条件の執行に一致しないと考えられるドイツの立法の拒否

b　賠償を集めること

c　ドイツの貿易の統制

d　ドイツの産業と政治の非軍事化の監視

5　連合国の監視委員会から出された要求をドイツ政府が確実に遵守するのは、戦略地点の継続的な軍事的占領と、それらによってドイツ政府に課される制裁によってである。

VI　ドイツに対する永続的な課題

A　絶対的な課題

1　すでに述べたように、ドイツ政府がどれほど反発しても、またその行動がいかほどであったとしても、早期の段階で政府に対する一定の資格の剝奪がなされなければならない。

2　ドイツは軍隊の保持をけっして許されるべきではない。適切で、武装していない警察力を保持することだけが認められるべきである。したがって、軍事装備の生産は完全に禁止されるべきである。輸出のためでも、禁止である。この件についての統制は、国際安全保障組織（ＩＳＯ）が機能し始めたらすぐに、（Ｖ－４－ｄで規定された）連合国の監視委員会からこの組織に移行されるべきである。こうした禁止の緩和は、ＩＳＯの是認によってなされる。

3　一定の港と水路は国際化されるべきである。所在地から、ドイツの施設を使わざるをえないヨーロッパの国々がある。こうした国々への貨物輸送や輸送料金を差別的に設定することは、ドイツに禁ずるべきである。とくにこのことが当てはまるのは、オランダ、チェコスロヴァキア、ポーランド、そしてオーストリアということになるであろう。港と水路についてのいかなる変更も、受益者の同意とＩＳＯの承認によってなされるべきである。

4　ドイツは禁止期間、民生の航空機の作成および取得を許されるべきではない。その後の期間には、こうした航空機の製造はＩＳＯの監視下でなされる。

5　ドイツは、オーストリアとの合併を禁じられるべきである。そしていかなる関税同盟も、ＩＳＯの承認なしには許されるべきではない。ドイツは、オーストリアとの国際的な取り決めすべての承認をＩＳＯに願い出るように強制される。

6　ＩＳＯがこうした制限を廃止するときまで、ドイツの関税と料金の立法はＩＳＯの承認を求めて申し出がなされるべきである。

7　ドイツが他国と締結を望む条例は、ＩＳＯに申し出がなされるべきである。

8　海外にいるドイツ市民、あるいはドイツ人の子孫でドイツ市民でない人へのドイツの関係は、連合国の統制に服すべきである。これがカバーするのは次のものになるであろう。

　a　海外のドイツ人によってドイツに提供された財政支援

　b　ドイツによる海外のドイツ人への文化・財政支援

ドイツ国内の状況が次のような行為を必要とする場合には、ＩＳＯはいつでもその決定を変え、廃止された制裁を再導入し、あるいは新たなものを課すことができる。

B　引き延ばされる課題

1　ドイツ社会から侵略性の原因を除去することが達成されなかった場合、あるいは新しいドイツ政府がドイツに課された条件を実行する能力がないか、実行する気がない場合、政治的・経済的な権力としてのドイツの解体が検討されるべきである。

こうした決定の猶予は、真に安定した決着を支援するのに必要とされる連合国の世論の形成を可能にするであろう。

分割がもっともよくなされうるのは、世界の世論で戦争の感情がまだ燃え上がっているあいだである、ということもできる。分割は、責任を負う政府による実行に対する継続的な公的支援を必要とする。しかしながら、こうした支援の永続性が明らかになるまでは、この政策に従事することは危険である。

執行猶予中の時期に、解放された国々で、幅広い公的支援を受けた安定的な政府が誕生してくるであろう。そうした政府は、国民の欲望を表現するだけでなく、新しいドイツ国家の性格を評価することもできるであろう。

第Ⅵ部　ニュルンベルクへ

12　戦争犯罪の取り扱いについての問題

フランツ・ノイマン

（一九四四年九月二五日）

編者注記

R&A 2577.1. レポートの表紙には「検討されていない。公表するな」との注記。分類のレベルとともに、レポートは「差し止め」と明記する第二の注釈がある。リチャード・ハーツホーンからシャーマン・ケント〔Sherman Kent, 1903-1986は「諜報の父」と呼ばれるアメリカの歴史家〕への、一九四五年五月二二日付の書簡で説明されているように、このレポートは実際、「戦争犯罪裁判」と題する新しいものに取り替えられている。この新しいレポートは、ハーツホーンが中欧セクションのノイマンとフィービー・モリソンに割り振ったものである（RS 226, entry 1, box 2, folder: 戦争犯罪）。このことはまた、一九四五年三月八日にノイマン自身によってモリソン宛に書かれた書簡でも確認できる。この書簡でノイマンは、モリソンによって書かれた戦争犯罪についての覚書の、その時点での草稿にコメントし、なされるべき補足を指示している。この際に、ノイマンは彼のものとしてレポートR&A 2577に言及している（RG 226, entry 146, box 84, folder 98: Neumann Franz L.）。最初のレポートも二つ目もともに、合衆国による戦争犯罪についての公式の立場が告示されたのち、プロジェクト委員会によって公表禁止にされたと考えられる。ここに公表される導入の記述には、このレポートで確定された基準によって戦争犯罪者として扱われるべきドイツ人の暫定リストの付録への言及がある。しかしながら、この付録は発見されていない。

分類　極秘（Secret）

主要な戦争目的の一つとして戦争犯罪者の訴追と刑罰がある、と連合国は公言してきた。モスクワの「残虐行為に関する声明」〔ルーズヴェルト大統領、チャーチル首相およびスターリン首相により署名された残虐行為に関する宣言（一九四三年）〕は、連合国のリーダーのたくさんの公的な発言に従っている。この声明が一定の手続きの概略を描いている。しかしながら、連合国がモスクワ宣言を実行に移し、彼らの戦争犯罪政策を調整するには、追加のステップが必要になるであろう。

I

まず、たくさんの枢軸国の政策と活動のなかでどれが「戦争犯罪」として選び出されるべきかを決める必要がある。[1] こうした選別をするのに中心となる基準は、国の法規、または国際法の確立された原理に見いだされるべきである。この基準によって、次の主要なグループが峻別できる。

（a）人質の射殺
（b）民間人の強制的な国外追放
（c）民間人からの強奪（土地の収用、略奪など）
（d）戦争捕虜ないし民間の被収容者の虐待
（e）集団的な報復行為（個人の敵対行為に対して集団で責任を負わされた町あるいは他の集団の住民の殺害。同様の理由で村を焼き払うこと。リディツェ[2]）
（f）「殲滅」の一般的プログラムを履行しての、集団全員に対する残虐行為。たとえばユダヤ人の大量虐殺。政治的ないし宗教的な信念（共産主義者、社会主義者、平和主義者、エホバの証人）によって、または共同体における地位（知識人など）ゆえに、捕虜の特定のカテゴリーが虐殺を受けること。

II

たくさんの人が直接ないし間接にこうした犯罪に関与している。これまで出された宣言は、こうした個人の責任を確定する原理を十分には示していない。

（a）強制収容所でのユダヤ人の大量虐殺の場合では、行為に関与する特定の命令がみつからなくても、ゲシュタポの地区の幹部からSS全国リーダーでドイツ警察長官であるヒムラーにまで至る、ゲシュタポの実行部隊の階層における上官のすべてが責任を負うこともあるのではないか。人質の射殺の場合、命令についての特定の確認が取れなくても、陸軍総司令部にまで至る上官が責任を負うこともあるのではないか。

伝統的な法的手続きでは、個別の責任の確定が求められる。モスクワ宣言は、戦争犯罪に「責任があり、または賛同して関与してきた」人を引き合いに出すことで、伝統的に受け入れられてきたよりも、いっそう広い「責任」概念の解釈を示唆している。ナチの組織の特殊な構造と、ナチ・レジーム下ではどこでも公式組織の構成員の関係を支配している「リーダーシップ原理」によれば、階層上の上官が職務や領土における管轄領域で起ることのすべてに責任を負っている（法的制限はない[3]）。

基本政策は主としてヒトラーとその仲間たちによって定められたが、政策の執行はさまざまな領域と地域でサブ・リーダーに委任されていて、そこには完全な自由度がある。こうした幅広い権力には、広い責任が対応している。最上位の政策決定レベルから最下層まで、命令と対応する服従の途切れることのない鎖が存在するので、より下位でなされる行為はどれも、階層上の上位者の各人のせいにされなければならない。彼らの誰もが所定の領域で政策の作成と執行を共有してきたので、その執行の詳細における特定の行為についての知識がなかった、あるいは自分はそれを命令していないという弁解は受け入れられない。他の国では、こうした言いわけも通常、成り立つ。なぜなら役人の行為はその国の法律で権限を認められている場合にのみ、合法的となるからである。したがって、いかなる〔法的基準から〕逸脱することも、それは個々の役人のせいであり、階層的秩序におけるその人の上司の責任にはならない。しかしながら、ナチのもとでは、SSのようなさまざまな機関と組織が法的な制限を受けず、このためナチのプログラムの広い枠のなかでなされたものはすべて、公式の認定がなされていると推定されなければならない。こうした状況では、唯一の認められる言いわけは、有罪を受けた人がその行為を妨げるために、自分の権限内ですべてのことをしたか、あるいは、それを防ぐことができないならば、この行為が委任されたらすぐに辞めたかを証明することになるであろう。

（b）犯罪を扇動した人だけでなく、直接的な執行に関わった人も裁かれることが望ましい。しかしながら、後者は、拘束された命令下で行為したという除外規定を申し出ることが予想される。政策の執行に際して一定量の裁量をもっている人の場合には、こうした弁解は考えられない。しかしながら、個人としての選択肢がない特殊な命令のもとで行為した人によって、こうした弁解が出されることはあるであろう。上級の命令であったという弁解は軍事的な命令との関連で広く議論されてきたが、ほとんど合意には至らなかった。アメリカのも含めて、多くの軍のマニュアルは、こうした弁解を例外なく認めてきたが、(4)もし認めるとしても、狭く規定された条件でのみこれを認めようとする人たちもいる。したがって、この点で取られるべき態度を規定するのに、明確に声明の方針を保持するのが望ましいであろう。

ナチ・レジームの権威主義的な構造は命令に対する個人の抵抗を他のところよりも危険にし、したがっていっそう期待できなくさせるので、こうした弁解を一括して禁止することは正当ではないようにみえる。人質を射殺するために派遣された軍の射撃部隊の個々のメンバーは、もし服従を拒めば、容易に自分の命を危険にさらすことになりうる。〔命令を拒むと殺されてしまうので、という〕同じ正当化はSSのような党組織のメンバーにも適用されるであろうが、政策の公式声明はこうした人が自発的に組織に加入したのかどうかを考慮に入れるべきであろう。もし自発的に加入したのであれば、その人は組織の実践と機能についての完全な知識をもっていたと考えられなければならず、このため彼は責任の分有を逃れることはできない。

こうした点をカバーした政策の公式声明は二つの理由で望ましい。〔まず〕それらは、訴訟手続きが起こされるべき人のカテゴリーに関する基準を訴追機関に提供するであろう。次に、それらは、さもなければ別々の結論に到達してしまいそうな、さまざまな国内・国際裁判機関の側で、一定程度の一致に到達するように促すであろう。

III

同じように重要な問題が、戦争犯罪者の逮捕ないし本国送還に関連して起こるであろう。この点に関して、降伏の時点で枢軸国の領土にいる人と、中立国への逃亡に成功した人を区別しなければならない。

a　犯罪人の引き渡しを確実にする、法的にもっとも実際的な手続きは、次の条項を、降伏文書に含めることになるであろう。それは、そのとき権力をもつドイツ（ないし他の枢軸国の）当局は、「戦争犯罪者」として起訴する連合国の求めがあれば、どんな人でも、連合国に引き渡す義務があるという条項である。この義務は、その時点で名前によって特定化されうる人だけでなく、のちに特定されるかもしれない人も含む。枢軸国でこのとき妥当している、国民を海外の勢力に引き渡すことを禁じる自治体の規則は、こうした文書に矛盾する国内法を無効化する条項を降伏文書に挿入することで、排除されるべきである。

枢軸国の中央の当局が存在しないために、降伏文書がない場合には、軍・民ともに、犯罪者は連合国の当局によって、枢軸国の領土の占領者としての資格において、逮捕されるであろう。こうしたものとして、同盟国の当局は、犯罪者を逮捕する権力を含む警察権力を行使する。犯罪者が枢軸国の領土で、現地の法廷か、連合国の法廷で裁判を受けることになったら、[5]審理の合法性は疑いえない。もし枢軸国の領土外の当局（連合国の一つ、すなわちある国際機関の法廷）に彼らが引き渡されることになれば、これは法的な引き渡しになるであろうし、したがって、ドイツ（枢軸国）の引き渡しの法と手続きにもとづかなければならない。引き渡し条約が存在しない場合、手続きは、逮捕する連合国の当局と個別の連合国のあいだで合意された連合国の命令によってのみ有効になる。

b　中立国に逃れた犯罪者の逮捕は、困難に遭遇する可能性があるので、逃走経路のすべてを閉じることが重要になるであろう。たくさんの中立国はすでに、こうした分子に亡命を認めるつもりはないと表明している。[6]スイスやスウェーデンのような国の場合、このことはいくぶん難しかった。これらの国には政治難民に庇護を求めるリベラルな伝統がある。しかしながら、この戦争で枢軸国によって犯されたいわゆる「戦争犯罪」のほとんどは、実際には共通の犯罪であり、そうした犯罪にまで、庇護が拡大されることは伝統的になかった。これらの国も最近、公式に以上のように強調した。[7] この問題に関して協働する気持ちを強め、他の中立国も説得して協力的にするためには、すべての議論や公式の発言において、いわゆる「戦争犯罪者」は共通の犯罪者だ、という特徴づけを強調することが望ましい。

しかしもし特定の個人が中立地域に到達するのに成功しても、彼らの行為が共通の犯罪として承認されることで、彼らの引き渡しは容易にされるであろう。それでも困難は起きるかもしれない。たとえば、死刑〔制度〕をもたない国は、こうした刑罰が適用されないということが保証されないならば、引き渡しを拒むかもしれない。[8] 特別法廷の審理のための引き渡しは許可しないという規則に従っている国もある。[9]

IV

どこで、誰によって、いかに犯罪者が起訴され、審理を受けるのかという問いには、モスクワ宣言で完全に答えられている。[10] この宣言が論じているのは、二種類の罪だけである。枢軸国の占領地域でなされた犯罪と、特定の地域的な局在をもたない主要な犯罪である。まず、宣言が推奨するのが、自治体の法律に従ったそれぞれの国内の法廷での審理である。もし国内で被告がみつからない場合、すでに論じられた逮捕と引き渡しの手続きによって被告は逮捕され、こうした国に送られなければならないであろう。[11] モスクワ宣言は「同盟国の共同宣言によって」残虐行為と迫害のプログラム全般に刑罰を加える。第二は、こうした残虐行為と迫害のプログラム全般に責任がある「中心的計画者」に関係する。

しかしながら、モスクワ宣言は、多くのケースに対して手続きを定めることを怠っている。枢軸国の領土で犯された犯罪がある。「中心的計画者」のグループに属さない犯罪者が別の国で犯罪を犯すこともあるかもしれない。こうしたケースでも、明確な方針の声明をもつことが望ましい。

枢軸国の領土で犯された犯罪は、連合国の国民（たとえば、外国人労働者、戦争捕虜、すなわち外国人のユダヤ人、あるいは政治的オポジション）に関係するかもしれない。代替の法手続きが可能である。犠牲者の国の司法を確立すること、すなわち枢軸国の領土で加害者を裁くことである。後者の手続きが好ましいと思われる。なぜなら、さまざまな国の刑法では外国でなされた行為に刑罰を下すことは通常ないからである。犯罪が枢軸国の領土で裁かれるべきならば、いかなる国に司法が付与されるべきかに関する問題が生じる。再建されたドイツの裁判所の体制がいかなるものであれ、連合国が国民の審判をドイツの法廷に任せることは期待できない。とくに戦後、ドイツの国事裁判所で戦争犯罪裁判がなされた経験の後では、そうである。これらの裁判を占領軍によって確立された軍事裁判所で扱うという可能性がある。軍事裁判所が占領に先立つ裁判を扱うことができるということは、一般に認められている。彼らは主に、「戦争犯罪」に関する国際法を適用することになる。国際法が実質的にドイツ法に組み込まれているので、国際法はドイツの被告に適用されると考えられるであろう。

最近、主張されているのは、一般的なナチのプログラムの執行において犯された、ユダヤ人や政治的オポジションの迫害のような犯罪は、枢軸国の領土で枢軸国の国民や無国籍者に対して行なわれたものであっても、「戦争犯罪」として考えられるべきだ、ということである。連合国の地方裁判所や占領国によって設置された軍事裁判所に、こうした裁判を裁くことができるとは思えないかもしれない。〔しかし〕このような裁判が、再建されたドイツの裁判所に持ち込まれるのが、もっとも有利ともいえる。(12) ナチの犯罪をドイツの法廷で処罰すれば、ドイツが以前のリーダーの犯罪から距離を取るということを、ドイツ人と全世界に証明するのに役立つであろう。

V

特定の裁判では、「戦争犯罪者」を取り扱う国際機関を設置する必要がある。「その攻撃が特定の地理的な所在と関係のない主要な犯罪者」の処罰は「連合国各国政府の共同決定」によるものとする、とモスクワ宣言は考えている。これによって、枢軸国が支配的になったところではどこでも、そのプログラムが実践に移された、「中心的な計画者」をカバーするように思える。他方で、いくつかの国によって犯罪者が指名手配された事例で「優先順位」を決めるために、ある国際的ないし連合国各国間の制度も設置されるべきである。

これらのケースすべてが、連合国間ないし国際的な裁判所に持ち込まれる可能性がある。しかし、政治的な便宜はむしろ〔裁判ではなくて〕、政治的な機関を選ぶように助言することになるであろう。こうした手続きは、このような犯罪者を扱うのにどの法が適用されるべきかという複雑で、難しい問題――この問題は国際法廷の裁判でこそもち上がるであろう――が持ち上がることを回避する。万一そうなった場合にも、こうすれば、ヒトラーの事例を始末するのも容易になる。真の法廷が対処しなければならないであろう反論は、ヒトラーは「国家元首」として〔不逮捕〕特権を享受するというものである。予定されたが行なわれなかった〔第一次世界大戦後の〕ヴィルヘルム二世の審判との関連で、しばしば持ち出されるのがこの反論である。このような反論は、それがどのようなものであれ、その「刑罰」を司法裁判のではなく、政治決定の問題にすることで回避されるであろう。これは最近、ナポレオン一世の事例を先例として引き合いに出すことで推薦されたものでもある。[13]

国際的ないし連合国各国間の政治機構は、特定の〔政治〕体制に従う義務を負うことなく、刑法の一般的に承認された原理と基準を適用することができるであろう。こうした政治機構は連合国の政府自身のメンバーで構成されるか、あるいは特別に任用された委員会であるかすることができる。どちらの場合も、適用されるべき措置については、完全な裁量が行使されうる。この特別な機構は主要な犯罪者を扱わなければならないだけでなく、同じ戦争犯罪者の裁判に対する異なる国の要求のなかで設定されるべき優先順位の問題を決めなければならない。こうした事実を鑑みると、特別な機構の立ち上げが好ましいように思われる。

以上より、「戦争犯罪者」の処遇に関するたくさんの点は、公式な声明で明示されるべきであろう。そこには次のことが盛り込まれるべきである。

a　有罪となる主要な行為のグループを公式に列挙すること。

b　上官の機能的な責任原理を確立し、「監督者責任」（respondeat superior）の申し立ての適用範囲を定める方針の陳述。

c　枢軸国の領土で犯された「戦争犯罪」も連合国の司法権の管轄下に置き、そして同時に三つの類型の機関（連合国の各国の法廷、枢軸国領土内に作られた連合国の軍事法廷、国際ないし連合国各国間の機関）の管轄を定めることを求める陳述。

d　いかなるものであっても国際ないし連合国各国間の機関の性格、構成、予定される司法権。

13 リーダーシップ〔指導者〕原理と刑事責任

オットー・キルヒハイマー、ジョン・ハーツ
（一九四五年七月一八日）

編者注記

R&A 3110. National Archives and Records Administration に保存されている文書では、このレポートの著者を確定することはできない。〔アルフォンス・〕ゼールナーは『ドイツのデモクラシーの考古学』で、このレポートはキルヒハイマーのものとしている。同書の第二巻に掲載されたインタビューで、ジョン・ハーツは、起草にキルヒハイマーが関与したことを明確に認めつつも、自分が著者であると主張しているという事実があるにもかかわらず、である。したがって、他のレポートでもそうであるが、このテクストはこの二人の著者による共同作業であったという蓋然性が高い。

分類　極秘（Secret）

序　論

イパーの目的である。

ナチの階層的な組織のもとで、部下の行為の責任について上官が負う一般理論を明らかにすることが、このペイパーの目的である。

ナチ国家の構造と機能は、次のようなものであった。すべての権力と権威は、理論的にフューラーとしてのヒトラーに付与されていた。しかし広範囲の自由裁量の権力が地域の「サブ・リーダー」〔大管区指導者〕によって行使された。彼らはヒトラーとナチの階層構造における他の高官の自動機械以上のものであり、ナチ組織の共犯者と考えられた。そしてそうしたものとして、彼らの管轄する個々の領域においては、幅広い政策形成に責任を負っていた。政策が政治的観点に関わることが多いほど、法的制限のいかなる形式からも、いっそう自由であり、特殊な命令が政策を形成するリーダーから実行する部下に言い渡される可能性はいっそう小さくなる。直接的な命令がしばしば不在であること、また往々にして政策が実行されるのに用いられる実際の方法について政策を作るリーダーの方は知識をもっていないということのために、既存の法の原理で、こうしたリーダーを有罪にするには、かなりの困難に遭遇する可能性がある。たとえば、共謀罪法の要件は、犯罪の計画に共謀者が意図的に参加することである。正犯と従犯の理論では、同意や黙従が不十分であり、ある特定の犯罪行為を犯すように誘う、ないし鼓舞することがなければならない。しかし、ナチの責任理論では、部下の特定の行為を命令したり、黙認したりしていない事実があっても、リーダーは部下の行為に責任がある。ナチ自身によって展開された責任の「リーダーシップ」理論とのアナロジーを示すことで、戦争犯罪についての一つの有罪理論が展開できるかもしれない。この理論は、ナチの階層構造で生じた特殊な環境に合うように適用でき、それ以外の場合に遵守されるいかなる技術的に確立された法の支配よりもはるかにナチ党およびナチ国家の有罪のメンバーを、包摂可能である。

I

ナチの理論によると、ドイツの政治共同体は、ナチ党、国家マシーン、そして軍からなる三つの基本的な柱のうえに建てられており、「指導秩序」として組織されている。[1] このことが含意しているのは、権力と権威はつねに一人の「リーダー」によって行使されるということである。このリーダーは、あることになっている「フォロワー」の信任と忠誠に支えられはするが、自分の特定領域では絶対であり、いかなる議会ないしその他の代議制的あるいは民主的な装置によっても、まったく邪魔されることはない。[2]

　このようにして、全構造のトップにあって、フューラー[3]であるヒトラーは、国家であれ、党であれ、あるいは他のなんであれ、いかなるグループや制度からも制約を受けないあらゆる政治的権力を、彼その人に集中する。そしてナチの理論によれば、責任を負うのは、彼の「良心」と「歴史の裁き」だけである。[4] 彼のもとで、リーダーシップ〔指導者〕原理はナチ社会の構造全体に浸透する。「リーダーシップは帝国の公的な生活の一般的な構造的要素である。それはある特定の領域を決定するだけでなく、人民の共同生活に関与するすべての組織、制度、そして結社を支配する。国家制度（とりわけ行政、軍隊、そして労働）および身分秩序（経済的・文化的身分、労働戦線、企業共同体）は、リーダーシップ原理によって統治されている」。[5] たとえば、これが意味するのは、国家行政の領域では、（なおも「諮問的」と称する機関としては存在しているかもしれないが）政策形成ないし決定に関与する、いかなる評議会ないし代表機関も、もはや存在しないということであり、そして「合議制原理」は、官僚制の全体にわたって、一人の決定に置換されたということである。そして一人がつねに彼の下にいるものへの完全な権威をもち、彼の上司に対する排他的な責任を負う。[6] 行政の長はナチ的な意味での「リーダー」なのか。そして何人かの著述家が公言しているように、党のリーダーｰフォロワー関係に特徴的だといわれている、しっかり結びつけられた「フォロワーシップ」をともなう、特殊で、親密な「忠誠関係」を保持しているのか。こうした点については、ナチの文献のなかでもたくさんの熱い議論が行なわれてきたことは事実である(7)。しかしながら、この議論は、リーダーシップ原理の決定的な構造的要素に影響を及ぼしてはいない。その要素というのは、すでに概略を述べたように、その権威主義のことである(8)。

「サブ・リーダーシップ」の領域は、公的生活のさまざまな分野で打ち立てられた、新しいリーダーシップのピラミッドを基礎にして、ナチの理論によって注意深く確立されてきた(9)。こうして国の政府の領域では、各種大臣はフューラーの中心的な協力者なのである。彼らは実際の「サブ・リーダー」である。「フューラーは大臣を下部の行政機関として」、つまりたんなる技術的な装置として「使うのではない」。「自らの管轄内で、創造的な仕方で活動でき、フューラーの導きのもとで独立して職務をこなす、フューラーの責任を負う共同作成者である協力者」として彼らを「使うのである(10)」。法律や法令に、彼らは共同でサインをする。このことが象徴しているのは、大臣が「フューラーのたんなる技術的な道具以上のものであり、彼はむしろ独立した実質的な業務を行なう」という事実である。彼のサインは、フューラーに対して彼が責任を負うということを含意している(11)。同様に、そして同じレベルで、ドイツ警察長官や勤労奉仕全国労働リーダーのようなトップの役人はフューラー直下の「サブ・リーダー」である(12)。

政府はこうして、「上級フューラー評議会」を構成する一方で、国家官僚制の主要なサブ・リーダーは、自身の自律的な管轄領域をもっていた。たとえば、地方自治政府のすべての代議制度が廃止されたので、大都市の市長、そして大小の自治体の首長も同じく、一般に共同体のリーダーとして承認されている(13)。「今日、ドイツのどの自治体も、共同体のリーダーがトップに就任している。このリーダーは全行政に単独で責任を負い、こうして以前の自治体の首長とはまったく異なった仕方で中心人物になった(14)」。

同じように、経済は「リーダーシップ〔指導〕経済」になった。トップには四カ年計画全権のゲッベルスが立ち、彼のもとで国防経済フューラーなど、いわゆる経済的な自己管理のさまざまな組織のリーダーが導いた。[15] 全国食料身分団、労働戦線のような、その他の「身分団」組織のリーダーやサブ・リーダー、そして手工業・職人ギルドのリーダーがいる。[16] 労働の領域では、全国労働評議員だけでなく「企業リーダー」にも、こうしたリーダーシップ機能が認められた。[17] もちろん、軍と党の領域において、この原理はもっともわかりやすい表現を見いだした。後者に関しては、フューラーとその代理のもとで、全国指導者の一団が党の最高の指導部を形成していて、その下に党と党組織のさまざまな地域的・機能的な役職者がいる。[18]

II

ナチの指導部の階層における、こうしたきわめてクリア・カットな管轄の秩序を考えると、各管轄領域におけるさまざまなリーダーとサブ・リーダーによって与えられた個々の指示と命令を基礎にした、同じようにクリア・カットな責任のシステムがあるかのように思われるかもしれない。しかしながら、これは正しくない。こうしたことが当てはまるのは、管轄とその限界が明確な法に依拠しており、権威ないし公式の機能を担う人がこうした限界内で行為すると想定できる、非全体主義体制においてである。非全体主義の体制では、法の限界を踏みこえる行為は、したがって、特定の場合に行為し、あるいは命令を下す個々の役職を保持している人に帰責される。その上司に帰責されるわけではない。これに対して、リーダーシップ原理と並んで、ナチの全体主義体制を特徴づけているのが、かなり広範囲に及ぶ法的制限の解除である。この制限の解除は、さまざまな機関や組織が有しており、それらの「リーダー」に無制限の権威だけでなく、実際的に無制限の行動の自由を与える。このことが意味しているのは、概して、リーダーやサブ・リーダーは、直接の指図にはもとづかず、むしろ一定の根本となる原理や方針の策定に依拠しているということである。そうしておいて、彼らはさまざまな分野や地域で部下に実行を指図する広範な裁量を任せる。ナチの体制が明確化された命令ではなく、暗に示された方針の遂行に依拠する理由の一つは、その方針の大部分がまさに非合法で、非道徳であることにある。たとえば、（移送システム、ガス室の設置、身体の除去と活用等々の）「技術的」な細部を含む、ユダヤ人殲滅政策を、文書にされた命令書に明記することは、セキュリティの理由でも内外のプロパガンダの理由でも、推奨できないであろう。この命令書は、政策を形成するトップからボトムの執行マシーンに引き渡され、現実化される。したがって、トップで骨太の政策が形成され、その政策の遂行は、いかなる特別な命令もなしに、サブ・リーダーに任されることになる。

このことが、ナチのリーダーシップ理論が何度もくりかえし「リーダー」（サブ・リーダーも含む）は「形式主義」的で、「法典遵法主義」的な法的制約から自由であると強調してきた理由であり、そして各人はすべての行為において厳格にナチの根本原理を遵守しなければならず、個別の場合には「国民社会主義の精神」で活動しなければならない理由である。したがってフーバーによれば[19]、「それぞれの行政行為の本質は、政治権力の最上位者であるフューラーの意志の実現にある」。しかしながらこのことは、形式的な合法性に縛られているということではない。その目的は「リベラルな法治国家でそうであるように、行政を抽象的な規範に押し込める」ことではない。「法治国家では、行政の合法性の原理が意味するのは、各執行行為は厳密に法によってあらかじめ定められているべきだ、ということである。……しかしリーダーシップ〔指導者〕国家では、特定の法律によって執行を制限することはない。……行政行為は、条文化された形式的な規範ではなく、国民の生ける法を実現し、現実化することを意図している。当局は明確に書かれた法の基礎がなくてさえ、つまり、書かれていない国民の法が活動を要求するならばいつでも、どうにかして活動できてしまう理由はここにあるのである」。同じく、別のナチの理論家は、次のように述べている[20]。リーダーシップ国家では「原理の問題として、役人は、既存の法律の背後に身を隠すことはできず、個人的な責任の地位に置かれる。……行政のリーダーシップの性格を守るために、新しい国家は法による規制をあまりに多く回避する傾向にある」。

しかしながら、法の制限を顧慮せずに、政策を考案し、実行する自由裁量は、特定の政策によって制御される事柄が内包する「政治的」観点の程度に依存するといわなければならない。当該の活動の政治的な観点が大きければ大きいほど、それが法的な制限に服することは少なくなる。他方で、その活動が純粋に「技術的」な領域に関わっていればいるほど、明確な規制に服することはより多くなるであろう。もちろん、ナチのシステムでは、すべてのものがナチの世界観（Weltanschauung）ないし方針と一致するかしないかという光のもとで判定されがちであるので、すべてのもの、明らかにもっとも「中立的」ないし「技術的」な領域ですら、政治的な性格を帯びているというのは、その通りである。さらに、もっとも「技術的」な機関の活動ですら、ある高度に「政治的」な行為の補助活動になる可能性がある。たとえば、国鉄《ライヒスバーン》の総裁が海外の奴隷を帝国に輸入する、あるいはユダヤ人を絶滅収容所に追放するのに必要な移送を提供することを任された場合である。しかしながら、通常は政治的な機関や活動とそうではないものの一般的な区別をすることは可能である。[21] 前者に属するのは、なかでも警察である。警察は、ナチの意味では、たんなる安全と秩序の保持よりもはるかに広い機能をもっている。いかなる攪乱に対しても国家と社会の内政構造を防衛する全般的な機能をもつという点で、それは軍隊に似ている。[22] そして警察のもっとも重要な部門は政治警察《ゲシュタポ》であり、それは実際、全能である。なぜなら、ナチ国家において権能の権能、つまり管轄を分ける権利は政治当局にあるからである。

したがって警察の領域では、ナチの理論はもっとも率直に、公的な当局の基本的に「無法」的活動の原則を承認してきた。ナチ国家で、警察に与えられていると考えられている一般的任務（いかなる攪乱に対しても国家とレジームを守るという任務）は、（法令というかたちであれ、指示であれ、内的な指導であれ、あるいは純粋行動であれ）いかなる活動でも、あらゆる既存の法律を上回ることを含意している。「警察の活動は無法でも非合法でもない。……それが旧来の警察法から逸脱するとすれば、それは新しい警察法を作る。いかなるかたちでそれが現れるとしても、既存の警察法が成文法の形式をとっていてさえも、それは既存の警察法を法的に有効な仕方で変える」(23)。なぜなら「固定的で、安定した法の形式において機能する」公行政のその他のすべての部門とは、警察は異なるといわれているからである。「外の敵と戦う役目を負う軍隊と国家に敵対的な諸勢力と戦う政治警察だけが、彼らの任務を成し遂げるために、こうした制約から自由でなければならない(24)」。あるナチの著述家は(25)、実際的に限定のない警察の裁量を示すために、ある理論を展開した。それによれば、「警察は、主権の特定の領域をすべて差し引いたあとに残った、国家主権の非合理で、無限定の残余部分である。国民社会主義の国家の主権は合理的には確定できないので、国家内には究極的で、確定不可能な実質が存在せざるをえない。……今日、警察に管轄を与える実定法はない。警察が法的権能を引き出すのは、国家主権の本質からだけであり、その実施はフューラーによる。……警察は通常ではない仕方で個人の自由に手をつけ、そして浸透する。……ここでの法的な権限付与はどれもでっち上げである」。こうして警察は「その活動は政治的に必要なものによってのみ決められるような機能」になる。警察に適用される唯一の「法」は、「異なった警察当局のあいだで政治的任務を配分する」規制の文である。

このことが意味しているのは、警察それ自身が必要だと思えばなんでも、法的制限の制約を受けることなく、行なうことができるということである。ナチのシステムでさえ必要であった唯一の法的制限は、内的な管轄に関わる制限である。それはあれこれの警察組織にしてよいこととしていけないことを指示する、つまり管轄の機能と地域を確定する。手段と措置に関して制限はなかった。「政治警察が自由に使える法的手段は規制されないできた。法的に規制することができないのは、政治警察が、必要になるかもしれない措置の選択でフリー・ハンドをもたなければならないからである。……政治警察の本質は国内のすべての敵対勢力に対して戦うという機能にあるので、明確に禁ずる法がないかぎりにおいて、この任務のために必要などんな措置をも講ずる権利をもっている。一九三三年二月二八日に出された国民および国家を保護するための法令〔一九三三年二月二七日深夜に起きた国会議事堂放火事件を受けて、ワイマール憲法第四八条にもとづいて出された大統領令。独裁国家への決定的な転機となった〕以後、そして国家と法についてのリベラルな概念から国民社会主義的なそれに変化して以後、もはやこうした限界は存在しない」。したがってあるのは「法的に許される手段の、考えられるかぎり最大の目盛り」である。[26]

ヴェールがかけられてはいるが、それでも完全に明白な言語で、（このラディカルな理論と実践に完全に同意しているわけではない）あるナチの著述家は、[27]ナチズムのもとでの警察法の展開において、法的制限がいかに完全なる無法と恣意に道を譲らざるをえなかったかを記述している。「今日、そのように発展してきているゲシュタポの機能と管轄は、それについて発行された法的規制によっては、決して適切に記述されていない。……新たな構造は、実質的な法ではなく、組織にアクセントを置いて建てられている。その時点その時点において〔ゲシュタポにとって〕必要で、都合がよいものは、よく定義づけられた法のシステムを作り上げようとする、いかなる意図にも優先する。こうして、実質的な警察法は二次的な意味しかもたないできた。……セキュリティ、秩序、そして危険の概念は、共同体、国民の富、そして社会生活の秩序を防衛するとされる、ありとあらゆる警察行動を正当化するのに、十分に柔軟であることが明らかになった[28]」。

III

一方で、ナチのリーダーシップ組織の階層的な構造を、他方で、根本的な政策の実施における各リーダーに与えられた裁量の広く、無制限の領域を考慮に入れるならば、ナチのプログラムのもとでなされた行為には新しい責任の概念を展開できるように思われる。指導部の一定レベルで大きな政策が考案され、こうした政策の執行はより低いレベルで行なわれる。形式的ないし明文化された命令は出されることなく、またより低い段階に対して法的制限を課すこともない。このような体制は、機能的・地域的な管轄領域内で、こうした政策を遂行するときに起こるいかなることに対する責任をも、この領域を管理するリーダーに負わせる。このリーダーたちが、どんな特別な命令を下していたか、あるいは一般的な政策の実行で使われた特殊な方法について知っていたと証明されるかどうかは関係ない。たとえば、「ヨーロッパの生活からユダヤ人を完全に除去する」という趣旨で、指導部の最高レベルで一般的な政策が採用されたとする。そしてこの政策の遂行で、ナチ支配下の大部分のユダヤ人が実際に根絶されたとする。そのとき、物理的な根絶の行為は、最高位のリーダーシップのもとで、ナチ・レジームのユダヤ人政策の実施と関係して機能的・地域的な管轄権限を有していたすべてのリーダーとサブ・リーダーに帰すことができるであろう。彼らはみな、この点についてナチのプログラムとナチの政策を知っていたとみなしうる。彼らはみな、そうしたプログラムと政策の遂行のために彼らの地位を用いた。そして彼らはみな、政治的指示が遂行されるに際していかなる法的制限も遵守されないということを知っていた。こうした条件のもと、彼らが特定のケースの遂行の個別の詳細について知っていたかどうかは、取るに足らないことであると思われる。

ナチ自身も、「リーダー」の責任についてのこの解釈を認めていた。ヒトラーは次のように述べている。[29]「リーダーになりたいと思う者は、最高で無制限の権威とともに、究極的かつもっとも重い責任を負う」。ナチの著述家たちはくりかえし、ヒトラーの権力のこうした「責任」観を強調した。[30] ナチの体制では、トップ・リーダーの責任は、実際には履行不可能なので、こうした責任の強調の理由は明らかにプロパガンダ的である。「専制的」ないし「独裁的」なレジームとは違って、ナチのレジームは恣意性と責任の欠如のそれではないと示すことが意図されていた。[31] しかしながら、同じくらい力を入れて、サブ・リーダーにもそのことが強調された。ここで責任が意味するのは、ある人の行為と振る舞いをその人の上司に対して釈明する、ということになるであろう。主張されているのは、こうしたリーダーシップ原理のもとでのみ、真の責任がありうるということである。「ここで課された責任は明確で、紛らわしくなく、誰も匿名の多数者を語ってそれを回避することはできない。それは逃れられない」[32]。リーダーの責任は、刑法の責任が通常定めるよりも、はるかに広く、ナチの理論家によって規定された。ナチの理論によると、リーダーに委ねられた人たちが行なうことにリーダーは責を負わなければならない。ある特殊なケースで、リーダーに委ねられた人たちが指示に反していて、またリーダーに負わされるどんな過失（故意ないし怠慢）がなくても、そうなのである。「部下が失敗したという言いわけを、どんなときでも将校は使うことができるという事実には、より深い意味がある。……真のリーダーであれば、自分の部下の過失を自分自身の過失としてみなし、それを受け入れる。場合によったら、その将校は自分では本当にまったく過失など犯していないかもしれないが、それでも、そうなのである。将校自身は実際に失敗した人に責任をかぶせることはできるが、彼の上司に対しては彼だけが有責なのである。こうすることでのみ、部下に対する権威、上司への責任の原理を、その深い意味の全体から理解することができる」[33]。

ナチのシステムで比較的高い指導部の地位に就いていた人たちに責任を負わせるのには、実際、「いっそう深い意味」とより深い正当化〔の理由〕があるかもしれない。一方でテロル、他方でプロパガンダ（世論の独占）を基礎にした体制では、指導部のピラミッドで比較的低いレベルにいる「フォロワー」は、自由に行為する能力をおおよそ奪われていた、ということができる。身体的あるいは心理的影響力によって、彼らは多かれ少なかれ自動機械になり、法的には、彼らの行動はこうした影響力の手段を行使した人たちに帰されるべきなのである。

ナチの理論では、「過失」とされ、リーダーがその責任を負うべき行為というのは、もちろん、党の綱領や党の方針と一致しない行為である。こうした基準を逆手にとって、私たちが戦争犯罪であると考えるものへの責任をナチのリーダーに負わせることで、実際に彼ら自身の基準と方針と一致してなされたことにナチのリーダーは責を負わなければならないということになるであろう。ナチのリーダーたちがそれにもとづいて行為した「法」というのは、実際、いかなる法的な制限も不在な状態であった。そして彼らの行為は、圧倒的多数の人民と国民が法と品位の根本的な基準と考えるものと矛盾していたがゆえに[34]、こうした基準を彼らに適用することは、正義の不在ではなくむしろその弁明になると思われる。

補論Ⅰ

以下、立法という手段によって、さまざまな公的生活の領域でリーダーシップ原理が実行された例を挙げたい。心に留めておかなければならないことがある。いくつかの領域ではこの原理は明白な法律や法令の条項によって取り入れられていた一方で、それが含まれることが簡単にわかる、その他のところでは、明示的に取り入れられてはいなかった。

（a）国の政府それ自身には、リーダーシップ原理はほのめかしによってしか取り入れられなかった。[35] フューラーと政府は、国会によるいかなる統制からも逃れていた。[36] 連邦参議院[37]を廃止する法は、この機関が以前、行使していた統制からも、政府を解放した。

（b）国の政治的下位部門におけるリーダーシップ原理が実現したのは、以下による。

i　州の立法議会の廃止[38]

ii　一九三三年四月七日の、州と国との均制化のための第二法[39]と、一九三五年一月三〇日の国家総督法。[40] これによって国家総督はプロイセン以外の地域のリーダーになった。

iii　一九三四年一一月二七日の国の再構成に関する第二の法令。[41] これによって同様のリーダーの地位がプロイセン州《プロヴィンツ》総督にも持ち込まれた。

（c）一九三五年一月三〇日のドイツ市町村に関する法規は、[42] 明示的に首長にリーダーシップ権力を付与することで（三二条）、また市町村評議会にたんなる諮問的機能を規定することで、リーダーシップ原理を市町村の地方政府に導入した。

（d）労働法の分野では、リーダーシップ原理は一九三四年一月二〇日の国民労働組織に関する基本法で実現した。[43] 一条で、経営者は事業のリーダーとし、二条は、「フォロワー」である従業員について、決定するすべての権力をこのリーダーに委ねている。そして法によって作られた、トラストの協議会がもつのは諮問的機能だけであると、五条で明言されている。

（e）経済統制の分野では、一九三六年一〇月一八日の四カ年計画の関する法令は、[44] ゲーリングを立ち上げのリーダーに任命すると規定し、幅広いリーダーシップ権力を彼に与えた。経済組織の別の分野では、リーダーシップ原理はより暗に含まれていた。たとえば、一九三四年一一月二七日のドイツ経済の有機的構造準備法の執行に関する最初の法令である。[45] さまざまな経済的な「集団」と「会議」の組織において、この原理が暗に含まれていた。

（f）農業統制の分野で、こうした課題を扱う主要機関が全国食料身分団であり、これはリーダーシップ原理を基礎にして作られた。全国食料身分団のリーダーとして規定されたのが全国農民リーダーであった。最初の法規は、全国食料身分団の暫定的な構造についてのもので、一九三三年一二月八日に食糧農業相によって発せられた。

（g）最後に、国家と党のほぼ中間にある二つの組織に言及することができる。一九三五年七月二六日の労務法は、労務を担当する全国労働リーダーを労務のリーダーとして確立した（第八条）。一九三六年一二月のヒトラー・ユーゲントに関する法律は、対応するリーダーシップ権力を全国ユーゲントリーダーに付与した（第九条）。

補論II　このペイパーで言及した情報源の評価

以下、註に出てくる順番に、著者に言及する。

H・B・ブラウセ（Hans Bernhard Brauße）　政治学・公法学を学ぶ若いナチの学徒。「リーダーシップ」理論の専門家。

ヒトラー『わが闘争』（Hitler, *Mein Kampf*）　ナチズム下では、この本はある種の法の源泉として承認されており、権威において、公式の法や政令にさえ優先する。

E・R・フーバー（Ernst Rudolf Huber）　国家論、公法、とりわけ憲法で、ナチの主要な権威である三、四人の一人。「古いリベラルな思想」に対してナチの理論家が対置する「新しいナチの概念とドクトリン」の主要な提唱者。

ハンス・フランク（Hans Frank）　他のリーダーの職務（〔無任所〕大臣、ポーランド総督）に加えて、ドイツ（ナチ）の法学者の公式「リーダー」であった。したがって彼の声明は、準公式的な性格をもつ。定期刊行物『ドイツ法』は、ナチ法曹協会（NSRB）の公式の刊行物であった。

オットー・ケルロイター（Otto Koellreutter）　ミュンヘン大学の公法の教授。一九三三年以前は、ドイツ国家国民党であったが、一九三三年にナチに。ときどき、さらにラディカルな理論に面すると、ナチ以前の思考と概念の残滓を保持しようとしたが、主要なナチの公式とドクトリンを弁護した。

C・H・ウレ（Carl Hermann Ule）　若手のナチの公法学徒の一人。E・R・フーバーの弟子。定期刊行物『行政叢書』（*Verwaltungsarchiv*）は、ドイツ公法の老舗の雑誌。もちろん、一九三三年以後、ナチ化された。

ラインハルト・ヘーン（Reinhard Höhn）　公法と政治学の数少ない主要なナチ理論家の一人。フーバーと同じく、この学問のために新しい「ナチ」概念を創出しようとした。

テオドール・マウンツ（Theodor Maunz）　行政法を専攻するナチの著述家。彼の著作にはナチ以前の残滓が一定、含まれている。

『国法学総合雑誌』　新旧のドイツの政治学レビュー。一九三三年後、ナチ化された。

アルノルト・ケットゲン〈Arnold Köttgen〉　行政法の権威。一九三三年以降、外に向けてはナチになったが、すっかりナチ化したわけではなかった。

ヨハネス・ヴァイデマン〈Johannes Weidemann〉　地方政府に関するナチの専門家。

ハンス・フランク〈前頁も参照〉編『ドイツ行政法』（一九三七年）。この本には、公法と行政のナチのもっとも権威のある著述家の何人かの寄稿論文が含まれており、このため準公式的と考えることができる。

ジークムント・ダンベック〈Siegmund Dannbeck〉　弁護士。行政法のいくつかのトピックについての著述家。

W・ラフォーレ〈Wilhelm Laforet〉　公法教授。一九三三年まで中央党に属す。一九三三年後もすっかりナチ化したわけではない。

エルンスト・フレンケル〈Ernst Fraenkel〉　ドイツの法律家・政治学者で、今この国〈アメリカ合衆国〉に住んでいる。彼の『二重国家』はナチの法・政治構造についての最高の論考の一つである。資料が豊富。

ヴェルナー・ベスト〈Werner Best〉　古参の護衛のナチ。一九三三年以後、ゲシュタポの法律顧問になった。警察法と警察（とくにゲシュタポの）実践についてのナチの主要なエクスパートの一人。

『ドイツ行政』　公法の問題を扱う、ナチの定期刊行物。

ヴァルター・ハメル〈Walter Hamel〉　政治学・公法の比較的若いナチの理論家の一人。

14 ドイツおよびヨーロッパ支配のためのナチの計画——ナチのマスター・プラン

ヘルベルト・マルクーゼ
（一九四五年八月七日）

編者注記

R&A 3114. フランツ・ノイマンからジョージ・デモス宛の、一九四五年六月一三日付の書簡には、中欧セクションで戦争犯罪についてのリサーチに関わったメンバーが列挙されている。この書簡で、マルクーゼはプロジェクト R&A 3114「ヨーロッパ支配のためのナチの計画」（RG 226, entry 37, box 2, folder: Central European Section）の責任者とされている。さらに「ドイツおよびヨーロッパ支配のためのナチの計画」に結実するレポートのリストに、マルクーゼはナチのマスター・プランについてのテクスト（RG 226, entry 146, box 38, folder 534: Miscellaneous Washington Files）の概略の著者として記されている。このテクストには、八つの補論が付けられているが、ここには掲載しない。そこに入っているのは、引用された主要な情報ソースの分類基準、選挙の統計、一九四四年一月三〇日のヒトラーの演説、民政ハンドブック『世論の通信と統制』からの抜粋、そして一九三七年一一月四日、官邸で行なわれた会話の要約である。

分類　極秘（Secret）

I　序　論

このペイパーが試みるのは、ヨーロッパにおける、そしてさらにはヨーロッパを超えた侵略、征服、そして支配についてのナチの包括的計画の存在を証明することである。この計画は、主として国民社会主義ドイツ労働者党（NSDAP）によって考案され、展開された。関連組織や監督下の組織とともに、そしてドイツ軍のなかの有力なサークル、高官、そしてドイツの産業リーダーと連携してのことであった。この計画の範囲、詳細、そして手段は、いくつかの段階を踏んで展開された。その段階は、大まかにいうと、次のとおりである。（一）一九二〇年から一九三三年、ナチがドイツで権力を掌握した時期。（二）一九三三年から一九三四年、ドイツに対する全体主義的な支配を確立した時期。（三）一九三四年から一九三九年、彼らが侵略戦争の全体的な準備をした時期。（四）一九三九年から一九四四年、ヨーロッパの占領地域を通じて、支配の方針を実行に移した時期。これら四つの段階すべてにおいて、計画の実行には不法な手段が行使されてきた。

II　ナチの支配計画における政党の役割

A　NSDAP、その起源と初期の発展

ナチの支配計画の主要なアクターはNSDAPであった。『わが闘争』におけるヒトラー自身の説明によると、そして権威のあるナチの刊行物によると、[1] NSDAPの最初の組織的な核はドイツ労働者党であった。一九一九年一月にアントン・ドレクスラーによってミュンヘンで創設された。同じ年、そのときまだ国防軍の兵士であったアドルフ・ヒトラーは、軍当局の（彼の言葉では）「上級の命令で」ドイツ労働者党に接触した。彼は党の議論に参加した。その党は次の年（一九二〇年）に、国民社会主義ドイツ労働者党という名称になった。そしてヒトラーはフェルキッシャー・ベオバハターという自身の党機関を手に入れた。NSDAPの最初の主要な会議がミュンヘンで、一九二〇年二月二四日に行なわれた。一九二一年八月一日に、ヒトラーは党の「リーダー」に選出された。最初の党大会が行なわれたのは、一九二三年一月二七日であった。

伝えられるところによると、当初のグループはたった七人のメンバーから構成されていたが、党の構成員は、党の公式の統計によれば、ナチ政府が始まる前、一九三三年一月には八四万九〇〇九人になっていた。[2] 一九三五年、党は二四九万三八九〇のメンバーを数えるまでになった。五・二パーセントが一九三〇年九月一四日以前の党員であった。二八・八パーセントは一九三〇年九月一四日からナチ政府が樹立された一九三三年一月三〇日に入党した。党は一九二四年にはじめて国会選挙に参加し、三二議席、全投票数の六・五パーセントを獲得した。最後の自由な選挙になった一九三二年は、一九六議席、全投票数の三三・一パーセンを得た。

突撃隊（SA）の設立とともに一九二一年から、党はさまざまな編隊や関連・監視下団体を作った。[3] これらは権力掌握後、公的生活のすべての領域（政治、経済、文化、軍事など）をカバーした。

一九三三年以前、これらの組織のなかでもっとも活動的であったのがSA（一九二一年設立）とSS（一九二三年設立、一九二五年改変）であった。準軍事的な組織で、NSDAPのテロ活動の主要な手段であった。[4]

一九三三年一月三〇日の権力掌握後、NSDAPはドイツにおける唯一の政党で、「ドイツ国家の理念の唯一の担い手」とされた。[5] 同時に、党の指導部と政府における主要な役職の保持者のあいだの人的な同一性が確立された。〔ナチ〕党のリーダーであったヒトラーが国の首相になった。国防軍の師団長であった〔ヴェルナー・〕フォン・ブロムベルク将軍は戦争相としてヒトラー政府に加わった。党はビジネス、文化、そして教育のすべての領域で支配権を確立した。世論と通信のあらゆるメディアに対する全体主義的な統制は、ゲッベルスに率いられた国民啓蒙・宣伝省に集約された。一九三三年から三四年に、NSDAPと政府の全体主義的なアマルガム化は、全領土を覆った。(6)

B　中心人物

党綱領の形成期、そして基本的な組織構造の立ち上げ期（およそ一九二〇年から二三年）、ヒトラーに加えて、NSDAPの重要な役割を果たした人物は以下である。(7)

ヘルマン・エッサー（Hermann Esser）　一九二〇年、『フェルキッシャー・ベオバハター』（*VB*）の編集長

ディートリヒ・エッカート（Dietrich Eckart）　一九二一年に*VB*の編集長（アルフレート・ローゼンベルクと共同）

ルドルフ・ヘス（Rudolf Hess）　一九二〇年NSDAPに入党

アルフレート・ローゼンベルク（Alfred Rosenberg）　一九二一年に*VB*の編集長（ディートリヒ・エッカートと共同）

マックス・アマン（Max Amann）　一九二一年にNSDAPの幹部

ゴットフリート・フェーダー（Gottfried Feder）　一九一九年から二〇年に政治講演者、そして党綱領の公式コメンテーター

ヴィルヘルム・フリック（Wilhelm Frick）　一九二〇年から二三年にミュンヘン警察総局で、ヒトラーの護衛

党の中心人物から構成されたこうした集団は、のちに、ヒトラーに近い助言者や協力者になる、他の人たちと結びついた。とくにゲーリング、ゲッベルス、ヒムラー、ボルマン、リッベントロップなどである。

権力掌握後、ヒトラーを除いて、次の集団のメンバーが、党の政策の形成と執行に対して主として責任を負ったといえる。[8]

NSDAPの全国指導者
NSDAPの全国事務局長
大管区指導者
連盟、関連・監督下組織の長

このペイパーが試みるのは、特定の戦争犯罪の教唆や実行の責任を特定の個人、集団、あるいは組織に結びつけようとすることではない。しかしながら、NSDAPの目標が公けに発表されており、すべての政党メンバーはこれらの目標（II-D-1とD-2を参照）を知り、その実現のために戦う義務があったという事実は、自発的に入党したNSDAPのすべてのメンバーを共同責任者にする。同じことが、関連・監督下の組織にも当てはまる。

権力の掌握と、ナチの支配下でのNSDAPと政府の完全なアマルガム化（下記V-Cを参照）以後、NSDAPの目標はまた、ドイツ政府のそれになった。

したがって、この時点から、統治する政府当局はナチ党と責任を分有する。

C　目　標

NSDAPの目標は次のように定式化できる。

1　NSDAPの綱領、いわゆる二五カ条（一九二〇年）。一九二六年五月二二日の党大会の綱領によって、綱領は「不変」と宣言された。[9] 権力の掌握後、公式の『国民社会主義年報』では、党の綱領は「国家の根本的な政治的法」と呼ばれている。[10]

2　一九二四年に書かれたヒトラーの著『わが闘争』。

3　先に言及したような、NSDAPや関連団体の指導的人物による本、パンフレット、論文、演説。

4　NSDAPの印刷物、主として『フェルキッシャー・ベオバハター』やその関連のもの（『アングリフ』や『シュテュルマー』）に掲載された論文。

5　一九二四年と一九三〇年のヒトラーらに対する叛逆をめぐる裁判で提出された証拠。[11]

NSDAPの綱領（一九二〇年）は、支配と征服についてのナチの計画の主要な要素を含んでいた。

a　すべてのドイツ人を大ドイツに編入すること（一条）
b　ヴェルサイユとサンジェルマンの平和条約の破棄（二条）
c　「土地」の要求（植民地）（三条）[12]
d　徹底した差別と反ユダヤ主義（四条）
e　民主的・議会制的システムに対する戦い（六条）
f　再軍備（二二条）

事実としてNSDAPの目標は、簡潔で、注意深い綱領の定式化が示すより、はるかに広遠であった。このことは、右のⅡ－Cで挙げられた他のソースと関連づけられることで、はっきりする。この文脈において、そして一九二〇年から権力の掌握までのNSDAPの活動に照らして考えるならば、目標は次のように記述できる。

a　合法・非合法、すべての手段を用いた、既存の民主的・議会制的ドイツ政府の転覆
b　政治的、イデオロギー的、宗教的、人種的、その他すべてのオポジションの完全な除去、そして市民的な権利と自由の廃棄による全体主義的なナチの独裁の樹立
c　ドイツの完全な再軍備と、社会、経済、文化生活のすべての領域にわたる体系的な戦争準備
d　海外の領土をドイツに編入し、より多くの領土をドイツの「生存圏」のために占領することを目的とした新たな軍事力の使用

NSDAPがこうした目標をもっており、それらは力、暴力、そしてその他の不法な手段で実現された、という事実は、以下の章で証明される。

D　特別な特徴

1　リーダーシップ原理

NSDAPは「リーダーシップ原理」によって組織された。「フューラーの理念は、党組織の基礎である」[13]。この意味は、フューラーの権威によって、党が統治され、管理されていた、ということである。フューラーの政令、命令、そして決定は、それらがフューラーから顕現したという事実だけを理由とする、党の最高の法であった。公式にいわれていたように、「フューラーの意志は党の至高の法」なのである[14]。フューラーの意志は、無条件に服従されるべき絶対的な権威であるばかりでなく、無謬性も含意されている。「フューラーはつねに正しい」と

いうのが、国民社会主義の第一の掟でいわれていることであった。[15] フューラーによって与えられた党の綱領は、すべてのメンバーに、ドグマとしての権威をもった。「綱領はあなたにとってドグマである。それがあなたに求めるのは、運動への最高の献身である」。[16]

党全体の目的と方針のため、そしてそれを通じて、運動全体のために、ヒトラーの発言と声明の拘束的な性格を確保したのが、リーダーシップ原理であった。他方で、この同じ原理が、すべての個々の「サブ・リーダー」に、その役職や地位の領域や管轄における完全な責任を確立した。[17] というのも、リーダーシップ原理は、最高のリーダーとしてのヒトラーだけでなく、彼のもとにいるさまざまなサブ・リーダーにも当てはまり、こうしてナチの階層組織全体に浸透したからである。党のさまざまな決定権保持者は、各自の領域で、彼ら自身がフューラーであった。各政治リーダーは「政治的フューラー」であり、[18] 全体としての党はリーダー団の秩序であった。[19] ナチのリーダーシップの理念が前提にしているのは、各リーダーにおける「完全な責任感」である。[20] 同様に、各リーダーには、その領域で完全な権威が付与されていた。

たとえば、決定権保持者は、その人の領域では、すべての政治リーダーに優越する。あらゆる点でその人はそれらに関して無条件の権威をもつ。[21]

しかしながら、このことは、フューラーへの無条件の服従という義務からサブ・リーダーを解放するわけではない。

すべての政治リーダーは、フューラーによって任命されたと考えられ、フューラーに責任を負う。[22]

しかし、彼らは、下のものに対しては完全な権威を享受する。[23]

2　直接行動の支持

NSDAPがほとんどの政党と異なるのは、次の〔二つの〕事実による。〔一つは〕NSDAPがメンバーを〔他の政党よりも〕はるかに強力に党の原理と目標に結びつけることであり、〔もう一つは〕党の目的を促進するのに必要と思われればいつでも、非合法で不法な行為にもお墨付きを与えて、党がすべての部分において、直接行動に仕向けることである。

第一の点に関して、ヒトラーの『わが闘争』は、NSDAPの組織原理を設定するにあたり、[24]それと「ブルジョワ政党」を対照させる。すべてのNSDAPのメンバーは、党の目標のために活動的に闘い、「そのために決起し、それを広め」、「弱く、臆病な防御のスローガンを勇ましく、暴力的な攻撃の戦闘的な叫びに交換する」という。したがってヒトラーはたんなる「フォロワー」と実際の「メンバー」をはっきりと区別する。そしてメンバーシップを確保したのは、もっとも価値があり、もっとも信頼できる候補者だけであった。同様に、党のメンバーシップは（SAやSSと同様に）、少なくとも一九三三―三四年までは、完全に自発的であり、メンバーは「精神や意志の力において画一的な信者と戦闘員からなる、明確に限定され、しっかりと組織された政治共同体を形成した」。[25]

NSDAPが直接行動の政党だ、ということは、民主的・議会制的なシステムに対する根本的な反対から、ほとんど不可避的に出てくる。[26]〔ナチ〕党は民主的なプロセスを拘束力のあるものとしては承認せず、内部を疲弊させ、日和見主義者をナチのプロパガンダへと誘導する手段としてのみ用いた。[27]同じ理由で、党の指導部は公然と、現政府に対する非合法の闘争を認め、不法な手段を広範囲に用いた。[28]

E　初期の支援者

1　国防軍

ヒトラーは、早くも一九一九年には国防軍の政治職員として働いていた。このことは、『わが闘争』の彼自身の説明によって証明されている。国防軍の業務に就きながら、一九一九年五月に、「第二歩兵連隊における革命の出来事の調査委員会に加わるように命令を受けた」と彼はここで述べている。[29] 彼は何度も、死刑執行のために「赤い」兵士の選別にかかわった。少しあとに、次のように述べている。

「ドイツ労働者党」という名前のもとで、以下の日取りのある日に会合を予定している明白な政治結社の背後になにがあるかをみつけ出すようにと、ある日、私は上司から命令を受けた……。[30]

このことは、ヒトラーについての短い伝記的な記述によっても裏付けできる。この記述は、「国家当局」の助力によって一九三五年に編集された、クノー・ホルケンバッハの『一九一八年から今日までの第三帝国』に出てくる。ここでヒトラーは次のように記述されている。

一九二〇年まで国防軍におり、政治的訓練のための将校の役割を任されていた。[31]

このときから一九三三年まで、軍とＮＳＤＡＰの関係は秘密のヴェールに包まれていた。一九二三年以後、国防軍が公式に政治から撤退し、ヒトラーが権力を掌握してはじめて、ナチの運動との公然たる再結合がなされた。[32]

2　義勇軍

義勇軍は、第一次世界大戦の末期に誕生した準軍事的な組織である。彼らはヴェルサイユ条約の規定を承認せず、ドイツの境界、とくに東部のそれを確保するために、自分たちで私的な戦争を戦った。さらにいえば、彼らは暴力的なまでに、ワイマール共和国の民主的な政府に対立し、その支持者に対して激しいテロによる運動に従事した。[33] こうして義勇軍は、基本的な目標において、初期のナチの運動におけるそれと一致していた。実際、多くの義勇軍のリーダーは、のちに党において頭角を現した。[34]

3　財界人

影響力のある産業界がNSDAPを支持した時点はまだ不明である。しかしながら、一九二三年までには、党と、ドイツのもっとも重要な産業の連合体の一つとのあいだに、すでに接触がなされており、財政的な貢献が続いていた。これは大物フリッツ・ティッセンの証言である。彼が述べるところでは、一九二三年に彼はルーデンドルフ将軍と会った。NSDAPは「国民の回復」を成し遂げることができる唯一の政党である、とルーデンドルフは彼に語った。ティッセンは次のように書いている。

私は彼の助言に従った。ヒトラーが設定した公的な会議に何度か参加した。彼の雄弁の才能と大衆を導く力を認識したのは、そのときであった。しかしながら、もっとも印象的であったのは、彼の会議を支配していた秩序、彼のフォロワーのほとんど軍事的な規律であった。[35]

二、三日後、ルーデンドルフの臨席のもとで、ティッセンはヒトラーと個人的に会談した。

ルーデンドルフとヒトラーは、ツァイグナー博士の共産党政府を放逐するために、ザクセンに対する軍事的遠征を企てることに合意した[36]。提案された遠征の究極的なねらいは、ワイマール民主体制の転覆であった。ワイマールの弱さがドイツをアナーキーにしている。

資金は足りなかった。……ルーデンドルフはすでに何人かの財界人の助けを懇願し、手にしてもいた。なかでも、シュティネス社のミヌー氏の助けがあった。私のほうでは、彼に約一〇万の金貨を渡した。これが、国民社会主義党への、私の最初の献金であった[37]。

既成の民主的な政府を力によって転覆することはNSDAPの公然の目的であり、一定の諸個人がこの目的を活動的に支えていた、という事実を、ティッセンのこの証言も裏づけている。重工業による財政的なサポートはその後も継続し、NSDAPとライン－ヴェストファーレンの石炭シンジケートの接触は維持された。このことはフリッツ・ティッセンの別の発言においても示されている。ティッセンによれば、一九二八年にルドルフ・ヘスが彼に接近した。

長年、ライン－ヴェストファーレンの炭鉱シンジケートの総裁で、長老の枢密顧問官キルドルフの提案であった。私は彼とは親密な関係にある。ナチは褐色館〔ミュンヘンのナチ党の党本部として使用された建物〕を購入したが、その支払いに大きな困難を抱えている、とヘスは私に説明した。私は条件しだいで要求された資金をヘスが手にできるようにした。しかしながら、この条件はけっして彼が達成できないものであった[38]。

一九二八年にティッセンがドイツ最大の鉄鋼コンツェルン合同製鋼の監査役会長であった、ということは明記しておく意味がある。さらに「キルドルフは、私の前に長いこと国民社会主義党のメンバーであった」とティッセンは述べている[39]。

ドイツ産業界からNSDAPへの大規模な献金は、おそらく一九三二年以前にはなされていなかった。これについては下記、IV－Bで論じる。

III　マスター・プランと実行の段階

ナチの綱領を実行するのに必要なのは、国内・国外の方針、ドイツ内および海外での活動をカバーする包括的なプランを発展させることであった。

第一次世界大戦の終戦直後にナチが活動を始めたとき、彼らが対決したのは、ヴェルサイユ条約の履行を約束した議会制的・民主的なドイツ政府であった。さらに、ドイツの人口の多数は政府を支持し、侵略的な拡大という外交政策には反対の立場を取っていた。したがって、目標を達成するためには、ナチはワイマール共和国の民主的・議会制的な政府を転覆することから始めなければならなかった。さらに、ドイツ人の大部分はナチの綱領に反対しつづけていたし、このプログラムの実現にはドイツの総動員が必要とされたので、ナチは全体主義的な独裁の確立を求めざるをえなかった。したがって、民主的・議会制的な政府に対する闘争と、全体主義的な独裁のための戦いが、ナチのマスター・プラン実行の第一段階であった。この段階は一九三三年に実現された。一九三三年にナチ政府が権力に就いたあと、ナチ政府は公的および私的生活のすべての領域にわたる全体主義的な支配を確立しなければならなかった。というのも、民主的な権利と自由の保存は、ナチの権威主義的哲学と権力に居座ろうとする決意にそぐわなかったからである。マスター・プランのこの段階には、政治的、イデオロギー的、そして宗教的なオポジションを全体として除去すること、すべての通信メディア、教育、福祉、行政機構の全体などへの無制限の支配が必然的にともなった。この課題はナチ・レジームの最初の数年で実行された。

ドイツの全体主義的な支配の確立とすべてのオポジションの除去とともに、ナチは侵略戦争への「全面的」な準備に集中した。この準備は、少なくとも三段階で行なわれた。

a　イデオロギー的――生存圏《レーベンスラウム》の構想とドイツ人の人種的な優越性の展開

b　軍事的――全分野でのドイツ国防軍の構築、および国民経済の全体を戦争経済に移行すること

c　政治的、経済的、文化的に、海外に侵入し、第五部隊〔スパイなどの〕活動をすること

ドイツの新たな戦争の潜在力は、このとき公然たる軍事行動によって体系的にテストされた。ラインラントの占領、そしてスペイン、オーストリア、チェコスロヴァキアである。

これらのテストがうまくいったあとで、ナチの政府は一九三九年にヨーロッパ戦争に乗り出した。ドイツにとってのヨーロッパの「生存圏」の大部分を征服することで、マスター・プランは、最終段階に到達した。征服された領土はドイツ人が生活するスペースに変えられ、ドイツの戦争マシーンの利益のために、そして大陸の永続的なドイツ人支配の利益になるように徹底的に搾取され、略奪がなされた。

ナチの運動の歴史についての概観の一つで、ヒトラーは自分で、上記のようなマスター・プランの四段階をナチ・レジームの四つの偉大な任務として記述している[40]。

「**任務番号一**。社会問題の解決によって、帝国はふたたび、失われた内的な社会平和を獲得しなければならない。つまり、(ブルジョワとプロレタリアートという)階級のクリーヴィッジの要素が、あらゆる現象形態においても除去されなければならず、また国民的共同体が立ち上げられなければならない。理性への訴えは、あらゆる陣営で、悪意をもって抵抗する分子の容赦のない排除によって補完されなければならない。

任務番号二。国民の社会的・政治的統一は、国民的・政治的統一によって補完されるべきである。つまり、政治的にだけでなく、国家性においても引き裂かれている国の代わりに、国民社会主義的統一国家が立ち上がらなければならない。それには、攻撃と圧力の最大の試練にも立ち向かい、耐えることができる構造とリーダーシップがともなっている必要がある。

任務番号三。国民的・政治的な基礎のうえに打ち立てられた統一国家は、国防軍を直接的に作り出すという任務をもっている。国防軍は、知的な外見と道徳的な態度において、数字のうえでの強さにおいて、そして実質的な軍備において、自己主張するという任務の満足のいく道具として機能することができる。軍備の制限へのドイツの提案を世界のその他がすっかり拒否してから、国はそれに応じて軍備を整えなければならない。

任務番号四。ドイツ人が住み、ドイツに千年以上にわたって属している地域を構成し、そして国民的・経済的に、帝国の保持のため、つまり政治的・軍事的な防衛のためになくてはならない領土である国々がある。成功のチャンスがあるヨーロッパでの地位を確保することができるためには、こうした国々すべてを組み込む必要がある」。

マスター・プランの実行には、すべての段階で、力、暴力、そしてその他の不法手段が必要であった。これは概して、ナチの哲学原理からの帰結であった。ナチの哲学原理は、平和主義、人道主義、そして民主的な価値を退廃的な臆病さとして拒否し、そして強者と武力の自然権を主張した。さらに力と不法手段の使用が必要とされたのは、次のことによる。

1　民主的・議会制的なシステムをナチの独裁によって置換するというナチの運動の公言された目標（以下、Ⅳ）。

2　容赦なく、そして可能なかぎりすべての手段を用いてすべてのオポジションを排除するという公言された目標（以下、V）。

3　「人工的」な国境を尊重せず、外国でナチのプロパガンダと活動を実行するという公言された目標（以下、VI－B）。

4　占領地域をドイツの生存圏の一部として扱い、それらをドイツの戦争マシーンのために総動員するという宣言されたナチの方針（以下、VII）。

さらに、力とその他の不法手段の使用を明白に認める、責任あるナチのリーダーによるたくさんの発言がある（以下、各所で引用）。

IV　民主的・議会制的なドイツ政府の転覆とナチの独裁の確立のための闘い

新たにドイツ人が住んでいる領域を征服するために、ナチはまずドイツで権力を掌握し、戦争というイベントに向けてドイツの準備をしなければならなかった。

というのは、抑圧された国々が共通の帝国の懐に引き戻されるのは、激しいプロテストによってではなく、強力な武力によってである。この武力を形成するのが、人民の国内政治的な指導部の任務である。こうした仕事を擁護し、戦友を求めることが、外交政策の指導部の任務なのである。(41)

こうして、ナチの国内政策は、侵略と征服の外交政策の第一段階であった。この政策には、ナチの独裁によるワイマール共和国の既成の民主的・議会制的な政府の転覆が入っていた。

A　民主的政府への政治的なテロ

君主制の崩壊以後に確立されたドイツ国家は、議会制デモクラシーの国である。このデモクラシー国家の枠組みでは、ヨーロッパに対するドイツの優越性の確立を準備することは、民主的な諸政党からの反対ゆえに不可能である。民主的な諸政党は、平和的な国際協調政策、そしてヴェルサイユ条約の履行、あるいは法的・平和的な手段によるその修正にコミットしている。一九一九年からヒトラーの権力への上昇までの選挙の数字が示しているように、反軍国主義・反拡張主義の政党が、一貫して、国民の多数派によって支えられている。

こうした状況において、民主的・議会制的な政府の除去は、ナチズムのゴールの達成にとって前提条件であった。

> 最初の日から、モットーはベルリンに対する無制限の闘いであった。……一つだけ確実なことがある。ロッソウ、カール、ザイサー〔ヒトラーがミュンヘン一揆を起こしたときのバイエルンのリーダー〕も、私たちと同じゴールをもっていた。[42] 現在の国際的・議会制的状況を引き受けた政府を取り除き、それを反議会的な政府によって置き換えること、それがゴールである。[43]

一九二三年一一月の失敗したヒトラーの一揆に対するナチのリーダーの裁判で作成されたエビデンスの検証のあと、ワイマール体制と議会制の破壊がナチの運動のゴールであったということは[44]、一九二四年四月一日のミュンヘンの第一法廷で確定した。一揆のあとも、このゴールは変わらなかった。

たとえば、一九二七年にはヴィルヘルム・フリックは次のように述べている。

私たちの次なるゴールは、国家の政治権力の征服でありつづけている。これは私たちの理念の実現の前提である。(45)

ナチの「無制限」の戦いは、民主的・議会制的なシステムそれ自体に向けられていた。なぜならこのシステムはどこでも、ナチの運動の目標であった、独裁的なリーダーシップと支配の道に立ちはだかったからである。

議会の性格は、こうした統一的なリーダーシップの邪魔をする。……このため絶滅の第一歩は、ユダヤ的・民主的な議会主義に向けられなければならない。(46)

議会制は国家を制約する厄介なもので、ユダヤ的な詐欺だ。議会制とソーセージの皮の違いがわかるか。どちらも猫にぴったりだ。(47)

ナチの党綱領の公式の解釈者であるゴットフリート・フェーダーはこう述べている。

議会主義的・民主的な投票権の煩わしさは除去されるであろう。(48)

国民社会主義者が待ち望んでいるのは、一〇人の男を引き連れた有名な上官が、ひどい恥（議会）に不名誉だが当然の終わりをもたらし、ラディカルな独裁への道を開く日である。(49)

ブックレット『ナチ・社会主義』（*Der Nazi-Sozi*）で、ゲッベルスは公然と、国家権力を掌握し、国家を独裁的な力で形成する、ナチの運動の正しさを主張した。

若く、覚悟をもった少数者こそがいつでも、腐敗した、バラバラな多数派の支配を転覆することができた。歴史には、このことを示す例が溢れている。……私たちについても同様である。ひとたび私たちが国家を掌握すれば、国家は私たちのものだ。このとき私たちが、そして私たちだけが、国家の責任ある担い手になる。そして独裁的な力によって、私たちは国家を私たちの原理にしたがって作り変える。[50]

ナチ党のユニットは権力掌握の日に備えて、「独裁制の本性を帯びて」体系的に訓練されなければならなかった。たとえば、大ベルリンの大管区指導者によって発行されている組織の回状の公式なコレクションには、次のような言明が出てくる。

党、あるいはむしろそのユニットは、学校でなければならない。彼（国民社会主義者）は、権力を勝ちとった日に、現実の仕事を始めることができるように、独裁制の本性を帯びた実践的な訓練を受けるためにこの学校を通過しなければならない。[51]

ヒトラーは既成の形式の政府に対する闘いが「無限定」であることを強調する。この強調は、力とその他の不法な手段の是認を意味している。こうした是認はくりかえし、ナチの指導部によって主張された。

私たちは、非合法だと非難を受けようとも、政治活動に関与することを恐れない。[52]

万一、党が禁止されても、私たちは非合法に活動をつづける。[53]
現秩序の崩壊に備え、それをあらんかぎりの手段を用いて転覆する。[54]
ムッソリーニがイタリアでマルクス主義を絶滅したように、私たちも独裁とテロで同じことを成し遂げることに成功しなければならない。[55]
日々、戦え。必要であれば、バリケードでも。この戦いが戦われるのは、マシンガン、地雷、手榴弾によってであろう。[56]
この戦闘で、首が砂のうえを転げ回る。彼らの首か、私たちの首が。こう述べるとき、アドルフ・ヒトラーは私たちに不確定なことをほとんど残さない。[57] したがって、転げ回るのは向こう側の首だということを、私たちは目にするにちがいない。

ヒトラーの一九二三年の一揆の失敗後、ナチの指導部は公的には、非合法手段の是認を放棄し、運動の戦略と戦術を合法性に転換した。しかしながら、民主的国家によってオポジションに認められた法的権利と自由を使うが、それはこうした国家を掘り崩し、破壊するためである、とナチ指導部は公言した。このことが打ち明けられたのは、とくに、ナチが議会に入り、議会内政党として活動することを決めたときであった。

私たちが議会に入るのは、デモクラシーの火薬庫で、自分たちに自身の武器を提供するためである。国会の一員になるのは、ワイマールの感情を自身の助けで麻痺させるためである。民主体制が私たちに善意の無駄骨でフリー・チケットと日当をくれるほど愚かであるならば、それは自業自得である。[58]

私たちは友として来ていないし、中立者としてですらない。敵として来る。狼が群れに襲いかかるように、私たちはやってくる。[59]

実際に、ナチ党によって行なわれたテロ攻撃は、ワイマール共和国時代を通じて継続した（下記、文章Ⅴを参照）。右に引用した暴力とテロ的な手段の使用についての言明は、とりわけ一九二三年以降の時期を指している、ということは確認されるべきである。遅くも一九三二年にヒトラーは次のように宣言している。

現体制が私たちに道を譲らないならば、私たちがそれを取り除いてやる。[60]

実際、ナチの運動の歴史は、頭初から、あらゆる形式のテロのクロニクルであった。殺人、市街戦、強盗、ゆすりなどである。[61] ナチはテロによる戦いを、主としてナチ党の組織された一団やその関連の準軍事的な組織によって行なった。ナチの運動の第一の人材供給源は、いわゆる義勇軍であった。第一次世界大戦の終結直後に生まれ、ヴェルサイユ条約の境界の取り締まりにだけでなく、ドイツの民主的勢力に対しても、独自の暴力的な戦争を戦った武装組織であった。ナチの運動の犯罪の歴史が始まるのは、義勇軍によってなされた政治的暗殺(Fememorde) からであった。[62] こうした殺人に関与した多くの人が、引きつづいて、重要なナチのリーダーになった。ナチの階層組織で、元義勇軍リーダーの割合はとても高かった。

一九二一年八月三日、ヒトラーは最初の彼自身の準軍事組織を立ち上げた。ＳＡである。ＮＳＤＡＰを「街路の支配者」にすることが、その公然たる任務であった。[63]

街路を支配することが、国家権力への鍵である。だからSAは行進し、戦っている。

一九二三年に、SAは軍事部隊に再編された。(フランスに占領された、ルール地域の領土での)「外国の支配に対して活発にレジスタンス」を動員するためであった。[64] 一九二三年一一月のヒトラーの一揆後、バイエルン総督のフォン・カールはSAを禁止した。しかし、それは非合法に存続した。[65]

SAの最高リーダーのプフェッファー・フォン・ザロモンは、一九二八年にこの組織を次のように定義している。

SAは運動の軍事的な力であり、政治的組織の権力への意志を人格化したものである。[66]

党公式ソング、ホルスト・ヴェッセルの歌の有名な一節「褐色の軍勢に道を開けろ」は、ナチの独裁の確立のための戦いにおいて、テロの突撃部隊としてのSAの機能を典型的に示している。SAの同じ機能は、現在の支配者は一夜にして消えるであろうという旨の、監察総監クルト・フォン・ウルリヒの言明でも示されている。

われわれの時代がくれば、褐色の軍勢に道が空き、突撃隊に道が空く。[67]

ナチの運動のもう一方のテロ組織がSSであった。その核であったのが「突撃隊ヒトラー」(Stoßtrupp Hitler)で、[68] 一九二三年に創設された。この名称は機能を示している。一九二三年に禁止されたが、SSは一九二五年に

「護衛」として再結成された[69]。それ以後、SAとともに、それはナチの会議やデモンストレーションを「護衛」した。ナチの公式な情報源は、「これまでにもっとも信頼できる部隊、党のエリート部隊」であり、「フューラーの無条件の動員の手段[70]」、そして「党の政治的イデオロギー闘争の同盟」としてSSを記述している[71]。この同じ情報源によると、SSの任務の第一は、「党のフューラーとスポークスマンを、政敵からの身体的な攻撃から守ること」である[72]。

ヒトラーが権力に上り詰めたあと、SSは指導的・特権的な党のエリート組織に発展した。そして内でも外でもどこにおいても、ナチのテロ政策の容赦のない執行を請け負った[73]。

ナチが実際、民主的・議会制的な政府に対する彼らのテロリズム闘争を行なったこと、そして彼らが実際に、こうした闘争において、暴力、殺人、襲撃、そしてその他の不法手段を用いたことは、次のことによって立証される。

1　ヒトラーその他の反逆罪（一九二四年）を裁くミュンヘンの人民裁判での裁判所の事実認定

2　ウルムの国防将校に対する国事裁判所における裁判所の事実認定（一九三〇、ファイル一二、J一〇・一九三〇）

3　さまざまな個々のナチに対する裁判での裁判所の事実認定。彼らの何人かはR&A Report No. 3114.1「政治的テロに対するNSDAPの態度」で引用されている

4　同レポートで引用されているドイツの新聞

B　侵略的拡張と新たな生存圏の獲得のためのプロパガンダ

ドイツにおける議会制的・民主的な政府に対するテロによる戦いは、ナチによって明示的に、ヴェルサイユ条

約に対する闘争、至る所にある「国際主義」と「人道主義」との闘争と結びつけられた。そして、「ファナティックなナショナリズム」へのプロパガンダと結びつけられた。このプロパガンダは、再軍備と侵略的拡張政策への「精神的」基礎を提供しようとするものであった。ナチの国内政策と外交政策のリンクは、ヒトラー自身による次の言葉で明確になっている。

まず、われわれの国民は、国際的な信念とインテリの信念の希望なき混乱から、ファナティックなナショナリズムへと、意識的・体系的に引き渡されなければならない。……第二に、われわれの国民をデモクラシーの錯乱状態に対して戦うように教育し、権威とリーダーシップの承認を取り戻すかぎりで、国民を議会主義のナンセンスから引き離す。……第三に、(和解、理解、世界平和、国際連盟、国際的な連帯といった)自分の力の外にある可能性を哀れに信じる雰囲気から国民を救うかぎりで、われわれはこうした理念を破壊することになる。世界には一つの正しさしかない。正しさは自分自身の強さである。(74)

ヒトラーは公然と「私の予定表にあるのは、ヴェルサイユ条約の廃棄である」と宣言した。(75) そして、一九三〇年のウルムでの、国防軍の将校に対する裁判で、このゴールを達成するために非合法の手段を用いることを決意したと宣言した。平和条約の修正のために彼が提唱した方法についての質問に答えて、彼は述べている。

われわれが勝利した、と想定する。そうすると、われわれは条約に対して、あらゆる手段を用いて戦うことになる。その手段には、世の中の見方では、非合法であるものも含まれる。(76)

さらに、ヒトラーが明らかにしたのは、ヴェルサイユ条約の廃止は、一九一四年のドイツの国境を超えた拡張計画の実行の第一歩にすぎない、ということであった。

一九一四年の国境は、将来のドイツ国民にとってはなんの意味もない。それは過去の防衛も、将来の強さもあらわさない。ドイツ国民は、それによって国内の統合を維持するわけではなく、それによってその生活の糧が確保されるわけではない。また、この国境は軍事的な観点から、適切でもなく、満足できるものでもない。[77]

ドイツの拡張の限界は、ドイツの人種に権利があるとナチが感じている「生存圏」によってあやふやに定められているのみである。

アルフレート・ローゼンベルクはナチ外交政策のゴールを次のように規定した。

一億人になろうとしているドイツ人に場所を作ることは、国民社会主義の外交政策の目標である。[78]

新たな「生存圏」が拡張されるべき地理的な外延は開かれたままであった。しかしながら、明らかにされたのは、ドイツないしドイツ民族として主張される生存圏は、一九一四年の国境の先にある、ということであった。

つまり、

ドイツの中欧とともに、北ヨーロッパ。[79]

そして、

ドイツのような創造的な国民の領分での生存、名誉、自由、パンのための闘争においては、無価値で、無遠慮であるのと同じく、無能であるポーランド、チェコなどは無視しうる。土地はドイツの農民の手で自由に耕すことができるように、彼らは東に押しやられなければならない[80]。

ドイツの生存圏のこうした定義に、党綱領の要求が付け加えられなければならない。

すべてのドイツ人を大ドイツ（一条）と植民地（三条）に組み込む。

ゴットフリート・フェーダーの公式の解釈によると、これが意味するのは、

ズデーテン、エルザス＝ロートリンゲン、ポーランド、オーストリア、そしてオーストリアの関連諸国のドイツ人を含む、ドイツ人種族のすべてからなる、閉鎖的な国民国家を確立することである[81]。

一九二七年、NSDAPの外交政策部長、アルフレート・ローゼンベルクは「ドイツ外交の未来の道」というパンフレットを発表した。これまでの数ページで引用した言明や、下記のⅦで論じるヴェルナー・ダイツの著作と関連して、このパンフレットは、ナチ・ドイツの実際の拡張と侵略が、事前に構想されたプログラムと理念に、いかに忠実に従っていたかを、証明している。二、三の関連するパラグラフの翻訳を載せておく[82]。

生存圏がドイツ人の健康で、強い存在を可能にするのに必要であるかぎりにおいて、ドイツの覚醒は、ドイ

ツ人のためのフェルキッシュな帝国主義を肯定することにならざるをえない。地理的な条件に対応して、このフェルキッシュな帝国主義が気にかけなければならないのは、生存圏が直接、母国に接していること、そして中世のドイツや移民の時代の権力への努力と同じ運命に苦しまないことである。

ドイツ人が、文字通りの意味で死に絶えたくないならば、自分たちや子孫のために、自分たちの土地が必要だ、ということを認めること。そして第二に、土地はもはやアフリカで獲得しうるものではなく、ヨーロッパ、主として東部でこじ開けられなければならない、ということを、冷静に理解すること。ドイツ外交の実質的な方向は、来たるべき世紀のために確立される、ということを認めること。(83)

数語で定式化すれば、プログラムは次のようになる。英国人は、アフリカ、インド、オーストリアの白人の保護を引き受ける。北米はアメリカ大陸、ドイツは、イタリアと緊密に連携しつつ、中欧全体の白人の保護を担う。イタリアが引き受けるのは、西地中海の監視とアドリア海の支配である。それが目的としているのは、フランスを孤立させ、白いヨーロッパに対して黒いアフリカを率いようとするフランスの試みを挫くことである。(84)

ポーランド国家の廃棄が、第一にドイツに足らないものであると理解されたならば、キエフとベルリンの連携、そして共通の境界の確立は、将来のドイツの政策にとってフェルキッシュで、政治的な必要物となる。(85)内政政策の観点から、豊かな南ウクライナとの連携は、ドイツの工業・化学製品を輸出する大きな可能性を作り出す。……目標がドイツの政治家の誰かによって構想されるならば、それで十分である。その暁には、ドイツに空間、自由、そしてパンを確保する条件を創出するために、ボリシェヴィキのモスクワに対抗するウクライナの国民的革命を支持し、準備するための諸々の手段が見いだされるであろう[86]。

ヴェルサイユ条約の廃棄、再軍備、そして新たな生存圏の獲得のためのプロパガンダは、独裁権力を求めるナチの企てにおいて、おそらく主要な訴えとなる。彼らの目標達成には必ず、力の使用と戦争の遂行が必要とされる、ということを、ナチの指導部は一九二〇年代には公言していた。

外交政策のゴールは、国民の生存の糧を確保することである。それは、国民の生命の保存以外のなにものでもない。ゴールへの道は、最後の分析では、いつも戦争ということになるであろう。手段は、軍事組織において確立される国民の力、それにプラスして、政策のコースを賢明に選び、手段を巧妙に採用する、頭のよい政治的リーダーシップである。したがって、どんな外交政策も、国民において構成された権力とこの権力を実現する資源をもつ組織、つまり軍隊と結合する。

長期にわたって、外交政策を遂行するには、軍を立ち上げることなくしては、不可能である。もしこれがなされないならば、結果は必ずネガティヴになるであろう。国内政策の機能は、それによって外交政策がその究極のゴールに到達できる手段としての軍隊を作り上げることにある。国内政策は、強力な軍事力の創設を可能にする路線に沿わなければならない[87]。

要するに、ナチの外交政策は、国内のプログラムのように、はじめから力の使用と侵略に根拠を置いているのである。

戦争と平和のあいだに区別はない。闘争はいつも現前している。……最終的な決定は武器にかかっている。

武力にこそ、国民の生き生きした力が存する。したがって、内政政策と外交政策のあいだに区別はない。[88]ナチの運動の目標には、他の諸国民に対する力と暴力の使用が不可欠である。この事実を自分は意識しているということを、ヒトラーは何度も公言した。

この地球にすべての人が生きるに十分な空間があるならば、私たちが生きるのに必要な空間を諦めるべきである。人はこんなことをしたがらない、ということはたしかである。しかしながら、そのとき、自己保存の正義が発効する。親切心で否定されてきたものも、拳で取り返されなければならない。[89]

この目標（ヨーロッパでの土地の獲得）は戦闘によって、そして落ち着いて殴り合いに直面することによってのみ達成できる、ということをはっきりと自覚しなければならない。[90]

新たな帝国は、ドイツの武力の助けを借りて、耕すための土地と日々の糧を国民に与えるために、かつての時代の騎士団の道を、ふたたび行進し始めなければならない。[91]

構想の全体は、ゲッベルスによって、次のように要約されている。

外交政策を遂行しうる唯一の手段は、もっぱら武力である。[92]

こうして、一九三三年以前に、強力な軍隊の創設がナチの政策のコーナーストーンになった。それは、ヴェルサイユ条約の枠組みのなかで樹立可能な自衛力を、組織と力のうえで、はるかに上回る軍隊のことである。

私たちの運動が勝利したならば、平和条約で禁止された軍事力をいかに作り上げるかという問題に、私たちは日夜、関心を寄せるであろう。このことを私たちは気前よく、公然と認める。私たちはこの条約を侵害する術を日夜、考えようともしない人はすべて非国民だと考えることを、おごそかに告白する。というのも私たちは、この条約をけっして承認したことがないからである。

したがって、私たちにとって、現在の形式のドイツ軍は永続的ではない、ということを私たちは認める。私たちにとって、それが役に立つのは、偉大な幹部の軍隊、つまり軍曹と将校の供給地としてである。しばらくは継続的に、補充に従事する。軍を強化し、その数を増やし、国力を増進する。こうしたすべてのステップを、私たちは踏むつもりでいる。

さらに、この試みをしている私たちをあえて妨げようとするどんな人たちをも粉砕する、と告白する。ドイツがふたたびドイツの短刀の先端で支えを受けるときにのみ、私たちの権利は守られる。[93]

法的な権利や国際的な合意などではなく、こうした軍隊の権力こそが、ドイツの土地の拡張を達成する手段になるべきである。

諸国民が欠乏しているとき、彼らは法的権利に頼ったりはしない。そのとき問題は一つだけである。ある国民が、必要とする土地と領土を手にする力をもっているかどうか。[94]

もしあなたがこの地球上で私たちに空間をくれないならば、私たち自身が空間を取りにいく。私たちが国民社会主義者である理由は、これである。[95]

一九二八年に、ヒトラーは彼の初期の言明を反復した。その言明は、新たな土地の獲得は、いかなる「境界の修正」をも超えていくべきだ、というものであった。そしてこのゴールのための戦争でドイツを率いるのに、彼は「十分なエネルギー」をもっていると宣言した。

私たちにとって、ドイツの未来は、境界の機械的な修正にあるのではない、ということを認める。こうした場合、私たちはふたたび、世界貿易に依拠せざるをえなくなり、そして世界貿易は、今度は、四ないし五カ国の競争国を作り出すということになるかもしれない。これは、未来ではない。国民社会主義運動は、こうした俗物的な構想の偽りのレベルを超えていく。私たちがより多くの土地を獲得しないならば、いずれ滅びる、ということを主張するのが、理念における王者である。つねに国民の生存を保障することがないような政策を追求することはしない。……境界の修正のためではなく、国民をもっとも遠い未来に引き渡すために、私たちの国民が広大な領土を獲得し、それによって血の犠牲が四倍の富になって戻ってくるよう、私たちの国民を戦争へと導くのに十分なエネルギーを、私はもっている。このことを私は確信している。[96]

権力への接近の一年前、ヒトラーはデュッセルドルフの産業クラブで有名な演説を行なった（一九三二年一月二七日）。フリッツ・ティッセンによってアレンジされたこのスピーチは、ティッセンの証言によると、「ヒトラーとライン－ヴェストファーレンの産業家の全体とのコネクション」をもたらした。[97] 演説は、ナチのマスター・プランのなかでもっとも重要なつながりの一つを確立した。ドイツの経済的・社会的なトラブルの唯一の解決は、世界での権力地位の回復であり、これが達成されうるのは、平和的な経済の競争ではなく、政治・軍事的な侵略という手段によってのみである、ということを証明してみせることで、この演説は、ドイツの重工業のリーダーたちを、彼らが満足するように説き伏せた。

世界を征服し、ドイツ権力の発展に至ったのは、ドイツの実業ではない。私たちの場合でも、実業界のために、継続的な発展の一般的な条件を作ったのは権力国家であった。今日、権力地位が経済的状況の改良の条件でもあるということを理解することなく、ビジネスの方法で、たとえば、ドイツの権力地位が回復されると人々が信じるならば、私のみるところ、それは本末転倒である。……経済的な生活の背後にあって、絶対的に戦い、また激闘する準備のある、国民の決然たる政治的意志がなければ、経済的な生活などはありえない。[98]

経済的・政治的な権力を回復し、増大させる気がナチの運動にはあり、またそれができるということを、ドイツの産業の指導部に説得するのに、デュッセルドルフの演説は大いに貢献した。ティッセンは次のように報告している。

ドイツの産業の大企業が献金を始めたのは、ナチが権力を握るのに先立つ最後の数年であった。[99]
これが、ドイツの財界とナチ・レジームの完全なる協力関係の始まりであった。

V　すべてのオポジションの除去とドイツの全体主義的な支配の確立

A　オポジションの根絶

一九三三年、ヒトラー政府の第一幕は、市民的自由を廃棄し、政治的、イデオロギー的、人種的、そして宗教的なオポジションを除去することであった。オポジションの除去は、かねてから長期的に、容赦のない、全体主義的なリベンジの行為として準備された。ラディカルな独裁制を打ち立てる、というナチのリーダーによるたくさんの言明だけでなく[100]、すべての権力がナチの運動に集中されるまで、ナチは憎悪とリベンジを胸に秘めておくべきだという、権力掌握に先立つ、彼らの多くの忠告によっても、このことは証明される。こうすることで、ナチの指導部が宣言したのは、最大限の効率と最小のリスクで、致命的な一撃を食らわすことができる、ということであった。たとえば、一九二九年にゲッベルスは、次のように述べた。

> いかに待つかを知ることは、導く者にとっても、導かれる者にとっても、いまや本質的に重要である。……敵の奴らにゆっくり近づき、調べ回り、もっとも脆弱なスポットを確定する。そして静かに、注意深く、この弱点を突き刺すように、槍を標的に投げる。そしてこのとき、たぶん喜びで微笑みながら、次のように言う。「申し訳ない、ご近所さん。こうするより仕方なかったのだ」。これぞ、冷たい血のなかで味わう復讐の料理なのだ[101]。

「最後の審判の日」、「血の粛清」を不安げに待つこと、これは一九三三年以前のナチの発言を通じて、ライトモチーフのように流れている。すべてのSAの十戒には、次の言明が含まれている。

もし他に可能でなければ、お前自身を国家の権力に差し出せ。しかし、慰めるんだ。最後の審判の日が来る、と。[102]

のちにノルウェーでナチの全権委員になる大管区指導者のテアボーフェンは、一九二九年一〇月七日のエッセンでの会合で、次のように発表した。

そのとき国民は覚醒し、国民社会主義者は権力を手にするであろう。そのときドイツには十分な街灯がないであろう。ドイツ国民に、そしてとくに国民社会主義者に対して、ドイツ政府の現在の代表者は過去の行為の言いわけをあたふたとしなければならなくなるであろう。[103]

サンフランシスコのドイツ総領事、ルーマニアのドイツ公使、そしてSA大将であった晩年のマンフレート・フォン・キリンガーは一九二九年一一月一〇日の会合で、次のように述べた。

しかし注意してほしい。私たちはいつか君たちに騎士の手袋を投げる〔決闘を挑む〕ということはない。〔ロベスピエールに処刑されたジョルジュ・〕ダントンを引用すれば、ギロチンされた王の首ということではなくて、君たちの一番偉い政治家の切り落とされた首をもらう。[104]

最後に、ゲッベルスは、一九三二年一月、ベルリン中をめぐるプロパガンダを語りながら、街頭の「赤い暴徒」をみて、次のようにコメントする。

このカスどもは、いつかネズミのように絶滅されなければならない[105]。

ひとたび権力に就くと、ナチ政府はすぐにその脅しを実行し始めた。たくさんの権威主義的な政令が公式の基礎を提供した[106]。

一九三三年二月二八日の国民および国家を保護するための大統領令は、一九一八年憲法一一四条、一一五条、一一七条、一一八条、一二三条、一二四条、そして一五三条を停止した。これは基本的な市民的権利と自由を保障するものであった。一九三三年五月九日の命令は、社会民主党およびその新聞、また国旗団（Reichsbanner SPDの準軍事組織）、そして出版のすべての財産を押収した。一九三三年六月二三日のプロイセン首相（ヘルマン・ゲーリング）令は、社会民主党のすべての活動を禁止した。最後に、一九三三年七月一四日の、政党の結党を禁ずる法律は、国民社会主義党をドイツにおける唯一の政党にし、旧政党を維持したり、新党を結成したりするすべての試みを非合法化した。

合法性のかけらもなく、労働組合は廃止された。一九三三年五月二日、SA、SS、そして国民社会主義の工場組織のメンバーが労働組合の建物を占拠し、職員を排除ないし逮捕し、自分たちの「〔全権〕委員」を就任させた。労働組合のファンドと財産は押収され、「信託統治」で、ナチ労働戦線のリーダーであるローベルト・レイに引き渡された。

同月、政治的反対者の全般的な逮捕、拘留、そして処刑の第一波があった。主としてこれを行なったのは、秘密国家警察《ゲシュタポ》であった[107]。このときゲシュタポは、ヘルマン・ゲーリングによって組織され、〔内務省〕高官のルードルフ・ディールス〔初代ゲシュタポ長官〕に委託されるところであった[108]。ゲーリング自身が、警察によってなされた行為に対して個人として責任を負った。

数千人の人種的同志の前で、このとき私が宣言したのは、こうである。いま警察の銃の筒から出る弾丸の一つ一つが私の弾丸である。もしだれかがこれを殺人と呼ぶなら、私が殺人を犯したということだ。私がすべての命令を下し、私がそれを支持し、そして私が責任を負う……[109]。

ゲシュタポは強制収容所の裁量権も与えられていた。強制収容所が創られたのは同時期である。政治的オポジションを一掃する必要によって、ゲーリング自身が強制収容所の創設を説明している。

最初に数千人の共産党と社会民主党の職員を送ったところで、強制収容所ができた。はじめは、超過は起きなかった、ということはたしかである。もちろんあちこちで、病気になる無実の人はいた……[110]。

裁判なし、判決なしでの不確定な拘留を認めることは、市民的自由を廃棄する「国民と国家保護法[111]」、ナチ刑法四二条（a）（一九三三年一一月二四日の法律[112]）、そして一九三三年一一月三〇日と一九三六年二月一〇日のプロイセン首相の政令から導出された[113]。

政治的オポジションの迫害と排除は、はじめから、法律と法的手続きによる限界を超えた殲滅戦争の一つとして考えられていた。このときプロイセンの秘密国家警察《ゲシュタポ》の長であったヘルマン・ゲーリングによって、このことは公然と発表された[114]。

紳士は一つのことを理解しなければならない。私はブルジョワ的な仕方で、ブルジョワ的なためらいをもって、ただたんに防衛戦争をする考えはない。そうではない。全面的な攻撃に乗り出すシグナルを、いま私は出そうとしている。

人種的な同志よ。私の措置は、司法的な良心の咎めによって弱められはしない。私の措置は、どんな官僚制によっても弱められない。ここで、私は私たちの正義を持ち出す必要はない。私がしなければならないのは、壊し、殲滅することである。それ以外ではない。人種的な同志よ。この戦いはカオスに対する戦いである。そして私はこの戦いを警察（ポリツァイ的な権力手段）によってだけでするわけではない。ブルジョワ国家はそうしたかもしれない。確実に、君たちが間違った結論を出さないように、私は国家と警察の権力も最大限に用いる。共産党の紳士たちよ。私は死闘を行なう。ここにいる者たち、褐色シャツとだ。(115)

当然、ナチによって殺害されたり、監獄や強制収容所で拘留されたりするたくさんの政治的、宗教的、あるいは人種的な対抗者についての信頼できる資料は入手できない。しかしながら、多くの場合、裁判なし、法的手続きなし、犠牲者の控訴可能性なし、であったことを示す十分なエビデンスが蓄積されてきた。

（1）実際的に、共産党の指導部の全体が殲滅されるか、収監された。例外は、ドイツから逃亡できた人たちだけであった。

（2）社会民主党と労働組合の多くのリーダーが殲滅されるか、収監された。

（3）カソリックもプロテスタントも、多くの戦闘的な聖職者が収監された。

（4）政治的、宗教的、イデオロギー的なオポジションの無数の一般の人たちが殲滅されるか、収監された。

いくつかの事例においては、犯罪的なテロはナチ党自身の反体制派、そして右派陣営の重要人物にも向けられた。一九三四年のいわゆるレーム一揆はもっとも悪名高い例である。

これらすべてのケースで、対抗者の処置は、ナチ政府自身によって定められた法的限界を超えた。強制収容所の上官やゲシュタポの将校だけでなく、SAやSSのだれもが、犠牲者の逮捕と処置に関する実際的に無限定の裁量をもっていた。拷問、餓死、ありとあらゆる虐待の事例は数え切れない。そのうちのいくつかは、ナチの強制・収監収容所についてのさまざまなレポートに記録されている。ドイツ・ファシズムの被害者のための世界委員会、ドイツ社会民主党、その他の労働組織によって、大量の資料が集められてきた。さらなるエビデンスは、いまさっき解放された収容所の収監者によって提供される可能性がある。

B　ユダヤ人の殲滅(116)

ナチの反ユダヤ主義は、ユダヤ人のまさに殲滅を目論んでいるという事実によって、他の形態の反ユダヤ主義と区別される。ナチの意識では、ユダヤ人は人種的、政治的、宗教的、イデオロギー的、そして経済的に原基的な敵（arch-enemy）である。ユダヤ人は、まさにその本性によって、ナチズムに敵対するすべてのものを体現している。したがって和解は不可能である。ユダヤ人とナチズムは共存できない。彼らのあいだの戦争は世界全体での死闘である。

ナチの征服プランでは、この反ユダヤ主義ははじめから本質的な役割を演じていいた。

（1）ユダヤ人はナチズムのもっとも弱い敵である。したがってユダヤ人への攻撃は、もっとも見込みがあり、もっともリスクが少なかった。

（2）ユダヤ人は、さもなければバラバラな支持者の塊を、それに対抗して束ねることが期待できる敵であった。

（3）競争相手としてのユダヤ人の殲滅は、ナチの運動のもっとも大きな支持層をなすプチブルにとって、もっとも利益になるであろうものであった。

（4）ユダヤ人は世界中にいた。したがって、ナチの反ユダヤ主義は、海外の潜在的なナチ連携者を動員し、また海外の不安と混乱を掻き立てるのに、便利な手段であった。

（5）原基的な敵としてのユダヤ人の偏在性は、帝国の境界を超えた権力闘争の遂行、「ユダヤ・ボリシェヴィズムのロシア」への攻撃、「ユダヤ・カネ持ち支配の民主制」との戦争などの正当化〔の論拠〕をナチに提供した。

こうした理由から、反ユダヤ主義は、世界規模でのナチの浸透と拡大のためのもっとも効果的な手段の一つであった。反ユダヤ主義は、ナチズムの歴史を通じて一貫して維持されたナチ哲学のきわめて稀な要素の一つである。この事実によって、この文脈での反ユダヤ主義の決定的な重要性が証明される。実際、反ユダヤ主義のプロパガンダは、戦争勃発後に暴力を増大し、それは、敵国でナチの大義への信奉者やシンパを獲得する、ゲッベルスの中心的な武器でありつづけた。

ユダヤ人は、他のオポジション・グループと同じく（右記）、不法的な扱いを受けた。しかし、彼らは、いかにしても和解できない、ナチの運動の原基的敵と考えられたので、彼らの迫害は、他のオポジション・グループのそれよりも、いっそう暴力的で、いっそう非人道的であった。強制収容所でユダヤ人は、特別な虐待や拷問のために選別された囚人のグループに属していた。同様に、ナチによって殺害されたユダヤ人の数は、他のすべてのカテゴリーの犠牲者の数を上回った[17]。

C　ドイツに対する全体主義的な支配の確立

ナチの運動の公認の目標は、ナチの独裁を確立することである。これが意味するのは、ドイツの民主的・議会制的なシステムの崩壊後、ナチの運動が、党と関連組織を通じて、国家、行政のすべての部署、そして公的生活のあらゆる領域への完全な支配を掌握する、ということであった(118)。

ナチの目標は、一九三三年と三四年のあいだに達成された。ゲーリングは、一九三三年九月一五日、プロイセン国務参議会〔Staatsratは一九三三年からナチの委員会になっていた〕で演説をし、ゴールはすでに達成された、と宣言した。国民社会主義の革命によって破壊された「議会主義のシステムと平和主義」に、彼は嘲りとともに言及した。公式な『国民社会主義年鑑』は一九三三年の出来事を次のように記述している。

「一九三三年、NSDAPがリーダーシップを担うことで、すべての権力手段《マハトミッテル》と国家制度が国民社会主義に掌握されることになった(119)」。そして公式の『NSDAP組織ブック』は、NSDAPが「公的な生活の全体を支配している」ことを確認している(120)。

国家に対する完全な支配の基礎は、一九三三年一二月一日の、党と国家の統一を確保するための法律であった(121)。この法律によれば、

NSDAPはドイツの国家理念の担い手であり、国家と不可分に結合している。

「一方における党とSA、他方における公的な当局のあいだの親密な協力関係を確保するために」、この法律は、フューラーの代理とSAのスタッフの長を、国の政府のメンバーにした。

まさに頂点において、ナチによる政府の統制は、党のフューラーであり、首相でもあるヒトラー個人のアイデンティティにしっかりとつなぎとめられていた。そしてそれは、党首に国の大臣の権威をもつ首相職を付与する

ことによって、であった。[122] 個人のアイデンティティの体制はトップ・ダウンで、行政のピラミッドの全体に拡張した。党の全国指導者と国家総督の同一性、党の大管区指導者と州《プロヴィンツ》ないし州《ラント》政府の長の同一性などである。SSの全国指導者は同時に、ドイツ警察長官であり、のちには内相になった。党のメンバーは、国および州内閣、および全国、地方、地域の行政のすべての部局において、主要な役職に据えられた。[123] 財界と労働の組織を支配する政府の代理機関は、委任されたナチの手にあった。ドイツの農業の全体を管理する全国食料身分団は、党と国の混合組織であった。[124]

世論、とくに出版、ラジオ、他の主要な通信とプロパガンダの手段へのナチの支配は、同じく完成されていた。こうした支配を確立する立法における基礎は、一九三三年一〇月四日の放送法であった。[125] この法律は、全土での職業的なジャーナリストの活動を「国家によって規制された」「公的任務」にした。ジャーナリストは皆、ドイツ帝国新聞出版協会に登録され、承認されなければならなくなった。その総裁は、国民啓蒙・宣伝相（ゲッベルス）によって任命された。ナチのレジームの時期にずっと総裁であったヴィルヘルム・ヴァイスは、同時に『フェルキッシャー・ベオバハター』の主幹でもあった。帝国新聞出版協会は、新聞出版院の協賛メンバーであった。新聞出版院の総裁はマックス・アマンであり、彼はNSDAPの新聞出版の全国指導者で、党の中央出版部長であった。新聞出版院の方は、国民啓蒙・宣伝省の下部組織である帝国文化院の一部であった。国と党の二重のチャンネルが、国と党の当局との、政策と人事における完全な協働を確保した。[126]

統制は国民啓蒙・宣伝省に集権化され、国内の新聞・雑誌、海外の新聞・雑誌、そして定期文献という三つの部門を通じて作動した。これら三つすべての長は新聞・雑誌担当の次官オットー・ディートリヒであった。彼は同時に帝国新聞出版院総裁であり、党の新聞出版局長であったので、政党と党の統制の完全な調整は十分に確保された。

法的には、検閲はなかった。しかし国民啓蒙・宣伝省は毎日、新聞・雑誌の〔編集〕方針全体に関する指令を出していた。[127] 新聞の日々の内容、あるニュース・アイテムの取り扱い方法、好みないし省略、そして見出しの設定はすべて、こうした指令で指示されていた。新聞は、このような指令に厳格に従うことに責任を負っていた。すでに述べた国と党組織への、ジャーナリストの強制的な加入（その喪失は、さらなる仕事の遂行を不可能にする）が事後的な検閲として機能する一方で、この「リモート・コントロール」は事前の検閲の必要性を除去した。[128]

国民啓蒙・宣伝省に集権化された統制に加えて、党に固有の統制の完全な一式が存在した。ともにオットー・ディートリヒのもとにあるNSDAPの新聞出版政治部（ベルリン本部）と新聞出版人事部（ミュンヘン本部）を通じて、この統制は行使された。この統制の地域組織は、管区新聞出版局に集権化されていた。その長は同時に、職務上、国民啓蒙・宣伝省の国内新聞出版部門と、それぞれの党の管区における帝国新聞出版院の代表でもあった。こうして国と党の統制の完全な協力関係は、地域組織においても確保された。[129]

同様の統制システムは、教育の全領域でも整備された。一九三六年一二月一日のヒトラー・ユーゲント法は、[130]「身体的、精神的、道徳的に国民社会主義の精神で教育するために」、「領土内のドイツの若者全部」を組織した。NSDAPの全国ユーゲント・フューラーは、国のユーゲント・フューラーにされ、国の最高位にある権威ある地位を与えられた。この法の実施に関する後続の政令は、フューラーによって公布された。一九三九年三月二五日に出された、第二の政令は、[131] ヒトラー・ユーゲントでの奉仕を、一〇歳から一八歳のすべての若者の義務にし、「フューラーと首相の政令に対応して公的・法的教育局に」従うものとされた。

学校については、初等・中等学校のすべての教員がNS教員連盟に組織された。この教員連盟は、一九三六年には、ヒトラー以前の教員組合の「財産権」をも引き継いだ。[132] 大学教授はNS講師同盟に組み込まれた。この同盟は、一九三五年七月二四日にNSDAPの組織の一つに再編された。[133]

学生の全体への統制は、主としてNS学生同盟を通じてなされた。一九三四年七月、フューラーの代理（当時はルドルフ・ヘス）は、この組織を学生の「イデオロギー的、政治的、身体的な訓練」に独占的に責任をもつ機関にした[134]。一九三六年四月一八日の命令によって、NSDAPの組織のなかの一つでの活動的な奉仕が、すべてのNS学生同盟のメンバーに義務化された[135]。

概して、ナチによる教育への統制は、世論に対するものと似たパターンを示す。統制は、ナチの創設したものの一つ、教育省に集権化された。三つの党の機関が教科書その他の教材の準備と検閲で省と協力した。NS文献を扱う党公認の試験委員会、学校と指導文献を扱う全国部局、そして付属の全国委員会が、その三つである。この第一の機関は、月刊の書誌（『ナチ目録』）を発行し[136]、すべての文献の領域で、お薦めの本やパンフレットのリストを作成した。

（以上で記述された意味での）党を通じて、ナチのリーダーシップは、公生活のすべての領域にわたって無限に行使された。

NSDAPで、フューラーは自分自身のために道具を作った。彼によって立ち上げられ、展開され、行動に駆り立てられたこの道具は、ドイツ人全体のためにゴールと方向を設定する[137]。

一九三三年にNSDAPがリーダーシップを引き受けたことで、国の抑圧的な取り扱いや屈辱的な状況を完全に除去する、国民の知的・心理的な準備のために、これら（手段と制度）を動員すべく、国家のすべての道具（権力手段）と制度が国民社会主義に掌握されることになった[138]。

ナチ党によって行使された、独裁的・全体主義的な統制はあまりに完全であったので、実際的に、その統制は国民全体の公的生活ばかりでなく、私的生活も含んだ。

党組織はあまりに強く、そしてあまりに完全に発展しているので、今日、一九三八年から三九年に加わった領土も含めて、帝国の領土にいるすべての国民のすべての家庭を、党組織が把握している。[139]

ナチ党は国家機構（政府と行政一般）への統制を確立したわけではない。そうではなくて、ナチのプログラムの実現のために、武装した力をドイツの全体的組織化と動員に統合したのである。武装した力をナチの枠組みに統合することは、軍隊命令によるナチの運動の活動的な支持に依拠している。この支持は、ほんの数人の個人によってしか反対を受けなかった。そしてこの少数の個人も、ヒトラーの戦争遂行の失敗が明らかになるまで、活性化することはなかった。ヒトラーの運動と国防軍の協力関係は、第一次世界大戦の終結後すぐの時期に遡る。このときヒトラーは国防軍（右記II－Eを参照）で勤務していた。ワイマール共和国の後期、国防軍の高官は、ナチの運動に対して中立性を保っていた。しかしながら、一九三三年一月、国防軍の師団長のヴェルナー・フォン・ブロムベルクがヒトラー政府に加わった。そしてそれ以来、国防軍は、ナチのイデオロギーと政策の信奉者にして支持者の中心の一つへと発展し、侵略戦争を体系的に準備した。

国民皆兵（国防の自由）は、すべてのドイツ人が武器をもって自分の国の不可欠な権利のために戦う権利を回復した。それが宣言されてから四年半後、ドイツの防衛力は、より大きなドイツの生存圏を保持するために動員された。防衛力はこの戦闘のために準備されたのである。[140]

ナチのリーダーシップへの忠誠と支持の宣言が数多く、国防軍の高官から寄せられた。そのとき大将で、国防相であったヴェルナー・フォン・ブロムベルク自身も、一九三五年に、次のように宣言している。

国防軍はドイツ人とその生存圏を守る。それは無条件の信頼と服従でフューラーに仕える(141)。

さらに、多くの高位の軍の将校は指導的な地位や連携役として、上位のナチの機関や企画（国でも、実業でも）に加わった。たとえば、四カ年計画庁、経済省、そしてシュペーアの組織である(142)。軍の上級司令官ヴィルヘルム・カイテルは、国防最高司令部長官であったが、その一方で、シュペーア大臣の指揮のもと、軍需評議会があり、それは指導的な財界人や軍の将校によって構成された。

VI　再軍備と侵略戦争への準備

A　再軍備

オポジションの排除とドイツの全体主義的支配の確立は、侵略的・拡張主義的なナチの外交政策遂行の前提条件を満たした。軍事力の増強なくして、新たな生存圏の獲得は不可能である。権力掌握後、ナチの指導部はそうした軍事力の増強に、すべての力をつぎ込んだ。ヒトラー自身もこのような趣旨で証言している。

（私たちの成功の）二つ目（の条件）は、国民的な軍備である。私はそれに私のエネルギーをほぼ六年間、熱狂的につぎ込んだ(143)（一九三八年）。

私たちはこのとき、それまで世界がみたこともないような軍備を、たしかに完成した。このことをいまや私は自認することができる。実際、この五年間で武装した。この軍備に数十億を使った。ドイツ国民はいまや知らなければならない。新たな軍には、最新鋭の近代的な軍備を提供するように心がけた。私は友人のゲーリングに命令を下した。すぐに空軍を作れ。想定できるいかなる攻撃に直面してもドイツを守ることができるやつだ。今日、ドイツ人がプライドをもつことができ、いつでもそれが現れれば世界が敬意を示す国防軍を、こうして私たちは作り上げた。(144)

一九三五年三月一六日、ナチ政府は国民皆徴兵の再開の政令を出した。これは公然たる再軍備の始まりであった。ナチの再軍備は、事前に構想された計画にしたがって行なわれた。この計画は、世界がドイツのヴェルサイユ条約破棄によってあまりに刺激されず、そしてすべての段階で、既成事実を受け入れる世界の意志を試すことができるような仕方で、さまざまな段階に対応していた。これが最初に明かされたのは、一九三六年一月二四日のケルンでのゲッベルスの演説においてであった。新たなナチの軍隊がラインラントを占領する一カ月半前のことである。

私たちのプログラムはまだ完成していない。私が述べたのは、やがて実現するものを皆さんに示すためである。語ることができるのはそれだけだ。いま演奏したのは序曲で、それは多くのライトモチーフをともなっている。示すべき既成事実をもっているときのみ、人は世界に実情を明かす。不十分なままに私たちの軍のストーリーを明かしてしまうならば、他の軍隊が入ってきてしまうかもしれない。私たちは働いた。そして探知できた者はいなかった。(145)

しかしながら、漸進的な再軍備という方法は、全体にわたる新規の軍が作られなければならないところで、完全な規模での再軍備のために、放棄された。空軍のケースがこれであった。一九三五年には、ゲーリングはベルリンの外国新聞出版協会への声明で、次のように宣言している。

空軍はたいへん強力なので、それに攻撃をかけるどんな強国も「とても、とてもハードな空中戦」に遭遇しなければならない。艦隊には古い飛行機や古いエンジンは一つもない、と彼は付け加えた。そしてつづけて、「困難な時点」に備えた艦隊がないという危機があったので、彼はまったく新しい方法で、ゆっくりとした、斬新的な軍事化政策を拒否した、という。技術的・産業的な能力を限界まで拡張することは、彼がすでにしていたことであった。このため彼は一瞬にして空軍を作ることができた。それ以前に、飛行機は、森や地中に隠されてはいなかった。単純に、それはなかったのである。(146)

新たな国防軍は、はじめから、拡張外交における本質的な要因と考えられた。ナチの指導部は、この政策が戦争のリスクを孕んでおり、そして彼らは積極的にこのリスクを取ろうとしているという事実を完全に意識していた。一九三七年一一月五日に、官邸で会議が開催されたといわれている。ここには、ヒトラー、戦争相（フォン・ブロムベルク）、外務相（フォン・ノイラート）、そして軍の三部門の長（フォン・フリッチュ、フォン・レーダー、ゲーリング）が参加した。(147)ヒトラーはこう述べた。

ドイツ問題を解決するためには、力による道があるのみである。リスクを取らなければ、この道はない。

このとき彼は、ドイツにとって最小限のリスクで、武力行使がなされるいろいろな状況の概略を述べた。さらに、チェコスロヴァキアとオーストリアへの作戦行動を決意しており、そしてスペインの内戦の継続に関心をもっている、とヒトラーは述べた。

この報告の補強証拠は、ナチのリーダーの、事後から遡った言明に見いだすことができる。もしミュンヘンで合意に至らなければ、ドイツは軍事力を使う気も、その準備もある、というのがその内容であった。こうしてズデーテン地方に関連して、リッベントロップは、ベルリンの外国新聞出版協会で、一九三八年一一月七日に次のように述べている。

この関連で、私が申し上げたいのは、ドイツはこの時期にまさに本気になったということであり、もしミュンヘンで七時に決着がつかなかったならば、フューラーは軍事力でズデーテンを解放していた、ということである。(148)

一九三九年三月一日、ゲーリングはこう宣言した。一九三八年九月、平和は確保され、ドイツの権利は承認を受けた。なぜなら、ドイツの軍事力はさもなければ、問題を他の手段で解決したであろうことを、世界は知っていたからである。そのうえで彼は次のように付け加えた。

私たちが脅しをかけているわけではない、ということが、海外では知られていた。この当時、私たちは準備ができていた。一つの命令で、地獄、インフェルノが敵にもたらされていたであろう。一瞬の一撃で、この破壊は完遂されたであろう。(149)

B　外国への介入

ドイツの再軍備は、一連の外国への軍事的・政治的な介入をともない、またそれによって補完された。この政策は、拡張と戦争の包括的なプランの一部であった。これについての証拠を提供するのは、責任あるナチのスポークスマンの権威ある発言であった。彼らはこれらの国々に核心的な利益をもっている、とこのスポークスマンはいう。オーストリアは帝国に属すとみなされた。チェコスロヴァキアとポーランドの場合、ドイツ系国民のマイノリティの申し立てられた虐待が正当化〔理由〕として呼び起こされた。スペインでは、ドイツは自らを「ヨーロッパにおけるボリシェヴィズムに対する戦い」のチャンピオンに仕立てた。

こうした介入は二段階で行なわれた。軍事的、そして政治経済的（〔本来味方であるべき集団で敵方に味方する〕第五列活動、ビジネスでの新党など）である。

1　軍事的介入

海外の国々へのドイツの軍事的干渉は、三重の目的を達成するものであった。ナチの戦争遂行の潜在能力をテストすること、侵攻された国々の側と大国の側でのオポジションの程度をテストすること、そして戦争勃発時にドイツにとって必要な作戦行動のベースを確保すること、である。

A　スペイン

実際の作戦行動の期間に、ナチのリーダーが軍事的介入を認めるものについては、どんなものでも、そもそも入手可能な記録がない。しかしながら、ドイツの「ボランティア」がフランコ軍と戦闘していたことを、ナチ政府は確認しているし(150)、ドイツはスペイン内戦で「中立」にとどまることはできない、という主張を、ヒトラーは公然と宣言し、正当化しようとした。

一九三六年七月、この男（フランコ）が助けを求める訴えを私に送ってきたので、私はこれに応じ、世界のその他の国々がスペインの敵対する国内勢力を支援するのに応じて、またそのかぎりで、私は彼を助ける決意をした。

このときから、国民社会主義のドイツは、この男のリーダーシップのもとで、国民的・独立的なスペインの回復のための闘争で、活動的な役割を担い始めた[151]。

スペイン内戦への干渉を正当化して、ヒトラーは二つの主要な理由をあげた。「ボリシェヴィズム」の拡散の危険とスペインにおけるドイツの経済的な利益への脅威がそれである。後者の点に関連して、彼は次のように述べている。

ドイツは鉱物を輸入する必要がある。スペインの鉱物を買うことができること、私たちがスペインに国民主義的な政府ができることを望む理由はこれである[152]。

さらに、スペイン内戦から帰還した〔ドイツ国防軍からスペインに派遣された〕コンドル軍団の兵士を前にした演説では、ヒトラーはフランコ側での参戦を公式に後援したことを告白した。

というのも、私が皆さんを送り出したのは、不幸な国を助け、英雄的な男を支援するためであった。……皆さんはいま帰還した。そして勇敢に私の委任した任務を遂行してくれた……。

毎年毎年、皆さんの飛行について沈黙が保たれていた。このことは、皆さんいずれにとっても辛いことであった。しかし私は最初から、戦争が終われば、母国で皆さんに、勇敢で、勝利を勝ち取った兵士にふさわしい応対をするつもりでいた……[153]。

そして一九三九年六月九日のフランコ宛の電報で、ヒトラーは「私たちが共同でボリシェヴィズムに対して戦

った戦闘」について語っている。(154)

軍事的作戦の終了後、ドイツの軍事的な干渉の事実と程度について特別な声明を、ドイツの論文が公表した。一九三九年五月三〇日、ドイツの新聞・雑誌は、コンドル軍団のスペインでの手柄について多くの記事を出した。紹介された詳細のなかには、一九三六年七月に、ボリシェヴィズムに対する戦いでフランコ将軍の側に立たなければならないとヒトラーが決意した、という言明もあった。七月三一日、旅行者として旅していた、八五人のボランティアからなる最初の部隊が、六機のハインケル追撃機をもつ客船ウサラモ〔英語版ではUSAmoroとなっているが、ここではドイツ語版の記述を採用してUSAramoとする〕で、カディスに向けて出発した。同時にユンカーの輸送機二〇機がベルリンからモロッコへ飛び、二、三週間のうちに一万五〇〇〇人が、重武装とともに、アフリカから運んで来られた。八月、より多くの航空機、対空軍砲、そして戦車が送られ、一一月、コンドル軍団がシュペルレ将軍の指揮のもと、スペインに向けて出発した。

砲兵、戦車、エンジニア、歩兵、そして、そこで五万六〇〇〇の若いスペイン人が教育を受けたその他の学校を組織し、運営するために、ドイツの教育者と装備が送りこまれる一方で、〔コンドル〕軍団はほとんどすべての大きな作戦行動に参加した。(155)

厳密な意味で軍事的な介入に加えて、ナチは広範なプロパガンダと第五列活動をスペインで展開した。(156)

B　オーストリア

ナチの運動の初期から、オーストリアはナチの政策の主要な対象の一つであると考えられてきた。オーストリアと帝国の再結合は、最初からナチの予定表に載っていた。『わが闘争』の最初の章で、ヒトラーは次のように書いている。

ドイツ的であるオーストリアは、ふたたび、大ドイツの母国に戻らなければならない。……たとえこの再結合が、経済的な観点からして無意味であるとしても、である。そう、それが有害であってすら、それでも再結合は成し遂げられなければならない。同じ血は共通の帝国に属している。

ヒトラーはまた、実際の介入はそれが実行されるはるか以前から計画されていたことを告白した。

私自身、オストマルク〔オーストリアのこと。ナチによるプロパガンダ的な名称〕の子なので、この問題を解決したいという聖なる願いに満ち溢れており、このため私の母なる地を帝国に戻した。この年度に、なんとかして、オーストリアに住む六五〇万人のドイツ人の自己決定権のために戦い、そして勝つことを、一九三八年一月に、私は最終的に決めた。(157)

オーストリア併合は、ナチの精神においては、事前に考えられた計画として長年存在してきた、とゲッベルスは認めている。

私たちは、好機を待つことで、多くの問題を解決してきた。そのうえで、それをめがけて跳躍した。いつオーストリアを併合するか、ラインラントを占領するか、あるいは徴兵制を導入するかを、事前にいうことはできなかった。真の技芸は、掛け金が可能なかぎり小さく、儲けが可能なかぎり高いときに、強引に攻めることである。植民問題は、同様の仕方で解決される。(158)

オーストリアにおけるナチの転覆に対する、オーストリア政府による抵抗は拒否された。ナチはこうした活動が海外で起きたとは考えていない、という理由によってであった。たとえば、ドイツ外務省のオーストリア課長は、オーストリア大使の〔シュテファン・〕タウシッツに、次のように述べた。一九三四年八月一日のことである。

NSDAPは、オーストリアを海外の領土であるとは考えておらず、プロパガンダは不法な境界を前にして立ち止まることはできない。この行為は外国の内政に干渉するものではない、という見解を党は採用している[159]。

ナチは、いっそう多くのプロパガンダの効果に頼ることも、「自決権」の主張に頼ることもしていない、とネヴィル・ヘンダーソン〔駐独イギリス大使〕は報告している。ヒトラーは、住民投票が自分たちの監督下で行なわれないならば、オーストリアでの住民投票の結果に依拠するつもりはない。このようにヘンダーソンはヒトラーとの会談に依拠して述べている[160]。

オーストリアにおけるナチの絶え間なきプロパガンダと第五列活動は、早くも一九二〇年代に始まった。これについては、下記のⅥ-B-2-Bで論じられる。

C　チェコスロヴァキア

オーストリアと同じく、ドイツの生存圏へのチェコスロヴァキアの編入は、ナチの政策の最初期の目標の一つであった。先にⅣ-Bで引用した発言に、このことが示されている。さらに、早くも一九二七年に作成された、アルフレート・ローゼンベルクによるナチ外交政策についての権威ある解説にも、これは表現されている（Ⅳ-B先述）。追加の確証は、ボヘミア・モラヴィアの前国務相カール・ヘルマン・フランクの尋問にも見いだすことができる。とくに、一九三五年一月一六日付の、あるアメリカのジャーナリストによるヒトラーとのインタビューについてのレポートである。このインタビューのなかで、ヒトラーは次のように述べたといわれている。

チェコスロヴァキアはヴェルサイユ条約の不自然な創造物であり、ソヴィエトのための危険な跳躍台にして航空母艦である。アメリカのジャーナリストのレポートによれば、ヒトラーはこのときはじめて、ドイツとチェコスロヴァキアの関係について話すのに、「保護領」という語を用いた(161)。チェコスロヴァキアの軍事的占領のあと、ヒトラーは公然と宣言した。

この領土は、千年にわたりドイツ人の生存圏にあった(162)。

そしてこの国を占領するに際して、彼はただ「古ドイツの権利」を再確認した。「歴史、地理的位置、そしてすべての理性のルールによって再結合されなければならないものを再結合した(163)」。ナチの大管区指導者で、ズデーテン地方の国家総督コンラート・ヘンラインは、ウィーンで開催された一九四一年三月四日の公的の講演で、次のように認めた。

一九三三年から三四年に遡るが、彼はベルリンとの合意のうえで、そしてチェコスロヴァキア共和国全体を破壊することを唯一の目的として、チェコスロヴァキアにナチ党を創設した(164)。

公式には、ナチによる軍事介入は、通常、当該国でのドイツ系住民の虐待、そして非ドイツ系国民ないし政府の側への暴力とテロを申し立てることで、正当化された(165)。こうした事件がナチによってそそのかされたものなのか、あるいはたんに捏造されたものか。その程度が確認できるのは、当該の境界地区の反ナチの住民や非ドイツ系国民の尋問による。ポーランドの場合、ナチの側でなされた、境界での事件の注意深く計画された捏造や演出を示すエビデンスは入手可能である。このエビデンスは、アルフレート・ナウヨックスの証言の一部にある。[166] 当時ドイツ保安警察長官であったラインハルト・ハイドリヒの代理人として彼は活動していた。ナウヨックスはこう述べている。

一九三九年八月一〇日、Nはハイドリヒによってこう告げられた。ヒトラーは一カ月以内にポーランドへの攻撃を計画している。したがって、最初の攻撃をしたのはドイツ人ではなくポーランド人だ、ということを世界に説得するために、なんらかの「境界での事件」を演出する必要がある。こうして、ナウヨックスが確信するところによると、挑発されていないのにポーランドを攻撃することをヒトラーは準備し、そして一九三九年九月一日の演説で「ポーランドの国境での不法行為」に怒りを表明し、この辱めには武力によってのみ応えることができると聴衆を納得させることができた。

この極悪な策動への第一歩は、強制収容所から選ばれた終身刑の囚人を取り出し、彼らを皮下注射によって殺害し、ポーランド軍の制服を着せ、銃弾で遺体を穴だらけにして、オーバーシュレージエンの国境のドイツの村の、注意深く選ばれた場所に置くことである。そうすると、よく考えない観察者は、ポーランド軍の小部隊が帝国領土への奇襲を実行しようとして失敗に終わった、と考えるであろう。

遺体は、「保存」というラベルを付けられた梱包で、ある村に送られた。犠牲者の何人かは、半分死んだだけの状態で目的地に着いた。そして不適切な調薬を受け、使用される前に死ななければならなかった。

彼らの「国境での事件」を実質化するために、ハイドリヒとその共犯者はあるストーリーを発表することに決めた。その趣旨は、グライヴィッツの放送基地がポーランドの暴徒によって襲われた、というものであった。

ハイドリヒの命令で、ナウヨックスは五、六人とこの町に行った。到着すると、ドイツ語を話すあるポーランド人が「力ずく」でマイクを確保し、「同胞」へのアピールを放送する段取りを組んだ。そして彼らにドイツ人に逆らうように促した。そのとき放送は途切れ、銃が発射され、最終的に、ナウヨックスによって提供された遺体が銃で穴だらけにされてフロアに残された。

2　政治的浸透

海外におけるナチの軍事的介入は、ナチの大規模な浸透によって、現実の奇襲よりもはるかに前から準備され、補完されてきた。基本的なエビデンスの多くは、ワシントンの米国務省、レイモンド・E・マーフィほか編による『国民社会主義』（一九四三年）に集められている。ナチはこうした浸透のためのいくつかの方法を採用した。それらは主として各々のナチ党や政府の機関によって指揮され、監督された。ナチによって使われた主要な方法は以下である。

（1）海外にいるドイツ人による活動
（2）海外にいる土着のナチになる前のグループと個人による活動
（3）明らかに非政治的・平和的なビジネス・コネクションによる活動
（4）特別に訓練を受けた情報部員による活動
（5）ナチのプロパガンダのための「文化的協調関係」の使用
（6）海外の新聞・雑誌やその他の通信とプロパガンダへの影響関係の獲得

ナチの活動は、ナチの侵略に抵抗する可能性が高い外国の現政府を弱体化ないし転覆することを企図していた。(167)

この目的は、混乱やテロを引き起こすことによって、そしてナチの大義に各国の強力なグループを説得して味方にすることによって、達成されることになった。その後こうしたグループは、政府やビジネスにおけるナチとの協働の核となった。

ナチは、海外での浸透戦略の遂行のために、機関と組織のネットワークの全体を用いた。海外で活動することを目論んだ最初の公式のナチ党は、NSDAP全国指導外国組織部（NSDAPの総局の海外支部として一九三一年に創設、一九三四年にNSDAPの海外組織として再編）であった。一九三七年、当時この組織の長であったエルンスト・ヴィルヘルム・ボーレは外務相に配置換えされた。ナチ党の海外プロパガンダ組織とナチ党政府の公式なリンクをよく証明する配置であった[168]。

外国組織部に加えて、ナチはその他多くの組織を用いた。そのなかには、在外ドイツ人協会、ドイツ海外インスティテュート（海外のドイツ人の連盟）、ドイツ外務インスティテュートといった、ナチの前から長らく存在してきた制度があった。

（オーストリアやチェコスロヴァキアのような）海外でナチ党が存在したところではどこでも、ナチの浸透の最前線として、また外国の民主政府に抵抗する中心的なテロ組織として、それらは体系的に採用された。どこにおいても、ナチの第五列は、海外における不安定や分断を生み出す対象とともに、反ユダヤ主義的な傾向を促進し、醸成した。

一九三四年には、『フェルキッシャー・ベオバハター』は次のように報じた。ナチズムは、外国組織を通じて、その触手をつねに世界中すべてに広げてきた。

海外でのナチ党の影響力は、文字通り、地球全体に拡大している。ハンブルクの本部には、「私の領域は世界全体だ」と掲げられるが、これがふさわしいかもしれない。今日、海外組織を構成するのは、いたるところにある三五〇の国のナチ党支部である。……ナチ党は今後も、すべての海外の国々に、国民社会主義帝国の目標を移植する努力をして、いっそう発展するであろう。[169]

海外のナチ党とグループのすべてをNSDAPの海外組織に組み入れることで、こうした党とグループの活動は、ドイツの党と政府当局によって、中央から監視され、指揮を受けた。

A　スペイン

スペインにおけるナチ党およびその機関の組織と活動についての資料は、『ヒトラーのテロのブラウン・ブック』の編者〔オットー・カッツ〕による『スペインにおけるナチの共謀』（ロンドン、一九三七年）に収集されている（ドキュメントの写真付き）。

B　オーストリア

オーストリアのナチの運動は一九二〇年代初頭に遡る。一九二六年、オーストリア・ナチ党はNSDAPの大管区にされた。それ以来、ナチ党のすべての政治、文化、軍事組織は、NSDAPの不可欠の部分組織となった。一九三四年の『国民社会主義年鑑』は、一三九―一四一頁に、当時（三三年）のNSDAPの大管区指導者と、その最後として、オーストリア州リーダーのリストを掲載している。

オーストリアのナチ党は、一連の犯罪的行為（殺人、放火、襲撃などを含む）を行なった。それらは、合法的に樹立されたオーストリア政府やその支持者に向けられ、一九三四年七月の一揆で頂点を迎えた。この一揆は、ドルフス首相の殺害に至った。[170]

3　経済的浸透

海外でナチが浸透するもっとも効率的な方法の一つは、通常のビジネスのチャンネルを通じて活動することであった。国際的なビジネスの関係を巧みに利用し、拡大することは、ヨーロッパ支配のためのナチのプランにおいて決定的な部分であり、軍事的な介入と占領を準備し、それらを伴い、そして補完した。こうした政策の基礎は、デュッセルドルフの産業クラブでのヒトラーの演説（上記のⅣ－B）で決定された。この演説が示そうとしたのは、ドイツのビジネスの未来は、内在的に侵略的・拡大的なドイツの外交政策と結びついており、剣の力によって支えられる、ということであった。実際、ドイツのビジネスは、ドイツ国防軍の後ろにくっついていき、占領地域をドイツの主要企業が支配する広範な産業・金融帝国に組み込んだ（ナチの支配のこの局面は、戦争犯罪についての別の論文で扱われる[171]）。

どれほど実際的にドイツのビジネスが仕事をあてにしていたのかを示す一つの例がある。

プラハ占領のまさにその日（一九三九年三月一五日）、ドイツ銀行の代表がプラハのボヘミア銀行に姿をみせ、ボヘミア銀行の利益を「保護」する提案をした。この提案が拒否されるなら、この銀行は没収の対象になる「ユダヤ系企業」と考えられるであろう、と脅しをかけながら、である[172]。

ドイツ銀行はまた、一連の調査研究を準備していた（『ドイツ経済圏のオーストリア』『ドイツ経済圏のズデーテン地方』『ドイツ経済圏のベーメン・メーレン』）。それには、これらの国々でのビジネスの施設と機会についての詳細な分析が含まれていた[173]。

この方式がもとづいているのは、ドイツの財界人の全面的な協力であった。彼らの企業やホールディングこそが拡張の核となった。もっとも有力なドイツの財界人たちの多くが、ヒトラーの権力獲得以前に、ナチの運動を支援していたし、他の人たちもそれに追随した。そして戦争が始まるまでには、ドイツの産業界のナチ化は完成されていた。ナチの政治的リーダーシップは、戦争経済のすべての部門で、ドイツの経済政策の形成と遂行に使えるものであった。財界人の上層部はナチの経済組織で指導的な地位にあったのと同じように、ナチの上層部はもっとも重要な産業・商業企業の理事会の席に座っていた。産業界と国防軍の高官のあいだには、緊密な関係が存在した。[174]

ナチの政治的階層構造と産業界の指導部の融合は、占領した領土におけるドイツの搾取と略奪の基礎であった。ドイツ軍がこれらの領土を征服したあと、ナチの指導部は、協力関係の返礼として莫大な資産と労働力を、ドイツの産業界の人たちに引き渡した。

VII　生存圏とグロースラウム秩序の概念

ナチの占領政策は、生存圏（Lebensraum）というナチ的な概念の論理的展開であり、現実化であった。その基本的な原理において、この政策はアドホックに作られたが、事前からヨーロッパ支配のためのナチのマスター・プランの一部として考えられた。

このことを示すために、生存圏というナチの観念の、その後の局面での発展をたどることが必要である。一九四〇年ごろには、生存圏というドイツ的な概念はより確定的な輪郭を有しており、ナチ・ドイツによるヨーロッパ支配を意味するものとして登場してきた。戦争の最初の年の成功にともなって、ナチの言語はいっそう抑制がなくなり、そしてぼやけたものになった。「ヨーロッパ革命」の第一の局面は、ドイツ軍のおかげで完遂された、と『フランクフルト新聞』は一九四〇年七月一四日に宣言した。

歴史上はじめて、中心から全大陸を政治的に一つの実体とする課題が考案された。時代遅れの敵対者の立場からではなく、諸国民のニーズをフューラー原理のもとで組織するために、である。新秩序の核は境界の変化ではなく、ドイツとイタリアのリーダーシップのもとでの全大陸の連合である。それには、メンバーの責任の明確な区切りと段階がともなっている。[175]

一日後、外務省のスポークスマンは、ベルリンで海外のプレスに次のように語っている。

「ドイツとイタリアがヨーロッパを新たな基礎のうえで再組織化する定めにある、ということに異を唱える者は、いまやいない」。彼はさらにこう述べた。「ヨーロッパの再組織化は最高、かつもっとも成功する仕方で組織する国民のリーダーシップのもとで、とくに優れて実行されることが、決定的に重要であり、国民社会主義の価値は、国家を超越した意義を有し、二〇世紀の諸要求の表現である[176]」。

シャハトは[177]、近い将来使えるように、戦後の全ヨーロッパの経済協力の計画を準備するという任務を、ヒトラーから託されていた。一九四〇年七月二〇日、この任務が完了した、とベルリンで発表された。彼の計画は、三部からなるメモに具体化された。（一）ヨーロッパの再組織化のための一般的な原理、（二）通貨問題についての特別な提案、（三）植民地の発展プログラムが、その三部である。[178]

一九四〇年八月一日、『ベルリン取引所新聞』は次のように書いた。ドイツ人はいまやヨーロッパの使命を引き受けなければならない。ヨーロッパの責任を自覚している国民だけが、歴史的な建設の仕事に加わる権利をもっている。したがって、ユダヤ人に汚染されたフランスやカネの支配するイギリスはいずれも、リードする資格がない。この論説は、さらに付け加えた。「リーダーたる国民」は、自分自身の国の運命だけでなく、同じ生存圏に存在するより小さな国民たちにも責任を負うものだ、と。[179]

概念の全体は、『帝国』(*Das Reich*) に要約されている。これは一九四〇年一〇月二三日に発表された。

私たちの国民は、ヨーロッパ新秩序のかなめにして、リーダーであることを運命づけられている。他国のためにエネルギーをつぎ込む誘惑に対して、私たちの国民はつねに戦わなければならない。いまほどこの誘惑が大きかったことはない。[180]

ナチの占領政策のもと、すぐに具体化されつつあった、この「ヨーロッパ新秩序」は、グロースラウム秩序(広域圏秩序)の概念のもとで、さらに定義され、組織化された。この構想が完全に発展させられたのは、一九三八—一九四〇年で、NSDAP全国指導部経済政策全権委員で、NSDAP全国指導部全国経済協議会メンバーであったヴェルナー・ダイツによる。アドルフ・ヒトラーのもとで生まれつつあるヨーロッパの「グロースラウム」経済を、ダイツは次のように定義した。

「ハンザ」の帝国である。黒海からドナウ川、マイン川、ライン川、フランドル、北海、バルト海、イリメニ湖、ドニエプル川、黒海、そしてこの交通圏に含まれる、あるいはそれに接する結びついたすべての国民に広がる、経済的、労働的、文化的な秩序を、一つのヨーロッパの「グロースラウム」経済にしたのが、それである。[181]

「約一五〇〇年ごろ、ハンザの「グロースラウム」経済が終わりを迎えたところで、ヨーロッパ大陸が再浮上しなければならない」と彼は明言した。[182]

ヨーロッパの「グロースラウム」の全体は、ドイツとイタリアのあいだで分割される運命にあった。大ドイツ帝国はその地政学的な基礎を北東海圏《ラウム》（北海とバルト海）にもつ。これには、「生存・経済圏」に属する東部地区（Ostraum）が入る。これに対してファシズムのイタリアが支配したのは地中海の圏域であった。[183]一九三八年に再版された一九三二年の論文で（上記Ⅶを参照）、ダイツが完全に明確にしたのは、「グロースラウム」の圏域への経済的な統合は、同時に、政治的な統合でもある、ということであった。その理由は、こうである。

経済的な自律の圏域、つまり経済と国家・政治的な独立の維持に必要なすべてのものが、政治的な国境のなかにある、ということは、すべての国民にとって必要なことである。[184]

同じ論文では、ドイツの「東部地区」政策の方向性の概略も描かれており、「ラトヴィアから黒海への一帯にある国々の全体を活性化する」となっている。[185]そして「東部地区」政策を守るための強力な海軍の建設が求められている。

海峡、北海・バルト海運河、ドイツの将来の生存・経済圏、つまり東部地区への入り口を、いつでも封鎖できるように、ドイツは絶対に海軍の建設を断念できない。[186]

こうしてヨーロッパを支配する「使命」を宣言する一方で、「隣接」するアフリカの領土をヨーロッパの「グロースラウム」に組み込む準備の継続を、ナチは怠らなかった。一九四一年四月二九日、フォン・エップ将軍の植民地相への任命が発表された。ドイツは何年間かにわたり、広大なアフリカ帝国をヨーロッパの付録として行政統治するための、もっとも体系的な準備をしてきた。政府のスポークスマンは同じ日にこのように述べた。[187]

ナチのリーダーのいくつかの証言が示しているのは、彼らの内心では、ドイツの「使命」は、ヨーロッパだけでなく、世界のリーダーシップという体裁をとるものであった。たとえば、ベルリンの学生に宛てて、すでに一九三九年六月一四日にゲッベルスは次のように主張している。「英国ではなくドイツが世界を支配すべきである[188]」。ポーランド総督のハンス・フランクは、一九四一年一二月二一日にクラクフで、次のように宣言した。

> 自分をドイツ人ということができるのは、天からの最大の贈り物である。私たちは世界をドイツ人として支配することに誇りをもっている。今日、アドルフ・ヒトラーは、誰からも邪魔されず、世界のリーダーに指名されている。[189]

ドイツの支配のもとでのヨーロッパの「グロースラウム秩序」という観念は、ナチの政策の確立された事実になった。そしてこの事実は存在しつづけなければならない、とナチは告げた。たとえば、一九四〇年、ドイツ海外経済研究所は「ヨーロッパの大経済圏」についての一連のレクチャーを行なった。この研究所は、フランツ・アルフレート・ジックスが長であった、親衛隊全国指導者《ライヒスフューラー》保安部VII局の核であった。このときジックスは、同時に外交局の文化政策部局の長でもあった。これらのレクチャーは、ジックス編のシリーズで、一九四三年に刊行された。

> 軍の勝利のあとで、大ドイツはヨーロッパの圏域における政治的、経済的、そして文化的なリーダーシップを、枢軸のパートナーとともに担う資格を有している。新たなフロンティア内で、このような大ドイツは、軍事的、軍事・経済的、そして道徳的にとても強く、かつ強くありつづけなければならないので、内外のヨ

ーロッパの諸力によって、この事態を変更しようとするいかなる試みも、ア・プリオリに成功の見込みがない。[190]

中欧圏は、本質的には大ドイツ圏で、それは現在八八万平方キロメートルあり、一億一二〇〇万人の住民が住んでいる。この大ドイツ圏は、地理的・政治的のみならず、経済的にも大陸ヨーロッパの自然的な重心なのである。……ヨーロッパの経済的な再編の安定的な基礎は、まず主として中央ヨーロッパと南東ヨーロッパ圏の協力によって提供される。この圏域は、英国や海を隔てた海外から、かなりの程度において独立していて、南欧と経済的に安定的な関係にある。こうした基礎から、そのうえで危機に対してすこぶる敏感な北西ヨーロッパの部分ラウムの新秩序への注意深い編入がなされることができる。[191]

これらの発言（そしてヴェルナー・ダイツからの引用）も示していることがある。グロースラウム秩序としての新秩序という観念は、当初から、ナチの占領下で発展した経済的拡大と統合というナチの政策を含んでいた、ということである。[192]

Ⅷ　ナチの占領政策の不法的要素

A　概　論

ダイツの説明が明らかにしたのは、ナチの占領政策の基礎になった要素である。経済、政治、そして文化レベルで、ヨーロッパのグロースラウムを「組織化」する使命を有した「指導的民族」（大ドイツ帝国）という理念、そして（a）指導的国民自身の自給自足的な生存圏、（b）この国民の経済的な生存圏（外部から獲得したあと、国民の境界に含められるべきもの)、そして(c)国民的・経済的生存圏の境界にある領域へのグロースラウムの分割が、その要素である。この構想は、ヴェルナー・ベストによって[193]、明示的にナチの占領政策と結びつけられた。ベストは、この構想の実行でも、重要な役割を果たした(彼は占領されたフランスの民政の長で、デンマークにおけるドイツの全権大使であった)。この概念から出てくるのが、グロースラウムでは異なった国民には異なった扱いがなされるべきである、という理念である。「導く国」の生存圏の「人種的コア」にいる住民はよりよい扱い、したがってより高いレベルの行政を受けるべきであり、グロースラウムのより遠隔にある地区の住民には与えられない自治権が与えられる。このためには、占領地域におけるさまざまな類型の行政が必要とされる。行政を受ける国にかなりの自主性を与える「同盟的な行政」から、すべての権力をナチ政府の手に集中する「植民地的行政」に至るまで、すべての仕方である[194]。

ヴェルナー・ベストによると、ドイツ人は「自身のフェルキッシュな秩序だけでなく、成長する「グロースラウム」の多重的な部分も支配することが期待されている」という。この面倒な課題は、支配される国民には、行政機能のいかなる「分割ないし分裂」も許さなかった。ドイツ国民の支配する側の権力はむしろ、統一され、中央集権化された権力を誇示しければならなかった[195]。この「指導的国民」は公的生活のすべての領域で権力を行使し、「全体的なリーダーシップ」(指導の全体性)を所有する。「全体的リーダーシップ」というのは、行政とともに、政治的に人間を導くことを含む、というのである[196]。

形而上学的な用語法を剝ぎ取れば、右の記述が意味するのは、「導く側の国民」は、グロースラウム内のすべての物質的・人間的資源を、自分たちの支配的な地位の保持のために使う権利、さらには「使命」がある、ということであった。「支配される国民」の、政治的、文化的、そして経済的な生活のすべては、「支配する側の国民」が必要とするものと連動しなければならなかった。

実現しつつある、グロースラウム経済の課題は、この圏域のすべての国民を動員することである。このスペースに属するすべての国々のいずれも、無関係ではいられない、ということが明示的に指摘されなければならない。[197]

この動員は、「時代遅れの」考察などなしに、これらの国々の住民の生活水準のために実行されることになる。現在の生活水準を維持することに関する時代遅れの見解が、たとえば、西や北ヨーロッパでは主張されている。しかしこうした見解はもはや重要ではないし、私たちによって承認されるものでもない。戦争のためのすべての努力を動員する必要が、現在を支配する。[198]

占領地域をドイツの戦争マシーンに強権的、強制的に組み込むことへの制限は、国際的なものでも、国民的なものでも、ナチはこれを認めなかった。ナチの措置を実行するのに適用されるテロと強制の程度は、現地の協力とレジスタンスの程度に応じて異なった。しかしながら、ナチの占領政策が履行されるところではどこでも、次のような不法的・犯罪的な措置が取られた。

（1）「軍事的必要」以上の現地の住民の強制的な立ち退きや国外追放。多くの場合、立ち退かされた人たちの土地と財産は、占領地域のナチあるいはナチのシンパに与えられた。

（2）（国および私人の）財産の大規模な没収。

（3）「軍事的必要」を超えているが、ドイツのビジネス、ナチ党と政府高官、ナチの協力者などの得になるように、占領された国々を略奪・搾取すること。

（4）占領国の文民に対する懲罰的な措置。無差別な殺戮、人質の射殺、家や村の焼き討ち、埋葬、拷問、飢餓など。

（5）占領国に属する軍関係者の不法な取り扱い。

ナチの占領政策の犯罪的な性格についての資料は戦争犯罪ペイパー「占領政策の計画と遂行に関する刑事責任」（R&A Report No. 3113）で提供されている。占領された国々のナチによる行政の形態のすべてにおいて、犯罪的な方法が用いられた。しかし行使させた犯罪的な行政は、ベストが「植民地的な行政」（右記）と記述した形式における行政のまさに原理とされ、主として占領された東欧の領土に適用された。ベストは、行政の行使された形式の原理を、次のように記述した。

植民地行政の法律は、限界なしに、指導的国民の政府ないし植民地当局によって、導く国の直接的な権利として定められる。……現地の人の生存に関して記されておくべきは、経験からすると、植民地行政の生‐敵対的な措置には、彼らはレジスタンス不能なので、死に絶えることによって反応する。[199]

B　政治的統制

ナチの占領政策は、完全な行政だけではなく、完全な政治的統制とも連動した。[200] ナチ党と取り巻きによる占領地への直接的な統制は、労働部局を確立するか、または併合された領域における、NSDAPの大管区を確立することによって達成された。こうした労働部局の最初のものが作られたのは、総督府においてであり、一九四〇年五月六日であった。[201]

テロ・マシーンが最初から、行政の必須の部分として考えられていた、ということを、占領地域の行政の計画は示している。比較的高位のSS関係者は、直接、ヒムラーの責任で、行政一般に圧力をかけていた、という事実によって、このことは証明される。[202] ほとんどの場合、高位のSSや警察のリーダーは、各国の中央行政機構で、公安の職も保持していた。一九三九年には、高位のSSや警察のリーダーは、すでに併合されたか、これから併合される領土すべてで、ドイツ化に責任を負っていた。そして同年、ヒムラー自身、ドイツ民族強化全国委員に任命された。[203] 占領された国々のドイツ化を、かなりの程度遂行したのが、この機関であった。

ドイツ化の主要な手段の一つは、ドイツ民族リスト（Deutsche Volksliste）であった。このリストは、占領地域で、異なる特権と義務をもつ、ドイツ市民になる候補の四つのカテゴリーを作った。ドイツ民族強化委員の権限によってSS全国指導者か、内相が、この人種リスト登録を決めた。[204] ドイツ化の手続きの詳細については、戦争犯罪ペイパー「占領政策の計画と遂行に関する刑事責任」（R&A Report No. 3113）を参照。

C　経済的搾取

占領した領土へのテロによる政治的統制は、経済的な統制の隙間のない網によって補完され、ドイツで張り巡らされている統制のパターンに適合され、さらにはそれに統合さえされた。こうした統制がなされたのは、ナチ政府の機関と、一九四三年に設立されたビジネスの自己統治的なシステムの緊密な協力と協調によってであった。この組織の枠組みで、占領された国々の経済の全体は、強制的に組織化され、ナチの収奪と搾取の器官にされた。ドイツの商工業の大企業は、こうした活動の主要な受益者であった。全国連合、つまりドイツの強制的な頂上カルテルは、ヨーロッパの資源を「組織化」する課題を任された。そして直接的にか、支店や支部を通じてかはともかく、数知れないドイツの会社が占領された国々で活動した。

経済的な略奪と搾取の方針は、ドイツの中央機関によって決められた。もっとも重要なものは、以下である。

（1）四カ年計画全権（ゲーリング）。権威が付与された、ないしそれがあるように装われたのは、とりわけ、「占領された西部領土をドイツの戦争経済のために計画的に活用することに関する政令」（一九四〇年八月二六日）と、[205]「占領された東部領土をドイツの戦争経済のために計画的に活用することに関する政令」（一九四一年七月二九日）であった。[206]
（2）主として軍備監察官を通じて活動している、シュペーアの軍需省。
（3）直接、ヒトラーかゲーリングかに対して責任を負う、数人の全国全権委員と監察官。

第Ⅶ部　新たな敵

15

世界共産主義の潜在力

ヘルベルト・マルクーゼ
（一九四九年八月一日）

編者注記

OIR Report 4909. 一九四九年に諜報調査局は長文のレポートを作成した。六部構成で五三二頁、指揮をとったのはマルクーゼで、タイトルは「世界共産主義の潜在力」であった。そこで分析されているのは、国際的な共産主義の機関（4909.1）であり、西欧・中欧の共産党（4909.2）であり、ソ連のサテライト国家、とくにチェコスロヴァキア（4909.3）、極東・中近東（4909.4）、アジア（4909.5）、そしてラテンアメリカ、つまりキューバ（4909.6）である。ここで発表される文章は、六つの研究に先立つ要約のレポートである。

分類　秘（Confidential）

序文

このレポートは、諜報調査局（ＯＩＲ）の下部にある世界共産主義委員会（ＣＷＣ）の監督のもとで準備された国際共産主義に関する一般的な研究の最初のアプローチである。これは、グローバルな範囲において完全ではなく、また結論となる所見として最終的でもない。むしろそれは、今後のさらなる思考と調査を促進するための分析の準備的なスケッチとなることが意図されている。

このレポートでは、詳細な研究のために特定の国が選別される。その選抜の理由は、いま共産主義が重要な要素になっているさまざまな地域で、当該の国が代表としての価値をもっている、ということである。その際、資料の直接的な入手可能性も考慮した。この序論的な章は、これらの国々の研究から、〔共産主義の〕強さと弱さについての一般化された分析を発展させるための準備的努力である。

明らかなことであるが、なされるべきたくさんの仕事が残っている。追加の国の研究と、現在の研究とその他の関連する調査を踏まえた修正を受けた序文を付けて、このレポートはのちにまた発表されるであろう。

ソヴィエト連邦の経験は、新しい「人民民主国」の行動パターンと理論をすぐに提供した。後進国では、農業社会から高度に産業化された社会への移行は、自由主義のさまざまな段階を「ジャンプ」し、権威主義的な政府を備えた高度に中央集権的な計画経済の枠のなかで進んでいる。ここでの権威主義的な政府は、あらゆるオポジション的な要素を排除し、全体主義的な統制を押し付ける。この間、共産主義体制が主として依拠しているのは、行政および警察の偏在的で効率的な統制ないしは軍事力であり、人民の是認ではなかった。「連合」政府は短期間で完全な共産主義体制に移行した。

終戦時に、共産主義の強さは、フランスとイタリアで、権力を掌握する革命的な努力を可能にするのに、おそらくは十分なほどに大きかった。共産主義者が思いとどまったのは、同盟国の軍隊の存在と、戦時同盟が公然と決裂することを避けたいというソヴィエトの利害関心によってであった。こうした状況にあって、彼らは政府の連立のなかで活動することで、権力を獲得しようと決めたのであろう。

共産主義の権力の急激な拡大と強化は、非共産主義世界に多大な影響をもたらした。非共産主義世界はこれに対応して政策を変更した。大国である合衆国は、共産主義が東の地帯の外へと拡張するのを抑え込み、そして西ヨーロッパの非共産主義政府の安定化を援助するのに尽力し始めた。共産主義者は、変化した戦後の状況に対応するために、新しい戦略と戦術を採用せざるをえなかった。

当初から共産主義運動の発展の概略が示すのは、主たる中心が、西の高度に発展した国々から東の地帯の相対的に後進の地域にシフトした、ということである。内側から自分たちの社会を再編成しようとする労働者階級の革命的な努力から基本的なダイナミズムと力を引き出しつつ、その土地の社会運動から、東の地帯の共産主義は、主として、資本主義社会の外側にあって、USSRの中央権力と指示を受けた政治、経済、そして軍事の巨大なシステムになった。各国の共産党は、このシステムの利益のために使われ、政策や目標はこのシステムの利益に歩調を合わせた。

I　序　論

共産主義は今日、合計約二〇〇〇万人のメンバーを有するとされる、六〇の各国の共産党から構成される国際的な運動であり、国民的・国際的両方の範囲で活動する、関連組織ないし「フロント」組織のネットワークに支えられている。共産主義運動の発展は、地域的な集中を生み、それによって強化されてきた。共産主義が今日、権力をもっているのは、ドイツのエルベ川から北大西洋に広がる切れ目のない地域である。通常、東欧ブロックと呼ばれる、この広大な地域で、国民レベルの共産党は政府を形成し、社会を組織化してきた。このブロックの内外のすべての党の国際的およびナショナルな戦略は、多かれ少なかれ、このブロックの力の主要な中心となるユニットであるUSSRの外交的・国内的な要求に合わせられている。共通のドクトリンが運動を束ね、ある意味での同志感情を生み出している。そしてこの感情はそれ自身で大きな社会的力である。

共産主義ドクトリンが提供するのは、社会の歴史的な発展の完全な説明であり、それによって共産主義が社会に対してその意志を反映する活動と組織の理論であり、そして各地の目的を直接的に達成する戦略的な装置の精緻なカタログである。理論的な射程ではひとまとまりではあるが、実践においてこのドクトリンは本質的に強力な遠心的な要素を覆い隠す。たとえば、ドクトリンはもともと、共産主義国家はもっとも高度に発展した資本主義経済から生まれる、という原理を立てていたが、実際に共産主義がもっとも成功したのは相対的に後進的な地域であった。したがって、いつも完全に満足のいくものではなかったとしても、理論における複雑な調整が必要とされてきた。また、クレムリンの権力とリーダーシップは国際的な共産主義にとって疑いえない強みであったが、その一方で、各国の〔共産〕党はつねに、成長と発展において、そして各地の影響力と支持を求めて、自分たちの政策を各地の環境に関連づけようとしなければならない。異なった地域で共産主義者がときとして採用するチグハグな政策は、これによって一部は説明できる。さらに、ユーゴスラビアで現実になったように、各地のニーズがソヴィエトの指導部によって定められた政策と一致しない、という可能性もつねにある。

クレムリンは共産主義の防波堤なので、運動に自分自身の権力地位の要求を押し付ける権利を、全体としては認められている。しかしそのクレムリンも、思考のまさに言語を構成する共産主義ドクトリンによって影響を受けないわけではない。同じように、運動のより小さな政党やグループも、現実とドクトリンのあいだで、類似した仕方で引き裂かれざるをえない。したがって、USSRの権力と安全保障の利害、その他の地域の国民的な共産党の地元における努力、そしてUSSRと他の共産主義の要素に影響を及ぼす共通のドクトリンと伝統の幅広い影響力を区別することが、きわめて重要である。

国際共産主義についての最終的な評価は、言及したすべての観点を含まなければならない。しかし、こうした最終的な評価を試みることができるようになる前に、多くの貢献になる分析が求められる。こうしたギャップを埋める一歩として、このレポートが提供するのは、USSR以外の共産主義の潜在力についての準備的な考察である。ソ連の国力とは分離したうえで、共産主義の強さと弱さを扱う。USSRに言及するのは、ソヴィエトの影響が、共産主義の世界の残りのプラス・マイナスに直接的に影響を及ぼす場合だけである。

共産主義の世界は、主として三つの主要なグループに分かれていると考えられる。最初は東欧ブロックで、二つの地域、ヨーロッパとアジアのサテライトで構成されている。それらは連続的にUSSRとつながっていて、共産主義の支配下にあるが、USSRとは異なっていて、それぞれがそれぞれの政治・経済的な発展の段階にある。第二の分類は南アジア、植民地ないし半植民地国の地域である。そこでは、第二次世界大戦後、国民の独立と独立した人民の農業革命の運動を指揮し、それに参加することで、共産主義者が明白に力を伸ばした。第三は西欧で、ここでは共産主義は本質的に異なる条件を経験している。もっとも西欧的な国々で、共産党は、高度に発展した社会、経済、そして政治的なシステムのオポジションを構成している。彼らが労働運動を支配しているフランスとイタリアは例外であるが、西欧の共産主義者は一般に、主として社会民主党がリーダーシップを握っている労働運動が、要求や目標の枠組みとして既存のシステムを受け入れている、という環境で活動している。さらに、東からの共産主義の外への拡大を抑え込み、国際的な共産主義者の脅威に直面している地域の経済的・政治的な安定を確保するために、連合国の膨大な力が行使されている。

Ⅱ　世界共産主義の発展

人類は、共産主義運動の導きを受けることで、貧困、苦役、差別、そして戦争のない新たな合理的な社会を創出できる。共産主義運動は当初、このように約束していた。人間の行為の特殊な計画によって実現されるよりよい世界というこうしたゴールは、今日なおも共産主義者のイデオロギー的な弾薬庫の本質的な部分であり、数百万人のフォロワーを惹きつけ、また摑んでいる。現在の共産主義の活動の重要な不合理の一つは、よりよい世界の実現のために三二年、専心してきた地域で、このゴールが明らかに達成されていない、ということである。USSRは、人類の重荷を除去するという約束をほとんど実現していない。明言されたゴールと、その実現のために採用される手段のあいだの齟齬は、より深いコントラストの一つの反映にすぎない。共産主義理論の創始者の原初的な予想のすべてと対立して、後進的で、前資本主義的で、そして半植民地であった国々を構成するエリアで、今日、共産党は権力を握っている。この状況は、共産主義運動を完全に変容させている。

もともとのマルクス主義的な概念では、社会主義革命の場所は、高度に産業化が進んだ西側世界の国々のはずであった。そこでは、「資本制」が「成熟」しており、世界社会の次の段階、つまり社会主義への準備ができていた。資本主義は、その枠組み内で可能な最高地点にまで、テクノロジーと生産の力を発展させてきた。そして、労働人口の大多数を抱える、政治的によく訓練された、「階級意識のある」プロレタリアートを生み出した。こうした条件で（そしてこうした条件でのみ）、社会主義革命は、物質的・文化的により高い文明へと跳躍するはずであった。「利潤のシステムという足かせ」から解放されて、生産力はすべて、生活水準の直接的な向上のため、貧困と欠乏の除去のため、そして抑圧と不正義の廃棄のために用いられることができる。自由で、合理的な社会主義理論は、既存の体制で作られた膨大な社会的富を、すべてのメンバーの利益に適うように生産し、配分する。抑圧の手段としての国家を必要とすることはなくなる。

こうした〔マルクス主義的〕概念が想定していたのは、社会主義の前提条件としてのより高い文化の基礎である物質的・知的なすべての力の完全な発展であった。ボリシェヴィキが、レーニンの指導のもとで、一九一七年にロシアで権力を握ったとき、ヨーロッパの資本主義国での一連の革命によって、彼らの革命が「救われる」、つまり保障され、拡大される場合にのみ、彼らの革命の成功は可能になる、と一貫して信じられていた。この信念は、共産党と共産主義インターナショナルによって形成された。第一次世界大戦後、戦争を支持し、戦後も、既存の体制の革命的な転覆に反対しつづけたヨーロッパの社会主義政党への左派からのオポジションとして、共産党と共産主義インターナショナルは生まれた。共産党が目指したのは、労働者階級の革命的な行為、「プロレタリア独裁」の樹立、そして社会主義社会への短期での移行による「資本主義国家と経済」の廃棄であった。土着の社会革命が第一の目標であった。国民レベルの共産党がこの目標を達成するのを助けるのが、USSRのはずであった。なぜなら、こうした仕方でのみ、ソヴィエト国家は生き残ることができると思われたからである。

〔ところが〕一九二〇年代はじめの出来事は、世界共産主義の地位に根本的な変化をもたらした。ヨーロッパの革命は敗北した。それには、オーストリアとハンガリーの一九一九年、最後にドイツの一九二三年が含まれる。ロシア革命の望まれた拡大は起きなかった。ロシア革命が革命に影響を及ぼすのに成功したのは、その発展レベルが、西の資本主義国で達成されたよりもはるかに低い国だけであった。社会主義社会の約束された千年王国とはほど遠かった。新しいやり方で、未来のゴールを達成しようとする、新たなスターリニズム的なリーダーシップが現れた。

「社会主義革命」が成功したのは、社会主義の前提条件がほとんど存在しない国においてであった。したがって、前提条件が、事後的に、作られなければならなかった。テクノロジーと産業化の程度が低く、産業プロレタリアートが少なく、人口の多数を構成する後進的で、敵対的な農民が多い地域では、最大の満足、完全な統制、すべての人と自然資源を大規模重工業と機械化された農業の発展のために搾取し、方向づける権威主義的な支配に、住民が服することが求められた。こうした経済のみが、生活水準の持続的な増大の基礎と約束された社会主義的な意味での欠乏からの自由を提供することができた。この路線が意味したのは、後進ロシアで今後長期にわたって継続され、それどころか強化される抑圧、支配、貧困、苦役であり、大規模かつ統制された労働力であり、ありとあらゆる手段による労働生産性の向上であった。資本主義が何世紀にもわたって達成してきた産業力のレベルを、短期間で達成するために、共産主義者は、自分たちが資本制の最悪の未来として堰き止めていたものを、模倣し、再生産し、そして短縮しなければならない、という状況にあった。

国民レベルの共産党は、USSRの内外の利害に完全に従属する。この従属は、戦間期のソヴィエトの内的な発展に外的に付随する現象であった。また、共産党が成功した革命的な道具として発展するのに失敗することで、この傾向は補強された。「資本制の大きな危機」は成功した社会主義革命で終わることなく、ドイツではナチ・レジームの樹立で終わった。ナチ・レジームは、すべての共産主義者の活動を終わらせ、オーストリアとチェコスロヴァキアを併合し、イタリア・ファシズムを支えた。スペイン内戦はフランコの勝利で終わった。フランスの人民戦線政府は共産主義者の希望をかき立てたが、失敗した。共産主義の唯一残った防波堤はUSSRであった。

外的な脅威からUSSRが継続して生き残ることは、敵対的な「帝国主義・資本主義的」国家の世界で策略をめぐらせる能力のなせる技であると考えられた。原初的な共産主義のねらいは、「社会主義の祖国」に対する一致団結した資本主義の「攻撃」の展開を回避することであった。共産党は、USSRに好意的な政府の政策を作る外交ゲームで、人質として使われた。このことがもっともはっきりとみられたのは、一九三五年の仏ソ〔相互援助〕条約のときであった。このとき、フランス共産党はフランスの軍事予算に反対するのを断念した。こうした共産党の使い方は、ナチ－ソヴィエト協定の時期、そしてそれに続く同盟の第二次世界大戦期のあいだ、共産主義政治の目印になった。

第二次世界大戦によって作られた条件は、共産主義運動に新たな、かつ大きな機会を提供した。結果として東欧ブロックは世界で第二の強大な勢力としての地位に至った。ヨーロッパを席巻しているドイツ、そして極東の旧植民支配者を追い払う日本は、戦前の政治組織の構造をラディカルに変えた。湧き上がったレジスタンス運動は、ドイツのファシズムと日本の帝国主義に対する戦いが成功したあとの基本的な変化に対する大多数の人々の希望を表明した。ナチと協力し、ナチの勝利を可能にした人たちを排除したいという欲望が、ヨーロッパには存在した。極東では、戦争が国民的な独立運動への刺激を与えた。ナチの敗北とUSSRの勝利を確実にしようとする欲望によって原理的に動機づけられた共産党が、レジスタンス運動において活発な参加者とリーダーを提供した。

地下運動において、共産主義者は政治的ライバルに対して利点をもっていた。戦争勃発前に、彼らは多くの領域で非合法組織を保持していた。共産主義者はUSSRに強力な国家と軍事的な機構を創出し、よそでも共産主義の威信を高めた。こうした途方もない進歩を、ロシア軍の勝利が証明した。戦争の終わりに、共産主義者は多くの地域で、権力をもつ地位にあった。

ソヴィエト軍が露払いをし、そしてソヴィエト軍の力の及ぶ範囲で、共産主義者によって支配された連合体制が、東ヨーロッパ諸国に樹立された。ヨーロッパとアジアの軍事的な分割は、拡大された共産主義の地帯のもっとも遠くの境界を画した。この東欧ブロックを政治・経済的にまとめることが、共産主義者の主要なゴールになった。

共産主義運動は、新たな性格を獲得した。共産主義者による究極的な統制を実現するために、「国民連合」政府での主要なポスト、特に内務、国防、そして国民啓蒙・宣伝相を押さえることによる、既存の国家機構の利用に重心が置かれた。

III　共産主義のプログラム

A 「二つの陣営」理論

現在の共産主義ドクトリンで提示されている、「二つの陣営」理論の枠組みは、国際共産主義運動の現在の戦略と戦術の理解の基礎を提供する。この概念によると、今日の歴史的な地点を特徴づけるのは、世界が二つの対立する陣営に分割されていることである。一方における「帝国主義と独占資本主義」、他方における「社会主義と人民民主主義」である。

「帝国主義的反民主陣営」の「侵略的」なリーダーシップが行使されるのは、合衆国によってである。この仲間に含まれるのは「英国、フランス、その他の西欧の植民地帝国主義国、中東、そしてアメリカ帝国主義に政治的・経済的に依存した南米の共和国」である。逆に、「平和愛好的な反帝国主義陣営」はソヴィエト連邦の指揮下にある。これを構成するのは、東欧の「新しい民主国」、中国の「解放された地域」、共産党、「さまざまな国での労働者階級と人民の民主的運動、そしてさまざまな植民地・従属国家における国民解放運動」である。

プロパガンダ的な音色を取り除けば、西側諸国を「侵略的」とする共産主義者による特徴づけは、ヨーロッパにおけるイニシアティヴと強さが西側の手に握られているという事実を承認していることを意味する。

B　現在の共産主義の計画

今日、共産主義の計画の主要な構成要素は次のものである。

1　産業に関して、東欧ブロックを高度に統合された経済ユニットへと変容させることで、西のパワーに対抗する最大限の努力を向ける。このためには、東欧ブロックの存在を危険にさらすことになる世界的な軍事的対立を避けることが求められる。

2　直接的な大戦争の危険をともなわないかぎりでの、アジアにおける共産主義のパワーの拡大。

3　西欧の共産主義が、資本主義の経済的・政治的安定を妨害するプログラムに専心する国内のオポジション勢力として活動することを支える。

東欧ブロック、アジアの植民地・半植民地の国々、そして西側先進国における共産党は、このプログラムを、ローカルな計画と活動において実行しつつある。

1　東欧ブロック

a　ヨーロッパのソヴィエト衛星国。ヨーロッパのソヴィエト衛星国における共産主義は、ソヴィエトに指導され統合された東欧ブロックにおいて経済が効率的に機能する部分として、こうした国々を技術的・経済的に再構成することと連動している。農業が主流の国では、こうしたプログラムは産業化と機械化をともなう。ドイツ、チェコスロヴァキア、そして程度は劣るがポーランドとハンガリーのような、すでに産業化された地域では、USSRと全体としてのブロックのニーズへの経済の再方向づけがともなった。東欧ブロックの共産主義レジームすべてが、この任務に集中している。これらのレジームの安定性が依存しているのは、彼らの保有する軍事・政治的な力を別にすれば、国民経済の技術的発展の時期における労働者の全階級の（最低でも）「中立性」と（最大では）活動的な支持である。

チェコスロヴァキアを除いて、すべての衛星国家で住民の多数派を占めるのは、まだ農民である。こうした農民が当局による暴力的な抑圧を必要とする大規模なサボタージュに頼るほどにまで、彼らと敵対することはできない。したがって、共産主義ドクトリンが「社会主義」のために不可欠と考える農業の集団化は、所有権の保持者の敵対が「教育」と生活水準の明白な増大によって克服されるまで、スローダウンされている。

産業の領域で、機械化され、合理化された大量生産が必要とするのは、効率性の向上とスピードアップされた技術をともなう労働力の統制と規律化である。この目的のために、労働組合は国家装置へと統合され、経営や政府に対面して労働者の要求を充足する道具としての機能を失う。労働組合をリードする代表は、支配階層に吸収される。広がる欠乏と、国民経済をＵＳＳＲとブロックの要求に強制的に合わせることは、さらに進んだ、継続的な警察統制を必要とする。

共産主義レジームの経済プログラムは、東西貿易の大規模な再開によって大いに促進されるであろう。そのため、ブロックの経済的な協力への基本的な衝動が破壊されないかぎり、共産主義者はこうした貿易関係の再開に好意的である。こうした貿易がないことは、レジームを全体的にブロックの内部の資源に依存させ、不満足な内なる経済状態をさらに悪化させる。

b　中国。中国では、主たる課題は、新政府を作り、対抗する国民党体制を完全に破壊することで、共産軍の軍事的勝利を確たるものにすることである。さらに、ヨーロッパのソヴィエトの衛星国家とは違って、そしてこの地域の比較的低いレベルの産業発展と一致して、中国の共産主義者は「新しい民主主義」という概念を基礎にした政策に従っている。この段階にあるうちは、「階級闘争」は「外国の帝国主義者の手先」である「地主」と「資本家」の相対的に小さな集団に対して行なわれる。共産主義者は急進的な農業改革を緩め、経済の選択されたセクターにおける私的資本を促進し、そしてレジームの政治的基礎を拡大しようとする。「帝国主義勢力」との貿易関係を望ましいものであると彼らは考える。そしてこのゴールの達成のために、共産主義者の支配を危険に晒す政治的な譲歩を含まないかぎりで、彼らは経済的な譲歩をする可能性がある。

目標はＵＳＳＲによって設定されたモデルに準拠して「社会主義国家」を建設することであったが、共産主義者が中国でリーダーシップを手にし、勝利したのは、農業革命の約束を基礎にしてのことであった、という事実を、このプログラムは反映している。彼らの問題は、自分たちの支配を掘り崩す一連の対立の展開を阻止することである。彼らが追求しているのは、いまのところなしでは済ませられないブルジョワ的な要素と、経済発展の国家統制の要件を和解させることである。彼らは農業革命を一定の限界内に止め、課税によって行政機構のコストに備えようとしている。そして軍を制限し、それを新設の文民体制に従わせようとしている。共産主義者がこうした困難を克服しようと望んでいるのは、すべての階級の代表を含む、再建のための国民戦線を打ち立てることによってである。同時に、東欧ブロックの他のところでは存在している「人民デモクラシー」の形式への出来るだけ早い移行を準備するために、彼らは「都会的」で「プロレタリアート的」な革命の基礎を強調する。彼らが狙っているのは、中国を産業化することであり、農民に対抗する役割を果たし、新たに発展しつつある官僚制的な中央集権の政治体制の安定を確実にする分厚い労働者階級を作ることである。

2　アジアの植民地と半植民地国

南アジアを通じた変化の基本的な動因を提供しているのは、国民の独立と農業改革である。こうしたものへの変化しつつあるニーズに、共産主義者は彼らの活動を合わせている。彼らが試みているのは、国民の独立への運動を支配し、西洋の列強との結びつきの完全な切断を確実にすることである。彼らはゲリラ戦を好み、内戦を戦う。なぜならば、こうした戦闘は地域化しつづけるであろうと見込んでいるからである。

共産主義者は、新たに生まれた国民国家の利益と、「反帝国主義的民主陣営」のそれを同一視し、これらの国々と東欧ブロックの良好な関係を、さまざまな国際的なフロント組織への地域レベルでの参加によって促進しようとしている。これらの地域の人民を西側、そしてとくに合衆国に対立させようとする努力において、共産主義者は住民のすべての集団と階層の支持を求める。

3　西側諸国

現在のところ、西側世界の共産主義者の主要な目標は、ヨーロッパの復興プログラムと北大西洋条約のスローダウンとサボタージュである。そして、現在の「反ソヴィエト」と「反労働」の政府を弱め、可能であれば「進歩的」で「親ソヴィエト」の政府によって置き換えるために、国際的なフロント組織の集まりを通じて、「反戦」感情を動員することであり、もっとも危険な敵であると共産主義者がみなしている社会民主党と反共産主義の労働組合のリーダーシップを打破することである。

このプログラムは、西側で「資本主義」が相対的に安定している現在の時点に合わせて企図されている。（東欧ブロックとの比較で）西側世界で維持されている高い生活水準は、労働者階級が既存のシステムを継続して支持するという結果になっている。「社会主義」のブロックには、より高い類型の社会の道先案内をするリーダーとして必要とされる威信を、西側諸国の地元で誕生した共産主義者に与えるのに必要な魅力やアピールがない。共産主義者は、彼らにリーダーシップの機会を提供する西の経済システムの危機を強くあてにしている。こうして、「やがて来る危機」についてのプロパガンダが、今日の共産主義の戦略においてしだいに大きくなっている。

共産主義者は暴力的な「権力の掌握」を放棄している。それに代わって、彼らが求めているのは、共産主義者の目標を実現する幅広い連立政府の形成である。民主的な過程を受け入れており、そこで共産主義者に都合がよいように事態に影響を及ぼすために、警察、軍、ソ連軍への接近をあてにできない国々がある。こうした住民には、暴力的な試みは十分な支持を得られない、ということを共産主義者は認めている。

西欧諸国を完全に崩壊させ、それに対応して共産主義者の力と影響力が増大することになる大きな経済的危機が起こる場合にのみ、共産主義者は武力によって権力を掌握することを試みる可能性がある。

Ⅳ　世界共産主義の資産と負債

A　概論

巨大な社会的富、生産力のテクノロジー的な支配と、広がっている欠乏、苦役、不正義の共存というパラドクス的な状況から、共産主義の主要なアピールは出てきている。共産主義はドクトリンと手段の両方を提供する。このドクトリンと手段によって、このパラドクスを解決するために、世界社会の構造が変更できる、ということが主張されている。強力な地域的な世界権力としての〔東欧〕ブロックという地位をともなった、共産主義の比較的急速な拡大は、共産主義の主張に重みを与え、成功は必然だ、というドグマ的な信念をフォロワーに注入している。共産主義者のリーダーシップの質と、活動に機械のような様相を与える運動自体の階層的な軍隊のような性格によって、共産主義者の強みはさらに補強される。

東欧ブロックの共産主義の強さと弱さを評価するのに際しては、行政、警察、軍事・準軍事組織の支配で現れる公然たる共産主義者の権力と、共産主義者に対する人民の支持とを区別することが必要である。今日、東欧ブロックでは、公然たる権力と人民の支持のあいだに明らかな不均衡がある。いま共産主義者が支配している多くの地域では、共産主義者が人民の信任を得て戦った準独裁的な支配と外国の占領の長い時期を経て、共産主義レジームがそれにつづいたが、彼らが権力をもつに至ったのは、部分的にせよ全体的にせよ外部から、つまりソヴィエト軍のあとである。彼らが立ち上げた独裁体制は、人民の意志を組み入れておらず、これらの地域のいくつかのところでは人民の支持は事実上存在しないという報告もある。ソ連による継続的な支配は、ほとんど操り人形以上ではない地元の体制に対して向けられたナショナリズム感情を促進する。

しかしながら、これらの地域の産業における発展に向けられた共産主義者の努力は、共産主義の強さの重要な資産となっている。この資産は、いかなる評価であれ、それが理に適ったものであれば、適切に考慮されなければならない。ブロックのなかでの多くの異なった国民が、産業社会の技術を学ぶ機会を与えられているという事実は、これらの国民と、ブロックの外にある世界の依存的・半依存的な地域に巨大な影響を与えている。

この影響がとくに大きいのがアジアの広大な領域である。共産主義者は彼らのプログラムと、恵まれていない大衆の物質的な欲求の充足を結びつけることに成功してきた。中国では、共産主義は国民的な再構成と、農業革命を結合する運動を導いている。インドシナ、そして南アジアのどこでも、共産主義はナショナルな欲望とソーシャルな欲望の似たような結合から利益を得ている。共産主義運動の権威主義的な特徴は、土着の社会自体の構造に援軍を見いだしている。共産主義者は、あらゆる随伴する利益をともなう産業システムへの道を示す有力なリーダーとみなされている。

同様に、近東の従属的・半従属的な地域は、共産主義の発展に好意的な展望を示すであろう。ただ、ここでは共産主義者の潜在性は、西側の影響によって、そして人種、宗教、そして民族グループの対立する忠誠によって、政治的な意識と組織が相対的に欠けていることによって、そして政府支配の効果的な方法によって制限される。ラテンアメリカは政治的・経済的に、西側の体制の不可欠な部分であり、したがって、共産主義的進歩に対して適切なレジスタンスを提供することが期待できる。

東欧ブロックにおける地域の共産主義の権力の集中には随伴する効果があり、それが共産主義者の「将来の波」を条件づけている。西側世界への影響において、共産主義の弱点は、それが土着の社会勢力ではなく、強くはあるが「外部」の政治・軍事権力になった、という事実である。ブロックの「社会主義的再構成」には、国家の強制、政治的テロ、低い生活水準、そして規制のもっとも高度に発展した方法がともなっていた。このため「社会主義的再構成」は、西側の国民によってすでになされた進歩への脅威としてみなされる類型の社会を作り出す。

共産主義のもっとも深刻な脆弱さは、西洋が合衆国の資源と権力によって支えられて生き延びている社会組織だ、という事実にある。西側が、非共産的な方法で人民のニーズに対して自らの答えを出す程度は、国内の共産主義の活動を押しとどめるものであり、共産主義レジームへの脅威である。

こうした概説的な考察は枠組みを提供する。その枠組みで、共産主義の資産と負債は世界を次の三つに分割することで正しく検討されることができる。東欧ブロック、南アジアの植民地と半植民地の諸国、そして西側諸国である。

B　東欧ブロック

1　ヨーロッパのソヴィエト衛星国。

ヨーロッパにおけるソヴィエトの衛星国の経済発展は、農業改革と産業の国民化を基礎にしている。しかしながら、これらの措置は、土着の革命的な行為の過程ではなく、原理として軍事的な活動の結果として導入された。土地貴族と産業指導部という旧支配集団は、打倒された。新たなレジームの支持のために、土着の労働者階級の人気を勝ち取らなければならないが、それはまだである。

衛星国の共産主義の現在の根本的な弱さは、経済の急激な変容のなかで救われるべき労働者の支持を要求する一方で、変容の過程自身は産業と農業の双方から集約的な搾取を要求するという事実にある。

a　政治的観点。共産主義者が支配する政治形態は「人民民主主義」であり、これはたんなるみせかけ以上のものである。共産主義者はすべての支配の重要役職を保持する一方で、さまざまなフロント組織と非共産の政治・職業集団に「飛び込み」、ミドルクラス、中小の農民、知識人、技術者と専門家、そして経営官僚層のような、さまざまな要素の国民の欲望に譲歩した。権力をもつレジームを支える新しい社会階層の全体が作られた。このことがとくに当てはまるのは、それまで後進的で、半従属的な国民による、相対的に大きな範囲の社会・経済的な参加をレジームが容認するところである。国家形態を経済発展にともなう変化に合わせることを可能にするのに十分なほどに、「人民民主主義」は柔軟である。

b　農業セクター。 ヨーロッパの衛星国で農業が支配的な国々では、人民の支持を獲得し、大土地所有者とその政治的影響力を破壊しようとする新たな共産主義レジームによって、農業改革が行なわれた。五〇ヘクタール以上の土地を没収するという政策は、農民の多数の支持を体制のために獲得しようとして計画された。しかしながら、こうした農業改革は、新しい国家を国民化するという目的とは対立する。急激な産業化はそれに対応する農業の機械化と合理化を必要とし、後者のほうは、小規模な農家の維持とは矛盾する。農業の最終的な集合化は不可欠の目標である。しかしこの目標は、小さな農業財産の所有者とは、古くからの人とも、新規の人とも、きびしい敵対関係に立つ。さらに、低レベルの農業生産、設備や施設の欠如、そして食料供給を不断に流しつづける必要がある。これにより、いかなる規模でも集合化への試みは、極端に難しい事業になる。共産主義の体制は、こうした逆風の条件に屈服せざるをえない。このように踏み出されたステップはゆっくりで、不安定である。高い課税と生産と販売への国家の干渉も、すでに懸念される集合化の脅威によって掻き立てられている農民の憤慨につながる。

c　産業セクター。 共産主義レジームは、産業労働者の地位の改善どころではなく、没落で始まった。これは主として戦争による破壊、改修、そして産業生産の再方向づけのせいであった。農民の大多数の反共産主義感情は、労働者のあいだにある十分に強力な親共産主義的な態度によっては相殺されなかった。さらに、チェコスロヴァキアや東ドイツを除いて、産業労働者は数のうえで弱い。しかし、共産主義者のような人民の力は、労働組合に集中されている。そして労働組合は、公式に、というわけではなくても、実際には、政府の器官であり行政マシーンのもっとも重要な部分である。

共産主義者は新たなレジームの「社会主義的目的」に対する労働者の支持を獲得するための、継続的なプロパガンダ・キャンペーンに、若干ではあるが成功した。このアピールは、包括的な社会安全保障のスキーム、恩恵的な価格政策の使用、そして労働者の経済・政治的地位を引き上げることを企図したさまざまな仕組みによって、促進された。

しかしながら、ここでもナショナルな発展のために共産主義者の計画が要求するものは、職業的な利益や労働者の要求と対立する。入手可能ないかなる手段を使ってでも、労働生産性の水準を上げることが、こうした要求に含まれている。その手段というのは、より長時間の労働であり、厳格な規律であり、能率による賃金であり、スピードを上げる技術であり、ストライキの現実的な不法化であり、賃金要求への抵抗である。急激な技術的な発展による「社会主義への移行」が意味するのは、もっとも大事にされてきた伝統的な労働組合の目標の先を行かなければならない、ということであった。彼らは、よりよく、より自由な生活というわかりやすい利益を獲得することなしに、より長く、よりハードに働かなければならない。共産主義の軍事職員の幹部を除けば、産業労働者の多数は、政府が交代しても同じくらいたくさん、そしておそらくは以前よりも多くの搾取を感じる。より進んだ産業地域ほど、これは妥当する。こうしたところで、共産主義レジームの庇護のもとで経済発展が達成されてきたのは、生活水準の目にみえる劣化によるものであった。

共産主義者はこうした状況を意識していたし、計算されたリスクといえるかもしれない。もし彼らの野心的な再編計画が成功し、東ヨーロッパの衛星国が統合された経済ユニットの一部として産業の点で発展すれば、生活水準を上げることが可能になる、と共産主義者は信じている。そのとき、住民の反共感情は変わる、と彼らは期待している。これは長期目標であるが、共産主義者が望んでいるのは、このときが来るまで、権力の独占によって、自己保身を図ることである。

d　「チトー主義」の発展。東欧ブロックを統合された経済ユニットとして発展させるというソヴィエトの計画に対する深刻な障害が、衛星国の別個の経済構造である。個々の衛星国の直接的な経済利害はしばしば犠牲にされ、こうしてブロックのなかで、「ナショナリスティックな逸脱」への傾向を促進する緊張を生み出す。ブロックの一枚岩的な構造は弱められる。自国の状況を改善したがる土着のレジームは、自分たちのニーズのいくつかを満足させるために、ブロックの外に目を向ける。

東欧のブロックで、ユーゴスラビアの事例は、自分たちの国民的な利害をUSSRの利害に従属させたがらない、共産主義体制による、USSRとの公然とした決裂のユニークな事例である。この展開が注目したのが、さまざまな共産主義体制のあいだの国民的な利害の対立によって、国際的な共産主義が脆弱になるかもしれないという見通しである。これまでは、国際的な運動において、各地の共産党は、一般に、特定の国民のニーズを、スターリンのリーダーシップによって確定された要求に従属させてきた。主としてエネルギーが割かれてきたのは、彼らが活動する非共産国での権力の獲得であったので、各地の政党はソヴィエトの統制に対してうまく闘争する強さもリーダーシップももちあわせていなかった。ソ連が背後にいる規律化された強力な国際的組織を支えることに内在する利点は、こうした統制から生まれるいかなるローカル・レベルでの困難をも上回っていた。決裂した独立系の共産主義者は、小さな分派以上のものを作ることができないできた。

ユーゴスラビアとUSSRの対立は、ユーゴスラビアの貿易と産業がソヴィエトのニーズに犯罪的なまでに従属していることをめぐって生じた。共産主義運動の規律化された性格と、それ自身の中央集権的なリーダーシップが弱体化することを恐れることで生まれた困難の調停能力をソヴィエトがもちあわせていないという事情が、これに加わった。ユーゴスラビアの体制は、それまではUSSRに対抗することに成功してきた。なぜなら、ヨーロッパの衛星国家のなかでユーゴスラビアだけが、独立した政治的・軍事的な装置と、自前の威信と支持をもっていたからである。

同様の条件は他の衛星国には欠けていた（ありうる例外はアルバニアである。ここではユーゴスラビアとのナショナルな対立ゆえにモスクワに忠誠的であったのかもしれない）。この条件の不在が、さらなる離反を防ぐかもしれない。しかしながら、チトーはUSSRの強力な圧力に耐えることに成功した。そして彼は外の援助をみつけ、対応する能力をもっている。チトーの成功と能力は同じことを考えている共産主義者による離反を促進しようとする彼自身の努力に影響を与えている。いまは抑えられている国際的共産主義の運動の国内的な困難のすべてを悪化させ、これまで国際的共産主義に集約化されてきた方向づけを弱めるであろう、対立の基礎が存在する。離脱の可能性は中国にもある。中国では、共産党も幅広い民衆的な基礎と軍事力をもち、国民経済の極端に低い発展という性格上、国民的な計画の注意深い政策を追求せざるをえない。

2　中国。 中国の共産主義運動の本性は、その主要な成功が農業の基礎から出てきているという事実によって条件づけられている。産業・商業を中心とした運動としてそれが敗北したあとの時期に、中国の共産主義運動が作ったのが、この農業の基礎であった。中国内の農業革命によって提供される元来の趨勢は、国民党レジームがナショナルな再編への欲望に答えることに失敗したことによって、さらに強化された。しかしながら、近年、中国共産主義は、社会運動ではなく、主として軍事的な運動として発展してきた。共産主義の軍隊は、革命的なプログラムのために戦う共産主義の労働者や農民によって構成されているわけではない。彼らはシンプルに軍隊であり、反共産の国民党の分派も、短い教化を受けたあとに、全体に包摂されている。

中国の共産主義者は、中国社会のさまざまなセクターの国民的な憧憬と恵まれない大衆の物質的な利害を結びつけているかぎりで、その人民からの支持の基礎は、土着のミドルクラスと上の階級の重要な部分を含むヨーロッパのソヴィエト衛星国の共産主義のそれよりもはるかに大きく、強い。しかしながら、この利害関係の共同体は脆弱でもある。共産主義者たちはすぐに、より穏健な政策に反対する自身の革命的なプログラムを選ぶという決断をするのかどうかという選択に直面するであろう。運動が大きな地域をまとめ、商業・産業センターを征服するのに成功すると、能率的な行政と経済的な再編の必要が、根本的な社会・経済変革へのもともとのプログラムとぶつかる。どこにでもある飢餓に近い不足や欠乏による破産や悪化した経済を、共産主義者は引き継いでいる。行政・経済機構の滞ることのない機能、増大する生産性と生産、海外との貿易と信用の維持は、体制の生き残りにとって死活問題になる。私的な資本、自由な企業、利益のインセンティヴが、経済の作動を確保するために、組み入れられなければならない。

さらに、強固な中央集権化が共産主義の指導部によって課されている。農民と少数の産業労働者に対する統制がもっとも厳しい。こうした階級は、いまや「自分たちの」国のために働いているのであるから、より一生懸命働き、自分の取り分の改善という要求を断念するよう勧められている。もし万一、ソ連が必要な物資、機械、原材料の調達ができなくなり、国民経済が「資本主義世界」からの援助に依存せざるをえなくなると、共産主義者の困難は何倍にもなり、彼らの約束への信頼は弱められるであろう。

共産主義の運動に動力を提供してきたまさにその要因が共産主義の運動に不利に作用する。比較的低レベルの通信手段、地域主義、中央の権威に敵対する伝統をもつ中国のような広大な国では、すべての傾向が結びついて、社会的不満の新たな動きになる。こうした不満の動きがまず向かうのは、納税への反対と土地の分割である。

新たに生まれた中国の共産主義体制も、極東において、それ自身の国民的なニーズとソ連の利益の調整という問題に直面している。北部の広大な地域は、長らく中央の中国当局の支配下にはなかった。ソ連はこの地域を、貿易と経済発展を通じて、ソヴィエトに加盟するように方向づけようとしてきた。それらを中国に包摂することは、国民のプライドの問題だけでなく、共産主義の中国それ自体の経済の未来のためにも死活問題である。こうした条件で、中国の共産主義が国際的な運動やＵＳＳＲの指示に従属することは、中国の国民的な利益と衝突することになりかねない。

C　アジアの植民地・半植民地国

第二次世界大戦後の時期に、共産主義者は、従属している国民のなかで、大規模なゲリラ戦を遂行することができる効率的な組織の設立に成功したが、それは主に南アジアにおいてであった。共産主義者が利用する動機の力は、国民の独立と農業改革という二重の欲望に由来している。共産主義者の主要な資産は、この運動のバイタリティを承認し、自己統治の権利を授ける大都市の権力を認めたがらず、場合によっては拒否することであった。

独立がこれから勝ち取られるものであるあいだ、ナショナリストと共産主義者のリーダーは協働する。共産主義者は、ナショナリストの運動を制御する広範な手段をもつ機会を与えられる。しかしながら、ひとたびかなりの程度の自己統治が達成されたならば、分化のプロセスが起きる。ナショナリストは、国内・国際問題に関する共産主義者との同盟関係を手放す。共産主義者が力を保持する度合いは、ナショナリストが効果的に扱うことができないようなローカル・レベルの困難を利用する共産主義者の能力にかかっている。インドシナでは、フランスがナショナリストの要求に応える能力がなかったので、共産主義者がベトナム民主共和国のリーダーシップを握っている。インドとフィリピンの共産主義者は、独立承認後に新政府の支配を達成したより保守的な勢力に対する、農民と労働者の不満足を利用する攻撃的なマイノリティにすぎない。

ひとたびナショナリストの憧憬が満たされると、土着社会の伝統的な様式が、ナショナリストの賛同者による共産主義の目標の受け入れに反するように働く、というのが、このエリアにおける共産主義の弱さの一番の理由である。共産主義運動自体が小さく、西欧で教育を受けたリーダーと、都市化された少数の住民からリクルートされたメンバーから構成されている。農村に住む農民の大衆のなかでの支持を獲得するには至っていない。

この地域の共産主義の主要な資産は、中国の共産主義者の成功である。地方の共産主義者が威信を増すだけでなく、南アジアにおけるかなりの数の中国系マイノリティの忠誠が変化することによって、支持の獲得が見込まれている。さらに、多くのナショナリストの政治家が、中国共産党体制確定後にできる権力の新しいバランスに「適応」することが見込まれる。この要因は、中国による支配に対するネイティヴの伝統的な恐怖と、南アジアでの経済権力を理由とした中国マイノリティへの敵意によって相殺されるが、その相殺は部分的にすぎない。

脆弱性があるのは、関連する西欧の大国がこの地域に継続してもつ関心の形式と程度である。依存する地域は、世界の権力関係に基礎をもつ政治的変化にとくに敏感である。ナショナリズムとの活発な協力やナショナリズムの鼓舞は、こうした地域では、この地域を「反帝国主義陣営」に組み入れようとする組織された共産主義者の動きに対する重しとして役立ってきた。

D　西側諸国

西側諸国の共産主義は、一般的にいって、「資本主義的な安定」に対抗する小さなオポジション勢力である。例外はフランスとイタリアで、ここではその組織は重要、かつ強力な政党である。一般に、共産主義の主要な資産は、労働権の「武闘派的な代表」として活動する勢力として、ソヴィエトの統制と指図があるにもかかわらず、独立した政治運動としての評判をそれが保持していることにある。東欧ブロックにおける共産主義に特徴的なことは、伝統的労働者階級の要求を犠牲にすることであった。西欧の共産主義は、労働者階級にとってはまだ、こうした犠牲を払うことで、印象を悪くしていない。西の共産主義者は、より長時間の、よりハードな労働条件に賛成し、労働の調整に賛成し、ストライキとスローダウンに反対し、そして管理当局の強化に賛成して闘う必要がない。反対に、彼らは、「既存の政治・経済システム」に対抗して「労働者階級の最大の利益」のチャンピオンという役割を担うことができる。

共産主義の強さないし弱さは、西の経済状態と直接的に関係し、効果的な社会民主労働政党の存在、あるいは効果的な非共産主義労働組合のリーダーシップの存在によって、直接的に変わってくる。フランスとイタリアにおける共産主義の顕著な成長は、各国で作動している特別な条件によると思われる。イタリアでは、ファシズム支配と敗戦が結びついた効果が政治的空白を生み出し、この空白を利用したのが、極端なまでの能力を有し、効率的であった共産主義者のリーダーシップであった。さらに、ムッソリーニの体制での共通の迫害を生き延びた共産主義運動と社会主義運動のあいだに差異はなかった。こうした雰囲気のなかで、共産主義者は、彼らのプログラムを促進するために、「労働者階級の統一」を利用することができた。

フランスでは、社会党の没落とその構成の変化（主に下方のミドルクラスの政党になった）が、ドイツ占領へのレジスタンスの主人公として共産主義者に与えられた大きな威信と結びつきつつ、これらが結合して、共産主義者が労働者階級の主要な政治的な代表として浮上する状況を生み出した。

その後、フランスとイタリアでは、共産主義者の政治目標は巧みに経済的な要求と結びつけられた。非共産主義の労働者のリーダーもこの要求を認めることをほとんど拒否できなかった。さらに、二つの共産党は、「海外の帝国主義」に対する「国民の利益」の代弁者として、戦後の彼らの役割を継続させながらプログラムを進めた。したがって、彼らは効果的に、伝統的に共産主義とは疎遠であった人たちをも自分たちのほうに引き寄せた。彼らの支持は、再建されたドイツへの恐怖、「独占」に対する小規模事業者や農業関係者の敵意、新たな戦争への恐怖、国民的プライドの再建といった要因から来ている。

西側諸国で共産主義が活動しているところではどこでも、一般に同じプログラムが実施されている。非共産主義のグループとの共同戦線と、「国民の利益」に沿った労働の利益の代弁が、共産主義者の基本的な戦略である。経済・軍事的援助という偽装による、アメリカの支配の脅威を強調するプロパガンダが、こうした「国民的路線」の言い換えである。東西の戦争の展望から出てくる一般的な認識と組み合わさって、このプロパガンダは、共産主義者のもっとも効果的な武器になっている。

しかしながら、実質的で、継続的な復興への西側努力の成功は、共産主義者のプロパガンダの影響を消し、共産主義者が自身の軍事的な仲間の外で見いだしてきた支持を弱めるのに成功している。

訳者あとがき

本書は、Franz Neumann, Herbert Marcuse & Otto Kirchheimer, *Secret Reports on Nazi Germany: The Frankfurt School Contribution to the War Effort*, edited by Raffaele Laudani, Princeton, N.J.: Princeton University Press, 2013の邦訳である。

このレポートについてはドイツ語版も、『ナチ・ドイツと戦って――アメリカの諜報機関に対するフランクフルト学派のレポート』とのタイトルで、すでに刊行されている（*Im Kampf gegen Nazideutschland: Die Berichte der Frankfurter Schule für den amerikanischen Geheimdienst 1943–1949* (*Frankfurter Beiträge zur Soziologie und Sozialphilosophie*), Frankfurt: Campus Verlag 2016）。翻訳はオリジナルの英語版に依拠して行なった。しかし、もともとドイツからアメリカに亡命した知識人が、まだいくぶん不慣れな英語で書いた文章なので、ドイツ語版をみて気づくことも多かった。

原書には三一本のレポートが収録されているが、この訳書では一五本をセレクトして翻訳した。本来であれば、すべてのレポートを翻訳すべきであるが、分量が多いこともあり、空襲の影響やインフレ、ヒトラー暗殺計画などのレポートは省略した。

英語オリジナル版の目次を掲載しておく。＊の付いている章が本書で翻訳した章になる。

20　キルヒハイマー「軍事政府下のドイツ刑事司法の行政」
21　ノイマン「ドイツのインフレ問題」
第Ⅴ部　新しいヨーロッパのなかの新しいドイツ
22　ノイマン／スウィージー「原材料、産業、そして運輸についての集権化されたヨーロッパの統制の適用」
23　ノイマン「軍事〔占領〕政府下におけるドイツの政治的・立憲的生活の再建」＊
24　ノイマン「ドイツの取り扱い」＊
第Ⅵ部　ニュルンベルクへ
25　キルヒハイマーとハーツ「モスクワ三者会談における「残虐行為に関する宣言」」
26　ノイマン「戦争犯罪の取り扱いについての問題」＊
27　キルヒハイマー／ハーツ「リーダーシップ〔指導者〕原理と刑事責任」＊
28　マルクーゼ「ドイツおよびヨーロッパ支配のためのナチの計画——ナチのマスター・プラン」＊
29　キルヒハイマー「ドイツおよびヨーロッパ支配のためのナチの計画——国内犯罪」
第Ⅶ部　新たな敵
30　マルクーゼ「ドイツの労働組合と経営評議会の地位と展望」
31　マルクーゼ「世界共産主義の潜在力」＊

これらのレポートは、第二次世界大戦中にアメリカの「戦略情報局」（Office of Strategic Service 略称ＯＳＳ）の調査・分析部（Ｒ＆Ａ）中欧セクションの研究員たちによって執筆された。ＯＳＳはＣＩＡの前身となる組織で、その後の占領政策にも大きな影響を及ぼすことになる。そしてＯＳＳはドイツだけでなく、日本の「戦後」構想にも深く関与した（このあたりの事情については、加藤哲郎『象徴天皇制の起源——アメリカの心理戦「日本計画」』平凡社新書、二〇〇五年などで紹介されている）。

本書に収録されているレポートは、統一的な計画のもとで、システマティックに構成されているわけではない。なんといっても戦時中、適宜、必要と思われるテーマについてまとめられたレポートの集積である。形式や長さもバラバラで、かなりの注が付けられているものもあれば、一つも注のないレポートもある。注や略号の表記、そして用語の選択も一貫していないところがある。また基本データが列挙されているものもあれば、歴史的な記述もあり、執筆者の思考がいくぶん強く表現されている箇所もある。

文書の性格上、これらは基本的に複数人によって、匿名で書かれている。このため筆者を特定することは不可能とされてきた（cf. Alfons Söllner, *Zur Archäologie der Demokratie in Deutschland*, Frankfurt am Main: Fischer Verlag, 1986）。ところが編者のラファエレ・ラウダーニは、フランクフルトのマルクーゼ・アルヒーフの資料や、メリーランド州カレッジパーク米国国立公文書館（ＵＳＮＡ）にのこされている書簡、会議録、進捗レポート、あるいは内部メモと照合しつつ、誰がどのドキュメントを執筆したのかを特定した。その成果が本書である。

主要な書き手は、フランツ・ノイマン（ナチズム分析の古典『ビヒモス』の著者）、ヘルベルト・マルクーゼ（ハイデガー門下の哲学者で、『一次元的人間』の著者）、オットー・キルヒハイマー（カール・シュミットの弟子の政党研究者）であった。戦争中、アメリカに亡命したフランクフルト社会研究所に関わりがあった研究者である。彼らについての基本的な情報は、本書冒頭の「著者について」をご参照いただきたい。

フランクフルト学派といえば、読者は当然、ホルクハイマーとアドルノの名前を真っ先に思い浮かべるであろう。そして『啓蒙の弁証法』をはじめとする、きわめて難解な文章に辟易したことを思い出す人もいるかもしれない。これに対して、本書に所収のレポートは、ずいぶん趣が異なる。亡命先のアメリカで、彼らはドイツ哲学、あるいはフランクフルト学派に特有の表現を禁じられる。レポートには「アウラ」「史的唯物論」「理性の腐食」「否定弁証法」といったタームは一切出てこない。マルクスやフロイト、あるいはベンヤミンなどの著作が参照されることもない（ウェーバーは一度だけ注に出てくる）。彼らにとって英語が外国語であるという理由にもよるが、文体はきわめてプレーンであり、抽象的で難解なところはない。

本書の訳者はドイツ思想史が専門なので、フランクフルト学派の著作はそれなりに読んできた。しかし同時に政治学者として、彼らの議論を現実政治の分析に用いるならば、どうなるかという関心もつねにもちつづけてきた。ところが、フランクフルト学派の理論を現実政治の分析に「翻訳」することは、それほど容易ではない。このため抽象度の高い哲学の研究としてホルクハイマーやアドルノの著作を読む層と、日本の現実政治の分析をする層は、ほとんど分断されてきた。こうしたなか、さまざまな制約を受けつつ、ナチ・レジームを分析し、ナチ以後のドイツの再建について実践的な指針を出すことを求められて書かれたこのレポートは、両者を媒介するヒントを提供してくれている。

本書を翻訳しようと思ったのには、もう一つの理由がある。このレポートで、ノイマン、マルクーゼ、そしてキルヒハイマーは、ナチ・レジームの崩壊を見越しながら、「ヒトラー以後」について考えている。今日、世界的に、「リベラル・デモクラシーの衰退」がいわれ、非リベラルなデモクラシーや競争的権威主義が論じられている。ドイツ語で、デモクラシーと独裁が合成された Demokratur という語が使われることもある。こうした趨勢にあって、この趨勢を理解し、説明するという作業は、もちろん必要である。しかしそうした作業は同時に、「その後」を構想するという作業と一つのセットでなければならない。

当然のことではあるが、安易な類推や陳腐な教訓を引き出すことには注意深くある必要がある。しかし、こうした問題関心をもつこと自体には、今日、それなりに意味があると考えている。

彼らの戦後構想が面白いとはいっても、あくまで「構想」であり、現実はその通りになったわけではない。彼ら、フランクフルト学派の非主流派の研究者たちは、戦後の政党政治の再生のために、ドイツ共産党についての分析に力を入れているが、周知のように共産党は戦後の西ドイツで非合法化された。また、このレポート執筆時点で、ホロコーストの情報はきわめて限定的にしか知られておらず、そのためユダヤ人問題へのノイマンらの認識を無批判に受け取るわけにはいかない。それでも、ナチ・レジームが「デーモン」化される以前になされた彼らの分析は、それ自体として検討するに値する。私たちが今日、直面している権力構造や「パワー・エリート」について考えるヒントになるところも少なくない。

本書の特徴の一つは、政党政治に関する記述が充実していることである。かつて自身もスパルタクス団に参加していたマルクーゼによって執筆された「ドイツ共産党」「ドイツ社会民主党」、そして「ドイツにおける旧政党の再建と新党の立ち上げについての政策」はとくにボリュームがある。一九三三年以前のドイツの政党状況の分析は、一見すると退屈に思われるかもしれない。それぞれの政党は、結局のところ、議会政治の崩壊を止めることができなかったというのも事実である。しかしそこで扱われているのは、「まとまれない野党」の問題、諸々の社会階層の政党支持の傾向、そして社会主義的な方向性を志向する勢力がナショナリズム的な言説を用いて人びとの支持を獲得しようとする「国民ボリシェヴィズム」などである。最後の論点については、最終章「世界共産主義の潜在力」でも、「ナショナルな欲望」と「ソーシャルな欲望」の絡み合いとして論じられている。こうした記述は、読み方によれば、現代の政党政治、あるいはポピュリズムについて考えるうえでも興味深い。

訳語について、リーダーとオポジションの二点についてだけ述べておきたい。

当然のことではあるが、リーダーおよびリーダーシップという語は、ヒトラーやナチの幹部だけでなく、共産党や社会民主党、そしてその他のグループの執行部に対しても広く用いられる。ただし、そうした通常の組織のリーダーおよびリーダーシップと、ナチ支配下のそれでは、意味合いが異なってくることも否定できない。このため英語版の原著で著者たちは、基本的には英語の leader を用いつつ、適宜、そして結構な箇所でドイツ語の Führer を用いている（ドイツ語版では、leader の訳は Führer とし、英書原文で Führer となっている場合は Führer* として区別している）。この日本語訳では、基本的に英語の leader は「リーダー」、ドイツ語の Führer は「フューラー」とした。文脈に応じて、日本語の用語を使い分けた方が自然ではある。しかしそうすると、原著者の使い分けがみえなくなってしまうし、ドイツ語を母語とする著者たちが英語でアメリカの同僚たちに向けて書いたときの困惑も消えてしまうと考えた。

本書では何度も opposition という語が出てくる。これも基本的に「オポジション」とカタカナ書きにした。この語は、野党であり、議会外の抵抗勢力ないし批判運動であり、そして対抗するということそのものでもある。その都度の文脈で、別々の日本語にすることで、オポジションの意味のまとまりが消えてしまうことを恐れたのが、この訳語選択の理由である。ノイマンは、ヒトラー以後の民主化の一番のポイントとして「オポジションの再建」を挙げている。これは、ナチ・

ドイツ秘密レポートの基調になっている。

日本の「戦後」をめぐる議論では、象徴天皇制、そして平和憲法が主要な論点となった。野党という意味でのオポジションの再建、そして権力への対抗という意味でのオポジションに積極的な意味を与える政治文化の形成は、それらの主要な論点の後ろに隠れてしまいがちであった。比較されることの多い、ドイツと日本の「戦後」ではあるが、オポジションという論点はおそらく今日でも、そして今日においてこそ、重要になってきている。

本書の著者の一人であるフランツ・ノイマンの大著『ビヒモス』(一九四二年、改訂版一九四四年)の邦訳(一九六三年)が出たのは、ドイツ語訳(一九七七年)よりもはるかに早かった。この邦訳を手がけたみすず書房から、この訳書を刊行できることは、訳者として大きな喜びである。

本書の編集は守田省吾さんにご担当いただいた。私の方から「翻訳させてください」といって話を持ち込んだわりには、やはりそれなりに時間がかかってしまった。この間、途中で割り込んでくる仕事や、日々の諸々の雑務も少なくなかった。そして、翻訳しながら、読まなければならない本がどんどん膨れ上がってしまい、首が回らなくなった。この場をお借りして、数々のご迷惑をお詫びするとともに、御礼申し上げたい。

二〇一九年秋　吉祥寺にて

野口　雅弘

ノイマン／マルクーゼ／キルヒハイマー

フランクフルト学派の
ナチ・ドイツ秘密レポート

R・ラウダーニ編
野口雅弘訳

2019年12月16日　第1刷発行

発行所　株式会社 みすず書房
〒113-0033 東京都文京区本郷2丁目20-7
電話 03-3814-0131(営業) 03-3815-9181(編集)
www.msz.co.jp

本文組版　キャップス
本文印刷所　平文社
扉・表紙・カバー印刷所　リヒトプランニング
製本所　誠製本
装丁　安藤剛史

ISBN 978-4-622-08857-8
［フランクフルトがくはのナチドイツひみつレポート］

著者略歴

(Franz Leopold Neumann, 1900-1954)

1900年カトヴィツェ（当時ドイツ領，現在ポーランド）生まれ．ドイツ時代には労働法理論家として活躍．1933年にロンドンに逃れ，カール・マンハイムやハロルド・ラスキと共にロンドン・スクール・オブ・エコノミクスで研究．1936年，ラスキの推薦で社会研究所との交流が始まり，イギリスにおける社会研究所の利益と普及を促進した．その後アメリカに移住，1942年に『ビヒモス——ナチズムの構造と実際』（邦訳みすず書房，1963）を刊行した．

(Herbert Marcuse, 1898-1979)

1898年ベルリン生まれ．ドイツ時代には，ハイデガーの指導の下で教授資格論文を意図していた『ヘーゲルの存在論と歴史性の理論』や初期マルクス研究（邦訳『初期マルクス研究——『経済学＝哲学草稿』における疎外論』）を発表．1934年にアメリカに渡り，1941年『理性と革命——ヘーゲルと社会理論の興隆』を刊行．戦後は『エロスと文明』（1955）『ソヴィエト・マルクス主義』（1958）につづき刊行された『一次元的人間——先進産業社会におけるイデオロギーの研究』（1964）によって，「学生運動の父」となった．

(Otto Kirchheimer, 1905-1965)

1905年ハイルブロン生まれ．ドイツ時代にはカール・シュミットの指導の下で「社会主義的・ボリシェヴィキ的国家論」という論文で学位を取得．1933年にパリに亡命，社会研究所との関係が始まり，1937年に社会研究所ニューヨーク支部の研究員としてアメリカに渡る．戦後は政党研究者となり，包括政党（キャッチ・オール・パーティ）という用語を生み出した．主著『政治的司法』（1961）．

訳者略歴

野口雅弘〈のぐち・まさひろ〉 成蹊大学法学部教授．政治思想．著書『闘争と文化』（みすず書房，2006）『官僚制批判の論理と心理』（中公新書，2011）『忖度と官僚制の政治学』（青土社，2018），訳書 シュヴェントカー『マックス・ウェーバーの日本』（共訳，みすず書房，2013），ウェーバー『仕事としての学問／仕事としての政治』（講談社学術文庫，2018）ほか．

人名索引

ア 行

アイヒマン，アドルフ　Eichmann, Adolf　25
アインジーデル，ハインリヒ・フォン　Einsiedel, Heinrich von　64
アウフホイザー，ジークフリート　Aufhäuser, Siegfried　154, 162
アドルノ，テオドール　Adorno, Theodor　2, 5, 28
アーノルド，サーマン・W　Arnold, Thurman W.　4
アマン，マックス　Amann, Max　302, 339
アームストロング，シンクレア　Armstrong, Sinclair　79
アンダーソン，ユージーン・N　Anderson, Eugene N.　12, 52, 178, 198
イェショネク，ハンス　Jeschonnek, Hans　44
ヴァイス，ヴィルヘルム　Weiss, Wilhelm　339
ヴァイデマン，ヨハネス　Weidemann, Johannes　298
ヴァイネルト，エーリヒ　Weinert, Erich　123, 129, 130
ヴァイマン，リヒャルト　Weimann, Richard　167
ヴァルヒャー，ヤーコプ　Walcher, Jacob　114
ヴァンシタート，ロバート（卿）　Vansittart, Robert　134
ヴィッセル，ルードルフ　Wissel, Rudolf　152
ウィリアムソン，フランシス・T　Williamson, Francis T.　98
ウィルソン，ウッドロウ　Wilson, Woodrow　156
ヴィルト，ヨーゼフ　Wirth, Joseph　157, 191
ヴィルヘルム二世　Wilhelm II　282
ウェーバー，アウグスト　Weber, Augst　131, 133
ヴェルニッケ（大管区指導者）　Wernicke　122
ヴォルフ，フリッツ　Wolff, Fritz　133
ヴォルフ，フリードリヒ　Wolff, Friedrich　123
ヴォルフハイム，フリッツ　Wolfheim, Fritz　115
ウーゼ，ボード　Uhse, Bodo　119, 124
ウラソフ，アンドレイ（将軍）　Vlassov, Andrey Andreyevich　43
ウルシュタイン，レオポルト　Ullstein, Leopold　133
ウルブリヒト，ヴァルター　Ulbricht, Walter　123, 130
ウルリヒ，クルト・フォン　Ulrich, Curt von　320
ウレ，C・H　Ule, C. H.　297
エッカート，ディートリヒ　Eckart, Dietrich　302
エッサー，ヘルマン　Esser, Hermann　302
エップ，フランツ・フォン（将軍）　Epp, Franz Ritter von　361
エーベルト，フリッツ　Ebert, Fritz　148, 156
大島浩　44
オルレンハウアー，エーリヒ　Ollenhauer, Erich　162
オルロップ，ヨーゼフ　Orlopp, Josef　166, 167

カ 行

カイテル，ヴィルヘルム　Keitel, Wilhelm

44, 45, 201, 343
カース，ルートヴィヒ　Kass, Ludwig　88, 190, 229
カッツ，オットー　Katz, Otto　356
カッツ，バリー　Katz, Barry M.　98
カフカ，フランツ　Kafka, Franz　33
ガーランド，アルカーディ　Gurland, Arkadij　3, 4
カール，グスタフ・フォン　Kahr, Gustav Ritter von　315, 320
カーレ，ハンス　Kahle, Hans　123
キップ，ウィリアム・B　Kip, William B.　98
キリンガー，マンフレート・フォン　Killinger, Manfred von　332
キルドルフ，エミール　Kirdorf, Emil　310, 311
ギルバート，フェリックス　Gilbert, Felix　3, 15, 16, 52, 79, 222, 255
キルヒハイマー，オットー　Kirchheimer, Otto　2–5, 7, 9, 13, 18–20, 25, 26, 30, 32–34, 198, 284
クチンスキ，R・R　Kuczynski, R. R.　131
グニフケ，エーリヒ・W　Gniffke, Erich　165
クーノ，ヴィルヘルム　Cuno, Wilhelm　116
クノーテ，ヴィルヘルム　Knothe, Wilhelm　162
クノーベルスドルフ＝ブレンケンホーフ，イーゼンハルドゥス・フォン（少佐）　Knobelsdorff-Brenkenhoff, Isenhardus von　63
グラスマン，ペーター　Grassmann, Peter　155
グレーフ，フーゴ　Gräf, Hugo　131
グローテヴォール，オットー　Grotewohl, Otto　166
ケットゲン，アルノルト　Köttgen, Arnold　298
ゲッベルス，ヨーゼフ　Goebbels, Joseph　36, 44, 137, 225, 288, 302, 303, 316, 327, 331, 332, 337, 339, 344, 350, 362
ケーネン，ヴィルヘルム　Koenen, Wilhelm　123, 131
ゲーリング，ヘルマン　Göring, Hermann　27, 44, 45, 66, 67, 73, 74, 201, 226, 296, 303, 332, 334, 338, 344–346, 368
ゲーリング，ベルンハルト　Göring, Bernhard　167
ゲルマー，カール　Germer, Karl　167
ゲルラッハ，ハインリヒ（中尉）　Gerlach, Heinrich　129
ケルロイター，オットー　Koellreutter, Otto　297
ケレンスキー，アレクサンドル　Kerensky, Alexander Fjodorowitsch　231
ケント，シャーマン　Kent, Sherman　140, 274
コーン＝ベンディット，ダニエル　Cohn-Bendit, Daniel　1

サ 行

ザイサー，ハンス・フォン　Seißer, Hans von　315
ザイトリッツ，ヴァルター・フォン　Seydlitz, Walter von　63, 64, 129, 130, 132
ザロモン，プフェッファー・フォン　Salomon, Pfeffer von　320
ザロモン，ブルーノ・フォン　Salomon, Bruno von　119
ジックス，フランツ・アルフレート　Six, Franz Alfred　362
シフ，ヴィクトル　Schiff, Viktor　131, 133
ジームセン，W・フォン　Siemsen, W. von　131
ジーメンス，フォン　Siemens, von　154
ジーモン，アンドレ　Simon, Andre　124
シャイデマン，フィリップ　Scheidemann, Philipp　152, 156
ジャクソン，ロバート・H　Jackson, Robert H.　26, 29, 31, 32
シャハト，ヒャルマール　Schacht, Hjalmar　38, 90, 359
ジューコフ，ゲオルギー（元帥）　Zhukov, Georgy　164
シュタンプファー，フリードリヒ　Stampfer, Friedrich　162
シュティネス，フーゴ　Stinnes, Hugo　154

シュテガーヴァルト，アダム　Stegerwald, Adam　229
シュテンボック＝フェルモア，イヴァン（伯爵）　Stenbock-Fermor, Ivan　119
シュトレーゼマン，グスタフ　Stresemann, Gustav　90, 117, 156
シュペーア，アルベルト　Speer, Albert　17, 44, 74, 86, 225, 343, 368
シュペルレ，フーゴ（将軍）　Sperrle, Hugo　349
シューマッハー，クルト　Schmacher, Kurt　162
シュミット，カール　Schmitt, Carl　9
シュミット，パウル　Schmidt, Paul　64
シュライバー＝クリーガー，アーデレ　Schreiber-Krieger, Adele　131
シュラーゲター，レオ　Schlageter, Albert Leo　116
シュランゲ＝シェーニンゲン，ハンス　Schlange-Schöningen, Hans　229
シュリメ，ヘルマン　Schlimme, Hermann　167
シュレジンガー，アーサー，ジュニア　Schlesinger, Arthur, Jr.　3, 30
シュンペーター，ヨーゼフ　Schumpeter, Joseph　9
ジョイス，ジェームズ　Joyce, James　10
ショースキー，カール・E　Schorske, Carl　52, 141, 178, 198
ジンツハイマー，フーゴ　Sinzheimer, Hugo　8
スウィージー，ポール　Sweezy, Paul　3, 9
スタイン，ガートルード　Stein, Gertrude　10
スターリン，ヨシフ　Stalin, Josef　389
スチュワート，ゴードン　Stewart, Gordon　222, 255
ゼーガース，アナ　Seghers, Anna　124
ゼールナー，アルフォンス　Söllner, Alfons　284

タ　行

ダイツ，ヴェルナー　Daiz, Werner　324, 360, 361, 363, 364
タウシク（神父）　Tausig, Father　131, 133
タウシッツ，シュテファン　Tauschitz, Stefan　351
ダニエルス＝シュパンゲンベルク，フォン（中将）　Daniels-Spangenberg, Edler von　63, 64
ダリューゲ，クルト　Daluege, Kurt　60
タルノウ，フリッツ　Tarnow, Fritz　131, 160
タールハイマー，アウグスト　Thalheimer, Augst　114
タレーラン＝ペリゴール　Talleyrand-Perigord, Charles-Maurice de　243
ダーレンドルフ，グスタフ　Dahrendorf, Gustav　166, 167
ダンベック，ジークムント　Dannbeck, Sigmund　298
チトー，ヨシップ・ブロズ　Tito, Josip Broz　389
チャーチル，ウィンストン　Churchill, Winston　16, 53, 54, 63, 88
ツァイグナー，エリック　Zeigner, Eric　310
ツァイツラー，クルト　Zeitzler, Kurt　44
ツェットキン，クララ　Zetkin, Klara　109, 116
テアボーフェン，ヨーゼフ　Terboven, Josef　332
ティッセン，フリッツ　Thyssen, Fritz　22, 309–311, 329, 330
ディートリヒ，オットー　Dietrich, Otto　339, 340
テイラー，テルフォード　Taylor, Telford　31
ディールス，ルードルフ　Diels, Rudolf　333
デーニッツ　Dönitz　44, 45
デプレ，エミール　Despres, Emil　255, 256
デモス，ジョージ　Demos George　299
テールマン，エルンスト　Thälmann, Ernst　114, 117–119, 123
ドノヴァン，ウィリアム・“ワイルド・ビル”　Donovan, William　3, 9, 24
トライチュケ，ハインリヒ・フォン　Treitschke, Heinrich Gotthard von　185
ドルフス，エンゲルベルト　Dollfuss, Engelbert　356

ドレクスラー，アントン　Drexler, Anton　301
トロツキー，レフ　Trotsky, Leon　231
ドワーク，チャールズ・アーヴィング　Dwork, Charles Irving　29

ナ　行

ナウヨックス，アルフレート　Naujocks, Alfred　353, 354
ナポレオン一世　Napoléon Bonaparte　282
ニーメラー，マルティン　Niemöller, Martin　88
ノイベッカー，フリッツ　Neubecker, Fritz　167
ノイマン，ハインツ　Neumann, Heinz　116, 118, 119, 128
ノイマン，フランツ　Neumann, Franz　2-13, 17-20, 23-28, 30, 31, 36, 53, 70, 79, 198, 222, 255, 256, 274, 275, 299
ノイラート，フライヘル・フォン　Neurath, Freiherr von　47, 345
ノスケ，グスタフ　Noske, Gustav　112, 150

ハ　行

ハイデガー，マルティン　Heidegger, Martin　8
ハイドリヒ，ラインハルト　Heydrich, Reinhardt　353, 354
バウアー，グスタフ　Bauer, Gustav　156
パウルス，フォン（将軍）　Paulus, von　64
パーソンズ，タルコット　Parsons, Talcott　3
ハーツ，ジョン　Herz, John　13, 24-26, 284
ハーツホーン，リチャード　Hartshorne, Richard　3, 10, 140, 141, 274
バーデン，マックス・フォン（大公子）　Baden, Max von　80
バドリオ，ピエトロ　Badglio, Pietro　17, 74
バーナム，ジェームズ　Burnham, James　6
ハーニッシュ，ヘルマン　Harnisch, Hermann　167
ハーバーマス，ユルゲン　Habermas, Jürgen　32
パーペン，フランツ・フォン　Papen, Franz von　151, 190, 226
ハメル，ヴァルター　Hamel, Walter　298
バラン，ポール　Baran, Paul　3
ピアトニツキー，オシップ　Piatnitzky, Ossip　106, 118
ピーク，ヴィルヘルム　Pieck, Wilhelm　123
ビスマルク，オットー・フォン　Bismarck, Otto von　64, 125, 137
ヒトラー，アドルフ　Hitler, Adolf　9, 15-17, 22, 40, 44-50, 64, 66, 76, 87, 88, 99, 125, 129-131, 135, 151, 163, 168, 184, 191, 201, 205, 208, 225, 226, 228, 231, 251, 276, 282, 285, 293, 297, 301-304, 306-310, 312, 315, 317-322, 327, 329, 331, 338, 340, 342, 343, 345, 347-353, 357, 359, 360, 362, 368
ヒムラー，ハインリヒ　Himmler, Heinrich　17, 44, 64, 73, 74, 86, 201, 276, 303, 367
ヒルファーディング，ルードルフ　Hilferding, Rudolf　151
ヒンデンブルク，パウル・フォン　Hindenburg, Paul von　47, 59, 80, 148, 156, 226
ファン・ホーフェン（大佐）　van Huven　63
フィッシャー，エルンスト　Fischer, Ernst　126
フィッシャー，ルート　Fischer, Ruth　114, 116, 117
フィヒテ，ヨハン・ゴットリープ　Fichte, Johann Gottlieb　185
フエ，オットー　Hue, Otto　152
フェーダー，ゴットフリート　Feder, Gottfried　302, 316, 324
フェヒナー，マックス　Fechner, Max　165, 166
フォム・ラート，エルンスト　vom Rath, Ernst　39
フーゲンベルク，アルフレート　Hugenberg, Alfred　59, 226
フーバー，E・R　Huber, E. R.　289, 297
ブラウセ，H・B　Braußе, H. B.　297
ブラウン，オットー　Braun, Otto　151
ブラウン，ノーマン・O　Brown, Norman O.　3
フラードゥング，ヨハン　Fladung, Johann

123
フランク，カール・ヘルマン　Frank, Karl Hermann　351
フランク，ハンス　Frank, Hans　297, 298, 362
フランケンベルク・ウント・プロシュリッツ，エグベルト・フォン（少佐）　Frankenberg und Proschlitz, Egbert von　63
フランコ，フランシスコ　Franco, Francisco　347-349, 377
ブラントラー，ハインリヒ　Brandler, Heinrich　114
フリック，ヴィルヘルム　Frick, Wilhelm　302, 315
フリッチュ，ヴェルナー・フォン　Fritsch, Werner von　345
フリート，フェルディナント　Fried, Ferdinand　6
フリードリヒ大王　Friedrich der Große　77
ブリューニング，ハインリヒ　Brüning, Heinrich　149, 154
ブリル，ヘルマン　Brill, Hermann　158
プルースト，マルセル　Proust, Marcel　10
フレーリヒ，パウル　Frölich, Paul　114
フレンケル，エルンスト　Fraenkel, Ernst　298
フレンケル，ハインリヒ　Fraenkel, Heinrich　133
ブロムベルク，ヴェルナー・フォン　Blomberg, Werner von　302, 342, 345
フンク，ヴァルター　Funk, Walther　201
ベイトソン，グレゴリー　Bateson, Gregory　3
ヘス，ルドルフ　Heß, Rudolf　302, 310, 340
ベスト，ヴェルナー　Best, Werner　41, 298, 364, 366
ベッカー，カール　Becker, Karl　123
ベーベル，アウグスト　Bebel, August　142, 155
ヘーン，ラインハルト　Höhn, Reinhard　297
ヘンダーソン，ネヴィル　Henderson, Neville　351
ヘンライン，コンラート　Henlein, Konrad　352
ポアンカレ，レイモン　Poincaré, Raymond　116
ホーダン，マックス　Hodann, Max　132
ホフマン，カール　Hoffmann, Karl　165
ホフマン，マックス（将軍）　Hoffmann, Max　90
ホフマン，ヨハネス　Hoffmann, Johannes　150
ホルクハイマー，マックス　Horkheimer, Max　2, 4-7, 12, 28, 32
ホルケンバッハ，クノー　Horkenbach, Cuno　308
ボルジッヒ，エルンスト・フォン　Borsig, Ernst von　154
ボルマン，マルティン　Bormann, Martin　44, 201, 303
ボーレ，エルンスト・ヴィルヘルム　Bohle, Ernst Wilhelm　355
ポロック，フリードリヒ　Pollock, Friedrich　3, 5, 6

マ　行

マイアー，オットー　Meier, Otto　166, 167
マイネッケ，フリードリヒ　Meinecke, Friedrich　52
マイヤーホフ，ハンス　Meyerhoff, Hans　70, 71
マウンツ，テオドール　Maunz, Theodor　297
マクロイ，ジョン・J　McCloy, John J.　24
マズロー，アルカディ　Maslow, Arkadi　114, 117
マーフィ，レイモンド・E　Murphy, Raymond E.　354
マルクス，ヴィルヘルム　Marx, Wilhelm　156
マルクス，カール　Marx, Karl　33
マルクーゼ，ヘルベルト　Marcuse, Herbert　1-5, 7-9, 11-17, 21-24, 27, 28, 30, 32-34, 42, 52, 53, 70, 71, 79, 98, 140, 178, 256, 299, 370
ミヌー，フリードリヒ　Minnoux, Friedrich

310
ミュンツェンブルク，ヴィリィ　Münzenburg, Willy　110
ミルヒ，エルハルト　Milch, Erhard　44
ムーア，バリントン　Moore, Barrington　3
ムッソリーニ，ベニート　Mussolini, Benito　50, 318, 393
メアリング，フランツ　Mehring, Franz　101
メルカー，パウル　Merker, Paul　107, 108, 124, 125, 130, 133, 134
モーゲンソー，ヘンリー　Morgenthau, Henry　19, 20
モース，チャンドラー　Morse, Chandler　222
モリソン，フィービー　Morrison, Phoebe　274

ヤ　行

ユングマン，エーリヒ　Jungmann, Erich　124
ヨギヘス，レオ　Jogiches, Leo　146
ヨードル，アルフレート　Jodl, Alfred　44

ラ　行

ライパルト，テオドール　Leipart, Theodor　150, 155
ラインハルト，ヴィルヘルム　Reinhard, Wilhelm　150
ラヴィツキ，カール　Rawitzki, Karl　131
ラウフェンベルク，ハインリヒ　Laufenberg, Heinrich　115
ラスキ，ハロルド　Laski, Harold　8
ラッサール，フェルディナント　Lassalle, Ferdinand　142, 151
ラデック，カール　Radek, Karl　116
ラートヴァニ，ラディツロ　Radvanny, Ladizlo　124
ラフォーレ，W　Laforet, W.　298
ラーメルス，ハンス　Lammers, Hans　201
ランガー，ウィリアム　Langer, William　2, 140, 141
リスト，W　Rist, W.　99
リッテン，イムガルト　Litten, Imgard　133
リットケ，カール　Litke, Karl　167
リッベントロップ，ヨアヒム・フォン　Ribbentrop, Joachim von　44, 303, 346
リープクネヒト，カール　Liebknecht, Karl　101, 103, 112, 142, 146, 150
リーベルト，アルトゥール　Liebert, Artur　133
ルクセンブルク，ローザ　Luxemburg, Rosa　101, 103, 112, 123, 146, 150
ルーズヴェルト，フランクリン　Roosevelt, Franklin D.　10, 53, 54, 63
ルター，マルティン　Luther, Martin　185
ルーデンドルフ，エーリヒ（将軍）　Ludendorff, Erich　309, 310
レイ，ローベルト　Ley, Robert　333
レヴィ，パウル　Levi, Paul　113, 114
レーヴェ，パウル　Löbe, Paul　229
レーヴェンタール，レオ　Löwenthal, Leo　28
レーヴェントロー，エルンスト（伯爵）　Reventlow, Ernst Graf zu　116
レオンチェフ，ワシリー　Leontief, Vassili　3
レギーン，カール　Legien, Karl　154
レーダー，エーリヒ・フォン　Raeder, Erich von　345
レーデラー，エミール　Lederer, Emil　6
レーニン，ウラディミール　Lenin, Vladimir　102, 113, 134, 375
レーベ，パウル　Loebe, Paul　229
レーマー，ベッポ　Römer, Beppo　119
レーマン，ヘルムート　Lehmann, Helmuth　167
レーム，エルンスト　Röhm, Ernst　47, 335
レン，ルートヴィヒ　Renn, Ludwig　119, 124, 130, 131
レンメレ，ヘルマン　Remmele, Hermann　109, 118
ロストウ，ウォルト・W　Rostow, Walt W.　3
ローゼ，ヒンリヒ　Lohse, Hinrich　60
ローゼンベルク，アルフレート　Rosenberg, Alfred　47, 302, 323, 324, 351
ロッソウ，オットー・フォン　Lossow, Otto von　315

ワ　行

ワーグナー，ヨーゼフ　Wagner, Josef　50

原　注

・オリジナルのレポートで参照されているドイツ語文献の表記などでは，基本的にウムラウトが使われていない．たとえば「ä」ではなく「ae」，あるいはたんに「a」が用いられている．この邦訳書では，人名，著書名などでは適宜，ウムラウトに変換した．
・本書を構成するのは戦時中のレポートであり，そうした事情もあり，それぞれのレポートの書式，長さ，注の有無などには一貫性はない．英語版のオリジナルには，参照文献の書き方，イタリックの使い方，ibid を使うかどうかなどにおいて，しばしば書式の不統一なところがある．ドイツ語版を参考にしながら，適宜，書式を整えたが，原書どおりのところもある．
・地名は基本的にドイツ語表記で統一した（Munich でなく München を使うなど）．
・［編者注記］（Editor's note; ed. note）はラファエレ・ラウダーニによる．

序　論

1 D. Giacchetti, "June 1969: The 'Hot' Italian Days of Herbert Marcuse," *Il Protagora*, no. 4（July-December 2004）. http://www.marcuse.org/herbert/booksabout/00s/69ItalyLecturesDGiachetti04z.htm
2 "Marcuse: Cop-out or Cop?," *Progressive Labor* 6（1969）: 61–66; L. L. Mathias, "Schwere Vorwürfe gegen Herbert Marcuse," *Bulletin des Fränkischen Kreises*, 4 June 1969.
3 戦略情報局（OSS）については B. F. Smith, *The Shadow Warriors: OSS and the Origins of CIA*（New York: Basic Books, 1983）; R. H. Smith, *OSS. The Secret History of America's First Central Intelligence Agency*（Guilford, Conn.: Lyons Press, 2005）を参照．
4 Herbert Marcuse, Jürgen Habermas, Heinz Lubasz, and Telman Spengler, "Theory and Politics: A Discussion," *Telos*, December 21, 1978, pp. 124–53.
5 B. Katz, *Foreign Intelligence: Research and Analysis Branch in the Office of Strategic Services 1942–1945*（Cambridge, Mass.: Harvard University Press, 1989）. 以下も参照．R. Wink, *Cloak and Gown: Scholars in the Secret War, 1939–1961*（New York: Morrow, 1987）, esp. chapter 2.
6 Alfons Söllner, *Zur Archäologie der Demokratie in Deutschland*, 2 vols.（Frankfurt am Main:

Fischer Verlag, 1986), 1: 25.

7 W. Langer, "The Research and Analysis Branch," memoir sent to Kermit Roosevelt, March 5, 1947, RG 226, entry 146, box 48, folder 666, US National Archives at College Park, Md. 以下，USNA と略記する．

8 "Joint Psychological Warfare Committee, Functions of the OSS," in *War Report of the OSS*, 2 vols. (New York: Walker and Co., 1976), 2: 348.

9 E. M. Earle, *Rentless War* (New York: Columbia University Press [Columbia Home Front Warbooks], 1942), p. 5, n. 3.

10 H. Marcuse, letter to M. Horkheimer, 11 November 1942, in H. Marcuse, *Technology, War and Fascism*, ed. D. Keller (London: Routledge, 1998), p. 234. 戦時情報局（OWI）については A. Winkler, *The Politics of Propaganda: The Office of War Information 1942–1945* (New Haven, Conn.: Yale University Press, 1978）を参照．

11 *History of the Central European Section during the Incumbency of Eugene N. Anderson as Chief*, 17 February 1945, USNA, RG 226, entry 37, box 5, p. 1.

12 A. R. L. Gurland, O. Kirchheimer, and F. Neumann, *The Fate of Small Business in Nazi Germany* (Honolulu: University Press of the Pacific, 2003). ノイマンとマルクーゼの契約についての情報はカレッジパークの米国国立公文書館（USNA）ではみつけられなかった．とくに RG 226, entry 38, box 3, and RG 226, entry 145, box 4, folder 43: Personnel of the Research and Analysis Branch. ただしキルヒハイマーの契約書は RG 226, entry 146, box 86, file 1335にある．ノイマンとキルヒハイマーの知的キャリアについては W. E. Scheuerman, *Between the Norm and the Exception: The Frankfurt School and the Rule of Law* (Cambridge, Mass.: MIT Press, 1994）を参照．

13 R. Wiggershaus, *The Frankfurt School: Its History, Theory and Political Significance* (Cambridge, Mass.: MIT Press, 1995).

14 M. Horkheimer, "Traditional and Critical Theory," (1937) in M. Horkheimer, *Critical Theory: Selected Essays* (New York: Continuum Publishing Corporation, 1975), pp. 188–243〔久野収訳「伝統的理論と批判的理論」『哲学の社会的機能』晶文社，1974年，36–102頁〕; H. Marcuse, "Philosophy and Critical Theory," (1937) in H. Marcuse, *Negations: Essays in Critical Theory* (Boston: Beacon Press, 1969), pp. 134–58.

15 H. Marcuse, letter to M. Horkheimer, November 15, 1942, in Marcuse, *Technology, War and Fascism*, p. 237.

16 Wiggershaus, *Frankfurt School*, pp. 303–7.

17 Ibid., p. 305.

18 M. Horkheimer and T. W. Adorno, "Soziologische Exkurse," *Frankfurter Beiträge Zur Soziologie* 4 (Frankfurt am Main: Europäische Verlag, 1956).

19 F. Pollock, "State Capitalism: Its Possibilities and Limitations," *Studies in Philosophy and Social Science* 9, (1941).

20 F. Pollock, "Is National Socialism a New Order?" ibid. Pollock については C. Campani, *Pianificazione e teoria critica. L'opera di Friedrich Pollock dal 1923 al 1943* (Naples: Liguori,

1992）を参照.

21 J. Burnham, *The Managerial Revolution: What is Happening in the World* (New York: John Day Co., 1941). "Tatkreis" については G. Marramao, "Pluralismo corporativo, democrazia di massa, Stato autoritario," in F. De Felice, G. Marramao, M. Tronti, and L. Villari, *Stato e capitalismo negli anni Trenta* (Rome: Edi. tori Riuniti, 1979) を参照.

22 M. Horkheimer, "The Authoritarian State" (1942), in A. Arato and E. Gebhardt, *The Essential Frankfurt School Reader* (New York: Continuum, 1982), pp. 95–117〔清水多吉訳「権威主義的国家」『権威主義的国家』紀伊國屋書店，1975年，9–52頁〕. ホルクハイマーのエッセーを「全体国家」についてのドイツの論争のより広い文脈で再構成するには，C. Galli, "Strategie della totalità. Stato autoritario, Stato totale, totalitarismo nella Germania degli anni Trenta," *Filosofia politica* 1: (1997): 27–61を参照.

23 F. Neumann, *Behemoth: The Structure and Practice of National Socialism, 1933–1944* (Chicago: Ivan R. Dee, 2009), p. 430〔岡本友孝，小野英祐，加藤栄一訳『ビヒモス――ナチズムの構造と実際1933–1944』みすず書房，1963年，402頁〕.

24 E. Lederer, *State of the Masses: The Threat of the Classless Society* (New York: W. W Norton, 1940), p. 18〔青井和夫，岩城完之訳『大衆の国家――階級なき社会の脅威』創元社，1961年，10頁〕.

25 O. Kirchheimer, "Changes in the Structure of Political Compromise," *Studies in Philosophy and Social Science* 9 (1941): 456; H. Marcuse, "State and Individual under National Socialism," in Marcuse, *Technology, War and Fascism*, pp. 69–87.

26 H. Marcuse, "State and Individual under National Socialism," p. 77.

27 Katz, *Foreign Intelligence*, p. 9.

28 1942年９月25日のノイマンのレポート *German Social Democracy in the United States and Great Britain* を参照．このレポートには，ノイマンの短い伝記とOSSの職員がジョン・C・ウィレイ大使に送ったノートが前に付けられている．ドイツ社会民主党の法務部長であったノイマンの過去のために，その文章に表現されている「高度に個人的で，批判的な」ポジションを，ウィレイは警戒している．しかし同じ理由から，ウィレイは「事実についての深い知識」をノイマンに認めてもいる.

29 F. Neumann, letter to Chandler Morse and Gordon Stewart, August 3, 1944, USNA, RG 226, entry 146, box 84, folder: Neumann, F.L.

30 N. West, *Venona: The Greatest Secret of the Cold War* (London: HarperCollins, 1999), pp. 252, 339; A. Weinstein and A. Vassiliev, *The Haunted Wood: Soviet Espionage in America* (New York: Modern Library, 2001), とくに pp. 249–51. アメリカの諜報と対抗諜報のシステムについては以下も参照．P. Deery and Me Del Vero, *Spiare e tradire. Dietro le quinte della guerra fredda* (Milan: Feltrinelli, 2011).

31 たとえばヘンリー・ステュワート・ヒューズの解釈がこれである．彼は1945年から中欧セクション長であった．実際はノイマンとマルクーゼによって「指導」されていたことは知られていた．この二人はこの構造のなかで「特別に高い個人的な威信」を享受していた（A. Söllner, *Zur Archäologie der Demokratie*, 2:47).

32　たとえば *The Problem of Objectivity in R&A Reporting*, USNA, RG 226, entry 37, box 5を参照.

33　R. Hartshorne, *Draft of Proposed Guide to the Preparation of Political Reports*, USNA, RG 226, entry 37, box 5; *Style Sheet for Use in the Research and Analysis Branch*, USNA, RG 226, entry 99, box 104, folder 97303.

34　本書に収録されているマルクーゼのレポート「ドイツ社会民主党」がそれに当たる．内部での長い討論の末に，このレポートは1944年にようやく承認を受けた．ハーツホーンからS・ケントとC・ショースキーへの書簡（1945年7月14日）と後続のW・ランガーへのメモ（1945年7月23日）を参照．USNA, RG 226, entry 1, box 3.

35　Pp. 76–91を参照〔マルクーゼのレポート「ドイツの社会階層」．ただしこの訳書には収録していない．ページは本書英語版．以下同じ〕．しかしながら，このケースでもプロジェクト委員会からの批判があった．「その態度や行為が社会経済的な地位によって決定されている，計量的な「自動人形」に人を還元している」というのである（Katz, *Foreign Intelligence*, p. 43）．

36　*History of the Central European Section*, pp. 1–2.

37　1943年4月18日，ホルクハイマーへの書簡．Marcuse, *Technology, War and Fascism*, p. 243.

38　Katz, *Foreign Intelligence*, p. 12.

39　J. Herz, *Vom Überleben: Wie ein Weltbild entstand: Autobiographie*（Düsseldorf: Droste Verlag, 1984, p. 136）.

40　P. 107, 108〔「ドイツ崩壊の可能性のあるパターン」，本書80–81, 82頁〕.

41　P. 105〔「ドイツの戦意」，本書77頁〕.

42　P. 100〔「ドイツの戦意」，本書71頁〕.

43　P. 96〔「チュニジア以後のドイツの戦意」，訳出なし〕.

44　P. 131〔「ドイツ国民への空襲の社会的・政治的効果」，訳出なし〕.

45　P. 101〔「ドイツの戦意」，本書71頁〕.

46　P. Viereck, *Metapolitics: From the Romantics to Hitler*（New York: Knopf, 1941）.

47　P. 69〔「ナチの帝国主義に対するプロイセン軍国主義の意義」，本書62頁〕.

48　H. Marcuse, “The New German Mentality,” in Marcuse, *Technology, War and Fascism*, pp. 139–90.

49　P. 68〔「ナチの帝国主義に対するプロイセン軍国主義の意義」，本書61-62頁〕.

50　P. 58〔「ドイツ経済の独裁者としてのシュペーアの任命」，訳出なし〕.

51　Pp. 136–137〔「ヒトラー暗殺未遂とその帰結」，訳出なし〕.

52　P. 134〔「ヒトラー暗殺未遂とその帰結」，訳出なし〕.

53　P. 110〔「ドイツ崩壊の可能性のあるパターン」，本書85頁〕.

54　P. 131〔「ドイツ国民への空襲の社会的・政治的効果」，訳出なし〕.

55　P. 439〔「ドイツの取り扱い」，本書259–260頁〕.

56　P. 420〔「軍事〔占領〕政府下におけるドイツの政治的・立憲的生活の再建」，本

書254頁〕.

57 P. 230〔「軍事政府初期のナチ法の廃止」, 訳出なし〕.

58 P. 285〔「ドイツにおける旧政党の再建と新党の立ち上げについての政策」, 本書179頁〕.

59 P. 302〔「ドイツにおける行政と公務の一般原理」, 本書201頁〕.

60 Pp. 314–315〔「ドイツにおける行政と公務の一般原理」, 本書217頁〕.

61 Pp. 397–411〔「原材料, 産業, そして運輸についての集権化されたヨーロッパの統制の適用」, 訳出なし〕.

62 P. 441〔「ドイツの取り扱い」, 本書262–263頁〕.

63 Pp. 253–263〔「ナチ党と関連組織の解体」, 訳出なし〕.

64 *Dissolution of the Nazi Party and Its Affiliated Organizations: De-Nazification of Important Business Concern in Germany*, R&A 1655.5, March 1945.

65 P. 280〔「ドイツのカルテルと類似の組織」, 訳出なし〕.

66 P. 297–299〔「ドイツにおける旧政党の再建と新党の立ち上げについての政策」, 本書194, 197頁〕.

67 *Some Criteria for the Identification of Anti-Nazis in Germany*, R&A 2189, November 15, 1944.

68 P. 286〔「ドイツにおける旧政党の再建と新党の立ち上げについての政策」, 本書179–180頁〕.

69 Pp. 309〔「ドイツにおける行政と公務の一般原理」, 本書209頁〕および429〔「軍事〔占領〕政府下におけるドイツの政治的・立憲的生活の再建」, 本書246頁〕.

70 P. 105〔「ドイツの戦意」, 本書78頁〕. 以下も参照. 著者不明, *The Underground Movement in Germany*, R&A 992, September 27, 1943.

71 P. 291〔「ドイツにおける旧政党の再建と新党の立ち上げについての政策」, 本書186頁〕.

72 *Labor Relations and Military Government*, R&A 1655.28, p. 7.

73 MG Law n. 5, in *Documents on Germany Under Occupation, 1945–1954*, ed. B. Ruhm von Oppen (Oxford: Oxford University Press, 1955).

74 P. 295〔「ドイツにおける旧政党の再建と新党の立ち上げについての政策」, 本書191頁〕.

75 H. Marcuse, *One-Dimensional Man: Studies in the Ideology of Advanced Industrial Society* (Boston: Beacon Press, 1991), p. 1〔生松敬三, 三沢謙一訳『一次元的人間――先進産業社会におけるイデオロギーの研究』河出書房新社, 1974年, 19頁. この一節は1964年に刊行された『一次元的人間』の第一章「統制の新しい形態」の冒頭に出てくる〕.

76 J. H. Herz, "The Fiasco of Denazification," *Political Science Quarterly* 4 (1948): 569.

77 B. Smith, *The American Road to Nuremberg: The Documentary Record 1944–1945* (Stanford: Hoover Institution Press, 1982), p. 58.

78 Pp. 451–456〔「モスクワ三者会談における「残虐行為に関する宣言」」, 訳出な

し〕.

79　P. 460〔「戦争犯罪の取り扱いについての問題」，本書278頁〕.

80　「客観的敵」というカテゴリーについてはC. Galli, "Sulla guerra e il nemico," in *Paranoia e politica*, ed. S. Forti and M. Revelli (Turin: Bollati Boringhieri, 2007), pp. 21-42を参照.

81　Pp. 471-472〔「リーダーシップ原理と刑事責任」，本書294-295頁〕.

82　たとえば *Problems Concerning the Treatment of War Criminals: List of Potential War Criminals Under Proposed US Policy Directives*, R&A 2577.2, September 30, 1944.

83　主任としてノイマンは，中欧セクションの大きな内部リストラを開始した．しかしながら，それらは大部分，完遂されないままであった．マルクーゼには，アメリカ占領地域についての研究の担当が任された．キルヒハイマーはフランス部門の責任を負った．F. Neumann, "Plan for the Reorganization of the German and Austrian Unit of the Central European Section," May 3, 1945を参照.

84　ニュルンベルク裁判へのOSSの貢献をより広く扱うためには，次を参照．M. Salter, *Nazi War Crimes: US Intelligence and Selective Prosecution at Nuremberg. Controversies Regarding the Role of the Office of Strategic Services* (London-New York: Routledge, 2007), とくに pp. 307-444.

85　C. Schorske, "R&A Contribution to the War Crimes Program," July 9, 1945は，メリーランド州カレッジパークの米国国立公文書館（USNA）に保存されている文章で，以下に引用されている．M. Salter, *US Intelligence, the Holocaust and the Nuremberg Trials: Seeking Accountability for Genocide and Cultural Plunder*, 2 vols. (Leiden-Boston: Martinus Nijhoff Publishers, 2009), 2: 605-606.

86　J. Donovan, "Progress Report on Preparation of Prosecution," n.d., Jackson Papers, Cornell University, box 101, reel 7.

87　Jackson Papers, Cornell University, vol. 19.

88　Pp. 475-526〔「ドイツおよびヨーロッパ支配のためのナチの計画――ナチのマスター・プラン」，本書299-368頁〕. 以下も参照．International Military Tribunal, Indictment, 6 October 1945, in *The Nuremberg War Crimes Trial, 1945-1946. A Documentary History*, ed. M. R. Marrus (Boston-New York: Bedford, 1970), pp. 57-70.

89　Pp. 522-554〔「ドイツおよびヨーロッパ支配のためのナチの計画――国内犯罪」，訳出なし〕.

90　たとえば Aronson, "Preparations for the Nuremberg Trial: The O.S.S., Charles Dwork, and the Holocaust," in *Holocaust and Genocide Studies* 2 (1998): 257-81を参照.

91　Pp. 27-28〔「反ユダヤ主義」，本書37頁〕.

92　Neumann, *Behemoth*〔『ビヒモス』〕.

93　L. Löwenthal, letter to H. Marcuse, June 29, 1943, in *Das Utopische soll Funken Schlagen. Zum 100. Geburtstag von Leo Löwenthal*, ed. P.-E. Jansen (Frankfurt am Main: Klostermann, 2000), pp. 101-14.

94　H. Marcuse, letter to M. Horkheimer on 28 July 1943, in Marcuse, *Technology, War and*

Fascism, pp. 244–45.

95 *Nazi Plans for Dominating Germany and Europe: The Criminal Conspiracy against the Jews*, R&A 3114.2, August 13, 1945, p. 1. https://www.trumanlibrary.org/whistlestop/study_collections/nuremberg/index.php

96 1945年11月21日，ジャクソン検察官による冒頭陳述，Salter, *US Intelligence*, pp. 584–85より引用．オンラインでもみることができる．http://fcit.usf.edu/holocaust/resource/document/DocJac06.htm.

97 これは，たとえば，アロンソンのテーゼである．「OSSはとても脆弱な文書しかもっていなかった．しかしこれはこの時点で「ユダヤ人の専門家」チャールズ・ドゥワークには届いていなかった．あるいはむしろそれらは単純に使われないでいた．しかし，しばらくして，OSSのフランツ・ノイマンは何年か前のホロコーストについて自分自身の見解を発展させ，ロンドンで，そして少なくとも国際軍事法廷の準備において中心的な役割を果たしたように思われる」（Aronson, “Preparations for the Nurenberg Trial,” p. 269）．

98 A. Schlesinger, *A Life in the Twentieth Century: Innocent Beginnings, 1917–1950* (Boston: Houghton-Mifflin, 2000), p. 307.

99 B. Katz, “The Holocaust and American Intelligence,” in *The Jewish Legacy and the German Conscience*, ed. M. Rischin and R. Asher (Berkeley, Calif.: Judah L. Magnes Museum, 1991), p. 297.

100 *Nazi Plans for Dominating Germany and Europe: The Criminal Conspiracy against the Jews, Exhibit A: Statistics on Jewish Casualties' During Axis Domination*, R&A 3114.2, n.d. ニュルンベルク裁判でホロコーストを定義することへのフランクフルト〔学派〕の貢献についていっそう広い視野をもつためには，次を参照．Salter, *US Intelligence*, 2:572–636.

101 *Allied Military Government and the Jewish Problem*, R&A 1655.23 report, April 29, 1944. これは，ノイマンの監督下で，マルクーゼとキルヒハイマーの参加のもと，E・ジョンソンによって起草された．

102 T. Taylor, *The Anatomy of the Nuremberg Trials: A Personal Memoir* (New York: Knopf, 1992), p. 90.

103 *Sixty-Five Leading German Businessmen*, 28 June 1945, R&A 3020, USNA, RG 153, entry 135, box 14.

104 Marcuse et al., “Theory and Politics: A Discussion,” p. 131. この数年，ドイツの大企業のナチ・レジームへの協力をめぐる激しい論争が行なわれてきた．David Abraham, *The Collapse of the Weimar Republic* (Princeton, N.J.: Princeton University Press, 1981）では，ヒトラーが権力を手にしたことに主たる責任を負っているのは，大企業であると主張されている．このテーゼは，何人かのアメリカの研究者によって激しい批判を受けている．ヘンリー・アシュビー・ターナーはその一人である．ドイツ財界の協力は誇張されすぎている，と彼は論じている．Henry Ashby Turner, *German Big Business and the Rise of Hitler* (New York–Oxford: Oxford University

Press, 1985). しかしながら，アーノ・J・マイヤーやカール・ショースキーら，何人かの中欧セクション出身の研究者はアブラハムの立場を擁護した.

105 H. Marcuse, letter to M. Horkheimer, April 6, 1946, in Marcuse, *Technology, War and Fascism*, p. 251.

106 Smith, *OSS*, p. 343.

107 1951年に妻が死ぬまで，マルクーゼは国務省の「地獄の辺境」にいた．そしてコロンビア大学のロシア・インスティテュートと契約し，それからハーヴァードのロシア研究センターと契約を結んだ．この研究は1958年のソヴィエト共産主義についての彼の本に結実した（*Soviet Marxism* [New York: Columbia University Press, 1985]〔片岡啓治訳『ソビエト・マルクス主義――抑圧的工業社会のイデオロギー批判』サイマル出版会，1969年〕）．キルヒハイマーについていえば，ニュー・スクール・フォー・ソーシャル・リサーチの政治学科長に就任するまで，彼は1955年までワシントンにいた.

108 D. Kellner, Introduction to Marcuse, *Technology, War, and Fascism*, pp. 25-27.

109 Pp. 591-610〔「世界共産主義の潜在力」，本書370-394頁〕.

110 1947年3月3日の文書 *Anti-Semitism in the American Zone* が Herbert Marcuse Archive, Stadt- und Universitäts Bibliothek, Frankfurt am Main に保管されている．しかしこれについての正確な情報は入手できない.

111 O. Kirchheimer, *Political Justice. The Use of Legal Procedure for Political Ends* (Princeton: Princeton University Press, 1961), p. 3.

112 マルクーゼ『一次元的人間』．先進産業社会についてのマルクーゼによる戦後の批判的分析の展開にとって，OSS時代が重要である点については T.B. Müller, *Krieger und Gelehrte. Herbert Marcuse und die Denksysteme im Kalten Krieg* (Hamburg: Hamburger Edition, 2010) を参照.

1　反ユダヤ主義――普遍的なテロの剣先

1 ［編者注記］1933年4月1日，突撃隊は反ユダヤ人の最初の国民的な活動を組織し，出自がユダヤの市民の経済的・職業的な活動への国民的なボイコットを促し，「ユダヤ人からものを買うな」や「ユダヤ人は我々を滅ぼす」などのスローガンを唱えながら，数千の建物の店のウィンドーとドアにダビデの星を描いた．このデモンストレーションのあいだ，たくさんの挑発と脅しのエピソード，そして少数で散発的ながら，人種的な暴力のエピソードがあった．このボイコットは，ユダヤ人に対するナチ党のキャンペーンの始まりになった．実際，数日後の1933年4月7日，ユダヤ人に対する最初の差別法が通過した．この職業公務員再建法（Gesetz zur Wiederherstellung des Berufsbeamtentums）は，公務への雇用を純粋に「アーリア人の血統」をもつ者に制限した.

2 ［編者注記］ヒャルマル・シャハト（Hjalmar Schacht, 1877-1970）は銀行家でド

イツの政治家．ドイツの産業界をナチ党に接近させることに決定的な仕方で貢献し，1934年８月から34年11月に彼はナチ政府のもとで経済相，1939年まで帝国銀行の総裁の地位にあった．反ユダヤ主義的な立場を公表していたものの，ユダヤ人に対するあらゆる「非合法な活動」に反対する，と公けに宣言していた．軍事生産への大規模投資に反対して批判的な立場をとったために失脚し，彼は1944年にダッハウの強制収容所に移送され，同年７月のヒトラー暗殺計画への関与を咎められた．彼はニュルンベルク裁判では無罪になったが，これとは別にドイツ政府によって８年〔の労働奉仕〕の判決を受けた．1948年９月に彼は釈放され，自身の銀行を創設．さまざまな外国政府の顧問になり，そのなかにはエジプトのガマール・アブドゥル＝ナセル〔エジプト共和国第二代大統領〕もいた．

3　［編者注記］エルンスト・フォム・ラート（Ernst vom Rath, 1909–1938），ドイツの外交官．ポーランド出身のある若いユダヤ人によってパリで暗殺される．この暗殺が，1938年11月９日の，いわゆる「水晶の夜」の発火点になった．この夜に約400人のユダヤ人が殺害され，その他３万人以上が各地の強制収容所に移送された．

4　［編者注記］ドイツの軍事的再組織化のために実現した要塞のシステム．第一次世界大戦中に作られたジークフリート線を再建することで，ナチ政府によって推進された．

5　［編者注記］ヴェルナー・ベスト（Werner Best, 1903–1989）は法律家，ナチの政治家．ナチ政府でさまざまな職を歴任した．そのなかには占領下フランスの行政の長〔軍政長官〕も含まれていた．そこで彼は「パリの屠殺者」の名前を得た．それからデンマークにおける第三帝国の全権代表になった．その前には，ハインリヒ・ヒムラーに近い協力者として，第三帝国の急進的な政策の法的な基礎の構築に貢献した．

2　近い将来にありうるナチ・ドイツの政治的変化

1　［編者注記］アンドレイ・ウラソフ（Andrey Andreyevich Vlassov, 1900–1946）はソヴィエト軍の将軍．1941年のドイツによるソ連侵攻後，彼はモスクワとキエフを守る軍隊の司令官として名をあげた．1942年６月に，彼の軍隊がドイツ人によって撃破されたあと，ロシア人民解放のための愛国委員会とロシア解放軍の設立を推進した．これはナチの側に立って，ソヴィエトと戦うものであった．

2　FCO Berlin（Press in German to Europe, August 7, 1943）および *Washington Post*, August 9, 1943.

3　捕虜からの尋問には，この点についての証拠が豊富にある．たとえば，以下を参照．Secret 561/2/4, August 9, 1943; 1943年７月29日から31日にアメリカが得た情報，Roundups (Central European) no. 19, p. 12; no. 18, pp. 11 and 14; no. 16, p. 13.

4　1940年８月26日の法令「ドイツの戦争経済のための，占領された西部地区経済の

計画的搾取について」（Die Reichsverteidigungsgesetzgebung, vol. II, Auftragsverlagerung IV, pp. 1-7）. またゲーリングが命じた1941年8月15日の法令「ドイツの戦争経済のための，占領された東部地区経済の搾取のために」（Heeresverordnungsblatt, vol. 23 no. 50, September 5, 1941, Part C）のテクストを参照.

5　中欧セクションのメモ “Some Remarks about the Ruling Class in Germany,” II, 2および Franz Neumann, *Behemoth: The Structure and Practice of National Socialism*, New York 1943, pp. 396-398〔『ビヒモス』339-341頁〕.

6　*New York Times*, August 9, 1943.

7　三つの例外を挙げなければならない．フリッツ・トートの死は，アルベルト・シュペーアの出世の道を舗装した．ヒムラーの権力が増大した．リッベントロップは外交の領域でローゼンベルクを排除した.

8　Neumann, op. cit., pp. 41-61, pp. 62-71, and pp. 83-85〔『ビヒモス』42-58頁，59-66頁，77-79頁〕.

9　*Der Deutsche Ordenstaat*, München, 1934.

10　*Neue Züricher Zeitung*, May 17, 1943の記事.

11　Neumann, op. cit., p. 66〔『ビヒモス』48頁〕.

12　中欧セクションのメモ “The Free Germany Manifesto and the German People,” August 6, 1943, IV, 3を参照．本書〔英語版〕の pp. 149-166〔「自由ドイツマニフェストとドイツ人」，訳出なし〕.

3　ナチの帝国主義に対するプロイセン軍国主義の意義
——連合国の心理戦における潜在的な緊張関係

1　［編者注記］1943年9月21日の英国議会でのウィストン・チャーチルの演説からの引用．のちに出版された．*Vital Speeches of the Day 9* (1943), pp. 743-54.

2　Stockholm wire, September 23, 1943.

3　東エルベ以東の土地貴族は，経済的な地位の力にもとづく，前資本主義的，半封建的な階級であった．彼らの権力は支配の拡大にではなく，その維持に，つまり国際的な資本主義的な競争からその支配を保護することに依拠していた．「エルベ以東の大資産は決してたんなる経済ユニットではなく，地方政治の支配の中心であった．プロイセンの伝統によると，国家が政治権力の行使を委ねた国民の階層に，彼らは物質的な基礎を提供すると考えられていた．……土地貴族のメンバーはこの信託に適していた．……なぜなら彼らは，相対的に発展していない獲得欲求本能と平均以下の経済情報しかもっておらず，「経済的に満ち足りていた」からである．さらに，彼らは純粋にビジネスライクに政治的な地位を活用することに向いていなかった．少なくとも彼らはそれに依存することはなかった」（Max Weber, “Entwicklungstendenzen in der Lage der ostelbischen Landarbeiter,” *Gesammelte Aufsätze zur Sozial- und Wirtschaftsgeschichte*, 1924, p. 471〔*Max Weber-Gesamtausgabe: Band*

I/4,1: Landarbeiterfrage, Nationalstaat und Volkswirtschaftspolitik. Schriften und Reden 1892–1899, Tübingen: J.C.B Mohr (Paul Siebeck), 1993, S. 426])．こうした事実を基礎にして，プロイセンの貴族の大資産は，産業ブルジョワの政治的独占に対して「効果的なカウンター・バランス」になってきたとマックス・ウェーバーは論じている．

4　［編者注記］ここで著者が言及しているのは，ドイツの多国籍企業I. G. ファルベン（I. G. Farben）である．合衆国では通常，ドイツの染料トラスト（Dye Trust）と呼ばれている．

5　［編者注記］東プロイセンの農業活動の倒産を支援する，1929年に始まるドイツ政府によって提供された公的基金．1932年の終わり，政治的な措置がスキャンダル（オストヒルフェ）の中心となった．共和国大統領の家族，パウル・フォン・ヒンデンブルクが関わっていた．多くの事例で，地域経済を支えるために政府によって提供された基金が，ユンカーによって自分たちの贅沢品を手に入れるために使われていた，ということが明らかにされた．

6　［編者注記］アルフレート・フーゲンベルク（Alfred Hugenberg, 1865–1951）は政治家，ドイツの実業家．彼は戦前，通信分野のドイツの中心的な実業家の一人であった．ドイツ国家国民党の党首で，ヒトラーの最初の内閣で経済・食糧農業相になった．しかしながら，ほんの数カ月後，彼は辞職せざるをえなかった．その後，しだいに経済的・政治的な没落をこうむり，とうとう通信部門のすべてのビジネスを手放した．

7　［編者注記］Kadavergehorsamは文字通り「死骸の服従」である．ラテン語起源で，イエズス会にルーツをもち，イグナチオ・デ・ロヨラによって作られたこの語は，完全なキリスト教的な服従を指すのに使われた．ドイツでは宗教改革期に論争的な反イエズス会という意味で流通し始めた．しかしながら，19世紀後半の文化闘争期になってはじめて，典型的なプロイセンとドイツの軍隊的メンタリティを記述するために，この語が実際に用いられた．この用語が大衆化したのは，1960年代，ハンナ・アーレントによってであった．彼女の作品『エルサレムのアイヒマン——悪の凡庸さについての報告』で，「最終解決」を実行する際のナチの高官の行動を記述するために用いられた〔関連箇所を邦訳から引用しておく．「彼は法を守る市民の義務と思うことを遂行しただけではなく，——何かの〈かげに隠れる〉ようにいつも心がけていたから——命令によって行動したのだ．彼はすっかりしどろもどろになり，しまいには盲目的服従，あるいはKadavergehorsam（死んだような服従）——そう彼自身言うのだが——の美点を説くかと思うとまたその欠点を説くというていたらくであった」（大久保和郎訳『エルサレムのアイヒマン——悪の陳腐さについての報告』新版，みすず書房，2017年，190頁）〕．

8　［編者注記］Reichserbhofgesetzのこと．1933年9月に成立した，農業財の世襲による移転を，純粋にドイツ人の血統の農家だけにすることを可能にした法律．

9　1943年8月26日の放送．この放送は．おそらく重要なことだが，イギリスに対して英語で行なわれた．

4　ドイツの戦意

1　Kilgour Cable, *Mühlhauser Tageblatt*, July 18, 1943より引用.

2　*Salzburger Landeszeitung*, July 10, 1943 (ND #1191).

3　*Hakenkreuzbanner*, August 15, 1943 (ND #1221).

4　ムッソリーニの失脚に対する，ドイツ人と外国人の労働者の反応についての目撃証言．July 31, 1943.

5　くわしくはOSS Special Report on "Interrogations of Prisoners of War: Opposition to Nazis" を参照.

6　Allied Forces Headquarter, August 10, 1943.

7　OSS Special Report #1130, "Change in the Reich Government," August 26, 1943, pp. 38-47〔「ドイツ政府の変化」，訳出なし〕.

8　OSS Special Report #1194, September 13, 1943, pp. 48-60〔「ドイツ経済の独裁者としてのシュペーアの任命」，訳出なし〕.

9　Weekly Roundup no. 21, Central Europe, August 10-16, 1943.

10　OSS Report #1034, "Possible Political Change in Nazi Germany," August 10, 1943, pp. 31-37〔「近い将来にありうるナチ・ドイツの政治的変化」，訳出なし〕.

11　Weekly Roundup no. 21, Central Europe, August 10-16, 1943.

12　*Stockholm Tidningen*, August 29, 1943 (ND #1226).

13　［編者注記］OSS Report on Air Raid Morale. これはかなり高い確率でフランツ・ノイマンのレポート「ドイツ国民への空襲の社会的・政治的効果」pp. 118-132〔訳出なし〕を指す.

14　*Hamburger Fremdenblatt* を引用する Stockholm wire #2260.

5　ドイツ崩壊の可能性のあるパターン

1　［編者注記］ルートヴィヒ・カース（Ludwig Kass, 1881-1952）はカソリックの聖職者でドイツの政治家．1928年9月から，ドイツ議会の中央党の党首．バチカンとナチ政府の交渉の中心的な後援者であった．この交渉の結果，1933年7月20日の協定〔ライヒスコンコルダート〕が成立した.

2　［編者注記］フリードリヒ・グスタフ・エミール・マルティン・ニーメラー（Friedrich Gustav Emil Martin Niemöller, 1892-1984）はドイツの神学者．ナショナルな保守派で，はじめはアドルフ・ヒトラーの支持者であったが，告白教会の創始者の一人となった．告白教会はドイツのプロテスタント教会のナチ化に反対した．教会をナチの国家管理とすることに反対したために，ニーメラーは1937年から1945年まで，ザクセンハウゼンとダッハウの強制収容所に収容された．1950年

代から彼は積極的に意見を述べる平和主義者で，反戦活動家．1966年から1972年まで戦争抵抗者インターナショナルの副議長．

3 ［編者注記］ハンス・フォン・ゼークト（Hans von Seeckt, 1866–1936）はドイツの将軍．1920年から1926年に陸軍総司令官として軍のトップに立った．この間，ワイマール政府に知らせずに，いわゆる「黒い国防軍」，つまりロシアとの反ポーランド軍事同盟を開始した．

4 ［編者注記］ウルリヒ・フォン・ブロックドルフ＝ランツァウ（Ulrich Graf von Brockdorff-Rantzau , 1869–1928）はドイツの外交官，ワイマール共和国の最初の外務相．1919年から死ぬまでソ連大使であった．

5 ［編者注記］マックス・ホーフマン（Max Hoffmann, 1869–1927）はドイツの参謀将校・外交官．第一次世界大戦で東部戦線の将軍の一人．ロシアとの休戦交渉に参加した．

6 ［編者注記］グスタフ・シュトレーゼマン（Gustav Stresemann, 1878–1929）はドイツの政治家．ワイマール共和国期に首相と外務相を務めた．ロカルノ条約（1925年）を起草し，独仏の対立を決定的に終結させたことで，1926年にノーベル賞の共同受賞者になった．

7 ［編者注記］I. G. ファルベンはドイツ産業の化学部門のコングロマリット．ナチズムのもとで，体制の財政の中心であった．1941年，I. G. ファルベンは当時最大の化学産業をアウシュヴィッツに建て，近くの強制収容所の労働力を使い，化学・医学の実験のため囚人をモルモットとして潤沢に使いもした．ガス室や監獄で使われた致死物質ツィクロン B の製造元であり，供給元であった．1941年，アメリカの調査が明らかにしたところによると，ロックフェラーのスタンダード・オイル社との協定，より一般的にいえば，アメリカの軍産複合体との深い関係が存在した．C. Higham, *Trading with the Enemy* (New York: Delacorte Press, 1983); A. C. Sutton, *Wall Street and the Rise of Hitler*, 2000; J. Borkin, *The Crime and Punishment of I. G. Farben* (New York: Free Press, 1978); R. Sasuly, *I. G. Farben* (New York: Boni & Gear, 1947).

8 ［編者注記］レポートに付された手書きメモ．

6　ドイツ共産党

1 社会民主党の態度と方針については，近刊予定のレポート〔本書，次章に収録のマルクーゼ「ドイツ社会民主党」〕で，より完全なかたちで議論される．

2 KPD の党員数は，ヴァルター・リスト「KPD の道」で出されている（*Neue Blätter für den Sozialismus*, III, 81）．

1900 – 90,000
1920 – 50,000（3月）
1920 – 78,000（10月）

1921 – 359,000
1922 – 180,000
1923 – 267,000
1924 – 180,000
1927 – 150,000
1928 – 130,000
1930 – 120,000
1931 – 200,000
1932 – 320,000

1921年の党員増加は，1920年に独立社会民主党（USPD）左派がKPDに加入したことによる．1932年，32万人の党員のうち26万人だけが会費納入党員に分類できる会員であった．Franz Borkenau, *The Communist International*, p. 363.

3 Walter Rist, *Neue Blätter für den Sozialismus*, 1931, no. 9; Ossip Piatnitzky, *The Organization of a World Party*, p. 25. 1923年と1925年のあいだ，KPDはベルリン・ブランデンブルク地区で5万4219の党員カードを発行した．しかし，1926年，全党員は1万7219人であった．3年で3万7000人が党組織を通り過ぎた．

4 Sigmund Neumann, *Die deutschen Parteien*, pp. 90–91.

5 Borkenau, pp. 361–2. 1931年には5888の街頭の細胞と1802の工場細胞がドイツにあった（『赤旗』1932年1月1日）．街頭の細胞の大多数は，失業の拡大によって説明できる．

6 Piatnitzky, op. cit., pp. 39–40. 1926年から28年における全体としてのドイツの工場細胞の規模は，以下である．

会員数	工場数
15人以下	1000
16〜50人	374
50人以上	36

7 工場で雇用されている党員の割合は以下である．

1928年　62.3%
1929年　51.6%
1930年　32.2%
1931年　22.0%

International Press Correspondence, 1931, no. 36, p. 679.

8 1924年，その発展の最高潮で，赤色労働組合インターナショナルRGIは12万人の会員を有していた．*Jahrbuch für Politik, Wirtschaft, Arbeiterbewegung*, 1925–6.

9 1930年に，ドイツ共産青年同盟（KJVD）の工場細胞は180あった．これらの細胞の多くは，*Der A-E-G-Stift*のような，独自の新聞を発行していた．

10 H. Siemering, *Die deutschen Jugend-pflege-verbände*, 1931〔ドイツ語版に合わせて，タイトルを修正した〕. 赤色戦線戦士同盟（RFB）は16歳から21歳の若者のためのものであった．16歳より下の若者は「パイオニア」（Pioniere）に組織され，スポー

ツや党のドクトリンの基礎的な訓練に取り組んだ．赤色青年戦線（RJF）の新聞は『青年隊』（*Der junge Garde*）と呼ばれ，「パイオニア」の定期刊行物は『太鼓』（*Die Trommel*）であった．

11　Ernst Posse, *Die politische Kampfbünde Deutschlands*, pp. 68–71.

12　*Sperlings Zeitschriften- und Zeitungs-Adreßbuch*, 1931. KPDの新聞のリストは付録Ⅲに入っている．

13　1930年以後，ベルリンでのKPDの得票は社民党を上回った．共産党は伝統的にヴェディングを支配していた．そしてベルリン・ミッテ，ティーアガルテン，クロイツベルク，プレンツラウアー・ベルク，フリードリヒスハインでは強力な地位を保持した．ポツダムⅠ（四区）では，KPDの強さはシャルロッテンブルク，ノイケルン，ケペニック，そしてテルトウを中心としていた．ポツダムⅡ（三区）では，党はシュパンダウ，リヒテンベルク，そしてヴェルゼンゼーで強かった．

14　この節での資料の出典は『インターナショナル・プレス・コレスポンデンス』と『コミュニスト・インターナショナル』の公式の声明，また Rosenberg, *History of Bolshevism*; Borkenau, *Communist International* および Sturmthal, *The Tragedy of European Labor*.

15　Erich Müller, *Nationalbolshewismus*; R & A *The Free German Manifesto and the German People* [pp. 149–166]〔「自由ドイツマニフェストとドイツ人」，訳出なし〕にもとづいている．

16　[編者注記] ロカルノ条約は，スイスのロカルノで，1925年10月5～16日に交渉が行なわれた7つの合意であり，公式には12月3日にロンドンで署名された．中心的な条約はラインラント協定と呼ばれるものであった．ドイツがヴェルサイユ条約で確定されたフランスとベルギーの国境を承認することが，そこで合意された．結果として，イギリスによって強力に押されて，フランスはしだいにポーランドとチェコスロヴァキアとの緩衝地帯を放棄しようとし，こうして東欧諸国との政治的関係においてドイツは自由になった．ヨーロッパ諸国の穏やかな短い期間がつづき，1926年のドイツの国際連盟加盟が区切りとなった．他方でソ連は，連合国間の相対的な平和の結果，さらに外交的に孤立することを恐れた．こうして1922年にドイツとラパロ条約を結ぶことで，事態を改善しようとした．

17　*International Press Correspondence*, 14 January 1932, p. 23.

18　Ibid., 17 January 1931, p. 63.

19　Ibid., 14 January 1932, p. 23.

20　Ibid., 6 July 1931, p. 674.

21　Salmon, *Die deutsche Parteiprogramme*, III, pp. 119–121.

22　*International Press Correspondence*, 30 June 1931.

23　Ibid., 19 September 1932, p. 883.

24　Ibid., 26 February 1932, pp. 207–208.

25　R&A no. 992, *The Underground in Germany*; Otto Bauer, *Die Illegale Partei* (Paris, 1929).

26　CID 61464-C, 14 February 1944.

27 以前，共産主義活動で逮捕された多くの戦争捕虜が尋問で述べたのは，彼らが地下活動に参加したのは家族の影響によるということであった．

28 *Die Nation* (Berne), 4 March 1944, in *News Digest* 1386; *St. Galler Tageblatt*, 25 March 1944 (Press Intell Cable).

29 OSS #31330, 11 April 1944.

30 Bauer, *Die illegal Partei*, pp. 103 ff.

31 *Pravda*, 16 October 1941, CID 44338より引用.

32 *Communist International*, 1941, no. 6.

33 KPDのメーデー・マニフェスト（1943年）．同じ議論は，1943年のメーデーにベルギーの占領軍に配布されたドイツ共産党のリーフレットでも使われた．

34 FNB, no, 110, 4 March 1943; London *Left News*, no. 84, June 1943; New York *Daily Worker*, 10, 11, 24 January 1943; Soviet International News (ICN), 31 December 1942. この会合が言及されているのは，*New York Times*, 22 Dec. 1942へのベルンの急送報告においてであった．元KPDの党員で，戦争捕虜の一人が，ドイツでこの会合について聞いたと述べている．

35 マニフェストは「国民戦線」形成のための定式を含んでいた．「国民戦線」は中央党，ドイツ国家国民党，共産党，社民党といった旧大政党の支持者，旧キリスト教的・自由的労働組合のメンバー，旧協同組合・スポーツ運動のメンバー，SAの旧メンバー，かつてはナチの組織に入っていた人たちさえからも構成される．

36 CID 49876-C.

37 この観点が表現されているのを，次のレポートに見いだすことができる．CID 64319-S, 25 March 1944; CID 61695-S, 9 March 1944; CID 63057-S; 63059-S.

38 CID 54293-C, 11 December 1943.

39 *New York Times*, 26 March, 12 April 1944.「ヨーロッパ連合」にさまざまなオポジションをまとめ上げようとしていた共産主義者の逮捕についてのスイスのレポートで，対象になっていたのは，このグループの可能性がある．

40 Stockholm wire, 2-24, 4 August 1943; 連邦通信委員会（FCC）: Special Report #98, “The Free German Movement as Psychological Warfare.”

41 FCC: East European Analysis, 26 January 1944.

42 CID 49796-S, 20 October 1943; CID-47683; CID-48164.

43 CID 51724-S, 27 December 1943; CID 29250-S. 16 November 43; CID-54393, 15 January 1944; Press Intell Cable, 21 January 1944.

44 CID 51724-S, 27 December 1943.

45 Paul Merker, “Die Erklärung von Teheran und die Freien Deutschen,” in *Freies Deutschland* (Mexico City), 24. January 1944, III, pp. 6-7; ロンドン委員会の書記ジークベルト・カーンがベネシュ〔チェコスロヴァキア〕大統領に送った電報も参照．

46 ヒトラーの一派は，1944年6月11日の自由ドイツ放送で，戦争のために非難された．FCC: Eastern European Survey, 17 June 1944.

47 Paul Merker, “Wir müssen auf dem Wort ‘Respektabel’ bestehen,” in *Freies Deutschland*

(Mexico City), February, 1944, pp. 9–10.

48 「国民ボリシェヴィスト運動の元メンバー」から届けられたスイスからのあるレポートによると，自由ドイツの運動家はヒトラーを打倒するために一連の「一揆」を訴え，すでに弾薬と軍需品工場に人員を確保した，ということである．CID 77582-S, 8 June 1944.

49 *Freies Deutschland* (Mexico City) January 1944, p. 18; FCC: Eastern European Analysis, 12 January 1944.

50 このペイパーのいくつかの複写がOSSの資料庫に保存されていた．一つのリプリントはCID 59506-Sに見いだすことができる．フランスで拾い上げられたリーフレットの一つは「自由ドイツ――自由ドイツ国民委員会の機関」と名づけられている．

51 OSS Source B, T 164.

52 ドイツのKPDの公式紙であると，ある社会主義レポートで報じられていたKader-Informationに依拠している．

53 ［編者注記］著者がここで言及しているのは，1812年12月30日のタウロッゲン協定である．プロイセンとロシアの部隊の停戦協定を批准するなかで，この協定は，ナポレオン一世に対抗するロシアとプロイセンのあいだで，1813年２月28日に締結されるカリシュ条約への第一歩になった．

54 CID 62494-R, 5 March 1944.

55 CID 62765-R, 18 March 1944.

56 OSS #27306, 18 January 1944; OSS #27313, 13 January 1944.

7　ドイツ社会民主党

1 *Die Sozialdemokratischen Parteien*, Hamburg, 1926, pp. 44–46.

2 Ibid., pp. 45–46.

3 上院委員会レポートに付された統計の付録, *The Fate of Small Business in Nazi Germany*, Washington, 1943, pp. 124–5.

4 *Jahrbuch der Deutschen Sozialdemokratie* 1928, p. 140 and 1931, p. 109.

5 R&A 1550, *The German Communist Party*〔「ドイツ共産党」，本書前章〕.

6 *Internationales Handwörterbuch des Gewerkschaftswesens*, 1930, pp. 26–27.

7 *Jahrbuch der Deutschen Sozialdemokratie,* 1929, p. 364.

8 Ibid.

9 Ibid., pp. 166 ff., 492 ff.

10 Felix Salomon, ed. *Die deutschen Parteiprogramme*, Leipzig, 1931–1932, vol. II, p. 41.

11 Ibid., passim.

12 1891年のエアフルト綱領はこの文章を一字一句変えることなくくりかえしている．

13 *Die deutschen Parteiprogramme*, vol. III, p. 1.

14 P. 207〔本書152頁〕を参照.
15 *Sozialdemokratischer Parteitag in Kiel. Protokoll*, Berlin, 1927, p. 178.
16 *Die deutschen Parteiprogramme*, loc. cit., vol. 3, pp. 5–6.
17 Friedrich Stampfer, *Die vierzehn Jahre der ersten deutschen Republik*, Karlsbad, 1936, p. 87.
18 ［編者注記］いわゆるカップ一揆は，ワイマール共和国を転覆しようとする，極右活動家による企てであった．ヴォルフガング・カップは東プロイセンの将校で，愛国党の創始者であった．彼に率いられて，1920年３月13日，活動家の実力部隊がベルリンに行進し，政府を樹立するところまで進んだ．一揆を弾圧することを軍によって拒否され，グスタフ・バウアーによって率いられたレジティマシーのある政府はシュトゥットガルトに逃げざるをえず，そこでゼネストが呼びかけられた．強力に執拗なゼネストと，一揆に対する保守グループの限定的な支持のため，カップは３月17日にはスイスに逃げざるをえず，ワイマール政府と民主的通常状態の再建が可能になった．
19 *Handwörterbuch des Gewerkschaftswesens*, loc. cit., p. 1608.
20 完全な表は *Civil Affairs Handbook: Germany*, M 356–9, p. 22.
21 *Die Gesellschaft*, January 1933, pp. 4, 7.
22 1921年のゲルリッツ綱領.
23 *Deutscher Geschichtskalender, Die Deutsche Revolution*, 1919, II, p. 22.
24 Ibid., pp. 9 f.
25 Ibid., p. 23.
26 Ibid., p. 146.
27 Fritz Naphtali, *Protokoll des Gewerkschaftskongresses*, Hamburg, 1928, pp. 177ff.
28 *Protokoll des Kieler Parteitages*, Berlin, 1927, p. 168 ff.
29 *Handwörterbuch des Gewerkschaftswesens*, loc. cit., pp. 2088 ff.
30 Frederick Schuman, *The Nazi Dictatorship*, New York, 1939, p. 232; Franz Neumann, *Behemoth*, 1942, pp. 413 ff.〔『ビヒモス』354頁以下〕; Text in Willy Müller, *Das soziale Leben im neunen Deutschland*, Berlin, 1938, p. 39.
31 Harry R. Rudin, *Armistice 1918*, New Haven, 1944, p. 264.
32 Scheidemann, *Memorien*, 313 ff.; Rudin, op. cit., p. 359.
33 Scheidemann, *Memorien*, 313 ff.; Rudin, op. cit., p. 359.
34 Neumann, *Behemoth*, p. 11〔『ビヒモス』19頁〕.
35 *Protokoll of the Kiel Congress*, loc. cit., pp. 182 f.
36 *Jahrbuch der Deutschen Sozialdemokratie*, 1928, pp. 12 ff.
37 Ibid., 1931, pp. 12 ff.
38 Ibid., 1929, p. 21.
39 ヘルマン・ブリルはアメリカの軍事政府によってテューリンゲンの行政長官に任命された．その後，ロシアによって更迭された．この更迭には，彼の明白な西側志向が部分的に作用した可能性がある．
40 「英国ドイツ社会主義者同盟による，移行期の直接的な行動プログラムのための

提案」（1944年9月18日）.

41 R&A Report no. 1113.119. 14 July 1945.

42 OSS source S, 17 May 1945.

43 OSS source S, 21 September 1945.

44 西側占領地区では，彼らは通常，政治活動禁止令を破っているとして抑圧された．彼らの現在の綱領と活動は，ほとんどの場合，ナチの暴露を超えるものではなく，強力なパージ政策を要求している．こうした項目は，Antifa組織を束ねるのに十分なプログラムでないことは明白になっている．彼らは政党のいくつかの構成要素に分解する傾向にある（R&A Report no. 1115.125）.

45 "Die Wirtschaft im Spiegel des Parteiaufrufes," *Das Volk*, 13 July 1945.

46 *Das Volk*, 8 July 1945.

47 Ibid., 13 July 1945.

48 Ibid.

49 オットー・グローテヴォール（Otto Grotewohl, 1894-1964）はドイツ社会主義統一党（SED）の創始者の一人で，ドイツ民主共和国の最初の首相．1949年から彼の死までその職にあった.

50 *Deutsche Volkszeitung*, KPD paper in Berlin, 14 June 1945.

51 *Das Volk*, 18 July 1945.

52 たとえばOSS source S-R, 8 August 1945を参照.

53 R&A Report no. 1113.125を参照.

54 *Das Volk*, 7 August 1945.

55 OSS source S, 7 September 1945.

56 これを執筆している時点で，こうした展開はたとえばブレーメンで起こっている．Situation Report: Central Europe, 7 September 1945を参照.

57 *Das Volk*, 13 July 1945. この拒否は1945年9月20日の放送でも，オットー・グローテヴォールによってくりかえされた．FCC: *Daily*, 22 September 1945.

58 OSS source S, 7 September 1945.

59 Ibid.

60 たとえばOSS source S-R, 22 September 1945以下を参照.

61 OSS source S, 4 August and 7 September 1945.

62 FCC: *Daily*, 22 September 1945.

8　ドイツにおける旧政党の再建と新党の立ち上げについての政策

1 "Occupation Government in the Rheineland–1-18-1928," *Institute of World Affairs Research Project on Germany's Position in European Postwar Reconstruction*, pp. 12-18.

9　ドイツにおける行政と公務の一般原理

1　人事政策の原理と方法については，I-E を参照.

2　*Statistisches Jahrbuch für das deutsche Reich*, vol. 1934, p. 456. この表には，郵便と鉄道の公務員は含まれていない．1933年に，彼らの数は約50万人である.

3　Appendix B〔本章には該当するものは存在せず．なにを指しているのか不明．次の註の Appendix C も同じ〕も参照.

4　公務員法に規定された「政治的公務員」のリストと，解雇されうる比較的高位の公務員の概算は Appendix C を参照.

5　地域や地方レベルでの公務問題については，Guides on local and regional administration を参照.

6　Guide on *Elimination of Fundamental Nazi Political Laws* を参照.

7　Cf. CA Guide, *Elimination of Foundamental Nazi Political Laws*.

8　RGBl., 1, 1937, H. 39, 186.

9　たとえば Preamble; para. 1, 2, and 3; para, 3, 1, and 2; par 4; par 26, 3; par 42, 2 of the Civil Service Act〔Beamtengesetz〕.

10　たとえば par. 31, Civil Service Act: par. 26 of the executory decree of 29 June 1937 (*RGBl.* I. 669); decree of the Führer of 26 March 1942 (*RGBl.*, I, 1942 H, 153).

11　たとえば par. 2 of Decree Concerning the Training and Career of German Civil Servants, of 28 February 1939 (*RGBl.*, I. 1939, H. 371).

12　たとえば par. 85, Civil Service Act: Decree of the Führer Establishing General Principles for the Appointment and Promotion of Civil Servants of the Reich and Länder of 14 October 1938 (*RGBl.*, I. 893), 4 (3). 8, 12; order of the Reich Minister of the Interior of 4 April 1937 (*RMH1.* i.V., 515); Law Concerning Preferential Treatment and Pensions for the Fighters for the National Revolution, of 27 February 1934 (*RGBl.*, I, 133).

13　たとえば Civil Service Act par. 5, 25, 59, 72.

10　軍事〔占領〕政府下におけるドイツの政治的・立憲的生活の再建

1　CA Guide, *General Principles of Administration and Civil Service*, pp. 301-317〔本書，第9章〕を参照.

2　［編者注記］アダム・シュテガーヴァルト（Adam Stegerwald, 1874-1945）はドイツの政治家．中央党左派のリーダーであった．1921年，彼はプロイセンの最初の首相になり，その後，ヘルマン・ミュラーとハインリヒ・ブリューニングに率いられた国民政府の大臣になった．1945年，キリスト教民主同盟（CDU）の創設者の一人となった.

3　［編者注記］パウル・レーベ（Paul Gustav Emil Löbe, 1875-1967）はドイツの政治

家．1895年，SPDに入党．1920年から32年にかけて国会議長．1933年にナチに捕らえられ，その後また1944年にも，７月20日クーデタの失敗後に逮捕された．1949年から1953年，連邦議会の名誉会員になった．

4　R & A no. 2337, *Particularism and Separatism in Germany* を参照．

5　［編者注記］L. Trotsky, *The History of the Russian Revolution*, New York: Pathfinder, 1980, 1: pp. 149-65〔トロツキー『ロシア革命史』１巻，岩波文庫，2000年，361-374頁〕．

6　CA Guide, *The Adaptation of Administration on the Local Level* を参照．

7　この主題については，のちほど詳細に扱う．p. 422〔本書236頁〕以下．

8　1944年２月26〜27日にストックホルムで開催されたドイツ労働組合会議を参照．これには，ドイツ，スウェーデン，ノルウェーの代表，そしてアメリカ労働総同盟の代表が出席した．労働組合センターによる *The Trade Unions in a New Germay*, England, 13. February 1944；J. H. Oldenbroek, *The Construction of a New Trade Union Movement in Germany;* OSS A21371, 16 March 1944を参照．

9　たとえば，J. H. Oldenbroek, Acting General Secretary of the International Federation of Transport Workers.

10　CA Guide の規定による．*Dissolution of the Nazi Party and Affiliated Organizations*（pp. 253-263.）〔「ナチ党と関連組織の解体」，訳出なし〕

11　CA Guide, *German Labor Relations and MG* を参照．

12　R & A no. 1723. *Labor Relations in the Weimar Republic* を参照．

13　マニュアル（FM 27-5 OPNAV 50E-3 p. 9, sec 9i）が推奨しているのは，「不必要」な役職の廃止，立法部の中断，政治的高官の解任，（役に立つかぎりで）地方政府の下級の役人の再任である．

14　軍事政府についてのドイツの理論家，ヴェルナー・ベスト博士は彼の論文でこのことを認めている．

15　詳細については CA Guide, *Policy toward the Revival of Old Parties and the Establishment of New Parties.*（pp. 285-300）〔「ドイツにおける旧政党の再建と新党の立ち上げについての政策」，本書第８章〕を参照．

16　さまざまな自由ドイツ委員会，とくにメキシコとロンドンの共産主義者メンバーは，すでに東プロイセンのポーランドへの移譲を擁護している．これに対して社会主義者とリベラリストは新たな共産主義者の路線に激しく反対している．以上のことには証拠がある．

17　概略は CA Guide, *Dissolution of the Nazi Party and Affiliated Organizations*, pp. 253-263〔「ナチ党と関連組織の解体」，訳出なし〕を参照．

18　CA Guide, *Courts and Judicial Administration in Germany* を参照．

19　CA Guide, *The Police and Public Safety in Germany* を参照．

20　詳しくは *The Problems of a German Inflation*, pp. 345-394〔「ドイツのインフレ問題」，訳出なし〕を参照．

21　概略は CA Guide, *Policy towards the Revival of Old Parties and the Establishment of New*

Parties, pp. 285–300〔「ドイツにおける旧政党の再建と新党の立ち上げについての政策」，本書第８章〕を参照.

22 CA Guide, *Adaptation of Administration on the Local Level in Germnay.*

12　戦争犯罪の取り扱いについての問題

1 以下で議論される理由で，こうした犯罪の多くの特徴は「普通の犯罪」（common crimes）であるということが強調されるべきである.

2 ［編者注記］言及されているのはチェコの都市リディツェ．チェコの北西にあり，1942年６月10日に，チェコのパルチザン勢力による組織的な攻撃（ここでボヘミア・モラヴィア保護領総督ラインハルト・ハイドリヒ（Reinhard Heydrich, 1904–1942）が殺害された）に引きつづいてナチによってなされた報復で破壊された.

3 ［編者注記］タイプ打ち原稿への手書きの補足.

4 Basic Field Manual *Rules of Land Warfare* (FM 27-10, issued 1 Oct. 1940), paragraph 347を参照.

5 Ⅳ以下を参照.

6 スイスについては Situation Report: Central Europe, 5 August 1944を，スウェーデンについては，ibid., 9 September 1944を参照.

7 Ibid., 5 August 1944を参照.

8 （ポルトガルに言及している）Ibid., 2 September 1944を参照.

9 （スイスに言及している）Ibid., 9 September 1944を参照.

10 ズレについては，このレポートでは論じない．R&A no 1626: *Gaps in the Moscow "Statement on Atrocities"* を参照.

11 上記Ⅲを参照.

12 GA Guide, *Adminisutration of German Criminal Justice under MG* [pp. 318–344〔「軍事政府下のドイツ刑事司法の行政」，訳出なし〕].

13 1944年11月７日付の『ニューヨーク・タイムズ』の編集者へのチャールズ・ウォーレンによる書簡を参照.

13　リーダーシップ〔指導者〕原理と刑事責任

1 最近で，もっとも包括的なものとして，H. B. Brauße, *Die Führungsordnung des deutschen Volks*, 2nd ed., Hamburg: Hanseatische Verlagsanstalt, 1942を参照.

2 〔この原理は〕基本的には，党の指導部組織が議論されたとき，ヒトラーによって定められた．このときにはまだ，法的には私法結社の形式を纏っていた．「議長が，運動のリーダーシップの全体に責任を負う．彼が，そのもとにいる委員会のメンバーとその他，必要な協力者に仕事と権力を配分する．これによっていず

れの紳士諸君も，その人に割り振られた任務の責任を排他的に負うのである」(*Mein Kampf*, 424–428th ed., München, Eher-Verlag 1939, p. 661).

3　フューラーという用語自体は，ナチの文献では，つねにヒトラーのために用いられた．彼の下にあるさまざまな領域や地域のリーダーは「サブ・リーダー」(Unterführer) と呼ばれた．

4　「リーダーシップ国家では，国家権力の統一は一人にして，唯一のフューラーに託されている」(E. R. Huber, "Die deutsche Staatswissenschaft," *Zeitschrift für die gesamte Staatswissenschaft*, H. Laupp, Tübingen, v. 95, 1934/35, pp. 41 f.).「政治領域のすべてにおいて，フューラーは達成されるべき目標を示し，適用されるべき方法を定め，必要となる基本的な決定を行なう．……運動，国民，そして帝国に関わるすべての事柄で排他的で究極的な決定権は彼にある．……執行権の全体だけでなく，立法権と司法権も彼がもっている」(E. R. Huber, *Verfassung*, Hamburg: Hanseatische Verlagsanstalt, 1937, pp. 114, 121).

5　Ibid. p. 94.

6　Hans Frank, "Die Techinik des Staates," *Deutsches Recht*, v. 11 (Deutscher Rechtsverlag, Berlin 1941), p. 2626.「行政におけるリーダーシップ原理が意味するのは，つねに多数派による決定を，明確な権限と上に対する単独の責任をもつ特定の人における決定に置き換えること，そして下に対する決定の実現をその人の権威に託すことを意味する」．以下も参照．Otto Koellreutter, *Deutsches Verwaltungsrecht* (Berlin: Junker und Dünnhaupt, 1938), p. 8.

7　いろいろな理論の概観は，C. H. Ule, *Herrschaft und Führung im nationalsozialistischen Reich, Verwaltungsarchiv* v. 45 (Berlin, C. Heymann 1940), pp. 205 ff. でなされている．行政は真性のリーダーシップを含意しているという理論の代弁者で，もっとも重要なのはフーバーである (Huber, *Verfassung*, pp. 94, 243 f).彼のもっともはっきりした論敵は，R. Höhn と Th. Maunz である（たとえば，後者の *Verwaltung*, Hamburg Hanseatische Verlagsanstalt, 1937, pp. 43 f.).彼らが主張しているのは，官僚制は真のリーダーをトップとするたんなるマシーンだ，ということである．

8　どの程度まで他のすべてのものも純粋なイデオロギーであるのか．これが示されているのは，単独のリーダーの権利に置かれた強調である．リーダーには，リーダーが「体現」していると称する「フォロワー」の「意志」がなんであるかを決める権利があるとされる．「リーダーは国民の客観的な理念を防衛する．必要であれば，誤った人民の意見の主観的な恣意性に抵抗してすらそうするのである」(Huber, *Die deutsche Staatswissenschaft, Zeitschrift für die gesamte Staatswissenschaft*, v. 95, 1934/35, p. 41).

9　ナチ・ドイツの公的生活の実際の組織におけるリーダーシップ原理の現実化についてのいくつかの詳細に関しては，補遺 I を参照．

10　Huber, *Verfassung*, pp. 115 ff.

11　Ibid., pp. 116 f.

12　Koellreutter, *Deutsches Verwaltungsrecht* (3rd ed., Berlin: Junker und Dünnhaupt, 1938),

p. 139.

13　Huber, *Verfassung*, p. 291.

14　Arnold Köttgen: *Deutsche Verwaltung*（2nd ed., Berlin: Weidmannsche Verlagsbuchhandlung 1937, p. 100. Weidemann, *Die Selbstverwaltung der Gemeinden und Gemeindeverbände*, in: Frank（ed.）: *Deutsches Verwaltungsrecht*, München: Eher-Verlag 1937, p. 218も参照.「旧条例とは異なり，首長はもはや合議体や議会に責任を委ねることはできない」.

15　Huber, *Verfassung*, pp. 294 f.; Brauße, op. cit., p. 144; Dannbeck, *Die Amtschaftung, in* Frank: *Deutsches Verwaltungsrecht*, p. 297.

16　Brauße, op. cit., pp. 166 ff.; W. Laforet, *Deutsches Verwaltungsrecht*（München, Duncker und Humblot, 1937）, pp. 89 f.

17　Brauße, op. cit., pp. 163 ff.

18　Brauße, op. cit., pp. 137 ff.; Koellreutter, *Deutsches Verwaltungsrecht*, p. 154; Dannbeck, loc. cit., p. 297.

19　Huber, *Verfassung*, pp. 149 f. 以下も参照．Huber, "Justiz und Verwaltung," *Deutsches Recht*, 1935, p. 403.

20　Arnold Köttgen: *Deutsche Verwaltung*, pp. 21 f., 42.

21　Ernst Fraenkel: *The Dual State*（New York: Oxford University Press, 1941）〔中道寿一訳『二重国家』ミネルヴァ書房，1994年〕では，「大権」（prerogative）国家と「規範」（normative）国家の区別がなされている．前者はゲシュタポの領域である．「大権国家が主張するのは，大権国家は実質的な正義を代弁しており，形式的な正義はなしで済ますことができるということである」．したがってその本質は「法的制約の受け入れ拒否」である（p. 46）.

22　Werner Best: *Die Deutsche Polizei*（Darmstadt: Wittich Verlag, 1940）, pp. 13 f.

23　Werner Best, "Volksordnung und Polizei," *Deutsche Verwaltung*（Darmstadt: Wittich Verlag, 1940）, pp. 13 f.

24　Werner Best, *Die Politische Polizei des Dritten Reiches*, in Frank（ed）: *Deutsches Verwaltungsrecht*, p. 426.

25　Walter Harmel, „Die Polizei im neuen Reich," *Deutsches Recht*, 1935, pp. 412 ff., and *Wesen und Rechtsgrundlagen der Polizei im nationalsozialistischen Staate*, in Frank（ed.）: *Deutsche Verwaltung*［ここでのレファレンスは不正確である．正確なタイトルは *Deutsches Verwaltungsrecht* である．*Deutsche Verwaltung* は Werner Best による．編者注記］, pp. 381 ff.

26　Best, *Die Politische Polizei des Dritten Reiches*, loc. cit., p. 424.

27　Theodor Maunz, "Gestalt und Recht der Polizei," in I*dee und Ordnung des Reiches*（ed. by E. R. Huber）, v. 2（Hamburg: Hanseatische Verlagsanstalt, 1943）.

28　Maunz, loc. cit., pp. 49, 53, 57. また同じ著者の „Staatsbegriff und Verwaltung," *Deutsches Recht*, p. 379も参照.

29　*Mein Kampf*, p. 379.

30 たとえば Huber, *Verfassung*, p. 93を参照.

31 たとえば Koellreutter, *Deutsches Verfassungsrecht*, p. 147を参照. リーダーシップ〔指導者〕国家は「独裁ではない」が,「アドルフ・ヒトラーによる国民と国家の国民的な導きの表現」である.

32 Brauße, „Führung und Verwaltung," *Verwaltungsarchiv*, v. 42 (1937), p. 90.

33 Brauße, *Die Führungsordnung des deutschen Volks*, p. 92.

34 実際問題, 多くの場合で, ナチがなんらかの時点で, 法的拘束力があると自ら認めたものにすら矛盾していた. ハーグ条約やジュネーヴ条約のような法規である.

35 Huber, *Verfassung*, p. 107 f を参照.

36 Ibid., p. 101を参照.

37 February 14, 1934 (RGBl I, p. 89).

38 Law on the reconstruction of the Reich, January 30, 1934 (RGBl I, p. 75).

39 RGBl I, p. 173.

40 RGBl I, p. 65.

41 RGBl I, p. 1190.

42 RGBl I, p. 49.

43 RGBl I, p. 45.

44 RGBl I, p. 887.

45 RGBl I, p. 1194.

14 ドイツおよびヨーロッパ支配のためのナチの計画 ——ナチのマスター・プラン

1 以下の説明が主として依拠しているのは, ヒトラーの『わが闘争』のⅢ章, Ⅸ章, Ⅺ章, そして, NS の文献を保護する党公認の検査委員会の承認のもとで出版された Johann von Leers, *Kurzgefasste Geschichte des Nationalsozialismus*, Bielefeld und Leipzig 1993である. さらなるエビデンスは, Houghton Mifflin 版の『わが闘争』に掲載されているポスターの複写に見いだすことができる.

2 *Partei Statistik*, ed. *Der Reichsorganisationsleiter der NSDAP*, 1935, vol. 1. pp. 12–13.

3 戦争犯罪ペイパー「戦争犯罪の任務に関わった主要なナチの組織」(R&A Report no. 3113) を参照.

4 下記, Ⅳ－A を参照.

5 党と国家の統一を確保するための法律, 1933年12月 1 日, *Reichsgesetzblatt* 1933, I, p. 523.

6 下記のⅤ－C を参照.

7 主として『ドイツ・フューラー事典 1934～35年』(*Das Deutsche Führerlexikon 1934–1935*), その他, 承認を受けた伝記研究, そして『わが闘争』にもとづいている. これらの人物のなかで, ディートリヒ・エッカートは1923年に死去し, ゴットフ

リート・フェーダーは後ろに引っ込んだが，他の全員は，権力掌握後，党ないし政府で，指導的な地位を手にした．

8 戦争犯罪ペイパー「戦争犯罪の任務に関わった主要なナチの組織」（R&A Report no. 3113）を参照．

9 Gottfried Feder, *Das Programm der NSDAP*, München 1933, p. 20.

10 NSDAP の全国指導部と協力して，全国指導者のフィリップ・ボウラーが編集．1938 ed, p. 146.

11 この裁判についてのファイルは，法廷の関係者から離して，ミュンヘンとライプツィヒで保管されるべきである．ミュンヘン法廷，地区一，1924年4月1日になされた決定．ライプツィヒ国事裁判所．ファイル番号12 V/1930．あるいは1931年1月の *Die Justiz*, vol. 6にも見いだすことができる．また，検討されるべきなのは，ヒトラー一揆についてのバイエルン議会の調査委員会によって編集された文書，そしてバイエルン社会民主党州委員会編の *Hitler und Kahr, Die bayerischen Napoleons Größen von 1923*, München; part I, 1928; part II, 1928である．

12 この条項は，プログラムの形成過程におけるこの時点では，ヨーロッパにおける「土地」の要求に言及していないが，あとからこうした意味だと解釈された．いずれにしても条項の一つは，生存圏の要求をちゃんとカバーしていた．

13 *Organisationsbuch der NSDAP*, ed. the *Reichsorganisationsleiter der NSDAP*, Zentralverlag der NSDAP, München 1943, p. 14.

14 Ibid. p. 146.

15 Ibid. p. 7.

16 Ibid.

17 「リーダーシップ原理」の完全な説明については，「ドイツ法におけるリーダーシップ原理と，戦争犯罪の責任を割り当てる際のその重要性」についての戦争犯罪ペイパーを参照（R&A Report no. 3110）．

18 *Organisatiosbuch der NSDAP*, loc. cit., p. 14.

19 Ibid. p. 86.

20 Ibid. p. 87.

21 Ibid. p. 17.

22 Ibid. p. 14.

23 Ibid.

24 Volume II, chapter I, and passim.

25 Ibid. loc. cit. pp. 576 f. 追加の資料は以下．Robert M.W. Kempner, *Nazi Subversive Organization, Past and Future,* Studies in Migration and Settlement, no. A-2, 30 October 1943, pp. 17–22.

26 下記，Ⅲを参照．

27 Ibid., Ⅳ－A を参照．

28 Ibid., Ⅳ－A および戦争犯罪ペイパー「政治的テロに対する NSDAP の態度」（R&A Report #3114.1）を参照．

29 Loc. cit., p. 279.
30 Ibid., p. 291.
31 Berlin, 1935, p. 958.
32 下記のV－Cを参照.
33 IV－A, 戦争犯罪ペイパー「政治的テロに対するNSDAPの態度」（R&A Report 3114.1), および「先の戦争以後のドイツにおける反民主的な非合法活動のパターン」（R&A Report 1934.2）を参照.
34 Ibid.
35 Fritz Thyssen, *I Paid Hitler*, New York and London, 1941, p. 111.
36 ［編者注記］エーリヒ・ツァイグナー（Eric Zeigner, 1886–1949）はドイツの政治家. 1923年の共産主義者の反乱のときにザクセンの首相であった. 1923年10月27日, シュトレーゼマン首相の最後通牒を拒否したあと, ワイマール憲法第48条にもとづいて, エーベルト大統領によって免職され, 彼の政治キャリアの終わりは決定的となった.
37 Fritz Thyssen, *I Paid Hitler*, op. cit., pp. 113–114. 初期の段階における重工業とNSDAPの関係についての情報が不足していることを考えると, この点についてのフリッツ・ティッセンの証言は最大級に重要ということになろう.
38 Ibid., p. 129.
39 Ibid.
40 1944年1月30日の演説. 同日, ベルリンで放送されたものの英訳（FCC: Daily, Special Report, 31 January 1944.）.
41 Hitler, *Mein Kampf* (Boston: Houghton Mifflin edition, 1939), p. 891.
42 ［編者注記］Otto von Lossow（1868–1938), Gustav Ritter von Kahr（1862–1934), そして Hans Ritter von Seisser（1874–1973）は, 1923年のナチの一揆のあと, モナコで任命されたバイエルンの三頭政治のメンバー.
43 ミュンヘン法廷でのヒトラーの演説, 1924年2月26日（*My New Order*, New York 1941, pp. 74, 75).
44 Robert M.W. Kempner, *Nazi Subversive Organization–Past and Future*. Studies in Migration and Settlement, no. A-2. Administrative Series, 30 October 1943, p. 73に引用されている.
45 *Nationalsozialistisches Jahrbuch* 1927, p. 124（Kempner, loc. cit., p. 62に引用されている).
46 Heinz Haake (NSDAPの全国監察官, 突撃隊, ラインラントの大尉) *Nationalsozialistisches Jahrbuch* 1925, p. 167（ibid., p. 61より引用).
47 Albert Roth, *Nazi Reichstag Deputy*, 1929 (ibid., p. 63より引用).
48 *Nationalsozialistische Bibliothek*, Booklet no. 1（ibid. より引用).
49 Wilhelm Frick at the Nazi Party Convention at Nürnberg 1927 (ibid., p. 85より引用).
50 P. 16 (Kempner, ibid., pp. 91–92より引用).
51 Ibid., p. 107より引用.

52 *NS Press Korrespondenz*, no. 35（ibid., p. 38 f. より引用）.
53 Ibid.
54 Hitler, *Mein Kampf*, 2nd German edition（ibid., p. 73より引用）.
55 Wilhelm Frick（ibid., p. 86より引用）.
56 Robert Ley, 1 May 1928（ibid., p. 101より引用）.
57 *Nationalsozialistische Briefe*, vol. 4, 15 May 1929（ibid., pp. 105-106より引用）.
58 Goebbels, *Der Angriff: Aufsätze aus der Kampfzeit*, 1936, p. 71.
59 Ibid., p. 73. 以下も参照. pp. 47-48. さらには Wilhelm Frick, *Nationalsozialistisches Jahrbuch*, 1927, p. 124（Kempner, pp. 62, 84-85より引用）.
60 ミュンヘン，1932年 1 月23日（*Hitler's Speeches*, ed. Baynes, p. 164）.
61 ワイマール共和国時代のナチの運動におけるテロリズム的活動の文書形式のエビデンスについては，戦争犯罪ペイパー「政治的テロに対する NSDAP の態度」（R&A Report no. 3114）を参照.
62 ［編者注記］Fememord は，ワイマール共和国期に，ドイツの準軍事的な組織で裏切り者（Feme）と考えられた政治家の殺害を記述するのに用いられた言葉．クルト・アイスナー（1919年），マティアス・エルツベルガー（1921年），ヴァルター・ラーテナウ（1922年）がそうした政治家であった.
63 Ernst Bayer, *Die SA*, Berlin 1938, pp. 9, 11.
64 Ibid.
65 Ibid., p. 10.
66 Kempner, loc. cit., p. 160より引用.
67 1929, ibid., p. 164の引用．SA の詳細については，ナチ党とその関連団体についての戦争犯罪ペイパー（R&A Report 3113.7）で論じられている.
68 Gunter d'Alquen, *Die SS, Geschichte, Aufbau und Organisation*, ed. by commission of the Reichsführer SS, Berlin 1939, p. 6.
69 Ibid., p. 7.
70 Ibid., pp. 8 and 11.
71 Werner Best, *Die Deutsche Polizei*, Darmstadt 1940, p. 85.
72 Ibid.
73 SS についてのより詳細な議論のためには，戦争犯罪ペイパー「戦争犯罪に関与した主要なナチの組織と政策を立案した役人」（R&A Report no. 3113）を参照.
74 Hitler, München, 22 September 1928; *Völkischer Beobachter*, 23 September 1928（*Hitler's Words*, edited by Gordon W. Prange, 1944, pp. 39 f.）.
75 Hitler, Berlin, 30 January 1941; *Deutsche Allgemeine Zeitung*, 1 Feb. 1941（*Hitler's Words*, edited by Gordon W. Prange, 1944, p. 216）.
76 *Frankfurter Zeitung*, 26 September 1930.
77 Hitler, *Mein Kampf*, p. 947.
78 Alfred Rosenberg, *Der Reichsparteitag der NSDAP Nürnberg* 1927; München 1927, pp. 37-8（F. Schuman, *The Nazi Dictatorship*, 1939, p. 56より引用）.

79 Alfred Rosenberg, *Der Mythus des 20. Jahrhunderts*, München 1933, p. 642.
80 Ibid., 1931, p. 662（*Thus Speaks Germany*, ed. Coole and Potter, New York 1941, p. 261より引用）.
81 Gottfried Feder, *Das Programm der NSDAP*, München 1933, p. 40.
82 ミュンヘンでフランツ・エーアによって刊行されたパンフレットの複写が，アメリカ議会図書館で閲覧可能である．
83 Pp. 20–21.
84 P. 85.
85 P. 97.
86 P. 38.
87 Hitler, München, 22 September 1928; *Völkischer Beobachter*, 23–24 September 1928（*Hitler's Words*, ed. Gordon W. Prange, American Council on Public Affairs, 1944, pp. 9 f. より引用）.
88 Hitler, München, 2 May 1928; *Völkischer Beobachter*, 4 May 1928（ibid., p. 9より引用）.
89 Hitler, *Mein Kampf*, loc. cit., pp. 179–180.
90 Ibid., p. 182.
91 Ibid., pp. 182–183.
92 *Der Angriff*, 28 May 1931（F. Schuman, *The Nazi Dictatorship*, p. 129より引用）.
93 Hitler, München, 15 March 1929; *Völkischer Beobachter*, 17 March 1929（*Hitler's Words*, p. 11より引用）.
94 Hitler, Vilsbiburg, 6 March 1927; *Völkischer Beobachter*, 8 March 1927（ibid., p. 11）.
95 Hitler, München, 9. April 1927; *Völkischer Beobachter*, 12 April 1927（ibid., p. 18）.
96 Hitler, München, 23 May 1928; *Völkischer Beobachter*, 25 May 1928（ibid., p. 27 f.; 強調はマルクーゼによる）.
97 Fritz Thyssen, *I Paid Hitler*, New York and London, 1941, p. 132.
98 Adolf Hitler, *My New Order*, New York, 1941, p. 111.
99 Thyssen, op. cit., pp. 133–134.
100 IV－Aを参照．
101 Goebbels, *Der Angriff*, 18 February 1929.
102 *Nationalsozialistische Briefe*, no.24, 15. April 1926（Kempner, op. cit, p. 60より引用）.
103 Kempner, op. cit, p. 108より引用．
104 Ibid., p. 112より引用．
105 Goebbels, *Vom Kaiserhof zur Reichskanzlei*, München, 1937, p. 34.
106 これらの詳細が論じられているのは，戦争犯罪ペイパーR&A Report no. 3113.7「ドイツ国内法違反で犯された犯罪」である．
107 戦争犯罪ペイパーR&A Report no. 3152「戦争犯罪者としてのヘルマン・ゲーリング」を参照．
108 Hermann Göring, *Aufbau einer Nation*, Berlin, 1934, pp. 87–88.
109 Ibid., pp. 86 f.

110 Ibid., p. 89.
111 *RGBl* I, p. 53.
112 *RGBl* I, p. 995.
113 *Preussische Gesetzsammlung*, 1933, p. 413.
114 Ibid., p. 21.
115 Hermann Göring, 3 March 1933 at Frankfurt a., M., in *Reden und Aufsätze*, München, 1942, p. 27.
116 ナチの反ユダヤ政策は，別の戦争犯罪ペイパー「ユダヤ人に対する犯罪的共謀」（R&A Report no 3113.11）で論じられている．
117 証拠書類として，ナチの反ユダヤ政策についてのペイパー「ユダヤ人に対する犯罪的共謀」（R&A Report no 3113.11）を参照．
118 Pp. 13-14を参照〔ただし，該当箇所不明．ドイツ語版では本章冒頭の「II ナチの支配計画における政党の役割」に修正している〕．
119 München 1941, p. 175.
120 München 1943, p. 86.
121 *Reichsgesetzblatt* 1933 I, p. 529.
122 *Organisationsbuch der NSDAP*, loc cit., p. 487.
123 戦争犯罪ペイパーR&A Report no. 3113「戦争犯罪の任務に関わった主要なナチの組織」を参照．
124 Ibid.
125 *Reichsgesetzblatt* 1933 I, p. 713.
126 この機構の詳細な記述は，R&A Report no. 2500.19「占領されたヨーロッパでのプロパガンダ」，およびドイツ民政ハンドブック，セクション12「通信と世論の統制」を参照．
127 この指令の写真複写は入手可能．
128 こうした包括的な統制の機能についてのさらなる証拠は，海外およびドイツの新聞特派員，編集者，出版人などの尋問から供給を受けることができる．いくつかの尋問は入手可能．R&A Report no. 2500.19「占領されたヨーロッパにおけるプロパガンダ」（予定）を参照．
129 ドイツ民政ハンドブック，セクション12「通信と世論の統制」を参照．
130 *Reichsgesetzblatt* 1936, I, p. 993.
131 Ibid., 1939, I, p. 709.
132 *Nationalsozialistische Parteikorrespondenz*, 4 June 1936.
133 *Das Archiv*, ed. Kurt Jahnicke, Ministerial Counselor in the Reich Ministry for Propaganda, July 1935, p. 528.
134 *Das Archiv*, loc.cit., July 1934, pp. 467-468.
135 Ibid., April 1936, p. 11.
136 複写入手可．教育の統制についての詳細は，ドイツ民政ハンドブック，セクション15「教育」を参照．

137　Fritz Mehnert, Chief of the Main Organization Office of the NSDAP, *Nationalsozialistisches Jahrbuch* 1941, ed. Robert Ley, Zentralverlag der NSDAP, Franz Eher, München, p. 175.

138　Ibid.

139　Ibid., p. 179.

140　Major Schmidtke, *Nationalsozialistisches Jahrbuch* 1941, p. 168.

141　Major H. Foertsch, *Die Wehrmacht im Nationalsozialistischen Staat*, Hamburg 1935の序文の引用.

142　名称と詳細は，ドイツ民政ハンドブック，セクション2T「ナチ・ドイツにおける経済統制」（1944年２月）.

143　Saarbrücken, 9 October 1938; *Frankfurter Zeitung*, 10 October 1938（*Hitler's Speeches*, ed.Baynos, vol. II, p. 1534）.

144　Berlin 26 September 1938; *Völkischer Beobachter*, 28 September 1938（ibid., p. 1512より引用）.

145　Goebbels, *The Bulletin of international News*, vol. XVI, no. 14, p. 572に引用されている．完全なテクストは，1936年１月24日のドイツの新聞を参照．他のテクストについては，Royal Institute of International Affairs, London.

146　Göring, ibid., vol. XI, no. 23, p. 779より引用.

147　このレポートの信憑性はまだ確定されていない.

148　Ribbentrop, *Bulletin of International News*, loc. cit. vol. XV, no. 23, p. 44より引用.

149　Göring, ibid, vol. XVI, no. 5, p. 25より引用.

150　Hitler's reply to Franco, *Frankfurter Zeitung*, 24 February 1939（*Hitler's Speeches*, ed Baynes, p. 1580より引用）. Wilhelmshafen April 1939; *Völkischer Beobachter*, 3 April 1939（ibid., p. 1600より引用）.

151　6 June 1939; *Völkischer Beobachter*, 7 June 1939（ibid., p. 1671より引用）.

152　Würzburg, 27 June 1937; *Völkischer Beobachter*, 28 June 1937（ibid., p. 1355より引用）.

153　*Frankfurter Zeitung*, 7 June 1939（ibid., p. 1673より引用）.

154　Ibid., 10 June 1939（ibid., p. 1675より引用）.

155　*Bulletin of International News*, loc. cit., vol. XVI, no. 12, p. 614.

156　以下にエビデンスが集められている．*The Nazi Conspiracy in Spain, by the editors of The Brown Book of the Hitler Terror*, London 1937.

157　1939年１月30日，国会での演説（Hitler, *My New Order*, p. 561）.

158　Nürnberg, 7 April 1938（*Nazi Guide to Nazism*, ed. Rolf Tell, Washington 1942, p. 76f.より引用）.

159　*Beiträge zur Geschichte und Vorgeschichte der Julirevolte*, ed. on the basis of official sources, *Bundeskommissariat für Heimatdienst*, Vienna, 1934, p. 26.

160　*Hitler's Speeches*, ed. Baynes, p. 1441, note 2.

161　B. エッカー博士による，1945年５月30日の尋問，５頁（写真複写あり）.

162　Wilhelmshafen,1 April 1939; *Völkischer Beobachter*, 3 April 1939（*Hitler's Speehes*, ed.

Baynes, p. 1597より引用).

163 Ibid.

164 *Czechoslovak Documents and Sources*, no. 4: *German Imperialism and Czechoslovakia.* Czechoslovak Ministry of Foreign Affairs, Information Service, London 1943, p. 6より引用.

165 たとえば，1938年9月12日，26日のヒトラーの演説（Baynes, op. cit., pp. 1487 ff., p. 1508 ff.）を参照.

166 Camp C20 Report, 1945年1月13日，OSS X-27S 614-627.

167 1933年以前のオーストリアについては，文書資料が *Das Braunbuch. Hakenkreuz gegen Oesterreich.* ed. by the Bundes-Kanzleramt, Vienna,1993に集められている.

168 Emil Ehrich, *Die Auslandsorganization der NSDAP*, Berlin 1937; 英訳は *National Socialism*, ed. Raymond E. Murphy and others, Washington 1943, pp. 285 ff.

169 *Völkischer Beobachter*, 24 May 1934 (Sir John Murray, *The Nazi International.* Friends of Europe Publications no. 69. London, 1938, p. 6より引用).

170 オーストリアでのナチの犯罪的な活動についての資料（文書の写真複写込み）は，*Beiträge zur Vorgeschichte der Julirevolte*, ed. on the basis of official sources, Vienna 1934, *Bundeskommissariat für Heimatdienst* に収められている.

171 「占領したヨーロッパにおけるナチによる財産の略奪」(R&A Report 3113.2).

172 連邦準備制度の総督会で準備された *Czechoslovakia: Money and Banking*, May 1945, p. 157.

173 複写入手可能.

174 組織構造の全体は，ドイツ民政ハンドブック，セクション2T「ナチ・ドイツにおける経済統制」(1944年）に記述されている.

175 *Bulletin of International News*, vol. XVII, no. 15, p. 966より引用.

176 ibid より引用.

177 シャハトのさらなる尋問は，ここに示されている.

178 Ibid., p. 968より引用.

179 Ibid., vol. XVII, no. 16, p. 1036より引用.

180 Ibid., vol. XVII, no. 22, pp. 1449 f より引用.

181 *Das Neue Europa, Deutsches Recht*, Ausgabe A, X, no. 49,1940, p. 2083.

182 Ibid., p. 2084.

183 Ibid., also Werner Daiz, *Außerhandelspolitik und Ostraumpolitik, Der Weg zur Volkswirtschaft, Großraumwirtschaft und Großraumpolitik*, Dresden, 1938., vol. II: *Deutschland und die Europäische Großraumwirtschaft*, p. 72 ff〔ドイツ語版では *Der Weg zur Großraumwirtschaft*, Dresden, 1943, S. 37-41となっている〕. ダイツの論文は，*Nationalsozialistischer Wirtschaftsdienst*, no. 23, 3 October 1932の再録である.

184 *Außerhandelspolitik und Ostraumpolitik*, op. cit., p. 74.

185 Ibid., p. 73.

186 Ibid.

187 *Bulletin of International News*, vol. XVIII, no. 10, p. 653.
188 Ibid., vol. XVI, no. 13, p. 674より引用.
189 Ibid., vol. XVII, no. 26, p. 1737より引用.
190 *Probleme des Europäischen Großwirtschaftsraumes*, Berlin, 1943, p. 14.
191 Ibid. pp. 30–31.
192 次章〔オットー・キルヒハイマー「ドイツおよびヨーロッパ支配のためのナチの計画——国内犯罪」，訳出なし〕，および戦争犯罪ペイパー「占領政策の計画と遂行に関する刑事責任」（R&A Report No. 3113）を参照.
193 "Großraumordnung und Großraumverwaltung," *Zeitschrift für Politik*, 1941; "Grundlagen einer deutschen Großraumverwaltung," in: *Festgabe für Heinrich Himmler, Darmstadt*, 1941, pp. 43 ff.
194 Ibid.
195 Werner Best, *Festgabe für Heinrich Himmler*, loc. cit., p. 37.
196 Arthur Seyß-Inquart, "Die politische Aufgabe des Reichskommissars," *Zeitschrift für völkische Verfassung und Verwaltung*, 1942, vol. VII, p. 14.
197 ハンブルク商工会議所会長，ニューヨークの会合にて，1943年．*Germany: (British) Basic Handbook*, Part III, p. 3より引用.
198 Ibid.
199 Werner Best, *Festgabe für Heinrich Himmler*, loc. cit., p. 58.
200 上記Ⅷ－A，とくにSeyß-Inqurtの発言を参照.
201 *Das Recht des Generalgouvernements*, Cracow, 1941, p. A 180.
202 カール・ヘルマン・フランクの尋問（上記 VI, B I C. に引用）を参照.
203 *Organizationsbuch der NSDAP*, 1943, p. 314.
204 *Reichsgesetzblatt der NSDAP*, 1941, I, pp. 118–120（東部領土）. 大管区ヴァルテラントで，人種リスト登録が作られたのは，早くも1939年であった．*Verordnungsblatt des Reichsstatthalters im Reichsgau Wartheland*, no. 6, 1939, p. 51.
205 *Vierjahresplan directive #14395*, *Kommentar für Wirtschaftsgesetzgebung* より引用.
206 *Das Mitteilungsblatt des Wehrwirtschafts- und Rüstungsamtes des OKW*, Jg. 1, 1942, p. 83で言及されている〔英語版では *The Heilungs Blattdes Wirtschafts-und Rirsteingsanites* となっているが，ここではドイツ語版の表記に従った〕.